Cuernos de Diosa

Por
Dolores Cannon

Traducción: Mariana Ojanguren

© 2022 por Dolores Cannon
Primera impresión por Ozark Mountain Publishing, Inc. - 2022
Traducción Española - 2023

Todos los derechos reservados. Ningún fragmento de este libro, parcialmente o en su totalidad, puede ser reproducido, transmitido o utilizado en cualquier forma o por cualquier medio, electrónico, fotográfico ni mecánico, incluyendo fotocopiado, grabado, ni por ningún sistema de almacenamiento ni recuperación de información, sin previo permiso por escrito de Ozark Mountain Publishing, Inc., excepto por breves citas incorporadas en artículos literarios y reseñas.

Para permiso, seriación, condensación, adaptación, o para nuestro catálogo de otras publicaciones, favor de escribir a Ozark Mountain Publishing, Inc., P.O. Box 754, Huntsville, AR 72740, ATTN: Departamento de permisos.

Datos de catálogo en publicación de la Biblioteca del Congreso
Título original: "Horns of the Goddess" by Dolores Cannon-1931-2014
    Las vidas pasadas de tres voluntarios que retrocedieron a la época de los druidas.
1. Hipnosis 2. Vidas pasadas 3. Madre Tierra 4. Metafísica
I. Cannon, Dolores, 1931-2014 II. Metafísica III. Vidas pasadas IV. Título
Número de tarjeta de catálogo de la Biblioteca del Congreso: 2024930541
ISBN: 978-1-962858-07-6

Traducción: Mariana Ojanguren
Diseño de portada: Victoria Cooper Art
Libro configurado en: Times New Roman
Diseño de libro: Summer Garr
Publicado por:

PO Box 754, Huntsville, AR 72740
800-935-0045 o 479-738-2348 fax: 479-738-2448
WWW.OZARKMT.COM
Impreso en los Estados Unidos de América

Mensaje de Nancy

Mi madre, Dolores Cannon, comenzó a recibir esta información en 1983. Por aquel entonces, todavía estaba perfeccionando su arte y había muchos que querían ayudarla permitiéndole tener sesiones con ellos. A lo largo de este viaje, descubrió varias historias que contenían información que nos era desconocida: formas de vida, creencias, cómo era tratada la gente por sus creencias y el secretismo que había que mantener para sobrevivir, no solo por uno mismo, sino por las creencias y formas de vida. El periodo que ella descubrió fue una época en la que no se te permitía creer en lo que quisieras, sino en lo que se te decía que debías creer. Dolores conservó este material por muchos, muchos años, por la simple razón de sentir que ella misma sería crucificada si lo sacaba a la luz y contaba los secretos de lo que realmente sucedió durante ese periodo. Sí, ahora se te permite decir lo que quieras y creer en lo que desees, pero, ¿no somos aún, muy en lo profundo, como esas personas de hace muchos años, que querían divulgar la palabra, pero temían que el hablar llevaría a un final, no solo de nuestras vidas, sino del conocimiento que era tan preciado? En aquellos días, la gente común, no los mandatarios ni aquellos de importancia, eran mucho más unidos a la naturaleza y a Dios, de lo que creo que somos ahora. Esto es algo que tiene que plantearse. Nuestra Tierra, la naturaleza y Dios, son y deberían mantenerse como lo más importante en nuestros caminos. Nunca más deberíamos permitir a otros el hacernos temer por creer en lo correcto. Después de todo, sin esta Tierra, ¡¿en dónde estaríamos?!

Nancy Vernon
enero 3, 2022

Se ha hecho un gran esfuerzo por proteger la identidad y privacidad de los clientes involucrados en estas sesiones. La ubicación en donde se llevaron a cabo las sesiones es correcta, pero únicamente se han utilizado los primeros nombres y éstos han sido modificados.

A medida que leas este trabajo, notarás que Dolores utilizó palabras que ya no utilizamos ahora. Esto es porque, cuando ella habla con un cliente que se encuentra en una vida pasada, esa persona se comunica como lo hacía en esa época. A menudo, han sido pronunciadas palabras que Dolores solo pudo imprimir fonéticamente. En ocasiones, esto se debió al fuerte acento que tenía la persona al hablar, proveniente de ese periodo.

Tabla de contenidos

Introducción: La viajera del tiempo — i

Sección 1: La vida como druidesa
Capítulo 1: La druidesa (Karen) — 3
Capítulo 2: La druidesa, Parte 1 (Bernadine) — 42
Capítulo 3: La druidesa, parte 2 (Bernadine) — 55

Sección 2: Historia de Brenda como Astelle
Introducción: Astelle — 71
Una nota de Dolores — 72
Capítulo 4: Una seguidora de las «viejas costumbres» — 73
Capítulo 5: La prueba — 92
Capítulo 6: Pentagramas y más — 112
Capítulo 7: Hablando con animales — 141
Capítulo 8: La gente pequeña — 165
Capítulo 9: Signos y Símbolos — 185
Capítulo 10: Leyendas e historias — 211
Capítulo 11: Regresa la inquisición — 228

Sección 3: Más vidas con Karen
Capítulo 12: El juglar, Parte 1 — 245
Capítulo 13: El juglar, Parte 2 — 255
Capítulo 14: El juglar, Parte 3 — 267
Capítulo 15: El doctor, Parte 1 — 291
Capítulo 16: El doctor, Parte 2 — 301
Capítulo 17: El doctor, Parte 3 — 322
Capítulo 18: La niña que veía hadas — 339
Capítulo 19: La sacerdotisa griega — 348

Mensaje de despedida — 357
Acerca del autor — 359
Libros de Dolores Cannon — 361

Introducción:
La viajera del tiempo

Sí, me considero a mí misma una viajera del tiempo, ya que encontré una forma muy efectiva de atravesar el tiempo a través del método de hipnosis regresiva. Más acertadamente, me considero a mí misma una reportera, buscadora, investigadora y acumuladora de conocimiento perdido. Esto se ha logrado a través del uso de una técnica de hipnosis que he perfeccionado a lo largo de treinta años trabajando en este campo fascinante. Mis raíces en la hipnosis se remontan a los años 60, cuando se utilizaban métodos más viejos y largos de inducción. La hipnosis se utilizaba principalmente para ayudar a las personas a dejar hábitos, por ejemplo: dejar de comer en exceso, dejar de fumar, etc. Aún no se escuchaba la idea de utilizarla para ayudar a personas a través de la terapia de regresión a vidas pasadas. Incluso en los años 70 fue desaprobada por los terapeutas serios. Yo he sido una participante a lo largo de todo este tiempo y la he visto evolucionar hasta donde se encuentra ahora, siendo una forma de terapia aceptada y valiosa. Así es esto: los métodos que alguna vez fueron considerados radicales, ahora son ampliamente utilizados, ya que se ha probado su valor. En los años 60, no había libros que ayudaran a ningún terapeuta a comprender este fenómeno. El único libro en ese entonces era La búsqueda de Bridey Murphy, que era la historia de un terapeuta tropezando con la idea de la reencarnación. El libro creó una gran cantidad de controversia en el momento de su publicación. Semejante libro no vería siquiera la imprenta hoy en día, ya que se consideraría demasiado común y mundano. Durante nuestro trabajo, yo, así como muchos otros terapeutas en este campo, nos encontramos con estos sencillos casos de forma constante, y la idea de revivir vidas pasadas ya no es considerado extraordinario. Ese libro fue un concepto innovador en ese entonces. Un libro para el tiempo apropiado en nuestra historia.

Yo también tropecé con la idea de vidas pasadas y reencarnación en 1968, mientras trabajaba con una mujer que estaba intentando perder peso. Con ayuda de su doctor, mi esposo y yo estábamos intentando ayudarla con su trastorno nervioso de alimentación, que estaba ocasionando problemas renales. En el transcurso de un tratamiento, de pronto se deslizó en una vida pasada en Chicago en los años 20, la era flapper. Ya que en ese entonces no había libros impresos que guiaran a un hipnoterapeuta acerca de qué hacer en esos casos, tuvimos que inventarnos nuestras propias reglas. Con nada que nos guiara, excepto nuestra curiosidad, llevamos a la mujer a lo largo de cinco vidas. Esta historia de mi comienzo se contó en mi primer libro Cinco vidas recordadas. Ese libro no ha sido publicado, ya que ahora lo considero demasiado mundano. Es la historia de mis comienzos, pero mi camino me ha llevado por aventuras inimaginables e increíbles a partir de entonces. Puede que sea impreso algún día, porque la gente siempre pregunta en mis conferencias acerca de cómo inicié, cómo fue que comencé este viaje fantástico, el viaje que me ha llevado a través del tiempo, espacio y dimensiones, y alrededor del mundo en varias ocasiones, desde ese humilde comienzo. Es un camino sobre el que no hubiera soñado nunca en los años 60, cuando estaba ocupada, siendo la esposa de un marino y madre de cuatro hijos. Esto ilustra cómo la trayectoria vital de cualquiera, puede tomar un giro de 180 grados, y el futuro puede deparar aventuras inimaginables, si tan sólo confías en el plan desconocido del universo.

Actualización: Este libro, Cinco vidas recordadas, se ha publicado debido a la masiva solicitud de los lectores de Dolores. Ella sintió que parecería mundano, pero todos querían saber cómo comenzó todo.

Tuve que esperar a que mis hijos fueran adultos y crearan sus propias vidas antes de poder dedicarme, de tiempo completo, a la hipnoterapia e investigación en 1979. Nunca hubiera soñado que las personas que venían a mí con sus problemas, me proveerían la información que resultó en diecinueve libros. En ocasiones, es preferible no saber lo que nos depara el futuro, o nunca emprenderíamos el viaje. A lo largo del camino, se me ofrecieron muchas oportunidades para detenerme, dar la vuelta o desviarme. En cualquiera de ellas, mi vida hubiera cambiado y yo me hubiera ido por una dirección diferente. Yo le llamo a estos años mis «tiempos de prueba». El destino estaba intentando ver cuán comprometida estaba yo con el camino que ya había comenzado; el camino que condujo a un futuro desconocido, nublado por el misterio. Pero una vez que se hace el compromiso, no hay vuelta atrás. Uno de mis lectores me envió la siguiente cita que yo considero bastante apropiada. Cuelga sobre mi escritorio y me recuerda diariamente a la tarea para la cual me ofrecí voluntaria. La tarea de presentar al mundo conocimientos ignorados y perdidos.

Hasta que uno se compromete, hay duda.
En el momento en el que uno se compromete definitivamente, entonces la providencia se mueve. Suceden toda clase de cosas para ayudarte, cosas que, de otro modo, nunca hubieran sucedido.
Toda una corriente de acontecimientos a favor de uno, surge de la decisión que se toma; todo tipo de incidentes imprevistos, reuniones y ayuda material, que nadie podría haber soñado que llegarían. Cualquier cosa que hagas o sueñes que puedes hacer, comienza a hacerla, porque la audacia tiene genio, poder y magia.

~ Johann Wolfgang von Goethe

Yo sé que, todos estos años, ha habido fuerzas invisibles guiando gentilmente mi camino. Han estado ahí para ayudar, y yo he tenido evidencia maravillosa de sus cuidados. Nunca me han dado más de lo que puedo manejar al mismo tiempo, y yo sé que mi camino hubiera sido mucho más rocoso sin ellos. Personas fantásticas han llegado a mi vida; y ahora mis libros se traducen por todo el mundo. Nada de lo que ha sucedido puede ser considerado accidente o coincidencia.

Desde 1979, mi trabajo en terapias de regresión a vidas pasadas ha crecido y evolucionado. Desarrollé mi propia técnica y la he perfeccionado a lo largo de los años. Encontré que gran parte de las técnicas normales de hipnosis consumían demasiado tiempo y eran innecesarias, así que comencé a suprimir los procedimientos que yo creía que no serían necesarios, y fui capaz de acortar el proceso de inducción. Después, desarrollé gradualmente una técnica que sitúa al sujeto en el estado de trance del sonambulismo. Este es el nivel a partir del cual me gusta trabajar, porque es ahí en donde he encontrado acceso a todo el conocimiento. Muchos hipnoterapeutas temen trabajar en tan profundo nivel, porque afirman que ahí pueden suceder cosas extrañas. Quienes han leído mis libros acerca de mis aventuras saben que cosas extrañas «pueden» y «suceden» ahí. El estado de trance del sonambulismo es el nivel más profundo posible. El ir aún más profundo, ocasiona que la persona se duerma y les es difícil responder. Todos alcanzamos el nivel de sonambulismo al menos dos veces al día. Es el estado por el que pasas cuando estás por quedarte dormido y cuando estás despertando. Mi trabajo es llevar al sujeto a ese nivel y mantenerlos ahí durante la sesión. Se dice que uno de cada veinte o treinta personas entrará espontáneamente en este estado durante la hipnosis. Sin embargo, mediante la técnica que yo he desarrollado, sucede lo contrario: una de cada veinte o treinta personas «no» entra en él. Durante la mayoría de las sesiones de regresión, la persona se sitúa en los niveles de trance más ligeros. En ese estado, ellos recordarán lo que vieron y al despertar pensarán que lo inventaron todo o se imaginaron una historia para complacer al hipnoterapeuta. Esto se debe a que la mente consciente se encuentra aún activa y actuando como un sensor entrometido. Cuando se alcanza el estado de sonambulismo, la persona no recuerda nada. La intervención de la mente consciente está totalmente bloqueada y no puede influenciar a la persona con pensamientos de: «Esto es tonto. Estás inventando esto. Viste esto en una película o lo leíste en algún libro». En el caso de la regresión a vidas pasadas, con la mente consciente fuera de escena, la persona se «convierte totalmente» en la otra personalidad del pasado. Esta vida presente no existe más. Sólo están familiarizados con aquello que se encuentra en la otra vida. He probado esto muchas veces en mis otros libros. Si mencionas algo del presente que no existe aún en la vida pasada, ellos no sabrán de lo que estás hablando. El sujeto se convierte tan profundamente en la otra personalidad, que, por ejemplo, si pueden escribir, he podido comprobar su caligrafía con la caligrafía actual mediante análisis grafológico. Dicen que no podría haber sido escrito por la misma persona. Los he tenido hablando súbitamente en diferentes idiomas, incluso desconocidos o lenguas muertas. Cuando la persona se despierta de la regresión, no tienen memoria de lo que ha sucedido. A menudo dirán: «¡Oh, disculpa! ¡Debo haberme quedado dormido!» Ellos no tienen sensación del paso del tiempo y del hecho de que yo ya tengo dos horas grabadas en cinta.

La mayoría de mis clientes entran en este nivel profundo y somos capaces de encontrar la causa de sus problemas en esta vida, porque la mayoría de las veces esto puede ser rastreado hasta otras vidas. Estos casos de terapias llenarían muchos volúmenes y yo utilizo muchos ejemplos de ellos al enseñar en mis clases de hipnosis. Pero, incluso si alcanzan este nivel profundo y se convierten en la otra personalidad, la mayoría de las vidas fueron simples, mundanas. Es un paralelismo con las vidas de las personas hoy en día. Hay muchas más personas ordinarias que aquellos cuyos nombres aparecen en el periódico. Sólo serán capaces de hablarte acerca de lo que saben desde su propia experiencia de vida. El campesino en el campo no sabrá lo que está discutiendo el rey en su castillo. Sólo podrán reportar aquello con lo que están familiarizados. Esto les da más validez a sus historias, porque no claman haber sido un personaje importante. Los escépticos dicen que las personas siempre claman haber sido alguien importante como Cleopatra o Napoleón. Nunca me ha parecido que esto sea cierto. En miles y miles de casos a lo largo de más de treinta años, nunca me he encontrado con nadie que fuera «la» persona importante. Pero he encontrado a aquellos que pudieron haber conocido o estaban asociados con «la» persona, o quien pudo haber vivido en un periodo de importancia histórica. Esto es acerca de lo que he escrito en mis libros.

A lo largo de treinta años, he acumulado una enorme cantidad de información. Esto ha resultado en mis diecinueve libros, que cubren cada fase de lo paranormal, desde las profecías hasta historias de ovnis y metafísica. Aún hay una gran cantidad de información que ha estado esperando el tiempo adecuado para ser insertada en un libro. A medida que viajo por todo el mundo realizando sesiones, encuentro piezas de información que, eventualmente, forman parte de un rompecabezas. Encuentro una pieza en un país y, años más tarde, encuentro otra pieza en un lugar diferente. Intento organizarlas de acuerdo al tema. Ahora tengo tanto y sigo acumulando tanto, que no hay peligro de quedarme sin material para escribir por muchos años venideros.

Es de ahí de donde provino la información utilizada para este libro. Me he encontrado con muchas personas que tuvieron vidas pasadas en sociedades antiguas o grupos gnósticos que tuvieron inmenso conocimiento y habilidades. Esto tenía que mantenerse en secreto por su propia seguridad. A lo largo de la historia siempre ha habido grupos que deseaban el conocimiento místico para su uso propio. Esta gente no permitía que otros tuvieran esa información porque usualmente la querían utilizar de forma negativa. En mi libro Jesús y los esenios, se mostró cómo los esenios se dejaban torturar y asesinar antes de revelar sus secretos a los romanos. Este caso se ha repetido a lo largo de la historia. Muchos de estos grupos tenían poderes y habilidades a los que ni siquiera nos podemos acercar ni podemos entender ahora. Pero eso está volviendo en nuestro tiempo, ya que será necesario en la nueva dimensión hacia la que estamos evolucionando. Tengo muchos clientes que quieren recuperar esta sabiduría perdida de la que tenían conocimiento en vidas pasadas. Los doctores quieren recordar los métodos de sanación psíquica, terapeutas quieren recordar el uso de la energía para sanar y los herbolarios y trabajadores similares quieren recuperar su conocimiento sobre plantas, hierbas y aceites. Los artistas quieren retomar sus habilidades artísticas y técnicas, igual que los músicos. He descubierto que esto es sencillo. Toda la información está guardada en la mente subconsciente. Si la persona tuvo una vida en donde practicó estas artes o habilidades antiguas, el conocimiento nunca es olvidado. Es guardado como si estuviera en una computadora gigantesca y se puede tener acceso en caso de ser «apropiado». Esa es siempre la clave: si es «apropiado». El subconsciente es el juez de eso, si es recomendable que la persona recuerde esas habilidades. En mi técnica, me comunico directamente con la mente subconsciente, y ésta toma las decisiones de si la habilidad debería ser devuelta en nuestra época. La mayoría de las veces lo aceptará, porque conoce los motivos de la persona mejor que nadie. Por lo tanto, yo puedo ver nuestro mundo beneficiándose de esto y yo creo que ayudará a mejorar y cambiar al mundo. Esto es lo que llamo una «corriente de fondo» o «corriente subterránea», de la cual una persona promedio ni siquiera es consciente. Muchos de mis clientes están abriendo centros de sanación por todo el mundo. Estos centros utilizarán métodos de sanación antiguos, basados en sociedades destruidas hace mucho tiempo, e incluso en máquinas de sanación de la antigua Atlántida. Éstas están siendo reconstruidas, ya que son máquinas de energía gratuita, que se utilizaban en la Atlántida y en otros planetas. Por todo el mundo he encontrado a personas que están trabajando en estas cosas que provienen de otras vidas y que beneficiarán mucho a nuestro mundo actual. Mi parte en todo esto es actuar como mediadora para permitirle a las personas acceder a sus propios talentos perdidos y regresarlos a nuestros tiempos. El conocimiento y las habilidades en la antigüedad eran increíbles, y nosotros no hemos siquiera comenzado a desarrollar esos talentos. Pero estamos en camino de recuperarlos, y llegarán en nuestros tiempos. Viviremos para ver esto en nuestro futuro. De eso estoy segura.

En este libro, presentaré algunos de los casos de información y conocimientos perdidos, que he encontrado a lo largo de los años. La «gente pequeña», hadas, elfos y duendes eran reales. Eran parte de la vida diaria. Se dice que aún existen, pero estamos demasiado involucrados en nuestro estilo de vida ajetreado como para ser conscientes de ellos. La gente del pasado vivía con un estilo de vida más basado en la agricultura y estaban mucho más cerca de la naturaleza, así que estas creencias eran bastante reales. Ahora, en nuestra sociedad moderna tecnológica, nos reímos de estas creencias hasta que los gremlins se meten en nuestras computadoras, juegan y hacen estragos.

Las religiones antiguas también eran muy cercanas a la naturaleza y sabían cómo trabajar con las fuerzas de la Tierra, que eran bastante reales para ellas. La magia era y es real. Es simplemente el uso y manipulación de energías. Los resultados de estas manipulaciones pueden ser positivos o negativos. El problema no es la energía, sino el manipulador. Pueden dirigir la energía hacia cualquier dirección que quieran, una vez que saben cómo utilizar estos métodos. Siempre debería ser recordado que el uso de energías crea retroalimentación y karma. El manipulador o practicante sabio, sabía que en la forma en que enviaran hacia afuera la energía, les sería regresada a ellos mismos multiplicada por diez. Entonces, eran cautelosos y procuraban no utilizar la energía para la negatividad, porque los resultados en ellos mismos podrían ser devastadores. Ellos respetaban el uso de este poder.

La imagen creada de estos antiguos gnósticos y practicantes que nos ha llegado a nuestro tiempo, es de negatividad, pero los sabios tenían conocimiento del costo de tener estos poderes y no los utilizarían de forma negativa. Sin embargo, en muchas ocasiones a través del tiempo, estas personas fueron incomprendidas y, cuando la gente descubría sus habilidades, los perseguían o mataban. No es de extrañar que ahora las almas duden en revivir estos poderes y conocimientos para utilizarlos en nuestra época presente. Ellos recuerdan subconscientemente lo caro que pagaron por sus habilidades. Durante ciertos periodos, la iglesia fue muy diligente intentando acabar con los practicantes de cualquier cosa que consideraran que fuera en contra de la iglesia. Así que, gran parte de este trabajo, tuvo que ser realizado en secreto, temiendo por sus vidas. Tal como he dicho en mis conferencias, «ellos nos colgaron, nos quemaron en la hoguera, nos torturaron y asesinaron, pero ¡estamos de vuelta!» Ellos pensaron que destruirían el conocimiento cuando destruían el cuerpo, pero éste nunca se pierde. Se guarda dentro de la mente subconsciente, esperando ser revivido.

~Dolores Cannon

Este es uno de los libros en los que estaba trabajando Dolores cuando falleció. Ella sentía que ahora es el momento para que sean contadas estas historias.

Sección 1

La vida como druidesa

Capítulo 1
La druidesa (Karen)

Al comienzo de mi carrera fui muy afortunada de trabajar con varios sujetos excelentes con sonambulismo. Esto fue durante el tiempo en que aún estaba explorando y descubriendo lo que era posible lograr con esta forma de hipnosis de trance profundo. Gran parte del material que descubrí en este comienzo, ya se ha plasmado en libros. Mucho más está esperando por la categoría apropiada. Durante 1982 y 1983, trabajé con Karen de forma regular. Durante mis sesiones con ella, descubrí el significado real de los viajes en el tiempo. Eventualmente, exploramos treinta vidas diferentes y la información detallada que manaba de ella fue fenomenal. Era capaz de convertirse tan completamente en la otra personalidad, que proveyó información histórica, tanto como cultural y teológica. Con mi curiosidad de reportera, formulé cada pregunta que era capaz de pensar, acerca de cualquier época en la que la encontrábamos. Karen era una joven de veintidós años, que había dejado la escuela a los diecisiete, sin haberse graduado, ya que quería libertad. Pronto, encontró que la libertad no llega con tal facilidad. Es difícil encontrar empleo sin una educación. Así que, se alistó en el ejército y se convirtió en una experta en computación en los inicios de esto, antes de que la competencia informática se volviera común. Después de dejar el servicio militar, se estableció en nuestra área noroeste de Arkansas y consiguió empleo en una compañía que estaba comenzando a utilizar computadoras. Sin embargo, su falta de educación iba a ser una ventaja para nuestro trabajo, porque no había sido tan influenciada como para fantasear historias situadas en lugares geográficos lejanos. Los escépticos dicen continuamente que el sujeto bajo hipnosis siempre describirá eventos en una ubicación y periodo con el que son familiares, o del que tienen cierto conocimiento por libros, películas, televisión, etc. Yo he descubierto que esto no es verdad, porque muchos de mis sujetos reportan vidas de forma detallada en periodos y ubicaciones acerca de los cuales se conoce muy poco. Yo tengo que investigar bastante para poder verificar sus relatos. Es por esto que me considero a mí misma como reportera, la investigadora de conocimiento «perdido». Estoy redescubriendo información acerca de culturas y sociedades poco conocidas. En el caso de este libro, sociedades que tenían conocimiento gnóstico y habilidades olvidadas.

Mi trabajo con Karen se realizó normalmente en casa de una amiga mía y colega hipnoterapeuta, Harriet. Ella ha estado conmigo por más de veinte años y ha sido una confidente fiable en mis exploraciones hacia lo desconocido. Ella se sentaba en las sesiones y, en ocasiones, realizaba preguntas. Su energía siempre añadía una dimensión extra a la aventura a través del tiempo.

Estas sesiones fueron una parte de las series con Karen. En ese entonces, yo aún tenía la creencia de que el tiempo es lineal y trabajaba desde ese punto de vista. Yo intentaba ser organizada y ordenada con mi abordaje. Pasarían al menos quince años, antes de que hiciera los descubrimientos que resultaran en la serie del «Universo complejo». Por aquel entonces, descubrí que el tiempo no existe en absoluto. Es meramente una ilusión, y todo está existiendo al mismo tiempo. Pero, en los primeros años de la década de los 80, este concepto no me había sido presentado aún. Yo creía que retroceder en tiempo lineal era emocionante y yo creía que tenía todas las respuestas. En ese momento, llegué a pensar que tenía resuelto todo el concepto de reencarnación. Poco sabía que esos eran únicamente mis primeros pasos hacia lo desconocido, y que tendría muchos conceptos impactantes y alucinantes que se me presentarían a medida que yo crecía en mis investigaciones. En cualquier momento, pude haberme detenido y haber renunciado a explorar más allá, porque mis creencias básicas estaban siendo amenazadas. Pero yo tuve la curiosidad por explorar más, y ahora, en mi trabajo no hay límites hacia lo que puedo descubrir, tanto como la mente humana pueda aceptarlos. Pero en los primeros años 80, cuando estaba trabajando con Karen, pensé que estaba siendo demasiado osada al llevarla atrás a través del tiempo en saltos de 100 años. Estas exploraciones resultaron en mis libros Un alma recuerda Hiroshima y Jesús y los esenios, pero hay muchas otras vidas que descubrimos que no se han plasmado en libros hasta ahora. Estaban esperando por su lugar adecuado.

Al realizar estos saltos a través del tiempo, nunca sabía en donde terminaría ella. Yo tomaba notas, así podía conocer a todas las demás entidades que descubríamos a medida que progresábamos retrocediendo. Se volvió demasiado obvio que lo único que yo debía hacer era pronunciar el año y la misma personalidad emergería. Éstas eran siempre las mismas y nunca cambiaban. Se volvieron bastante familiares para mí. Pronto, comencé a reconocer a las diferentes personalidades por sus patrones de habla y gestos. En algunas ocasiones, incluso sus expresiones faciales cambiaban. Comenzaron a semejar viejas amistades a medida que emergían. Pero aún estábamos retrocediendo más y yo no sabía con qué nueva personalidad nos encontraríamos a continuación. Esta fue nuestra primera vez que nos encontramos con la druidesa. Ni siquiera estoy segura de que las fechas sean correctas, porque he aprendido recientemente que las almas no reconocen el tiempo y la limitación de los años, tal como hacemos nosotros. Habíamos terminado nuestra conversación con una entidad en lo que creíamos que eran los años 800. Entonces la hice retroceder cien años hacia los 700. Cuando terminé de contar para ella ahí, le pregunté qué se encontraba haciendo.

K: Vamos a la isla. Ta en el mar de Nieblas.
D: *(Esto fue confuso).* ¿En el mar de Nieblas? Oh, no estoy familiarizada con él.
K: Es la isla de la Señora.
D: ¿En dónde te encuentras? ¿Este lugar tiene un nombre?
K: Gran Bretaña. (Ella frunció el ceño y no se veía segura de su respuesta). Así es como le llaman. Nosotras le llamamos la tierra. Este es el nombre que alguien le dio. (Su voz era demasiado suave. Gran Bretaña era pronunciado: Bretn).
D: ¿Entonces realmente no le llaman Bretaña?
K: Es simplemente nuestra tierra.
D: ¿Cómo se irán hacia la isla?
K: Caminamos a lo largo del sendero. Es un puente. Es tiempo de la luna y el camino es claro. En otro tiempo el agua viene y se eleva, por lo que el camino es cubierto.
D: Oh, ya veo. ¿Entonces durante otros días del mes se cubre de agua? (Sí) Y luego, en tiempos de la luna, ¿el camino está sobre el agua y pueden cruzar? ¿Cómo te llamas? ¿Cómo te llama la gente?
K: Es Arania (fonéticamente).
D: ¿Eres hombre o mujer?
K: Soy una mujer.
D: ¿Es aquí en donde vives?
K: Nadie vive en la isla, excepto la Señora. Es la capilla.

D: *¿En dónde está tu hogar?*

Ella dudó y tuvo dificultad para explicar. Entonces, dijo abruptamente: «No debemos decirlo».

D: *¿Por qué? ¿Es peligroso hacerlo?*
K: Muchos quieren encontrarlo para poder «utilizarnos» para empoderarse.
D: *Entonces deben actuar con secreto, ¿a eso te refieres? (Sí).*

Esto ha sucedido en otras ocasiones cuando he contactado a personas que eran miembros de grupos secretos (especialmente los esenios en mi libro Jesús y los esenios). Ellos desconfían de extraños y yo sabía que tenía que ganarme su confianza. Karen me conocía y se sentía cómoda conmigo, pero yo no estaba hablando con ella en el siglo veinte, sino con su antigua personalidad en donde el individuo tenía otro set diferente de moral. Es difícil hacer que un individuo vaya en contra de su moral, tanto en la vida presente como en una anterior. Esto demuestra cuán cercana se identifica la persona con su personalidad de vidas anteriores. Ésta se vuelve dominante.

D: *Pero tú sabes que siempre puedes decirme cosas porque yo no le cuento a la gente. Yo no soy alguien que quiera lastimarte. Intento ayudarte.*
K: Vivimos en las colinas con los Ancianos.
D: *Entonces no vives en una ciudad o en un pueblo. (Ella frunció el ceño). ¿Sabes lo que es una ciudad?*
K: Sé lo que es un fuerte. Nosotras no vivimos en un fuerte.
D: *Una ciudad es en donde viven muchas personas, todos juntos en un lugar.*
K: Eso me suena a un fuerte.
D: *Podría ser. Un fuerte, tal como yo lo entiendo, es un lugar que tiene una pared a su alrededor. (Sí) En donde vive la gente y están protegidos dentro de la pared. (Sí) Eso sería bastante similar a lo que es una ciudad.*
K: Nosotras no vamos ahí.
D: *¿Es peligroso?*
K: Eso no s'hace.
D: *¿Quién vive en el fuerte?*

K: Los del otro lado del agua.
D: Entonces, ¿tú vives en las colinas? ¿No tienes una ciudad propia? (No) ¿Viven en casas, en las colinas?
K: Encontramos refugio en cuevas o, en ocasiones, chozas.
D: ¿No tienen un lugar en donde se establecen todo el tiempo?
K: No. Debemos movernos siempre.
D: ¿Por qué?
K: Ellos intentan decir que lo que hacemos nosotras está mal. Y quizá nos maten.
D: ¿Por qué pensarían que están haciendo cosas malas?
K: Porque no somos como ellos.
D: ¿En qué sentido no son como ellos? ¿Su apariencia es diferente? ¿Actúan diferente, o qué es?
K: Ellos son «más oscuros» que nosotras, pero dicen que está mal honrar a los espíritus, féricos y el...

Yo no comprendí esa palabra y le pedí que la repitiera. El diccionario la deletrea «feérico» y significa: hada.

Tras investigar más a fondo, encontramos que «feérico» es el mundo de la gente pequeña, leprechauns, hadas, duendecillos, brownies, etc.

D: ¿Feéricos? ¿Y ellos piensan que esto es malo?
K: Ellos dicen que nosotras somos de lo que ellos llaman sus «demonios», o algo parecido.
D: Oh, ¿eso es cierto? ¿Ustedes veneran demonios y cosas similares?
K: (Enfáticamente) ¡No!
D: ¿Piensas que ellos simplemente no comprenden lo que ustedes hacen en realidad?
K: Ellos no quieren hacerlo. Ellos saben que nosotras tenemos poder, y quieren corrompernos o destruirnos.
D: ¿Entonces es por eso que deben esconderse? (Sí) Esto suena como que es parte de su creencia, ¿su religión? ¿Conoces la palabra religión?
K: No tiene significado para mí.
D: Es una creencia. Aquello a lo que rindes culto y en lo que crees.
K: Rendir culto, sí.

D: *¿Ustedes tienen algún nombre para su creencia? Quiero decir, ¿le llaman de algún modo?*
K: Los otros, algunos de ellos, nos llaman druidas, pero no nos llamamos así a nosotras mismas. Simplemente somos las damas de la diosa.
D: *A eso me refería. Una religión es en lo que crees. Ya sabes, lo que considerarías tu dios, o tu... bueno, puede tener muchos significados, ¿me entiendes?*

Solamente la estaba confundiendo más al intentar explicar la palabra, así que me rendí.

D: *¿Pero tú eres una druidesa? ¿Así es como te llamas a ti misma? (Ella pronunciaba «druidas» un poco diferente a como lo hacía yo). ¿Y ustedes veneran, creo que esa es la palabra correcta, veneran a la Señora de la isla? (Sí) ¿La Señora tiene algún nombre con el que la llaman?*
K: Ella tiene un nombre, pero nunca se pronuncia, ya que no está permitido en los labios de un mortal. Es muy sagrado.
D: *Tú no puedes pronunciar su nombre.*
K: El pronunciar el nombre es tener un poder que no ha sido otorgado a los mortales.
D: *¿Ni siquiera lo pronuncian durante sus ceremonias? (No) ¿Las personas que están intentando hacerles algo a ustedes, tienen nombre?*
K: Ellos son de Gaul. Yo nunca los he visto.
D: *¿Son del otro lado del agua?*
K: Sí. Vienen y destruyen las cosas de nuestros amigos, y ellos se lamentan con nosotras. Y cuando nosotras los atacamos, ellos intentan matarnos.
D: *Pero ustedes no son gente violenta, ¿o sí?*
K: «Nosotras», no. He escuchado de algunos que realizan sacrificios con las personas que capturan. Pero nosotras no hacemos eso. A los Ancianos no les gusta eso.
D: *Así que, dijiste que cruzaban hacia una isla sobre un puente que es como un puente de tierra.*
K: Sí. El agua se eleva y lo cubre cuando la luna está llegando y se está yendo.
D: *¿Te refieres a las mareas?*

K: Yo no sé de eso… El agua llega y es como si el puente no estuviera. Pero entonces hay momentos en que todas lo podemos ver.

D: *El agua baja en ciertos momentos, ¿entonces pueden ver el puente para cruzarlo? (Sí) ¿Y tienen que esperar cuando llegan allá, antes de poder volver?*

K: La ceremonia se realiza una noche antes de que el agua se eleve nuevamente.

D: *Oh, entonces tienen que realizarla rápidamente, ¿en un día? (Sí) ¿Y después tienen que volver por el puente antes de que el agua se eleve? (Sí) ¿Dijiste que hay una señora que vive ahí?*

K: La Señora. No «una» señora. La Señora.

D: *Intento comprender. Debes ser paciente conmigo. ¿La Señora vive en la isla, en el mar de Nieblas? ¿Es eso cierto?*

K: Sí. Este es su lugar de poder. Y nosotras somos sus hijas.

D: *Oh, ella no es una persona en realidad. ¿A eso te refieres?*

K: (Suspira) Ella es tan real como tú o como yo, pero es mucho más. Es mejor.

D: *Y entonces acerca de esta noche… ¿es una vez al mes?*

K: Es una vez al mes.

D: *Una vez al mes van allá y realizan una ceremonia. ¿Es una ceremonia en honor a ella?*

K: ¿En su honor? Sí. Para mostrarle… para hacerle saber que la recordamos y admiramos y…

D: *Sí, creo que sé a lo que te refieres. Es simplemente difícil para mí el ponerlo en palabras que puedas comprender. ¿Dijiste que ustedes son sus elegidas? ¿Eso es correcto? (Sí) ¿Qué es lo que tienen que hacer para ella? ¿Ella les pide algo?*

K: Nosotras nos mantenemos atentas y escuchamos cosas en caso de que ella necesite saberlas, y ayudamos a quienes lo necesitan. La Señora es una sanadora y, si alguien nos necesita, vamos y lo hacemos.

D: *Entonces ella realmente es una persona de carne y hueso. Estaba pensando quizá en un espíritu.*

K: (Suspira) Ella no es como yo, es mucho mejor. Ella entra en las sacerdotisas y las dirige. No es una persona tal y como pensarías. Es una hija de la creación.

D: *Una hija de la creación. Pero no es una persona como tú o como yo que requeriría de comida y bebida y un lugar para vivir. (No)*

¿Ella sabe cómo sanan ustedes? (Sí) Si fueran en camino hacia la sanación de alguien, ¿cómo lo harían?

K: Si somos llamadas, debemos ir y, mientras estamos ahí, preparamos una fogata. Al atraer este fuego hacia nosotras, atraeríamos el poder y entonces nosotras... (tuvo problemas encontrando la palabra), canalizaríamos esta energía hacia la persona que está enferma. Y la sostendríamos mientras las hierbas y las cosas que hemos reunido hacen su trabajo.

D: *También utilizan hierbas.*

K: Sí. El fuego es algo para contemplar, visualizar, para que podamos atraerlo a nosotras mismas. Es este mismo fuego, solo que engrandecido, y nos convertimos en parte de «ella». Entonces sería su poder y su energía la que sería canalizada a través de nosotras.

D: *Entonces la fogata solo es utilizada para que ustedes la observen, para que se concentren. (Sí) Y cuando sitúan sus manos sobre alguien que está enfermo, pueden dirigir el poder hacia esa persona para sanarlo. Y también le dan las hierbas. Sólo estoy intentando comprender. Es un poco difícil para mí.*

K: Es... no soy muy buena explicando cosas.

D: *Yo creo que estás haciendo un muy buen trabajo. ¿Utilizan algunas piedras durante la sanación?*

K: Utilizamos la piedra morada que se encuentra en las colinas. En ocasiones, si se observa bien, ellas tienen parte del fuego, lo cual es bueno. A veces, si son varias partes diferentes las que están mal, quizá utilizaríamos la piedra rosa que también se encuentra aquí. Tiene forma... (Realizó movimientos con las manos).

D: *¿Te refieres a alguna forma rara?*

K: Sí, y también tiene parte del fuego. Al sentir estas cosas podemos saber en dónde encontrarlas. Y cada una de nosotras tiene sus piedras personales, porque hay muchas otras que se utilizan. Pero encontramos una cosa en la cual concentrarnos, lo que no tiene que ser necesariamente igual para cada persona. Encontramos algo que utilizaríamos para atraer «nuestra» energía, en caso de que no haya una fogata para empezar.

D: *¿Estás hablando sobre una fogata real, o estás hablando sobre energía? ¿Es esta una palabra que comprendes?*

K: La fogata se inicia con poder, pero hay un fuego real. Está hecha de distintas cosas. Se mantiene en el cuenco y se enciende mediante energía, pero es un foco.

D: *Porque hablaste de que había fuego en las piedras.*

K: No, no. La piedra es una extensión del fuego. Es algo que magnifica lo que podemos transmitir a través de nosotros.

Harriet estaba haciéndome señas.

D: *Hay alguien a quien le gustaría hablar contigo y realizarte algunas preguntas. ¿Está bien si ella también te pregunta algo?*

K: Si puedo contestar, lo intentaré.

Harriet (H): *¿Puedes contarme si las piedras se utilizan junto con el fuego? ¿Se colocan sobre la fogata para ayudarles a concentrarse?*

K: Normalmente están ensartadas, y se cuelgan alrededor de nuestro cuello y sobre el punto de luz. Están en una cuerda larga y se cuelgan de donde proviene tu esencia de luz. Ellas toman esa luz y la amplifican. Así es como se utilizan.

¿Se estaba refiriendo al chakra del plexo solar como el punto de luz?

H: *Así que esa piedra cambia de persona a persona. ¿Esto se debe a que personas diferentes tienen un diferente índice de energía?*

K: Sí, y algunos parecen trabajar mejor con una piedra que con otra.

H: *¿Cómo encuentra alguien su piedra correcta? ¿Se dejan llevar por su instinto?*

K: Algunas piedras repelen cuando se les toma con las manos, entonces sabes que eso no es bueno. Con otras puedes sentir el calor y casi como si el amor irradiara de ellas; eso es el fuego. Entonces sabes que esa es la buena, es la piedra correcta.

H: *¿Esta piedra permanece constantemente contigo, o la apartan en algún momento?*

K: Permanece contigo, sí. Porque mientras más esté contigo, más se sintoniza contigo y tú te sintonizas con ella.

H: *¿Se utilizan diferentes piedras para diferentes tipos de enfermedades? En otras palabras, si una persona tiene una piedra morada, ¿sólo sirve para ciertos tipos de sanación?*

K: Depende de cuánto poder puede enfocar esa persona a través de la piedra morada. Si tienen un nivel muy alto siendo capaces de sostener el poder, pueden sanar muchas cosas con ella. Pero también hay aquellos que tienen quizá un nivel menor de energía que pueden focalizar, y sólo serán capaces de sanar ciertas cosas con su habilidad.

H: *¿Hay algún modo de mejorar su poder, aumentarlo?*

K: Abriéndote a lo que está a tu alrededor. Utilizando ejercicios de concentración cada día, en los que te centras en cierta parte de tu ser. En el centro de luz que está en todos nosotros. Cuando aprendes a tocarlo y mantener el toque, entonces serás capaz de liberar todo tu poder.

H: *¿Cuándo dices tocar, ¿te refieres a literalmente tocar con tus manos, o tocar con tu mente?*

K: No, es llevando tu mente hacia ti mismo, enfocándote en este punto hasta que lo ves y lo reconoces por lo que es. Entonces, te esfuerzas por alcanzarlo y tocarlo con suavidad; esta es la unión de ti mismo con la energía que lo es «todo».

H: *¿Esto ayudará a incrementar tu habilidad para compartirla con otra persona? (Sí)*

D: *¿Esto ayuda para fortalecerla?*

K: Sí, pero el impulso original debe venir de dentro. No pueden enseñarte a recurrir a ella.

D: *¿Hay alguna precaución que deba ser tomada, para que cuando intenten utilizar esta energía no se lastimen a ustedes mismos?*

K: Sitúense en un estado de mucha calma y rodéense de buena voluntad y protección, sabiéndose rodeados de eso.

H: *¿Las figuras tienen algún significado? Por ejemplo, ¿los triángulos o pentagramas?*

K: El triángulo tiene las puntas que atraen la energía hacia «dentro», así que, el punto central, el centro del triángulo es el punto focal. El pentagrama es igual. Se ha puesto una gran cantidad de interés en la forma de, lo que es conocido como… (tuvo gran dificultad encontrando la palabra), ah, pirámide. En el centro de ella hay una «gran» concentración de energía. He escuchado que los que tienen un conocimiento similar, la utilizan. Se dice que la gente que vino antes que nosotros, utilizaba estas formas con gran provecho. Pero también hay peligro por el hecho de que pueden amplificar tanto el poder, que también se puede ocasionar un gran daño.

D: ¿Te refieres a que, mientras más grande la pirámide, más grande la forma, ésta genera más poder?

K: Sí, esa es la diferencia, ya sea de piedra o de lo que sea que esté hecha.

D: ¿A eso se debe el peligro si tienes una muy grande, porque puede generar demasiada energía? (Sí) ¿Importa el material del que esté hecha la figura?

K: Ayuda si están hechas de algo puro. El cristal es bueno porque es básicamente puro. Hay diferentes piedras que también son buenas.

D: Me refiero a si fueran hechas de madera o de piedra.

K: Una piedra es quizá mejor que la madera.

D: ¿Te refieres a una piedra del suelo o a una joya?

K: Sí. Verás, si utilizas una joya, quizá, los puntos focales no están tan sintonizados a aquello para lo que tú quieres utilizarla. Tal y como no utilizarías el cristal de la misma manera en que utilizas la aguamarina.

D: ¿Pero podrías utilizar una roca o un cristal, y funcionaría? (Sí) ¿Qué pasa con la madera, si la tallaras...?

K: No es tan buena.

D: ¿Dijiste que hay ejercicios que realizan cada día?

K: Sí. Tal y como el que describí. También hay aquellos en los que das vueltas y giras de esta forma (movió las manos), hasta que ya no puedes seguir más. Eso te abre a los campos de energía que están a tu alrededor.

D: ¿Te refieres a girar todo tu cuerpo? (Sí) ¿No te marearías?

K: Cada día lo aumentas más y más hasta que ya no puedas hacerlo, de esta forma eres capaz de controlar el mareo. Pronto solamente sentirás la energía en lugar del mareo.

D: Yo creo que eso te hará caer.

H: ¿Al hacer esto, te mueves en lo que llamaríamos una dirección en contra de las agujas del reloj?

K: Te mueves sinisfoso. **(Fonéticamente. ¿Quizá: «sinistorso?»)

Otro término sería «sinistrorso». Este es un movimiento que se realiza de derecha a izquierda, incorrecto, en dirección contraria (en contra de las manecillas del reloj; comparar con dextrorso).

D: Nosotras no entendemos esa palabra. ¿A qué te refieres?

Ella movió su mano contra las agujas del reloj.

D: *La forma en que tu mano se mueve, ahora sería lo que llamamos en contra de las agujas del reloj. Eso es extraño, ¿no es así?*
H: *Ustedes le llaman sinisfoso. (Sí)*

Naturalmente, ella no entendía nuestra frase. Ella hablaba, obviamente, desde una época en que no tenían relojes.

D: *¿Cómo le llaman a la otra dirección? ¿Tienen alguna palabra para eso?*

Ella estaba confundida.

H: *¿Habría algún beneficio al moverse en la otra dirección?*
K: Es de bloqueo. Nosotras no utilizaríamos esa dirección.
H: *¿Hay áreas en donde sea mejor realizar este movimiento circular?*
K: En donde estés afuera, en el campo o bajo la copa de los árboles, en donde tengas un área que te permita hacerlo. Cualquier lugar en donde haya poder terrenal al que te puedas abrir.
D: *Entonces no lo harían dentro.*
K: ¿En dónde? ¿En la cueva? No. En donde haya poder terrenal utilizas este ejercicio.
D: *Aún creo que al hacerlo te caerás. Yo probablemente lo haría.*
K: (Ríe) Cuando comenzamos, muchas de nosotras caíamos. Pero ya no más.
D: *¿Lo hacen todos los días? (Sí) Entonces es uno de los ejercicios que hay que fortalecer. (Sí) ¿Hay muchos de tu gente?*
K: Hay menos de las que solíamos ser. Se ha vuelto peligroso volverse una de nosotras. Ellos no quieren que sobrevivamos, ya que nuestro poder amenaza su seguridad. Ellos quieren sacarnos de esta tierra. Cuando la gente acude a nosotros por ayuda o guía, si aún estamos aquí, es demasiado peligroso para ellos.
D: *¿Crees que sea por esta razón que ellos difunden esas historias diciendo que ustedes son malos? ¿Para que la gente les tema? (Sí)*
H: *¿Por qué quieren llevarse a tu gente? ¿Hacia dónde los llevarían?*
K: Ellos solamente quieren controlarnos. Quieren que hagamos lo que ellos quieren. Quieren mandar.

D: *Entonces lo que ellos quieren es utilizar sus poderes para beneficio de ellos.*
K: Eso es lo que ellos desean, pero nosotras no lo haremos.
D: *Incluso si se los llevan, ¿ustedes no harían ninguna de esas cosas que ellos desean?*
K: Preferiríamos morir.
D: *Entonces a ellos no les beneficiaría en nada. (No) Pero, de cualquier forma, ustedes no podrían enseñarles nada. Ellos probablemente sean el tipo de gente equivocado.*
K: No puedes enseñarle a alguien que está cerrado desde el nacimiento; ¿cómo abrir a alguien que ha estado cerrado por muchos, muchos años, si no tienen deseo de aprender? Especialmente si es para mal. Los espíritus saben cuando una persona ha sido honrada con ellos. Y, si no lo eres, no vendrán.
D: *Bueno, también hay espíritus malos, he escuchado.*
K: Sí. Pero solamente debes protegerte con la luz y ellos no podrán... Lo que ustedes considerarían como un espíritu malo es uno de la oscuridad. Y, en donde hay luz, se repele toda oscuridad.
D: *¿Cómo utilizan esta luz? Me gustaría intentarlo. ¿Serviría para mí?*
K: Solo si eres capaz de tocar lo que se encuentra en tu centro. Solamente haces que esta luz salga hasta que te rodee.
D: *¿Y nadie puede lastimarte cuando utilizas esa luz protectora? (No) Había escuchado acerca de eso. Yo le llamo la «luz blanca». ¿Eso sería apropiado?*

En mi trabajo sobre metafísica, me han enseñado a visualizar una luz blanca alrededor de mí misma y mis clientes por protección contra influencias negativas. Yo utilizo esto durante mis sesiones y también la visualizo alrededor de mi casa y mi auto cuando estoy viajando. Me han dicho en mi trabajo que la luz blanca es una fuerza de protección muy poderosa, y que nada negativo se le puede acercar. He alentado a muchos de mis clientes a utilizar también esta visualización como protección.

K: Algunos la visualizan blanca. Yo la veo como cada color del arcoíris. Abarca todo.

D: *Hay muchas más piedras aparte de las que tú nos hablaste. He escuchado de las blancas. Son claras, puedes ver a través de ellas. (Estaba pensando en cristales).*

K: He escuchado de ellas para contemplar, pero no mucho para sanar. No son muy comunes aquí, así que no las utilizamos. Quizá sean buenas. No lo sé.

D: *¿Entonces las moradas y rosas son mejores?*

K: Son las que podemos encontrar aquí. Es lo que usamos.

H: *¿Tienen algún método para cortar las piedras, o darles forma de alguna figura?*

K: Se dice que hace muchos años, cuando vinimos por primera vez a esta tierra, había aquellos que podían darle forma a las piedras con su esencia. Pero nosotras lo único que podemos hacer es darles una forma aproximada con piedras que son más fuertes.

D: *¿Y hacerles un hueco para que puedan colgarlas alrededor de su cuello? (Sí)*

H: *¿Algunas figuras tienen beneficios?*

K: Se dice que algunas figuras quizá amplifiquen aún más el poder, al darle un punto desde el cual enfocar o hacia el cual enfocar. Lo magnifica, sí.

D: *¿Puedes colgarte ciertas piedras por protección, o sólo utilizan la luz?*

K: En su mayoría sólo utilizamos la luz. Es mucho más poderosa que una piedra.

D: *¿Llevan puesto algún tipo especial de vestimenta?*

K: Está hecha de un tejido blanco de oveja. Tiene mangas largas y se ata en la cintura con un cordón.

H: *¿Tanto mujeres como hombres utilizan la misma vestimenta?*

K: No hay «hombres» que sirvan a mi Señora. Hay hombres que sirven a otros. Nosotras servimos a mi Señora y no hay hombres entre nosotras.

D: *He escuchado de hombres que se llaman a sí mismos druidas.*

K: Hay hombres que hacen cosas terribles y no son buenos. Se dice que, originalmente, cuando llegamos a esta tierra, éramos siempre un solo pueblo. Y, con el paso de los años, hubo personas que vieron que había posibilidades de... quedaron sin rumbo al atraer el poder del lado oscuro. Y hubo una separación, yéndonos nosotras por un lado y ellos por el otro.

D: *Es lo mismo, sólo que ellos tomaron direcciones diferentes.*

K: Sí, nosotras no lastimaríamos a nadie.

D: Sí lo creo.

H: *¿Cómo es que son elegidas para hacer esto?*

K: Una de las mujeres viene a la aldea en donde estamos. Se les dice previamente en dónde encontrarnos, y entonces nos llevan. Somos intercambiadas por algo de valor. Nuestros padres no intentan detenernos.

D: *¿Es un honor el ser elegida para este servicio hacia la Señora?*

K: Cuando yo fui elegida fue un gran honor.

H: *¿Cuántos años tenías?*

K: Seis.

D: *Eras una niña pequeña. ¿Entonces creciste dentro de todo esto? (Sí).*

H: *¿Al nacer una niña ya se sabe que ella servirá a la Señora?*

K: Es establecido; se le dice a la sacerdotisa en dónde encontrar a la niña. Y sí, desde su nacimiento se sabe que ese será el camino que tomarán.

D: *¿Y al estudiar, por decirlo así, es cuando viven en las cuevas? ¿O tienen algún lugar específico en donde se les enseña a hacer estas cosas?*

K: En ocasiones, durante la última parte del entrenamiento, vamos a la isla y pasamos el mes ahí.

D: *¿Un mes entero?*

K: Y muchas cosas que se enseñan ahí son ensombrecidas a ojos ajenos, para que no sepan que el poder está siendo despertado.

D: *Yo creía que debían tener una escuela, si es que sabes lo que es una escuela, un lugar para aprender.*

K: Tenemos maestras, pero no hay... edificio. (Le costó encontrar esa palabra).

D: *¿Puedes platicarnos sobre la comida que comen?*

K: Comemos frutas y bayas de los árboles, nueces y algunas hierbas.

D: *¿Algún tipo de carne?*

K: (Impactada) ¡No! Matar a un animal es matar algo que está vivo y algo que es parte del todo. ¿Por qué querrías lastimar algo que es parte de la naturaleza?

D: *Mucha gente sí come carne. ¿Pero está bien comer cosas que son plantadas?*

K: El tomar el fruto de los árboles o las nueces no mata lo que está vivo. Y siempre dejamos suficiente para que haya más. Eso no daña a nadie. Ellas están para el bien de la Tierra. Pero tomar y matar algo que está vivo, el «matar», ¡eso está mal! (Se estremeció por completo).

D: *Si te molesta, no pienses en eso. Hay mucha gente en el mundo y hacen muchas cosas diferentes. Algunos siembran lo que se conoce como cultivo. ¿Sabes lo que es?*

K: He visto a gente que cambia la tierra, ponen semillas dentro de la tierra, y eso es bueno. La Tierra está dispuesta a compartir su esencia con todos, mientras que haya siempre más semillas que poner en el suelo. Siempre que devuelvas tanto como quites.

La adelanté en el tiempo hasta que estuvo en la isla llevando a cabo la ceremonia. Le aseguré nuevamente que podía confiar en nosotras, y que no revelaríamos nada de lo que nos compartiera.

K: Todas formamos un gran círculo alrededor del altar en el claro. Y todas, sosteniendo la vela, damos vueltas en círculo mientras cantamos. Y todas estamos enfocando nuestra energía en el altar, de esta forma nuestro amor y parte de nuestra esencia están enfocados en mi Señora. Y es a través de esto que el poder nos es devuelto, para que recibamos más de lo que hemos dado, a través del compartir y mezclar. El altar es negro, pero en el centro hay una piedra que es muy clara. Brilla, emite un resplandor de luz. Es un centro de enfoque. Se utiliza como concentrador. También como amplificador.

D: *¿La Señora vendrá cuando realicen estos cánticos?*

K: Si vendrá, si ella lo desea, introducirá su espíritu en la suma sacerdotisa, para que nosotras podamos conocer su voluntad.

D: *¿Entonces ella hablará a través de la suma sacerdotisa? (Sí) ¿Y en el momento en que terminen de realizar los cánticos y el moverse en círculo, ella aparecerá?*

K: Si ella lo elige, sí.

D: *¿Qué tipo de cánticos realizan? ¿Hay un sonido o palabras especiales que utilizan cuando cantan?*

K: No es una palabra. ¿Cómo lo describirían? Suena como el viento pasando deprisa, o las olas golpeando las rocas.

D: *¿Podrías hacer ese sonido para mí?*

Al principio se negó, luego dudó. No se decidía, pero finalmente dijo: —Es un sonido como aaaah, pero tiene un maaaa. Pero no está permitido decirlo... ¡yo no puedo! —Parecía inquieta. Aparentemente, estaba cruzando la línea del secretismo. Yo la tranquilicé.

D: *Gracias por compartir la información. No queremos meterte en problemas. Puedes confiar en nosotras, porque nosotras no haremos nada que te lastime. ¿Entonces este sonido les ayuda a enfocarse a medida que todas lo pronuncian al mismo tiempo? (Sí) Dijiste que iban a la isla en el tiempo de la luna. ¿Es durante la luna llena o cuál tiempo?*

K: Sí. Es tiempo de la luna nueva, cuando está ahí, grande en el cielo.

D: *Oh, la luna es demasiado grande entonces. Ese es el momento en que el puente aparece y pueden cruzar. (Sí) ¿No sería peligroso si esas personas supieran cuando ustedes salen, porque entonces sabrían en dónde encontrarlas?*

K: La isla está protegida. No está «aquí» para las demás personas.

D: *Ya veo. ¿Es por eso que le llaman el mar de Nieblas? (Sí) Ellos no siempre pueden verla.*

D: *He escuchado de un lugar que está en su isla. No sé si ustedes le llamarían por el mismo nombre que yo, o si no. ¿Has escuchado del lugar llamado Stonehenge? ¿Conoces ese nombre?*

K: (Pausa) Te refieres a la Danza de gigantes. Se ubica a mitad de la planicie y fue construida no mucho después de que llegáramos por primera vez; era un lugar de estudios. Era para focalizar poderes y aprender acerca del universo.

D: *He escuchado que tienen piedras muy grandes que están colocadas en círculo, ¿es ese el mismo lugar?*

K: Sí. Se dice que fue construida mediante música. Eso es cierto. Al utilizar ciertos sonidos se pueden levantar y mover grandes pesos. Y se dice que eso se construyó antes de que se perdiera este conocimiento.

D: *Hay muchas piedras que están erguidas y hay también piedras en la parte superior de esas.*

K: Y también están las que se conocen como la piedra del altar o la piedra del rey. Y también los fosos de tiza que las rodean.

D: *¿Cuál es el propósito de esas?*

K: Lo único que sabemos nosotras ahora es que era para marcar los días.

D: *¿Cuál fue el propósito de construir todo eso?*

K: Se dice que es para marcar el tiempo... hasta el final. Que cuando el misterio sea recordado, entonces llegará el momento. Esto es una leyenda.

D: *Mucha gente se ha preguntado para qué se construyó y para qué propósito servía. Es un gran misterio. ¿Para qué pasar por tanto trabajo construyéndolo si no se tenía un motivo?*

K: Cuando el motivo sea recordado...

D: *¿Entonces en realidad no sabes con qué motivo se construyó?*

K: Se dice que se sabrá el último día.

H: *Dijiste que tu gente vino desde otro lugar. ¿Sabes de dónde venían originalmente?*

K: Era un lugar del otro lado del agua, se dice que fue destruido. Se dice que enfurecieron a los dioses y estaban dando un mal uso a las habilidades que se les dio. Entonces los dioses descargaron su ira sobre ellos y los dispersaron a los cuatro vientos.

D: *¿Sabes cómo fue destruido ese país?*

K: Sólo sé que se hundió en el mar.

En muchas historias, se dice que la gente de la Atlántida tenía habilidades o poderes psíquicos muy fuertes, que pueden haber contribuido a la destrucción de esa área. Eran capaces de levantar piedras pesadas e incluso moldear piedras con la mente. Aquí, en la vida de Karen como druidesa, su creencia era que Stonehenge (Danza de gigantes), fue erguido justo después de la caída de la Atlántida, aparentemente por algunos de los supervivientes.

D: *¿Después la gente se dispersó a muchos otros lugares? ¿Es por eso que ustedes recordaron los poderes que su gente tenía en aquellos días? (Sí) Creo que estamos hablando del mismo lugar. Es sólo que en donde vivimos nosotras, a aquél lugar le llaman Stonehenge.*

K: Yo no conozco ese nombre. Sólo se conoce como Danza de gigantes.

D: *Ahora la gente piensa que tiene que ver con las épocas del año.*

K: Sí, marca el tiempo. Pero también hay un significado mayor. El altar de piedra se ilumina con el fuego del sol a mediados del verano. Eso es el misterio.

D: ¿Pero tu gente ya no lo utiliza?

K: La gente de mi Señora nunca lo ha utilizado. Eso fue hace mucho, mucho tiempo.

D: ¿Entonces tu gente, los druidas, no fueron quienes lo construyeron?

K: La gente de la que provenimos lo construyó, pero no los que ustedes considerarían ahora que se llaman druidas. Nosotros no lo construimos. Incluso ahora, ya es viejo.

D: Esa es la historia que hay ahora en donde vivimos nosotras, que los druidas lo construyeron hace muchos, muchos años.

K: Ningún hombre que camina ahora sobre la Tierra recuerda el poder de levantar piedras.

D: ¿Piensas que fue construido en la época en que existía el país que se hundió bajo el mar?

K: Se dice que fue construido por gente que provino de ahí.

D: Entonces ellos aún tenían ese poder. (Sí) Es muy antiguo y misterioso.

D: ¿Cuántos años tienes tú en este momento?

K: Um, quizá... veinticuatro, veinticinco.

D: ¿Entonces aún eres una joven?

K: Me acerco a la edad media.

D: De cualquier forma, ya no eres una niña. ¿Se les permite casarse a las mujeres en tu grupo?

K: Es muy raro que cualquiera de las mujeres tenga deseos de hacerlo, pero si vienen aquí y descubren que eso está en su camino, si la Señora les da permiso, entonces éste es concedido.

D: Entonces no está estrictamente prohibido. (No) ¿Pero no es muy común?

K: ¿Quién cambiaría una vida como esta por eso? Y el tener la oportunidad de servir a mi Señora y a «todos» los hombres en lugar de sólo a uno.

H: ¿Qué tipo de vida tendría una joven que no fuera elegida para este servicio a mi Señora?

K: Trabajar en el campo o solamente criar niños y ayudarle a su esposo y...

D: En otras palabras, vivirían una vida normal humana.

K: No sé qué conocimiento se gane a partir de eso.

H: Entonces, estas mujeres no tienen en realidad la oportunidad para aprender. ¿Ellas simplemente sirven produciendo más niños? (Sí) ¿Pero tu servicio puede ayudar desde un punto de vida de sanación y a elevar el nivel de la mente?

K: Eso espero.

H: Realmente entonces están protegiendo el poder y manteniéndolo. Si no estuvieran aquí para hacerlo, se perdería este poder.

K: La Señora nunca se perderá. Pero quizá se olvide. Y es muy importante que se le recuerde, porque damos a través del amor cuando hay necesidad, y para seguir adelante y existir.

D: Mencionaste que vienen a la isla una vez al mes y viven en cuevas o en donde les sea posible esconderse. ¿Qué hacen con el resto de su tiempo?

K: Viajamos y, si hay alguien que nos necesite, vamos a encontrarlo. Pasamos tiempo recolectando comida y aprendiendo siempre cosas nuevas. Recolectando hierbas y secándolas. Sí, haciendo diferentes cosas para sanar con eso.

D: ¿Pero no es peligroso cuando van a donde hay otras personas?

K: No seríamos llamadas si ellos no desearan tenernos ahí y protegernos.

D: ¿La gente las protege?

K: Sí. Cuando tienen necesidad de nosotras, estamos a salvo de todo daño.

D: ¿Cómo es que se comunican con ustedes si ellos no saben en dónde se esconden?

K: Ellos simplemente hacen saber que hay alguien que está enfermo y nosotras lo sabemos.

D: ¿El mensaje se pasa a través de la Señora? ¿Ella les dice a dónde ir?

K: O los Ancianos.

D: ¿Los Ancianos? Antes nos dijiste que ustedes viven con los Ancianos en las cuevas.

K: Sí, en ocasiones comparten las cuevas con nosotros.

D: ¿Quiénes son los Ancianos?

K: Son las personas de las colinas. Ellos siempre han estado aquí. Ya estaban aquí cuando nuestra gente llegó. Ellos siguen a los antiguos dioses y evitan que caigan en el olvido.

D: ¿Los Ancianos son personas? (Sí) Pensé que quizá eran como la Señora. ¿Y son tanto hombres como mujeres? (Sí) ¿Sólo se les llama así, los Ancianos?

K: Se dice que los Ancianos son descendientes de los dioses. Hace mucho tiempo, antes de que los hombres pusieran un pie sobre esta Tierra, los Ancianos ya caminaban sobre ella. Y la vida era buena. Entonces, llegaron hombres y mujeres quién sabe de dónde, y los dioses encontraron agradable que hubiera otros también, y algunas de las mujeres encontraron el favor de los dioses. Y se dice que estos son sus hijos, de estas mujeres y los dioses. Y a cada uno se le llama en honor al dios de su familia.

D: ¿Entonces se les llama «Ancianos» no porque tengan bastantes años, sino porque provienen de esta gente antigua...?

K: Es una raza en decadencia. Cada año nacen menos. Y están siendo desplazados de vuelta a las colinas, debido a todas las demás cosas, los extranjeros que vienen a esta tierra. Y están siendo desplazados, como nosotras. Y es por miedo y superstición que muchos de ellos han muerto de hambre.

Cada uno de ellos proviene de una familia que sirve a uno de los antiguos dioses. Y el más viejo de aquella familia siempre es llamado en honor a ese dios que siguen. Se mantienen vivos por aquellos que aún los recuerdan y dejan ofrendas en los cruces de caminos. Y ellos comparten eso con nosotros en nombre de los dioses de los cuales provienen.

D: Y al recordar a estos dioses, mantienen viva su religión.

K: Ellos han muerto de hambre porque nadie o muy pocos dejan las ofrendas que solían dejar para ellos en los caminos.

D: ¿Ellos usan eso para vivir? (Sí) Ellos están siendo olvidados. (Sí) Es una pena. Dijiste que tienen nombres. ¿Conoces alguno de estos nombres que se les dio en honor a algún dios?

K: (Son deletreados fonéticamente. La grabación tenía ruido de fondo muy fuerte y fue difícil entender). Como Melvin (¿Elvin?), Cur y Mortan. Hay cientos.

Una de las áreas por la que Dolores era muy conocida era la investigación. Pasaba horas y horas en la biblioteca buscando los más pequeños detalles. Es aquí en donde iba su trabajo de investigación acerca de este libro cuando falleció. Así que ahora eres tú, lector, quien tendrá que investigar un poco. Sé que se refiere a mitología antigua, pero no soy capaz de proveerte más detalles.

D: Y ellos sabían de qué dios provenían porque llevaban el mismo nombre. (Sí) Y ellos permitían que tu gente viviera con ellos en ocasiones.

K: Nosotros les ayudamos cuando podemos, y esto es considerado bueno, ya que los Ancianos también nos han sonreído a nosotros, y ellos saben que no les queremos hacer daño.

D: Y hay gente que «sí» quiere hacerles daño a ustedes en esta tierra. (Sí)

H: ¿Puedes decirme si has escuchado acerca de las líneas de poder que corren a lo largo del país? En nuestro país les llamamos «líneas Ley».

K: Hay una cruzando los prados en los que se encuentra la Danza de gigantes. Es una intersección de las líneas de las que hablas. Es en donde el poder de la Tierra se «filtra» desde el centro. Y si uno va a estos lugares y se abre a esto, puedes obtener mucha comprensión y poder para realizar grandes cosas.

D: ¿Hay alguna forma de detectar esas líneas?

K: Sólo haciéndose sensible ante ciertas fuerzas de poder.

H: ¿Lo sentirías como una fuerza al estar por encima de este punto?

K: Sí. Hay algunas de nosotras que utilizamos cosas para hacer hechizos, y cuando los hacemos podemos encontrar estas líneas. La Danza de gigantes se encuentra en la intersección de dos líneas. Este es un punto de poder extremo. Hay lugares en las colinas en donde también hay puntos de poder como ese y siempre son honrados por los dioses. Han llegado a conocerse como lugares de dioses.

D: Dijiste que pueden hacer hechizos para encontrar esos lugares. ¿Cómo lo hacen?

K: Pueden utilizar ya sea un palo de sauce o de un árbol frutal, y al sostenerlo en las manos te dirá en dónde se encuentran esas líneas. También se pueden encontrar diferentes cosas con esto.

D: He escuchado que se puede encontrar agua con ese método.

K: Puedes encontrar agua subterránea. Puedes encontrar diferentes fuentes de piedras, diferentes tipos de piedra... metal. Solo debes enfocarte en lo que estás buscando.

D: ¿Y se utiliza el mismo tipo de palo?

K: Mucha gente utiliza un palo toda su vida, el mismo. El sauce tiene líneas energéticas muy buenas que corren a través de él, y es muy sensible a cosas. También es más flexible, por lo que se puede manejar con más facilidad.
D: He escuchado que debe ser una rama recién cortada.
K: Ya sea una recién cortada o una que se ha mantenido viva.

Parece que el arte de la radiestesia es bastante antigua, y la técnica no ha cambiado mucho a través del tiempo.

D: *Posees mucho conocimiento sobre muchas cosas que nos puedes platicar y nosotras no sabemos.*
H: *Es muy amable de tu parte el compartirlo con nosotras.*
D: *Porque nosotras no le daremos mal uso ni le contaremos a nadie.*
H: *Es aprendizaje, y es útil saber estas cosas. Nos ayuda a crecer.*
D: *Nunca se lo diríamos a las personas del fuerte o a los que tú temes, porque nosotras no hacemos ese tipo de cosas.*

Cuando Karen despertó, no tenía recuerdos de la sesión, pero estaba rebosante de energía. Tenía tanta que dijo que sentía como si saliera disparada de ella. Necesitaba hacer algo con ella. Estaba muy excitada. Así que la pusimos a trabajar utilizándola como energía de sanación sobre nosotras. Esta liberación de energía la tranquilizó. Ella no sabía de dónde había salido ni por qué la había afectado de esta forma. Aparentemente, la absorbió al describirnos y experimentar la ceremonia alrededor del altar en la isla.

Nosotras no nos encontramos nuevamente con la druidesa hasta que tuvimos una sesión algunas semanas después. Se llevó a cabo nuevamente en casa de Harriet. Yo había pasado nuevamente por todo mi procedimiento y hablado con varias entidades, viviendo sus vidas en varios periodos y ubicaciones. Hablamos con dos personalidades antes de este fragmento. Lo hicimos brevemente, ya que Karen había pedido al inicio de la sesión que fuera llevada atrás, al tiempo de la druidesa. A pesar de que no recordaba nada, disfrutó de la estimulante sensación que tenía de poder acceder a ese tremendo campo de energía. Esperaba hacerlo nuevamente y, quizá, aprender algo sobre dirigir la energía. Nosotras acordamos intentarlo. Siempre podríamos regresar a otras entidades en otra ocasión para obtener más información. La llevé atrás, nuevamente, a los años 700. Al final del conteo, ella entró inmediatamente en la escena.

K: Nos estamos preparando para la ceremonia en la isla. Estamos haciendo la iniciación. (Esa palabra se pronunció deliberadamente, como si fuera una palabra extraña).
D: *¿Para qué es la iniciación?*
K: Para traer a nuevas... (Buscó las palabras) discípulas a mi Señora.
D: *¿Ahí hay discípulas nuevas?*
K: Sí. Ellas serán evaluadas y luego se tomará la decisión. Ya sea que se queden o que se les mande de vuelta a casa.
D: *¿Cómo toman una decisión como esa?*
K: No es nuestra decisión. Depende de mi Señora.
D: *¿Cómo saben qué decisión ha tomado?*
K: La suma sacerdotisa lo sabrá porque se le dirá a ella.
D: *¿Nos puedes platicar qué está sucediendo? ¿Cómo se elige una nueva discípula?*
K: Primero, se les viste con las túnicas blancas y se les sitúa en el centro del círculo. Nosotras comenzamos a enfocar la energía. Se hace a todas ellas, una por una. Esta energía se «presiona» hacia ellas, para ser, ya sea aceptada o repelida. Y en función de cómo se reciba o no, ahí radica la decisión final.
D: *¿Te refieres a que todas en el círculo enfocan su energía hacia esa persona que se encuentra en el centro? (Sí) ¿Y cómo reaccionan cuando es, ya sea aceptada o rechazada?*
K: Si es rechazada, la persona tendrá... ah (ella buscaba la palabra), espasmos, en donde el cuerpo se estremecerá. Y se sabe que esto es demasiado poderoso para esa persona. Pueden tener la habilidad de ser canales, pero es demasiado poderoso y ellas no pueden aceptarlo.
D: *Incluso si ellas quieren hacerlo, no pueden. (Sí) ¿Cómo reaccionan si aceptan la energía?*
K: Se les dice que, si pueden sentirlo, permitan que se acumule. Luego se les pide canalizarlo de vuelta hacia la suma sacerdotisa, sólo con el enfoque de pensamiento. Cuando ella siente la energía volviendo, entonces sabrá que esa persona es aceptada.
D: *Ellas serán buenas estudiantes. (Sí) ¿Cómo enfocan esa energía? ¿Cómo la hacen entrar en su cuerpo?*

K: Te abres. Te debes sentir bastante tranquilo. En donde todo está en quietud.

D: *¿Sitúan sus manos de esa forma?*

Ella había situado sus manos sobre el plexo solar, con los dedos, incluidos los pulgares, tocándose en dirección hacia afuera. Casi como la forma de una pirámide.

K: Sí, se sitúan sobre el punto en donde se enfoca la energía. Entonces, cuando ya te has abierto, es como escuchar música. Sientes las vibraciones en ti y simplemente te impregnas de ellas. Y respiras dentro y fuera. Y con cada respiración dejas que entre más.

D: *¿Respirando lentamente?*

K: Sí. Y luego para canalizarla hacia afuera es casi como invertir el proceso. Colocas tus manos así y le das la intención de fluir a través de ti, (puso las palmas hacia afuera) como si fuera la corriente de un arroyo fluyendo. Simplemente lo dejas fluir.

D: *¿Es así como es dirigida? (Sí) ¿La canalización de energía puede ser dañina para quien la canaliza?*

K: Puede ser dañina si quizá toman más de lo que son capaces. Pero, usualmente hay protección, porque una sola persona no puede atraer más de lo que puede recibir. El único daño al canalizar puede ser si mucha, mucha gente la canaliza «hacia» ti. Entonces quizá podría causar daño.

D: *¿Entonces cuando recibes la energía, debes liberarla? ¿Debe irse a algún lado?*

K: Sí. Ya sea que la regreses a mi Señora o la llenas de amor y la distribuyes entre otros que tienen necesidad de esto. En sanación o en otros métodos, sí.

D: *Entonces debes enviarla a algún lado.*

K: Sí. No es para tu propio beneficio.

D: *Cuando utilizas esta energía de este modo, puede ayudarte a sanar personas al enfocarla hacia fuera de esta forma. (Sí) ¿Es la única manera en que puede hacerse? Solo estando tranquilos y respirando lentamente, enfocándose en eso.*

K: Esa es una forma, sí.

D: *Una de las formas. ¿Es la forma más fácil? (Sí) Lo preguntamos porque esperamos aprender y queremos hacerlo para ayudar.*

¿Cuál es el otro método? ¿Se puede hacer uno solo o tiene que hacerse con más personas?
K: Puede hacerse uno solo.
D: *¿Puedes decirme cuál es ese método?*
K: (Tajantemente) ¡No!

Debí conformarme con lo que teníamos y no presionar nuestra suerte.

D: *Okey. Pero este método es el más fácil de aprender. Debes utilizar este método siempre para bien, ¿no es así? (Sí) Ahora, si generas esa energía y la enfocas hacia fuera, ¿tocas a la persona o sitúas tus manos sobre la persona?*
K: Usualmente, solo las colocas sobre la persona y sientes la energía que los rodea. Todos tienen energía que entra a su cuerpo y los rodea. Debes colocar esta energía junto con la otra.

Se refería probablemente al campo áurico.

D: *¿Entonces tienes que colocarlas sobre la parte que se encuentra enferma? ¿O sólo sobre su cabeza, o en dónde?*
K: En ocasiones, sobre la parte que está enferma. Otras veces sobre el cuerpo completo. Pero necesitas infundir energía por todo el cuerpo, ya que con frecuencia en una persona no sólo es un punto el que tiene problemas, sino que el cuerpo entero sufre.
D: *¿Tendrías que mover tus manos sobre todo el cuerpo? (Sí) A menos que haya algún punto donde dicen que les duele.*
K: Entonces podrías, quizá, poner más energía en esa área, pero también necesitarías pasar por la mayor parte del cuerpo.
D: *Si estás situando tus manos así, ¿puedes decir si a alguien le duele un área en específico, sin que ellos te lo tengan que decir?*
K: Sí, puedes sentir tú misma el dolor.
D: *¿Eso es molesto?*
K: En ocasiones, sí.
D: *¿Cómo puedes deshacerte de eso para que a ti no te moleste?*
K: En ese caso te enfocas nuevamente, dirigiéndola hacia adentro, en lugar de afuera. Entonces el dolor debería irse.
D: *¿Intentando qué, sacarlo de tu cuerpo? (Sí) Porque no quieres que te duela a ti.*

H: *En su entrenamiento, ¿tienen alguna forma de reconocer a otros que han sido entrenados como ustedes? ¿Incluso si no han sido entrenados juntos? Otros con creencias semejantes.*
K: Dame tu mano.

Harriet le dio su mano a Karen. Karen la sostuvo entre las suyas y se concentró.

K: Veo un templo de luz. Hay muchas, muchas personas ahí que están estudiando y aprendiendo. Parece... hace mucho tiempo.
D: *¿Antes de tu época?*
K: Es el estudio del bien y la sanación. Puedo ver el uso de diferentes vibraciones. Ellos piensan en esto en términos de colores, pero son las vibraciones que «yo» utilizo. Están interesados en generar autosanación y en que toda la sanación debe provenir desde dentro.

Karen soltó la mano de Harriet y suspiró.

D: *¿Entonces esta persona hizo eso en otra época? Una época anterior a la tuya.*
H: *¿Esto será transmitido de generación en generación?*
K: Debes abrir el canal. La habilidad está ahí. Debes aprender a abrirte a lo que has aprendido. Y a enfocar tu energía, atraerla y hacer uso de ella, utilizarla para otros.
H: *¿Pero el regalo no se pierde nunca, una vez que ya lo tienes?*
K. No. Una vez que ya lo aprendiste, está siempre ahí. Debe, quizá, ser descubierto.
D: *¿Traerlo de vuelta?*
K: Sí, o quizá hay tantas cosas, tantas experiencias diferentes que lo han cubierto, que necesita ser sacado a la superficie. Pero siempre está ahí.
H: *Es agradable saber que está ahí.*

Yo no pude resistirme a la oportunidad. Le pedí:
—¿Podrías tomar mi mano y decirme si puedes ver algo? —Karen tomó mi mano entre las suyas de la misma manera y se concentró.

K: Veo a una persona muy paciente. Tienes gran curiosidad. Amas el conocimiento por el bien del conocimiento. Hubo... veo un edificio abierto con muchos, muchos libros...

Entonces ella se sacudió y aventó mi mano de forma abrupta.

D: ¡Oh! ¿Qué está mal? *(Ella parecía perturbada)*. *¿Fue algo que no te agradó? (No hubo respuesta). Lo siento, no quise molestarte.*
K: Debes buscar el conocimiento por aquellos que destruyeron lo que tú sentías que era tuyo.
D: *¿Alguien destruyó mi conocimiento, o qué pasó?*
K: El conocimiento que tú protegías. Entonces, sientes que debes buscar el conocimiento que se ha perdido.
D: *¿Pero viste algo inquietante? ¿Por eso te molestó?*
K: ¡Vi fuego!
D: *Oh, ya veo. Bueno, no quiero molestarte. ¿Piensas que es por eso que estoy tan interesada en estas cosas?*
K: Sí, tiene bastante que ver con eso y la búsqueda de lo que sientes que has perdido y que quieres volver a obtener.
D: *Pero no es algo malo ser curioso, ¿o sí? (No) Siento que sólo puede ser malo cuando lo utilices de forma incorrecta. ¿No es cierto?*
K: Eso es verdad. Pero siempre debes tener cuidado con aquellos que están utilizando el conocimiento que les das, asegurarte de que no pueden utilizarlo de forma mala o causando daño.
D: *Pero en ocasiones no sabes cómo lo utilizará la gente cuando tú intentas mostrarles el camino. Supongo que, si lo hago de forma correcta y espero que lo utilicen para bien, ¿será eso suficiente?*
K: Si instalaras tu energía en el trabajo que estás realizando y utilizaras esa energía en protegerlo, entonces no podría haber ningún abuso o mal trato, ya que esto crearía una protección sobre él.
D: *Sólo espero que cumpla el objetivo y haga lo correcto.*
K: No debes «esperar», debes «creer». El esperar no tiene poder ni fuerza, pero el creer sí que lo tiene.

**Durante sus conferencias, cuando le preguntaban sobre sus propias vidas pasadas, Dolores habló en muchas ocasiones sobre su vida en Alejandría, en la biblioteca, cuando fue quemada.
Hasta donde yo recuerdo, ella era una de las personas que cuidaban de los rollos que se guardaban en la biblioteca. Ella no los escribía ni

estudiaba, pero era uno de los que extraían los rollos cuando era requerido por un estudiante o profesor. Su trabajo era protegerlos.

Cuando los romanos ocasionaron el incendio que quemó la biblioteca, Dolores, como la persona en aquella época, intentó salvar tantos rollos como pudo. Al hacerlo, murió, y no fue capaz de completar su misión.

Dolores afirmó que, por este motivo, ella sentía que estaba intentando recuperar el conocimiento que se había perdido. Mucha gente le pregunta: «¿Tienes que reescribir toda la biblioteca?»

Cuando estuvo en Rusia, Dolores tuvo una sesión con un joven que también estuvo en Alejandría en el momento del incendio. Él era uno de los eruditos que estudiaban los rollos y estuvo ahí cuando comenzó el incendio. También intentó salvar tantos rollos como pudo, pero murió al caerle una viga sobre los hombros.

No sé si Dolores encontró alguna vez a alguien más que estuviera ahí durante esa misma época, pero el encontrar a uno solo, fue asombroso.**

H: ¿En tu trabajo realizan algo con el estudio de las estrellas y los planetas? ¿Esto ayuda en algún sentido?

K: Observamos el movimiento de las estrellas, ya que ellas dicen lo que sucederá. La cantidad de gente que hay aquí, en todo el planeta, sí.

H: ¿Cuál es la estrella más importante?

K: No puedes determinar que una es más importante que la otra, porque depende de qué énfasis estás intentando recibir. La energía se utiliza para diferentes propósitos y nosotras no podemos decir que uno sea más importante que el otro.

H: ¿Podrías decirnos un poco acerca de cuáles son importantes, por ejemplo, para tu energía? (Pausa). ¿Es posible o no? (Comenzó a tensarse).

Tranquila, relájate.

Yo estaba intentando sacar otra cinta de la grabadora. Si íbamos a discutir las estrellas, yo quería continuar. En otro caso, esta cinta se hubiera terminado. Pero, aparentemente, ella no quería hablar acerca de ello.

D: *Quiero agradecerte por todo lo que has estado diciéndonos. ¿Está bien si venimos de vez en cuando a hablar contigo?*

K: Les diré lo que pueda.

D: *Okey, no queremos que nos digas algo que tú no quieras, o que te meterá en problemas. Nosotras también estamos buscando información. Y queremos utilizarla de forma correcta. Realmente aprecio lo que nos has platicado. Disfrutamos hablar contigo. Gracias.*

H: Gracias.

Karen nos había pedido que obtuviéramos las instrucciones para la energía de sanación. Cuando despertó, estaba nuevamente estallando de energía y quería dirigirla a alguna parte. Ella aparentemente la tomaba de la entidad de la druidesa. Fue con cada una de nosotras y colocó sus manos en nuestro campo áurico, intentando liberar la energía como una fuerza de sanación.

Definitivamente, pudimos sentir una sensación de hormigueo moviéndose a través de nuestros cuerpos.

Esta otra sesión se llevó a cabo en la casa de mi hija Nancy, ya que Harriet se encontraba fuera de la ciudad. No hubo nadie más presente que actuara como testigo. Al final de esta sesión, me arrepentí de no haber tenido a nadie más ahí. Lo que ocurrió en esta sesión me conmocionó y fue la experiencia más inquietante que he tenido como terapeuta. Después de encontrarme con otra entidad en mi viaje, retrocediendo a través del tiempo, la moví nuevamente a los años 700, y ella emergió como la druidesa en una escena pacífica.

K: Estoy recolectando hierbas. Son para hacer remedios, para curar a los enfermos.

D: *¿Eso es lo que tú haces?*

K: Sí, es parte de lo que hago.

D: *¿Sabes qué hierbas utilizar? (Sí) ¿Sabes cómo prepararlas?*

K: Sí, algunas solo se comen crudas, otras deben hervirse hasta que sean comestibles.

D: *Creo que eso ha de ser complicado.*

K: Solo tienes que ser cuidadoso. Algunas hierbas ayudan si se utilizan en cantidades correctas. Pero si se utiliza demasiada cantidad, o si no han sido remojadas lo suficiente, pueden ser mortales.

D: *Entonces debes ser cuidadosa al utilizar las cantidades correctas. (Sí) ¿Qué tipo de hierbas estás recolectando? ¿Sabes los nombres?*

K: Están la belladona y la dedalera, también la cicuta y el sombrerillo de agua**, y diferentes cosas como esas.

El sombrerillo de agua es una hierba del género Hydrocotyle o del género Centella.

D: *He escuchado que algunas de estas hierbas son venenosas.*

K: Sí. (Comenzó a estornudar). Son las flores que mueren en el aire.

D: *Oh, sí, hacen que vuelen cosas en el aire al caminar a través de ellas, ¿o no? (Ella se aclaró la garganta).*

K: Aparte, algunas de ellas son los helechos y demás, tienen la... (tratando de encontrar palabras) ah, las cosas que salen de la parte posterior de la misma, las semillas. (Ella estornudó de nuevo).

No pudo encontrar las palabras para las esporas que desprenden los helechos, o el polen que liberan las plantas. Esto era lo que ocasionaba la irritación de su garganta y nariz.

D: *Están en el aire. (Sí) Conozco muchas hierbas, pero no sé si son del tipo de las que tú utilizas. ¿Conoces la salvia?*

K: No me es familiar.

Estornudó y tosió. La sugestioné para aliviar su malestar físico.
—No te molestará. Sólo es por las cosas del aire, no te molestará para nada. —Ella dejó de toser, así que volví a preguntar sobre las hierbas—. Hay unas llamadas romero y tomillo. Esas son hierbas que yo conozco.

K: No sé sobre ellas.

D: *¿Qué hay de la podofilo?*

Estaba pensando en plantas que crecen en los bosques de los Ozarks, en donde vivo.

K: Descríbemela.

D: Es bastante baja. La planta tiene una hoja bastante grande, usualmente solo una hoja en forma de mano. Y tiene una pequeña fruta redonda. Casi toda es verde.

K: ¿Es venenosa?

D: No lo creo.

K: No la conozco.

Eran plantas con las que Karen estaba familiarizada ya que había vivido en los Ozarks durante muchos años, pero eran aparentemente desconocidas para la druidesa.

D: Quizá no crece en donde tú vives. Y tenemos otra que se llama ginseng. (Ella frunció el ceño). Me preguntaba si ustedes utilizan las mismas que nosotros. Algunas de las que te estoy hablando se utilizan para cocinar.

K: Las que yo estoy recogiendo son para sanación.

D: Deben ser diferentes. Hay una llamada cenizo o quelite.

K: Esa se come. (Tosió nuevamente).

Aunque el cenizo se considere una hierba y una plaga para los jardineros, es comestible y se mezcla en las ensaladas en donde vivo. Así que ella estaba en lo correcto.

D: Bueno, me dijiste que también comen bayas y nueces.

K: Sí, y fruta. Hay pocas hierbas que yo como. Algunas se recolectan alrededor del cuarto (Creo que es cuarto. Incierto. Quizá: lago. ¿O estaba refiriéndose a la fase de la luna?) y otras cosas diferentes, mezcladas. Pero en su mayoría fruta, bayas y nueces.

D: ¿Qué comen en invierno?

K: Cosas que hemos almacenado. En ocasiones la gente come raíces diferentes y... (Tosió de nuevo y se aclaró la garganta. Nuevamente, la sugestioné para que se sintiera mejor).

D: Sé que durante el invierno muchas plantas no crecen. Es difícil encontrar cosas para comer.

K: Si se torna bastante malo, siempre hay corteza hervida.

D: Oh, ¿eso sabe bien?

K: (Riendo) ¡No! Tiene un sabor amargo. Depende de la corteza. Como la corteza de olmo, que es buena para algunas cosas que estén mal en el cuerpo.

D: *¿Te refieres a sanar?*

K: Sí. Pero la corteza de olmo se puede comer, y la corteza de pino también, o el abeto que también es comestible. Si puedes olvidar el sabor, sí, te mantendrá.

D: *Si es que no hay nada más para comer. ¿Alguna vez cocinan?*

K: No se cocina mucho. La mayoría de las cosas se comen en su estado natural, excepto las cosas como la corteza, que se hierbe. Pero hay muchas frutas que almacenamos por largos periodos. La manzana se conserva bien durante bastante tiempo, siempre que se mantenga fría.

Comenzó nuevamente a toser, así que decidí moverla para aliviar su malestar ocasionado por el polen volando por el aire.

D: *Bueno, parece que te sigue molestando, así que mejor movámonos adelante. Dejaremos esa escena. Movámonos adelante hasta otra época. Vayamos a algún día importante de tu vida. Un día que consideres que es importante a medida que creces. 1, 2, 3, es un día importante de tu vida, ya que ahora eres más grande. ¿Qué estás haciendo?*

K: Estoy en la ceremonia. (La tos cesó de inmediato).

D: *¿A qué ceremonia te refieres?*

K: Para la Señora.

D: *¿En la isla? (Sí) ¿Puedes platicarme sobre ella? (Pausa) ¿Tienes permitido contármelo? (Pausa) No quiero meterte en ningún problema. ¿Es una ceremonia agradable?*

K: Sí. Estaré un paso más cerca.

D: *Entonces «sí» es un día importante. ¿Cómo le llaman a estos pasos? ¿Tienen nombres o posiciones?*

K: Sí. Está la suma sacerdotisa. Ese es el más alto que puedes alcanzar. Luego siguen las sacerdotisas, después solo están las damas-en-espera. Más abajo están las doncellas, que son las más bajas. Yo me convertiré en sacerdotisa. Yo era una dama-en-espera.

D: *¿Hay muchas de ustedes que han alcanzado esa posición?*

K: No, solo hay dos entre nosotras que la han alcanzado.

D: *Entonces es un honor el haber llegado tan lejos. ¿Cuántas dijiste que son en total?*

K: En total somos quizá treinta. Quizá un poco más.

D: *Y hay solo una que es la suma sacerdotisa. ¿Es demasiado vieja?*

K: No lo sé. Es difícil juzgar la edad. Se dice que la suma sacerdotisa no tiene edad, debido al poder de la Señora que radica en ella. Únicamente cuando se le quita el mando es que puede morir.

D: *¿Dijiste que realizan estas ceremonias cada mes?*

K: En ocasiones.

D: *¿Cuántos días permanecen en la isla?*

K: Hasta que aprendemos diferentes cosas. Por ejemplo, este mes nos quedaremos casi el mes completo, ya que están las ceremonias que deben completarse. Las hierbas también han sido recolectadas. Debemos hacer esto aquí, en donde estamos protegidas y no hay posibilidad de que otros vengan por nosotras, así que puede hacerse el trabajo.

D: *¿Dijiste que hay gente intentando averiguar sus secretos?*

K: Sí, hay quienes nos quieren usar en contra de aquellos que no les agradan, porque saben que nuestro poder es mayor.

D: *Sería malo si personas como ellos utilizan el poder de ustedes, ¿o no?*

K: Sería una atrocidad. Se nos enseña que, si hemos sido capturadas y no hay otra salida, debemos matarnos a nosotras mismas. Así no podemos ser usadas.

D: *¿Crees que ellos pudieran utilizar el poder para bien?*

K: No. ¿Cómo puede algo que es vil aprender a usar algo con pureza, cuando en su interior no hay más que vileza?

D: *Pero, aunque ustedes fueran capturadas, ellos no podrían hacerles decir nada, ¿o sí podrían?*

K: Quizá sea que estamos temerosas de que ellos tengan poca información de lo que nosotras somos, y que ellos sean capaces de utilizar esta poca información en nuestra contra, y quizá nos hagan hablar. No podemos tomar ese riesgo.

D: *Podrían engañarlos. No tendrían que decirles la verdad. Ellos nunca sabrían la diferencia.*

K: Es la ley. Si una no se mata a sí misma, sería asesinada por aquellas en su círculo, porque habría perdido la confianza entre ellas.

D: *Puedo ver que es por eso que sientes que no puedes decirme ciertas cosas. Sin embargo, yo no soy un enemigo, soy solo alguien que* quiere hablar contigo. Lo sabes, ¿o no? (Sí) No sientes que yo podría lastimarte, ¿o sí?

K: No siento eso, pero, ¿cómo podría explicarle esto a las demás si me preguntan?

D: Sí, ya veo. Es mejor entonces no tomar riesgos. No, no tienes que decirme nada si no crees que puedas. Aunque yo te puedo asegurar que estás totalmente a salvo conmigo. ¿Ustedes simplemente se mantienen alejadas de esa gente que sí quiere hacerles daño?

K: Sí. Nos alejamos de ellos tanto como podamos.

D: ¿Qué apariencia tienen? ¿Cómo puedes identificar a esta gente?

K: Son altos y utilizan ropas raras. Tienen lanzas y marchan. Son hombres de guerra.

D: ¿Viven cerca de donde tú vives?

K: No hemos visto a ninguno por aquí. Pero se dice que han llegado lejos, a un día de distancia.

D: ¿Qué están haciendo ellos en la tierra?

K: La Señora dice que vienen a conquistar.

D: Entonces no queremos que gente como esa conozca tus secretos.

Comenzó a toser nuevamente. Yo creí que, moviéndola del polen del aire, le aliviaría la tos.

D: ¿Por qué estás tosiendo?

K: Es algo en lo que estoy trabajando para sacar... de mí misma. Es... déjame explicarte. Cuando tomas y utilizas energías para sanar, lo que estaba en esa persona lo llevas a ti misma. Y yo estoy comenzando a resolverlo.

D: Entonces estuviste sanando a alguien, y parte de lo que estaba mal con ellos, lo tomaste para ti. ¿Es a lo que te refieres? (Sí) ¿Existe alguna manera de sanar sin tomar parte de la enfermedad?

K: Aquellas que están más arriba de mí tienen esa habilidad, pero esta empatía es parte de lo que yo soy.

D: Yo creía que quizá podrías protegerte a ti misma para que no tomaras parte de su enfermedad.

K: Eventualmente, sí. Pero yo sigo aprendiendo.

D: Pero es bueno de tu parte que aceptes tomarlo en ti misma. Pero entonces tendrás que resolverlo. Sólo me preguntaba por qué tosías.

Creí que habíamos aprendido suficiente aquí, así que la moví hacia adelante en el tiempo, hacia otro día importante de su vida. Cuando terminé de contar, su rostro indicaba claramente que algo iba mal.

K: Me enviaron… para sanar. (Parecía asustada).
D: *¿En dónde te encuentras?*
K: En una habitación… ¡Y atrancaron la puerta!
D: *¿Quién ha atrancado la puerta?*
K: Las personas que están aquí. ¡Era una trampa!
D: *Oh, ¿Te refieres a que estas personas no están enfermas? (No) ¿Pero tú creíste que era seguro? ¿Era seguro que fueras ahí?*

Ella tomaba mucho tiempo para contestar. El miedo era evidente.

K: Es solo una choza. Hemos estado aquí antes. Y… ¡ellos los «mataron»! Mataron a la gente que vivía aquí.
D: *¿Quiénes son los que han atrancado la puerta?*
K: Son… deben ser desconocidos. Están hablando entre ellos. Los puedo escuchar.

Yo no sabía si ya estaba experimentando algo, pero definitivamente estaba asustada.

D: *¿Qué crees que sucederá?*
K: (Su voz se tensó) ¡Debo morir! No quiero hacerlo, ¡pero debo!
D: *¿Por qué? ¿De qué están hablando?*
K: No lo sé. No puedo comprenderlos. Hablan con sus palabras raras.

Aquí comenzó a suceder algo extraño que me preocupó. Ella tomó una respiración profunda y dejó de hablar. Parecía estar involucrada en algo que yo no comprendía. Situó sus manos juntas sobre su plexo solar. Los dedos y pulgares se tocaban y apuntaban hacia afuera, con los brazos y la base de las manos descansando sobre su plexo solar. La misma posición que me había mostrado antes, cuando estaba describiendo cómo dirigía energía hacia las iniciadas. En esta ocasión parecía diferente. Algo no estaba bien. Ella estaba demasiado ferviente. Me hacía sentir incómoda. Se concentraba profundamente en algo y su respiración empezó a alterarse. Yo tenía la sensación de que la entidad estaba haciéndose algo a sí misma. Ella había mencionado que tendría que matarse en caso de que la capturaran. ¿Era tanto el poder de los druidas que tenían control sobre su propia vida y muerte? Yo no lo sabía y no quería averiguarlo. Se dice que el subconsciente está protegiendo siempre a la persona, incluso a este nivel profundo de hipnosis, y que el sujeto no está nunca en peligro. Pero su concentración intensa y la alteración en su respiración me hacían sentir intranquila. Tenía miedo de que quizá la druidesa tuviera el poder suficiente para dañar la estructura del cuerpo en este día presente, sin querer hacerlo en realidad, a medida que destruía su vida en el siglo siete. ¿Era posible? No lo sé, pero no quería tomar el riesgo jugando con un poder como tal. La semana pasada había traído al presente una tremenda cantidad de energía que acumuló a partir de esa personalidad. Creí que sería más seguro removerla de la intensa concentración y sacarla de la situación. Más vale prevenir que lamentar.

D: *Okey. Contaré hasta tres y puedes salir de esa situación, mirar atrás hacia ella y platicarme qué sucedió. Será más fácil de ese modo, ¿no es así?* (No hubo respuesta) (Yo insistí). *¿Será más sencillo así?* (Sí) (Finalmente, rompí su concentración). *Okey. Contaré hasta tres y se habrá terminado, podrás mirarla atrás y describirla sin involucrarte. Creo que eso será mucho más amable. 1, 2, 3, lo que sea que sucedió, ya sucedió, y puedes mirar atrás sin ningún involucramiento emocional. Habla sobre ello de forma objetiva.*

Yo estuve muy aliviada cuando bajó sus manos y comenzó a respirar nuevamente con normalidad.

D: *¿Puedes decirme qué sucedió?*
K: Fue decidido que el mejor método de terminar con esta vida sería simplemente dejar de funcionar.
D: *¿Tenías el poder de hacer algo así?* (Sí).

Sentí escalofríos ante las palabras «dejar de funcionar». Creo que tomé la decisión correcta al removerla de la concentración. Otros dirían que probablemente no hubiera sucedido nada, pero ellos no estaban presentes. Yo creo que hubiera sido demasiado arriesgado averiguarlo en caso contrario. Yo siempre intento obedecer mis instintos en estas situaciones. La seguridad del sujeto es la principal preocupación. Karen y yo éramos las únicas en la casa durante esta sesión. Yo no tenía la ventaja de la experiencia de Harriet ni su consejo para guiarme. Esta fue la única ocasión en mis treinta años de experiencia en que me encontré con una situación que me asustara y me hiciera cuestionar mi habilidad para manejarla. Aparentemente, la druidesa poseía un gran poder, y estoy agradecida de no haber tenido que observar cuán lejos podía llegar ese poder. Ahora que estaba fuera de peligro, me relajé e intenté recuperar la compostura, a medida que continuaba.

D: *¿Crees que esta era la gente que iba a lastimarte? ¿Intentar utilizar tu poder?*
K: Sí, ellos desean el conocimiento.
D: *Pero no pudiste entender su idioma. ¿Cómo habrían hecho que les dijeras tus secretos?*
K: Cuando hablaron por primera vez, lo hicieron en el idioma de la gente. Entonces, ellos sabían hablar ese idioma, pero yo no era capaz de entenderlos cuando se hablaban entre sí.
D: *¿Crees que habrían hecho algo para hacerte revelar tus secretos?*
K: Lo hubieran intentado. Yo no deseaba fallar si ellos lo intentaban, así que eliminé el problema.
D: *¿Simplemente dejaste de funcionar?*
K: Sí. Ellos estaban furiosos. No podían soportar el pensar que la posibilidad de tener ese poder se les había arrebatado de las manos. Buscaron algún arma, pensando que posiblemente había sido veneno lo que yo había tomado.
D: *Pero tú no tuviste opción, ¿o sí?*
K: No podía afrontar la idea de quebrarme bajo la presión que ellos ejercerían. De haberlo hecho, no hubiera podido regresar nunca con mis amigas y adorar a mi Señora. Por lo tanto, no tenía sentido continuar esta existencia.
D: *Entonces piensas que lo que hiciste fue lo correcto. Otras hubieran hecho lo mismo. (Sí) En ese caso, era lo único que pudiste haber hecho. ¿Ves a alguna de tus amigas ahora que has dejado el cuerpo?*
K: Sí, están conmigo.

D: *Oh, eso es bueno. Podrás estar con ellas por un tiempo. En ocasiones suceden cosas que no nos gustan, que no queremos hacer, pero son cosas que no podemos controlar. Creo que fuiste muy valiente. Una muy buena persona. Tenías mucho conocimiento, solo que no querías que fuera utilizado de forma incorrecta. Que no cayera en las manos equivocadas.*

K: Mi gente se esfuerza para que el conocimiento sea utilizado para bien. Y nosotras hacemos un juramento para que este poder no caiga en manos de aquellos que tienen avaricia o malicia, porque esto fue lo que destruyó a los padres de mi gente hace mucho tiempo. Eso es lo que juramos nosotras.

D: *Sí, no hay manera de que sea utilizado de forma incorrecta. Eres una persona muy noble, una muy buena persona.*

Saqué a Karen de la escena y la moví en el tiempo otros cien años antes. Entonces entró en la vida del juglar cantante errante, que será explorada en otro capítulo. La experiencia no tuvo efectos que perduraran en ella, una vez que dejó atrás la vida de la druidesa.

Capítulo 2
La druidesa, Parte 1 (Bernadine)
(Grabado el 9 de febrero de 1984)

He trabajado con Bernadine pocas ocasiones, intentando averiguar la causa de su enfermedad desfigurante que tuvo desde adolescente. Era una condición que le ocasionaba dolor casi continuamente, pero se había adecuado de forma maravillosa y aprendió a vivir con ello. Ella sabía utilizar el control mental para manejar el dolor y vivía una vida normal; también se volvió muy adepta a la metafísica, además de ser una astróloga destacada. Más tarde, aprendí que el trastorno era llamado Scalara (fonéticamente). Le habíamos rastreado hasta una vida paralela en Alemania, en la que ella fue un soldado alemán durante la Segunda Guerra Mundial.

A medida que investigábamos los archivos de Dolores, esperábamos encontrar muchas otras historias que encontró durante su trabajo con estos individuos. Como podrás imaginar, ¡eran muchas!

Durante esta sesión, íbamos a explorar otras vidas, deseablemente no relacionadas con la enfermedad. Esta sesión se llevó a cabo durante su departamento de Fayetteville.

Utilicé un método que ya no acostumbro. Le pedí que mirara un gran álbum fotográfico para encontrar una fotografía que hubiera sido tomada durante esta vida, y que luego recordara qué estaba sucediendo en el momento en que se tomó. Este método funciona bien cuando se realizan regresiones durante la vida presente. Creo que estábamos buscando por el momento en que la desfiguración apareció por primera vez.

D: *Doce años de edad. Un día feliz. ¿Puedes encontrar una foto así? (Ajá) Descríbemela.*
B: Oh, están tomando una fotografía de la familia. Estamos afuera, cerca del auto. Yo tengo mi cabello atado en rollos en mi cabeza.

(Risas) parecen tubos, pero son solo rizos grandes. En realidad, yo no quiero que me tomen fotos.

D: *¿No te agrada eso?*

B: Es solo que no me gusta que me tomen fotos. Pero me hacen ir de todas formas. Y yo me recargo sobre el auto… al borde. De pie en una orilla, con el resto de la familia.

D: *¿Eso es lo que estaba sucediendo el día en que se tomó la fotografía?*

B: Mmmm, y había algunos parientes que estaban de visita. Por eso querían sacar la fotografía. Son mi abuela y mi abuelo.

D: *Pero a ti no te gustaba eso.*

B: Sólo no quería que me sacaran fotos.

D: *Okey. Entonces, deja de mirar esa fotografía. Observa más páginas y encuentra otra fotografía en donde tuvieras unos cinco años. Un día feliz. ¿Puedes encontrarte? (Ajá) Okey, ¿qué aspecto tiene esa imagen?*

B: Estoy descalza. Es en la reunión religiosa. Mi cabello está demasiado corto… tipo bob.

D: *¿Hay alguien más en la imagen?*

B: Ajá. Hay un joven. Creo que era el pastor, o el hijo del pastor, o algo así.

D: *¿Tiene más o menos tu edad?*

B: No. Debía tener unos veinte o algo así.

D: *Oh. ¿Solo están ustedes dos en la fotografía? (Ajá) Y mencionaste que estás descalza.*

B: Ajá. Llevo puesto un pequeño vestido. Es… (ríe entre dientes) llevo puestos unos bombachos debajo de él, mami los hizo para que combinaran con el vestido.

D: *(Riendo) Apuesto a que eres una niña hermosa.*

B: Supongo. Un tanto malhumorada, creo.

D: *(Riendo) Okey. Miremos más fotografías. Encontremos alguna en donde eres sólo una bebé. Debe haber también fotos de bebé en el álbum. ¿Puedes encontrarme una fotografía de bebé? (Sí) Okey. ¿Qué aspecto tiene?*

B: Bueno, como cualquier bebé, creo.

D: *¿Hay algo más en la imagen?*

B: Mi madre. Yo estoy sobre su regazo.

D: *¿Es la única en la fotografía?*

B: No, mi hermana está al lado de ella. Solo nosotras tres.

D: ¿Una hermana mayor?
B: Ajá. En ese entonces solo éramos nosotras dos.
D: Oh. Tú fuiste el inicio de una familia grande, ¿no es así?
B: Junto con la mayor.
D: Entonces eras solo una pequeña bebé en esa fotografía.
B: Ajá. Es graciosa. Parece que yo tengo el cabello oscuro. No creo haber tenido cabello oscuro.
D: ¿Crees que tenías cabello claro?
B: Eso creo. Siempre pensé que así fue.
D: ¿Pero en la imagen está oscuro?
B: Ajá. Es en blanco y negro.
D: Pero es una imagen de cuando tú eres una pequeña bebé.
B: Me parezco un tanto a mi papá.
D: Bueno, este álbum tiene muchas y muchas fotografías en él. Muchas y muchas páginas. Quiero que pases algunas más. Vayamos a «antes» de que fueras una pequeña bebé y veamos qué podemos observar a medida que retrocedemos. Hay muchas, muchas páginas y muchas, muchas imágenes. Encuentra una que sea importante para ti. En cuanto la encuentres, detente y obsérvala. Una fotografía que sea importante para ti. Antes de que tú fueras una pequeña bebé. Puede que te veas diferente. Puede que no pienses que es igual. Pero en cuanto la encuentres, lo sabrás. Una imagen que es importante. Házmelo saber en cuanto la encuentres.
B: Vaya. La que no dejo de ver es una...
D: ¿Qué?
B: La que no dejo de ver es... mi mamá embarazada.
D: ¿Tu mamá embarazada?
B: Ella está embarazada. Creo que es de mí. Ella y papá, y otra pareja más.
D: ¿Tú la estás mirando? ¿Estás observando la fotografía? (Ajá) ¿Ella se ve joven?
B: Sí. Bonita.
D: Okey. Te haré algunas preguntas más. Tú sabrás las respuestas. Llegarán directo a tu consciencia, y sabrás las respuestas a todas las preguntas. ¿Tu mamá está embarazada de ti en ese momento? (Sí) ¿Estás observando la imagen o estás dentro de su cuerpo? ¿Qué sensación tienes? (Pausa larga).
B: Yo no... Hay un cuerpo ahí, pero yo aún no estoy en él.

D: ¿Puedes ver el cuerpo, o simplemente lo sabes?
B: Ambos.
D: ¿Parece que estás observando, o qué es lo que estás sintiendo?
B: Es curioso. Es como si estuviera ahí, pero estoy aquí afuera también.
D: ¿Dos lugares al mismo tiempo? (Ajá) Intenta describirme cómo se siente.
B: Como si supiera que soy yo, pero aún no estoy ahí en realidad. Es como si supiera que es ahí en donde voy a estar. Sin embargo, también quiero quedarme aquí afuera. Simplemente no estoy demasiado segura de que eso sea lo que quiero hacer.
D: ¿Por qué no estás segura?
B: Creo que no quiero ser un bebé nuevamente.
D: ¿El cuerpo está muy desarrollado?
B: Bastante. Tiene dedos en manos y pies. Y el corazón está latiendo.
D: ¿Ya has entrado en ese cuerpo alguna vez o has estado observando todo el tiempo?
B: Oh, sí que he estado ahí. Es solo que no quiero quedarme. Está tan encerrado. Es como una prisión.
D: Puedo comprender eso.
B: Me gusta saber qué está sucediendo afuera.
D: ¿Qué estás planeando hacer?
B: Pronto debo ir y quedarme.
D: ¿Está bien el quedarse así, afuera, y observar?
B: No demasiado. Creo que quieren que vaya y me quede ahí.
D: ¿Quién quiere?
B: Ellos. Los demás que me enviaron.
D: ¿Sabes quiénes son?
B: Los sabios.
D: Dices que te enviaron. ¿Tienes algo que decir acerca de eso?
B: No ahora. Ya está decidido.
D: ¿Antes tuviste alguna opinión sobre eso?
B: Creo que sí. Creo que decidí que ya era tiempo. Solo que no quería ser una niña esta vez.
D: Oh. ¿Por qué no?
B: Sólo no quería. Hubiera preferido ser un niño.
D: ¿Alguien más tomó esa decisión por ti?
B: Me dijeron que es porque lo necesito.
D: ¿Hay algo que debas aprender siendo una niña esta vez?

B: Sí. Aun así, yo no quiero hacerlo.
D: *¿Ellos te dijeron que debes hacerlo? ¿No hay salida, o qué pasó?*
B: Es lo que debo hacer.
D: *¿Tienes idea de qué es eso por lo que estás volviendo esta vez?*
B: Aprender algunas lecciones que aún no he aprendido. Preocuparme por otros. Cuidarlos.
D: *¿Crees que eso es algo que no hiciste la última vez? (Sí) ¿Crees que esa es la lección principal, o hay más?*
B: Oh, sí que hay más. Pero eso es lo que necesito aprender particularmente.
D: *Ajá. ¿Qué estás haciendo ahora mismo?*
B: (Pausa). Volviendo al cuerpo. Está tan estrecho. No me gusta estar tan atado.

Estaba respirando con pesadez.

D: *¿Es casi momento de nacer?*
B: Creo que aún no.
D: *¿Pero te dijeron que tienes que mantenerte dentro?*
B: (Incómoda) Sí, se supone que debo quedarme.
D: *Es una experiencia por la que quieren que pases.*
B: Sí. (Emotivamente) Quiero salir corriendo. Eso es algo que debo aprender, no salir corriendo.
D: *¿Permanecer con una situación? (Ajá) ¿Cómo se siente tu madre acerca de esto? ¿Lo sabes?*
B: En ocasiones ella no está demasiado segura.
D: *¿Puedes saber lo que piensa y siente?*
B: Ella me quiere, pero está insegura acerca de algo.
D: *¿Sabes lo que es? (Pausa larga, sin respuesta) ¿Es importante que sepas cómo se siente ella?*
B: Eso creo.
D: *¿Cómo se siente tu padre? ¿Lo sabes?*
B: Él quiere que yo sea un niño.
D: *¿Él tiene más hijos?*
B: Sí. Ya tienen una niña. Y después tuvieron otro que murió.
D: *¿Entre tú y la otra niña?*
B: Ajá. Eso es algo que le incomoda a mi mamá.
D: *Oh. Quizá está un poco preocupada por eso.*
B: Creo que sí.

D: *Ajá. Bueno, ya sabes cómo son los hombres. Ellos siempre quieren niños. (Ajá) No puedes tomarte eso personal, ¿o sí?*
B: ¡Yo también quiero ser un niño!

Decidí moverla al momento del nacimiento para que no tuviera que pasar mucho tiempo por el sentimiento incómodo de la estrechez. También le di la opción de observar el nacimiento en lugar de vivir la experiencia. He tenido a sujetos en otras sesiones en donde pasan por el nacimiento; puede ser una experiencia bastante traumática. Ellos sienten dolor alrededor de la cabeza, hombros y están luchando por respirar. Con frecuencia está presente la sensación distintiva de ahogarse y jadear por aire. Esto no es solo incómodo para el sujeto, sino también para el hipnoterapeuta. En esos momentos me recuerdo a mí misma que no serán dañados por la experiencia, porque ellos sí nacieron, llegaron bien hasta este punto. Intento aliviar cualquier incomodidad lo mejor que pueda. He descubierto que es decisión del alma venidera si quieren experimentar el nacimiento actual o esperar en la habitación hasta que el bebé haya nacido y entrar en ese momento. De cualquier manera, es una lección que el alma elige experimentar. La única regla es que el alma debe entrar cuando el bebé es separado de la fuerza vital de la madre, cuando el bebé toma su primer respiro, o el bebé nacerá muerto.

D: *Contaré hasta tres y, cuando llegue a tres, te encontrarás en el momento de tu nacimiento. El momento en que tú naciste. Y puedes experimentarlo sin incomodidad alguna. 1, 2, 3, estás en el momento de tu nacimiento. ¿Puedes decirme qué está sucediendo?*
B: Estamos en un auto. Vamos camino al hospital. Es un largo trecho.
D: *¿Tu mamá y tu papá están en el auto? (Sí) ¿Quién está manejando?*
B: Mi padre.
D: *¿Cómo se siente tu mamá?*
B: Se alegra de que haya llegado el momento. Ya quiere que termine. ¡Yo también!
D: *¿Falta mucho para llegar?*
B: (Pausa) Un poco más.
D: *¿Puedes decirme qué estás experimentando? ¿Qué estás sintiendo? ¿Puedes darme una idea de cómo es eso?*
B: Yo quiero… ¡quiero irme! Aún no quiero nacer esta vez.

D: *Es difícil querer las dos cosas, ¿no es así?*
B: Se siente como... estar siendo partido en dos.
D: *Okey. Movámonos adelante hasta que estemos en el hospital. ¿Ella logra llegar al hospital? (Ajá) Platícame qué está sucediendo.*
B: Estamos yendo a algún lado. La llevan. Se pone difícil.
D: *¿Tienes la misma sensación de estar en dos lugares al mismo tiempo?*
B: (Respirando agitadamente) No. Estoy aquí.
D: *¿Ya naciste?*
B: No. Aún... está sucediendo ahora. Duele.
D: *No te lastimará en realidad. Sólo relájate. En «realidad» no sentirás nada. Puedes hablar acerca de ello. Es bueno hablar sobre las cosas. (Respiraba agitadamente) ¿En dónde está ella... en dónde estás naciendo?*
B: Estamos en la sala de partos, creo. Hay... demasiado ruido. Y luces brillantes.
D: *¿Ya saliste?*
B: Ajá. (Un respiro profundo).
D: *Es un alivio, ¿no es así?*
B: ¡No me gusta! (Pausa, a medida que respira con dificultad). ¡Está frío! ¡Duele!
D: *¿Qué te duele? Ya naciste, ¿o no?*
B: Eso creo.
D: *¿Por qué duele?*
B: Todo el cuerpo. Mi cabeza duele.

La sugestioné para tranquilizarla y aliviar cualquier incomodidad física.

B: El doctor tuvo que hacer algo. Yo estaba atorada.
D: *¿Eso fue lo que ocasionó la incomodidad?*
B: En parte.
D: *¿Ahora ya estás mejor?*
B: Ajá. ¡Aún está frío! ¡Desearía que me dejaran sola!
D: *¿Qué están haciendo?*
B: Me sostuvieron de cabeza. Me golpearon. Y me... simplemente no me dejan sola.
D: *¿Están haciendo eso para que ya no estés tan fría?*
B: Eso espero. Ellos me alejan de mi mamá. Eso no me gusta.

D: *¿En dónde está tu mamá?*
B: Está ahí sobre la mesa.
D: *¿Ella sabe lo que está sucediendo?*
B: No creo. (Murmurando, no pude comprender).
D: *Bueno, probablemente te llevarán de vuelta con tu mamá. Están todas esas cosas que deben hacer antes, ¿no es así?*
B: No me gusta nacer. ¡Quiero regresar!
D: *¿Regresar a dónde?*
B: ¡No aquí!
D: *¿A dónde quieres regresar?*
B: Con los demás.
D: *¿Te gustaba estar ahí? (Sí) Pero esto fue algo que debías hacer, ¿o no?*
B: Ajá. Estoy observando ahora.
D: *¿Qué observas?*
B: A mi mamá y a mí.
D: *¿Qué está sucediendo?*
B: Oh, aún me están molestando. Pero yo... me fui por un instante. Sin embargo, debo volver.
D: *¿En dónde está tu mamá ahora?*
B: Le están haciendo cosas a ella. Ella está agradecida de que haya terminado. Todo está bien con ella. Está bien que yo sea niña.
D: *A ella no le importa, ¿o sí?*
B: Ella solo está agradecida de tenerme aquí. Yo aún no puedo acostumbrarme.
D: *¿Te gusta más cuando puedes observarlo, en lugar de estar dentro del bebé? (Ajá) ¿Conoces de antes a estas personas con la que estás naciendo? (Sí) ¿Tu mamá y tu papá?*
B: Ambos.
D: *¿Sabes lo que es el karma?*
B: ¿Por qué vine?
D: *¿Hay algo, como el karma, que creas que es el motivo por el que llegaste a estas personas? (Sí) ¿Crees que me puedas contar algo acerca de eso, que puedas explicármelo, si te es posible? (Pausa, sin respuesta. Ella estaba muy relajada. Quizá cansada por haber nacido). Quiero decir, ¿había una razón por la que estabas con estas personas? (Sí) Platícame qué era. (Pausa) Como puedes ver, está bien hablar de eso ahora. Pero a medida que crezcas, puede*

que lo olvides. Y puedes platicármelo ahora, antes de que el recuerdo sea borrado.

B: (Pausa) Mmmm. Estoy viendo a mi abuela.

D: ¿Ella está ahí?

B: Está involucrada. Es la mamá de mi papá. La veo. Ella... ella fue mi madre alguna vez. Y él fue mi hermano. Y él... él me hizo algo. (Pausa) Algo malo.

D: Oh. Bueno, no te molestará pensar sobre ello. En ocasiones es mejor comprender. ¿Entonces en otra vida tu papá fue tu hermano?

B: Ajá. También hay algo más. (Suave) Él debe cuidarme.

D: ¿Es así como él pagará lo que hizo anteriormente?

B: En parte. Esta vez también cuida a muchas más personas. Y yo... se supone que yo debo observar esto. Aprender eso de él.

En esta vida, el papá de Bernadine es un ministro protestante.

D: ¿Entonces piensas que es más karma suyo que tuyo?

B: Eso creo. Eso creo.

D: ¿Qué hay de tu mamá? ¿Ella estuvo involucrada en la misma situación?

B: Algo distinto.

D: ¿Puedes observar qué fue lo que pasó con tu madre?

B: (Pausa) Se decidió en el otro lado. Yo acordé compartir esta vida con ella. Se supone que ella me enseñará. Y me ayudará con lo que yo tengo que hacer. Se remonta «mucho» tiempo atrás. Mucho antes. Nos veo llevando túnicas largas. (Su voz era tan suave que se me dificultaba escucharla). Es un grupo de mujeres. Todas llevamos túnicas blancas. Nos ocupamos de cosas que otras personas no entienden.

D: ¿A qué te refieres con que otros no entienden?

B: Algunas personas le llaman «prácticas religiosas». Pero son solo las leyes naturales lo que no comprenden. Ellos han olvidado. Ella es la sacerdotisa. Ella es la sabia. Ella nos enseña al resto de nosotras.

D: ¿En dónde estás? ¿En un edificio o en dónde?

B: Por lo general en el exterior. Estamos en una isla.

D: ¿Tienen un nombre para el tipo de persona que eres tú?

B: (Pausa) Se nos llama... (Se le dificultó pronunciar el nombre). Dru... drui... (obviamente, estaba intentando decir: druida o druidesa).

Yo tenía la extraña sensación de que estaba hablando acerca del mismo grupo del que Karen había hablado el año anterior. Ahora, ¿cómo podría yo formular preguntas para verificarlo sin proveerle pistas? Tendría que proceder con cautela. Bernadine y Karen se conocían la una a la otra, pero Bernadine tenía muchos más años, tenía mi edad.

D: *¿Siempre estás en la isla?*
B: No. No siempre.
D: *¿Para qué van a la isla?*
B: Es nuestro lugar sagrado.
D: *¿Qué hacen al estar en la isla?*
B: Llevamos a cabo ceremonias. Y ella contacta a los maestros.
D: *¿Tienen alguna cierta, oh, debería decir «persona», o «dios» al que veneren? ¿Esa sería la palabra correcta? (Pausa) ¿Al llevar a cabo sus ceremonias?*
B: Lo es todo.
D: *¿Qué lo es?*
B: El Todo.
D: *¿Te gusta estar ahí con ella y con las demás?*
B: Oh, sí.
D: *¿Has estado ahí mucho tiempo?*
B: «Yo» no. Las demás, algunas sí lo han estado. Yo soy nueva, joven, comparada con algunas de las otras. Yo solo estoy aprendiendo.
D: *¿De dónde provienes? ¿Cómo llegaste a este grupo?*
B: Ellas me encontraron,
D: *¿No tenías una familia?*
B: Una vez.
D: *¿A qué te refieres con que te encontraron?*
B: Mi mamá y mi papá fueron asesinados.
D: *¿Y entonces te llevaron con ellas? (Sí) Bueno, cuando no estás en la isla, ¿en dónde vives?*
B: En lugares diferentes.
D: *¿No tienen un lugar permanente?*

B: No. Hay diferentes lugares a los que vamos. Vamos a donde crecen las cosas que utilizamos. En ocasiones, tenemos que ir a escondernos, porque hay más personas que no nos quieren.

D: *¿Quiénes son las personas que no las quieren?*

B: Los magistrados.

D: *¿En dónde vive esa gente?*

B: En los pueblos. Nosotras nos mantenemos alejadas de los pueblos.

D: *¿Por qué no las quieren?*

B: Dicen que usamos magia.

D: *Son ignorantes, ¿no es así? (Sí) Sencillamente, no comprenden. ¿Hay algunos hombres en tu grupo? (No) He escuchado que hay algunos hombres que son druidas.*

B: Hay otros grupos. Pero no hay ninguno en nuestro grupo.

D: *¿Sólo mujeres?*

B: Sí, en el grupo en el que yo estoy.

D: *¿Son muchas en ese grupo?*

B: Varía. En ocasiones solo somos pocas. A veces somos más. Algunas se van a otros lugares. Algunas se quedan más tiempo en la isla.

D: *¿Cómo llegan a la isla?*

B: Hay un camino. No siempre. Cuando nosotras vamos, hay un camino.

D: *¿Llegan en bote? (Pregunté esto a propósito para no darle pistas).*

B: En ocasiones tienen que regresar en bote. Pero nosotras vamos cuando hay... quiero decir, en ocasiones solo caminamos a través. A veces hay agua ahí y no puedes caminar hasta allá.

D: *¿Quieres decir que el agua no está siempre ahí?*

B: No. No siempre es una isla. Tienes que saber cuándo y hacia dónde ir.

En algún punto de este fragmento su voz cambió, así como la manera en que acomodaba el orden de las palabras. Era obvio que había entrado de lleno en la personalidad de la otra entidad.

D: *¿El agua cubre a veces el camino por el que deben pasar?*

B: Sí. Muchas veces.

D: *¿Cómo saben que está bien cruzar?*

B: La suma sacerdotisa siempre lo sabe. Yo no he aprendido eso aún.

D: *¿Te gusta estar ahí?*

B: Sí. Hay mucho por aprender.

D: ¿Te agradan las demás mujeres que están contigo?
B: Claro. ¿Por qué no?
D: Bueno, sólo me preguntaba. ¿Hay alguna de ellas con quien hayas entablado amistad? (Sí) ¿Sabes alguno de sus nombres? ¿De aquellas que son particularmente amigables, o que te hayan ayudado? (Pausa, tuvo dificultad). ¿Puedes pensar en sus nombres?

Estaba buscando alguna evidencia de Karen. Claro, incluso si fuera el mismo grupo, pudo haber sido antes o después de que Karen estuvo ahí. No tenemos forma de saber qué tanto tiempo funcionó el grupo. No deja de ser llamativo que, al parecer, describieran la misma época y el mismo lugar.

B: (Pausa, tuvo dificultad) Lureen (fonéticamente).
D: ¿Cómo te llamas «tú»? (Pausa) ¿Se te ocurre un nombre?
B: (Tuve problemas para entenderle y la hice repetir varias veces) Liena (fonéticamente: Lie-na).
D: Lo ves, en ocasiones es difícil pensar en los nombres.
B: Te agradezco.
D: Está bien. ¿Hay un altar en donde llevaban a cabo sus ceremonias en la isla? (Sí) ¿Cómo es el altar?
B: Es de piedra.
D: ¿De algún color en particular?
B: Blanco.
D: ¿Hay algo diferente en él?
B: No lo sé. ¿Diferente en qué sentido?
D: Bueno, no lo sé. De las piedras ordinarias que se encuentran en los campos. En la naturaleza.
B: Es blanco.
D: ¿Utilizan este altar en sus ceremonias?
B: La suma sacerdotisa lo utiliza.
D: ¿Llevan puesto algún tipo de... oh, me refiero a «joyería», o algún tipo de objeto religioso sobre su cuerpo?
B: Un cinturón. Lo que yo llevo puesto es diferente a lo que llevan las sacerdotisas. La suma sacerdotisa lleva puesta una cadena alrededor del cuello. Es bastante larga. Tiene... no sé cómo lo llamas tú.
D: ¿A qué se parece?

B: A una joya.

D: *Oh. Apuesto a que es hermosa.*

B: Lo es.

D: *¿Alguna de las demás llevan cosas así en sus cuellos?*

B: No como ella.

D: *Es un lugar bonito, ¿no es así? (Sí) También son personas agradables, ¿o no?*

B: Sí, sí lo son.

D: *¿Estaría bien si vuelvo a hablar contigo en algún momento?*

B: Eso creo.

D: *¿No tendrías ninguna objeción a eso? (No) Sólo tengo curiosidad y me gusta hacer preguntas. No quiero hacer ningún tipo de daño. Okey. Dejemos esa escena ahora.*

(Se trajo de vuelta al sujeto y se le orientó hasta el día presente. Cuando Bernadine despertó, no recordaba nada de la sesión. La discutimos y ella pudo ver la conexión con su madre, también la cercanía que sentía por Karen. Ella parecía creer que los cinturones que utilizaban eran de diferentes colores, cada uno denotando un rango, etc.)

Capítulo 3
La druidesa, parte 2 (Bernadine)
(Grabado el 4 de abril de 1985)

Transcurrió más de un año, antes de poder regresar a la historia de la druidesa, la cual yo estaba intentando relacionar con la historia similar de Karen. El día que tuvimos esta sesión, el motivo principal fue aliviar el dolor de Bernadine. A pesar de que estaba bastante acostumbrada a lidiar con el dolor y lo manejaba bien, había días en que se volvía insoportable, siendo la única solución el irse a la cama. El dolor se centraba en su ojo izquierdo y en ese lado de la cabeza. En ese punto, no era capaz de tolerar ninguna luz y se colocaba un antifaz o máscara, cerraba todas las cortinas de su habitación y se iba a la cama. Ese día queríamos probar la hipnosis para brindarle alivio. Mientras estuvo bajo hipnosis, queríamos intentar contactar también a la otra entidad. Así que, mi principal preocupación y mis sugestiones eran para aliviar el dolor. Después de usar su palabra clave, la sugestioné indicándole que se sentiría como si su ojo estuviera siendo bañado en agua helada, una sensación de gran alivio. La tuve que monitorear cuidadosamente para asegurarme de que el malestar no regresara a medida que teníamos la sesión. Si lo hacía, yo reforzaba las sugestiones de bienestar y alivio del dolor. Era difícil monitorear por completo los signos de su cuerpo, ya que el antifaz no me permitía ver los REMs, o movimientos oculares. Tenía que basarme en otros signos.

D: Ahora contaré hasta tres, viajaremos retrocediendo a través del tiempo y espacio.

Yo no le dije a dónde ir. Al final del conteo hasta diez, ella estaba ya en otro tiempo. Quizá ella fue ansiosamente para escapar completamente al malestar que estaba experimentando su cuerpo. En cualquier caso, se sumergió inmediatamente en la otra personalidad. Le pregunté qué estaba haciendo y qué fue lo que vio.

B: Un árbol. Un pequeño árbol. Debe ser un retoño. No muy grande. Más alto que yo. Aún no tiene hojas. Tiene pocas ramas pequeñas.
D: ¿En dónde está este retoño?
B: Mmmm. Está aquí solo. No sé en dónde es.
D: ¿Por qué es importante el retoño?
B: Tiene propiedades medicinales. Nosotros cogemos las ramitas y las trituramos. Utilizamos el producto de la trituración en nuestras curas.

Su voz era extrañamente lenta y metódica, como si el idioma que estaba hablando y las palabras que utilizaba fueran desconocidas para ella. Estaba hablando con mucha premeditación.

D: ¿Qué tipo de cura brindará?
B: Se combina con otras pociones para el dolor... fiebre.
D: ¿Qué tipo de retoño es? ¿Tiene un nombre? ¿Cierto tipo de árbol?
B: (Lenta y premeditadamente) Aún ignoro muchas cosas. Esto me lo han enseñado. No sé si tiene un nombre.

Sus cuerdas vocales y su boca parecían tener dificultad para formar estas palabras. Definitivamente, eran extrañas para ella.

D: ¿Quién te está enseñando estas cosas?
B: Las demás hermanas. Las hermanas mayores.
D: ¿Ellas transmiten la información? (Sí) ¿Entonces tú no has estado haciendo esto por mucho tiempo?
B: Soy bastante nueva en el entrenamiento. Tengo mucho por aprender.
D: Debe tomar bastante tiempo aprender todas estas cosas.
B: Espero algún día ser sabia como ellas.
D: ¿Tú ya tuviste tu iniciación?
B: No. No la final. Tuve la iniciación de las principiantes. Es solo el juramento. El convertirme en una aprendiz, por así decirlo. (Esa palabra le fue muy difícil de pronunciar).
D: ¿En dónde se llevó a cabo la iniciación?
B: En la isla.
D: ¿Había muchas personas ahí?
B: Todas las hermanas.
D: ¿Había muchas que querían volverse hermanas?

B: Solo se les permitía ir a la isla a aquellas que ya habían sido aprobadas.
D: *¿No es fácil volverse una hermana? ¿A eso te refieres?*
B: Sí. No es algo muy aceptado en nuestras artes.
D: *¿De dónde provenías, antes de unirte a las hermanas?*
B: Una aldea. Solo pocas familias.
D: *¿Eras muy grande cuando dejaste ese lugar?*
B: ¿Al unirme a las hermanas? (Sí) No. Bueno... ¿qué tan grande es ser grande? Yo tenía catorce veranos.
D: *¿Qué pensaron tus padres cuando te marchaste?*
B: Yo no tengo padres.
D: *¿Con quién vivías en la aldea?*
B: Otra familia que me acogió. Mis padres son muertos.
D: *¿Qué hay de la otra familia? ¿Qué pensaron cuando te marchaste?*
B: Er'na boca menos que alimentar.
D: *Entonces no les molestó.*
B: No tenían decir, no eran mi verdadera familia.
D: *¿Cómo fue que te marchaste? ¿Cómo supiste de las hermanas?*
B: Conocí a una en la cañada, cuando yo estar paseando. Yo siempre ser caminante. Y hablo con la gente pequeña.
D: *Oh, he escuchado de ellos. ¿Los puedes ver?*
B: ¿Tú no puedes?
D: *(Intenté ganarme su confianza). Creo que sí, en ocasiones. (Se) He hablado con más gente que sí puede.*
B: Yo hablo con ellos. Alguna gente dice yo ser loca.
D: *Oh, yo también he escuchado eso. En el momento en que hacemos cosas diferentes, es así como nos llaman, ¿no es así? (Se) Pero ahora sabemos más, ¿o no? (Se) ¿Pero conociste a una señora?*
B: Se. Er'na de las hermanas. Y ella me habla. Y ella amiga también ser de gente pequeña. Y ella me conoce. 'Ncluso mejor que mi amá, cuando ella viva estar.

Su acento se iba acentuando más, a medida que pronunciaba las palabras como estaba acostumbrada. En ocasiones sonaba un tanto irlandés, pero no demasiado. Definitivamente, no era Bernadine la que estaba hablando, sino la otra entidad. Es así como convierten el español en su propio idioma, situando las palabras en un orden inusual. Siempre parece como si estuvieran traduciendo de un idioma a otro en su cabeza, porque las palabras se encuentran en un orden diferente. Esta es la señal de un verdadero sonámbulo. Se convierten realmente en la otra personalidad.

D: *¿Crees que parte del conocimiento proviene de la gente pequeña?*
B: Se. 'Sto es seguro.
D: *¿Que la gente pequeña le diga a las hermanas algunos de sus conocimientos?*
B: 'Sto lo que ellos hacer.
D: *¿Cómo te llamas? ¿Cómo puedo llamarte? (Larga pausa. Sin respuesta) ¿Puedo llamarte de alguna manera?*
B: Ser llamada Linel. (Parecía poco segura).
D: *Linel (fonéticamente: Lin nel). ¿Lo estoy pronunciando bien? (Se) Okey. ¿Cómo vas vestida?*
B: 'Sto es nada más que vestido de material duro. 'Sto es bastante simple. Y yo mangas largas. Y n'hay mucho color.
D: *¿Sólo cuelga flojo o cómo?*
B: Se. Ahora es como yo estar.
D: *¿Otros días lo utilizas de forma diferente?*
B: A veces uso cinturón. La cuerda.
D: *¿Hay algún significado de utilizar el cinturón?*
B: Se. 'Sto es marca de las hermanas.
D: *Es así como se reconocen. ¿A eso te refieres?*
B: Se. Es una de las marcas.
D: *¿Qué hay de diferencia en los cinturones, que les permite reconocerse?*
B: 'Sto es a veces como 'stá amarrado. A veces lo que está sobre el cinturón. Para conocer las que están en diferentes niveles.
D: *¿Te refieres a algún adorno sobre el cinturón o algo así?*
B: Se. Llamarse puede así.
D: *En caso de ser una principiante, ¿qué tipo de adorno se encuentra en el tuyo? ¿Cómo se diferencia?*
B: Yo no usar el adorno (pronunciado cuidadosamente), como tú dices. 'Sto ganado cuando una pasa el examen.
D: *Oh. ¿Entonces el tuyo es sólo el cinturón? (Se) ¿Cómo es el adorno, ya que has pasado el examen?*
B: 'S más de uno.
D: *Realmente me gustaría saber, para aprender. ¿Qué es lo que designa los diferentes niveles?*
B: 'So yo na puedo decir tú.

D: *Pero sabes que yo no cuento lo que me dices.*

B: 'Sto es solo para iniciados saber.

D: *Bueno, no quiero meterte en problemas. Pero sabes que me puedes decir cosas que no le dirías a nadie más.*

B: Yo soy jurada. Yo na puedo romper mi palabra.

D: *Yo respeto eso. De verdad lo hago. Pero en realidad quiero que te sientas segura conmigo. Puedes sentirlo, ¿o no?*

B: Na es yo no confío tú. Pero yo di mi palabra.

D: *Está bien. Nunca te pediría que rompas tu juramento. Si te hago una pregunta y no puedes contestarme, solo házmelo saber. Yo lo respetaré. Yo solo quiero lo que está bien para ti. Si tú no puedes decirme, solo házmelo saber. Está bien. ¿Estás feliz con tu vida ahí?*

B: Se. 'Sto mucho mejor que cuando yo ser boca de sobra en otra familia donde no pertenezco.

D: *Allá te sentías fuera de lugar. ¿A eso te refieres?*

B: Se. Ellos ser amables, pero yo na ser su familia.

D: *¿Te sientes más en familia con las hermanas?*

B: Se. 'Sta mi familia ahora.

D: *¿Tiene alguna líder, por así decirlo?*

B: Se. Ser diferentes líderes. Tenemos nuestra hermana principal, y ahí 'stá la señora sobre ella, cuando los grupos se juntan.

D: *¿Entonces también hay muchos otros grupos?*

B: Oh, se. Nosotras na vivir todas en el mismo lugar. Porque nosotras estar moviendo mucho. Para ser na conocidas por esos que nos persiguen.

D: *¿Por qué la gente las persigue? Yo pensaría que no hacen daño.*

B: Ellos na entienden. Ellos na... unos piensan nosotras ser brujas. Unos piensan nosotras ser... malas, porque ellos na entienden lo que hacemos.

D: *¿Ustedes hacen cosas malas?*

B: (Enfáticamente) ¡Na! ¡Na!

D: *¿Ustedes ayudan a otras personas?*

B: Se, para 'sto nuestro trabajo ser. Para sanar y trabajar con naturaleza y la gente pequeña. Y ganamos conocimiento. Y 'sto es mucho secreto. Que es lo que ellos na gustan. Porque ellos quieren saber dónde ganamos nuestro poder.

D: *¿Por qué crees que ellos quieren saber esas cosas?*

B: Porque ellos na tienen control si nosotras tener poder qu'ellos na entienden. Y nos temen por eso.
D: *¿Son cierta clase de personas, o te refieres a todos los demás?*
B: Oh, na todos. Son muchos a los que llevamos sanación, y muchos nos buscan y protegen. Y a veces nos proveen. Pero ellos na dejan los magistrados sepan esto. Porque ellos piensan su trabajo ser atraparnos, tendernos trampas y encontrarnos practicando magia, como ellos dicen.
D: *¿Entonces son los magistrados? ¿A eso te refieres? (Se) ¿Cómo se mantienen alejadas de esa gente?*
B: Nosotras ser advertidas por muchas personas cuando ellos saben los otros estar alrededor. Y nos mantenemos hacia bosques y cañadas, y lejos de caminos. Sólo ir a pueblos cuando estar informadas de que 'stá libre. A veces hay quienes son deshonestos y nos traicionan. Entonces, debemos ser muy cautelosas.
D: *Si tiene que moverse tanto, ¿entonces en dónde viven?*
B: Se. Vivimos con madre naturaleza (tuvo dificultad con la palabra «madre»). Con las colinas y las cuevas, y el bosque. Y nuestros amigos. Ser los elementales. Y ellos a veces guían. Y tenemos nuestros refugios secretos.
D: *¿Conoces a los Ancianos? (No hubo respuesta) ¿Has escuchado hablar de ellos?*
B: (Cautelosamente) Yo poder no hablar de eso.
D: *Pero yo he escuchado de ellos. Me preguntaba si tú también.*
B: He escuchado. ¿Qué saber vos de ellos?

Fue interesante que ella había estado utilizando el pronombre familiar «tú». Ahora que desconfiaba, cambió por el pronombre «vos». Esta era una pregunta difícil de contestar sin influir. Quizá si se formulaba correctamente, podría ganarme su confianza.

D: *Bueno, sé que viven en las colinas y las cuevas. Y practican las antiguas religiones de hace mucho, mucho tiempo. Y son amigos de las hermanas. Yo sé eso. ¿Es cierto?*
B: ¿De dónde ser tú?
D: *Oh, tú dirías que yo también soy una con la naturaleza.*
B: Solo aquellas entre nosotras saber esas cosas. 'Sta peligrosa información.

D: *Lo sé. Es por eso que te dije que puedes confiar en mí. Porque yo sé muchas cosas. Y nunca pensaría siquiera en lastimarte. He escuchado que los Ancianos practican la antigua religión de los viejos dioses. Y no quedan muchos. ¿Es verdad eso?*

B: 'Sto es... Yo saber no si yo libre de hablar con alguien que tiene tanta información ya. Yo no querer romper mis juramentos. Y... (Yo podía ver que ella estaba confundida, siendo tirada en dos direcciones).

D: *Está bien. Yo respeto eso.*

B: Para alguien que saber de Ancianos, tú debes ser amiga o no haber sobrevivido hasta ahora.

D: *Sí, eso es cierto. Yo también he tenido que ser muy cuidadosa.*

B: ¿Tú conocer los Ancianos?

D: *No, sólo he escuchado sobre ellos. Nunca se me ha permitido conocerlos. Pero sé que existen.*

B: Solo las iniciadas son permitidas conocerlos. Yo no haber tenido ese privilegio todavía.

D: *Aunque algún día podrías.*

B: Se. Yo espero eso.

D: *También he escuchado que los Ancianos ayudan a proveer a las hermanas con comida.*

B: 'Sto es mucho lo que ellos proveen. Y nosotras ser muy en deuda con ellos.

D: *Oh, ellos son gente muy amable.*

B: Se. 'Sto es triste que haber unos que querer destruirlos.

D: *Esas son las personas que no comprenden. Ellos no son como nosotras.* (Se) *¿Tú vas a la isla frecuentemente?*

B: Sólo en tiempos especiales del año. Algunas ir más seguido. Cada luna hay quienes ir, pero no todas.

D: *Es seguro estar ahí.*

B: Se. Yo quisiera pasar más tiempo allá. Pero yo tener trabajo que hacer y entrenar, lo que deber hacer en otros lugares.

D: *La isla es un lugar al que no las pueden seguir las personas malas.*

B: Se, ellos saber no. (Sorprendida) ¿Cómo tú saber eso?

D: *Te lo dije, yo sé muchas cosas. Conozco muchas cosas sobre tus costumbres. Por eso no te traicionaré.*

B: Porque 'sto es secreto.

D: *Sí. Conozco el puente de tierra.*

B: ¿Tú saber? (Sí) ¿Tú ya cruzar?

D: *No, no se me ha permitido, ya que yo no soy una hermana. Pero soy muy unida con tus hermanas.*

B: Se, 'ste es un viaje especial que hacer.

D: *Sé que no está ahí todo el tiempo.*

B: No, 'sto es nuestra protección.

D: *Eso es lo que evita que otros las sigan. Ellos nunca lo sabrán.*

B: Se. Esperamos que ninguno de nuestros perseguidores saber de esto.

D: *No creo que lo sepan. Yo nunca he hablado de eso con nadie más.*

B: 'Sto es oculto, como sabes, en niebla. Entonces sólo los pocos saber que existe.

D: *Sí, ellos no pueden verlo, ya que está bajo el agua la mayoría del tiempo, ¿no es así? (Se) Eso es bueno. ¿Es un puente muy largo, desde la tierra hasta la isla?*

B: Oh, 'stá… quizá… (insegura) Yo contar los pasos… no saber cómo más dar ejemplo. Quizá treinta… algo así.

D: *¿Pasos? ¿Desde la costa hasta la isla? (Se) Entonces no está muy lejos.*

B: No. Sólo… uno tener que saber el camino para estar en ese punto particular. Y eso ser viaje mucho más largo.

D: *¿Pero los perseguidores no podrían llegar en barco?*

B: Quizá, si supieran de las reuniones. Pero esperamos que nadie sabe.

D: *Entonces ellos no saben que están ahí.*

B: Nosotras esperar que no.

D: *¿Hay únicamente una isla?*

B: ¿Te refieres a una donde nosotras ir?

D: *¿Pero hay más islas ahí alrededor?*

B: Se. Pero eso ser parte de nuestra seguridad. Porque si ellos saber, ellos saber no qué isla.

D: *Eso es bueno. Si fuera sólo una isla, sería más fácil de encontrar. Pero si hay muchas, ellos no saben siquiera que están ahí.*

B: Se. 'Sto es fácil de ser confundido. Especialmente en las nieblas. Porque todo se ve igual en las nieblas.

D: *¿Las nieblas siempre están ahí?*

B: Yo saber no, cuando yo no estar. Cuando yo ir, ellas no estar. Algunas dicen que nuestra Señora crea niebla por nuestra seguridad. Yo saber no si esto ser verdad.

D: *Puede ser. Es posible.*

B: Se. Creo quizá 'sto es cierto, porque ella ser poderosa.

D: *He escuchado de su poder. ¿Se te ha permitido verla?*
B: (Pausa) No su rostro. Yo haber visto en su luz. Pero yo no saber si se puede ver su rostro después de iniciación. Porque no somos informadas de todas esas cosas.
D: *Entonces aún tienes mucho por aprender, ¿no es así? (Se) ¿Tienes a alguna amiga cercana entre las hermanas?*
B: Ellas todas ser mis amigas. 'Sto es muy bueno el tener muchas amigas.
D: *Eso es bueno. Muchas personas pasan su vida entera sin tener un verdadero amigo. (Se) Entonces son como familia, ¿no es así?*
B: Nosotras ser bendecidas de tener esa familia.
D: *Sí, eso es bastante bueno. Muy bien. ¿Has escuchado hablar de los druidas? ¿Ese nombre tiene algún significado para ti?*
B: Nosotras ser llamadas a veces así por alguna gente. 'Sto es no como nos llamamos a nosotras.
D: *¿Cómo se llaman a ustedes mismas?*
B: (Pausa larga) Yo ser no libre de decir cosas secretas. Pero «hermanas» ser como nos llamamos unas a otras.
D: *Yo no sabía si ese era un secreto. Pero he escuchado que los druidas son hombres en su mayoría.*
B: Se. 'Sto es no lo mismo que nosotras. Pero hay unos que también nos llaman así. Porque tenemos ceremonia secreta, y mucha de la enseñanza antigua, que ser común para la otra secta.
D: *¿Entonces no tienen ningún hombre en su secta?*
B: No. Nosotras ser hermanas nada más.
D: *¿Los hombres tienen diferentes creencias de ustedes?*
B: Se. Algunas. Yo saber no mucho de ellos, excepto que... algunas creencias ser usadas para propósitos que nosotras na usamos. Nosotras na aprobamos algunos usos que ellos tienen.
D: *Oh, entonces sí que tienen creencias diferentes.*
B: Desde mi comprensión, ellos usar alguna misma enseñanza antigua que nosotras aprender. Pero ellos las han cambiado a usos no aprobados por los espíritus. Este ser mi conocimiento, nada más. Yo saber no si yo saber bien.
D: *Pero entonces tú crees que ellos abusan del conocimiento en una forma incorrecta.*
B: 'Sto es dicho entre las hermanas que es así.
D: *¿Será por eso por lo que no juntan las dos sectas?*
B: Es eso por lo que nosotras no...

D: *Se asocian unos con otros.*

B: Se. Porque nuestros propósitos ser traer sanación y amor y armonía a nuestro mundo. Y eso ser nuestros propósitos.

D: *Sí, eso es lo que yo tengo también como propósito. Quiero traer conocimiento a la gente que busca el conocimiento. Quiero hacerlo de manera correcta. Entonces, como puedes ver, pensamos igual, ¿no es así?*

B: Tú ser extraño no ser una hermana. No muchas allá ser gente ordinaria, que saber tanto como tú saber.

D: *Quizá algún día ellas me permitan ser una hermana. ¿Quién sabe?*

B: ¿Tú querer ser una hermana?

D: *Posiblemente.*

B: 'Sta es una buena vida si tú ser fuerte, y na importar vivir afuera y depender de la gente buena, tanto como del campo.

D: *¿Crees que me tendrían en cuenta si hablara con alguien para unirme?*

B: Yo na saber, pero la hermana mayor quizá puede decirte. Ella ser muy amable y sabia. Y yo na saber cómo… si ellas traer mujeres dentro del grupo. Yo solo saber la mayoría de nosotras empieza como novatas, jóvenes.

D: *¿Crees que yo soy muy vieja? ¿Qué ellas no me dejarían entrar?*

B: Yo na saber. Tú deber preguntar.

D: *Pero me gustaría ser una amiga.*

B: N'hay razón, yo creo, para no ser amigas.

D: *Yo puedo ayudar a proteger. Eso es bueno.*

B: ¿Tú ser una que sabe de que los perseguidores viniendo?

D: *Eso sería una buena idea, ¿no es así? Podría advertirles.*

B: Nosotras ser siempre agradecidas por eso, porque en esto nuestra supervivencia depende.

D: *Yo respeto lo que están haciendo, y les ayudaría en lo que pudiera.*

B: 'Sto es bueno. Por aquellos que saber del bien que hacemos.

D: *Pero, ya ves, tengo una gran curiosidad. Por eso hago tantas preguntas.*

B: ¿Curiosidad?

D: *¿Sabes lo que significa?*

B: 'Sta una palabra extraña.

D: *Significa que quiero saber muchas cosas, así que realizo muchas preguntas.*

B: ¡Se! ¡Eso tú hacer!

D: *(Risas) Pero no para meterte en problemas. Sólo significa que yo quiero saber muchas cosas*
B: ¡Oh! Yo también querer saber muchas cosas.
D: *Eso es lo que significa la palabra «curiosidad». (¿Eh?) Querer saber.*
B: Seguro. Yo ser curiosidad también entonces.
D: *Es por eso que, si no puedes decirme, solo házmelo saber. Porque yo no tengo forma de saber qué es un secreto. Yo solo hago preguntas.*
B: Yo contestar si yo poder.
D: *Eso es todo lo que espero. ¿Hay muchas de las piedras grandes cerca de donde viven?*
B: En donde yo vivo ser muchos lugares. ¿Te refieres a los marcadores?
D: *Bueno, he escuchado que hay algunos lugares especiales en donde hay muchas piedras juntas. ¿A eso te refieres?*
B: Se. 'Stas son las que pusieron los ancestros. Esos ser muy especiales lugares para energía y sabiduría. Y mucho ahí ser que yo no sé aún. Pero hay muchas que saber mucho de esas cosas.
D: *¿Hay alguno de estos grandes marcadores cerca de donde vives?*
B: Esos que ser juntos en el lugar grande, estar a algo de distancia de donde nosotras estar ahora. Pero 'ste caminar quizá... depende de qué tan rápido tú caminar. Pero yo puedo llegar en... un día, y quizá medio de otro día.
D: *Oh, entonces no está tan cerca realmente.*
B: No mucho de aquí.
D: *¿Ese es el más grande?*
B: Este ser el agrupamiento del que yo hablar.
D: *Sí. He escuchado que hay uno que tiene un gran círculo. ¿Es ese?*
B: Se. 'Ste es al yo que creer que tú referir. Porque 'ste ser conocido por muchos. Y muchos na entender cuál ser su propósito.
D: *¿También hay otros más chicos?*
B: Se. Hay individuales en muchos lugares.
D: *¿Tienen algún nombre para el grande, con el que lo llamen en tu país?*
B: Yo na saber cómo otros llamar. Yo na saber si yo poder hablar de esto. Otra vez, no me han dicho si esto ser secreto.

D: *Puede que no lo sea. Especialmente si es un lugar muy conocido, es posible que no sea secreto. (Ella estaba confundida). ¿Puedes decirme cómo llama la gente a ese grande?*

B: Para algunos 'ste ser conocido como Círculo Mágico. 'Sto es para alguna gente. Y… yo na poder decir de nuestro propio idioma. Porque 'sto es parte de nuestro… yo na saber si debo hablar de esto.

D: *Está bien. Si no te sientes cómoda con eso, está bien.*

B: Yo na querer romper mi juramento.

D: *Eso está bien. Yo no creo que sea cierto, pero he escuchado que los druidas construyeron el gran círculo.*

B: 'So fue los ancestros. Si es que se conocen como druidas. El término se usa de diferentes formas por diferentes personas. Y nosotras na querer referirnos a los druidas, tal como ser en estos días, como mismos que pusieron las piedras mágicas.

D: *Yo siempre creí que era mucho más antiguo y había estado ahí mucho más tiempo.*

B: Seguro, más que los druidas de ahora. Y yo na saber seguro si ancestros que los pusieron ser druidas o no. Porque 'sto ser un nombre mal utilizado.

D: *Mucha gente no sabe lo que el verdadero nombre druida significa, por decirlo de otra forma. (Se) ¿Y ustedes van algunas veces al círculo grande, en ocasiones especiales?*

B: Se. Yo haber estado ahí dos veces. Me gustaría ir otra vez. Porque's mucho… yo no saber cómo explicar. Mucho pasa ahí cuando uno 'stá en el área de alrededor, y el poder aumenta. Y algunas de nuestro grupo van ahí a ciertas horas para ceremonia. Pero yo saber no en qué consiste. Porque's parte sólo de las altas iniciadas que lo hacen.

D: *Las ocasiones en que tú fuiste ahí, ¿eran ocasiones especiales?*

B: Se. 'ra una reunión. Pero no nos permitieron tomar parte en lo que las altas iniciadas estar haciendo.

D: *¿Ya que tú eras nueva? (Se) Pero se te permitió observar. ¿Era un día especial?*

B: 'Os llegaron mensajes de otros grupos. Y yo na saber si ser alguna ocasión especial para repetir, como el ir a la isla. Creo quizá que sería un llamado de una de las señoras.

D: *Yo creo que quizá van en ciertos días.*

B: Quizá ese ser el propósito. Si es así, no aprendí yo eso. Hay mucho aún de lo que yo no sé.

D: *Sí, hay mucho más conocimiento por aprender. ¿Alguna vez has escuchado de un lugar del que yo escuché, llamado Danza de gigantes? ¿Alguna vez escuchaste ese término asociado con las rocas y piedras?*

B: 'Sto es extraño... extraño decir. ¿Danza de gigantes?

D: *Ajá. He escuchado que había un círculo llamado así.*

B: ¿Te refieres a que el lugar llamar así?

D: *Sí. Puede que no se encuentre en tu lado del país.*

B: Yo na saber ese lugar. Las historias ser que muchos sucesos extraños haber en el círculo. Y aparecen no sólo la gente pequeña, sino otras criaturas que muchas veces las personas normales no conocer. Y yo na saber si eso incluye gigantes, pero 'sto ser posible.

D: *Cualquier cosa es posible. Creo que el hombre que me dijo esto estaba en Erin. ¿Conoces ese lugar?*

B: ¿Erin? Se, 'stá del otro lado del mar.

Me estaba refiriendo a la información que se me dio por el juglar errante en otro capítulo.

D: *Oh, entonces por eso no has visto ese lugar. ¿Ustedes tienen un nombre para su país? (Pausa, sin respuesta) ¿En dónde vives?*

B: (Confundida) ¿Ser país? ¿Aldea?

D: *¿No tiene un nombre con el que lo llame la gente?*

B: Algunas aldeas tienen nombres. Nosotras no tenemos hogar y vivir en muchos lugares.

D: *Sólo me preguntaba. Pero Erin está del otro lado del mar.*

B: Eso me haber dicho.

D: *Muy bien. Debo irme ahora. ¿Estaría bien si vuelvo nuevamente para hablar contigo? (Se) Ya que, como puedes ver, no quiero hacerte daño.*

B: Creo que no quieres. Yo no querer ser grosera, pero contesto como sentir que puedo.

D: *Eso está perfecto. Eso es todo lo que pido. Entonces, si puedo volver otra vez, en verdad lo apreciaría. Y podemos volver a hablar.*

B: Se. Quizá querer hablar con hermana mayor sobre volverte hermana.

D: *Eso es posible. Lo pensaré. (Se) Pero he disfrutado hablar contigo. Has despertado mi curiosidad.*

B: Se, 'sa ser buena palabra.

D: *Es una palabra extraña, ¿no es así? (Se) Muy bien. Bueno, gracias por hablar conmigo. Dejemos esa escena ahora.*

Orienté a Bernadine de vuelta al día actual. Continué con el control de dolor antes de que despertara. Cuando despertó, se sintió muy aliviada y ya no tenía recuerdo alguno de la sesión. Esto probó mi conclusión de que ella era una sonámbula.

El tiempo pasó y nuestras vidas tomaron caminos diferentes. Nunca logré tener otra sesión con Bernadine, así que no sabemos si tuvo el mismo destino que Karen. Ella ayudó después con los datos astrológicos para Nostradamus, Volumen II. Continuamos siendo amigas, pero nunca encontramos el tiempo para otra sesión. Bernadine murió justo después de Navidad de 1995, y eso fue en sí misma una historia extraña relacionada con su dolor. No sé si debería incluirla en algún libro que escriba con ese material.

Sección 2

Historia de Brenda como Astelle

Introducción: Astelle

Cuando conocí a Brenda por primera vez, ella tenía curiosidad por saber si tenía vidas pasadas y si podía ser hipnotizada. Esa es la inquietud de muchos clientes. Pero es un estado muy natural del cuerpo, así que yo no tenía preocupaciones. Yo tenía curiosidad por ver a dónde iría y el tipo de vida que encontraríamos. Terminé trabajando con Brenda durante bastante tiempo porque probó ser un muy buen sujeto y muy deseosa por ver qué había «allá atrás». Cuando trabajé con Brenda fue durante mis primeros días de práctica y yo no utilizaba el método que utilizo actualmente para llevar al cliente al «tiempo y espacio más apropiado». Esto es muy efectivo para ver de dónde pueden provenir algunas cuestiones de la vida actual. Yo estaba aún aprendiendo varias formas de hacer este trabajo. Lo que había estado haciendo con Brenda era retroceder en el tiempo por segmentos aproximados de cien años, para ver quién era y en dónde estaba. Más tarde descubrí que sólo podía instruir a mis clientes para ir al tiempo y espacio más apropiado.

Ya que trabajé con Brenda con la intención de descubrir sobre todas sus vidas, a lo largo de muchas sesiones, utilizamos una palabra clave para que fuera capaz de entrar bastante fácil y rápido a un nivel profundo de trance. Una palabra clave se utiliza cuando yo creo que podré trabajar con alguien nuevamente, como en ese caso. Yo usaría su palabra clave y contaría regresivamente.

Una nota de Dolores

Al comienzo de esta historia, cuando ella estaba describiendo los horrores de la inquisición y las crueldades de la iglesia, le dije después de la sesión:—Brenda, ¿qué estás intentando hacerme? No hay forma en que pueda yo escribir acerca de eso. Me colgarán del árbol más alto si intento decir algo acerca de las cosas horribles que la iglesia hizo por aquellos días. Ellos nunca soportarán escuchar semejantes cosas acerca de los padres de su iglesia. —Así es como aún me siento. Hay demasiado material explosivo contenido dentro de esta historia. Es, probablemente, la verdad sobre la forma en que la iglesia se comportó, pero yo siento que debo esperar un poco, antes de atreverme a escribirlo. Ya recibiré suficientes burlas con mis otras historias. Aún no estoy lista para jugármela con esta.

****

Antes de fallecer, Dolores estaba trabajando en este libro. Creo que ella sabía que la información necesitaba ser contada y que era el momento adecuado.

He puesto estos capítulos siguiendo el orden de cuando fueron grabados, así podrás recibir la información en la misma forma en que Dolores lo hizo.

~Nancy

Capítulo 4
Una seguidora de las «viejas costumbres» (Grabado el 29 de abril de 1986)

Había estado trabajando con Brenda por un tiempo, pasando a través de muchas vidas. Ya que ella se sentía muy cómoda en el estado de sonambulismo y tenía acceso a gran cantidad de información mientras se encontraba en dicho estado, pasé meses explorando muchas posibilidades. En este momento de mi investigación, en 1986, estaba aún descubriendo lo que era capaz de conseguir mediante hipnosis de trance profundo. Debido a que no había libros de instrucción sobre la materia, estaba desarrollando mis propias reglas a medida que avanzaba.

Durante este año de 1986, hice mi primer contacto con Nostradamus, y Brenda iba a ser esencial e instrumental para este contacto. Pero en este momento, antes de que ese proyecto iniciara, todavía estábamos descubriendo lo que podíamos hacer. Ya la había llevado a lo largo de varias vidas diferentes y, durante el espacio intermedio al que llamamos «muerte», su subconsciente me dijo que debería explorar una vida hace mucho tiempo, cuando Brenda fue conocida como Astelle. Me dijo que esta vida sería importante para que Brenda comprendiera algunas relaciones de su vida actual.

Así que, después de que entrara en el estado de trance profundo, la instruí para que retrocediera en el tiempo hasta ubicarse en la vida de Astelle. Yo no tenía idea del periodo en que nos encontraríamos, pero no tenía ninguna duda de que existiera esa vida. El subconsciente no nos hubiera sugerido localizarla si no fuera verdad.

Cuando finalicé el conteo, le pregunté qué estaba haciendo. Ella me dijo que estaba preparando algo de comida en una cocina. Su nombre era, sin duda, Astelle (fonéticamente, con el acento en la primera sílaba).

D: ¿*En qué país estamos?*
B: (Titubeó) Ah... es un ducado.** Esta parte es dirigida por el duque. Y él se ha aliado con los Flanders.

D: *Me preguntaba si habías escuchado alguna vez, que le llamaran de algún modo.*

B: Es solamente el ducado. Tiene un nombre que utilizan los nobles. Pero no es importante en la vida diaria, así que yo realmente no lo sé.

Un ducado es el territorio de un duque o duquesa, un condado.

D: *Dijiste que estás en una cocina. ¿Es ahí en donde vives?*

B: Sí. Trabajo aquí abajo… para uno de los nobles aquí en la casa del… duque. Soy una sirvienta de la cocina… ¿del lavadero? No estoy segura de cómo se llama. Trabajo más que nada en la cocina.

D: *¿Puedes decirme algo sobre este lugar? ¿Qué apariencia tiene?*

B: ¿La cocina?

D: *Bueno, sí, o… ¿es una casa? ¿O es más grande que una casa?*

B: Si la casa a la que te refieres es la vivienda en la que vive la gente ordinaria, entonces sí, es mucho más grande que eso. Tiene muchas habitaciones. En su mayoría tiene dos pisos de altura, pero una parte es de tres pisos. Está hecha de piedra, y la mayoría de las casas usualmente están hechas de mimbre.

D: *(No entendí) ¿De qué están hechas?*

B: Mimbre. Consigues paja y algún tipo de arcilla; construyes un armazón ligero, y extiendes la paja sobre el armazón, le pones arcilla encima para mantenerla en su sitio. Y se seca formando una pared dura.

D: *Oh. ¿Qué pasa con la paja cuando llueve? ¿No se disolvería?*

B: Oh, ya sabes, cuando la arcilla se moja, sella las fisuras. Y cuando la arcilla se seca, en ocasiones saldrá una grieta. Consigues más arcilla y se aplica por encima, en donde sea que estuvieran las grietas.

D: *¿De qué está hecho el techo en ese tipo de casas?*

B: De lo mismo. Usualmente en verano los techos serán de paja más fresca. Por lo general, si eres acomodado, la puerta es hecha de madera, o se cuelga algún tipo de piel de animal por la puerta.

Enciclopedia: Arquitectura. Mimbre y arcilla: una forma de construcción basada en ramitas verdes entrelazadas (o mimbres), a través de cuyos intersticios se hace pasar arcilla y se apelmaza. En los edificios medievales con entramado de madera, el revestimiento o relleno entre los maderos solía componerse de esta forma.

Cuando escuché por primera vez en 1986 sobre este tipo de construcción, pensé que sería demasiado endeble y, definitivamente, no duradero. A partir de ese entonces, realicé muchos viajes a Europa, especialmente a Inglaterra, y descubrí que me equivoqué al sacar tal conclusión. Tengo una buena amiga que tiene una empresa publicitaria en un edificio muy viejo en el mismo pueblo de Ringwood, al sur de Inglaterra. En América somos libres de hacer lo que sea que queramos con nuestra propiedad, pero en Inglaterra se debe mantener la autenticidad de la estructura original. Si un edificio se reconstruye o remodela, debe ser construido con exactamente el mismo estilo que el original. Mi amiga ha remodelado el edificio de tres pisos, pero me ha mostrado algo muy interesante en el segundo piso. La pared de una de las oficinas se había dejado expuesta y cubierta con un cristal. Señalando las pequeñas ramas entretejidas y la cobertura en la pared, me dijo: —¡Eso es lo que está sosteniendo este edificio! —Era la construcción de mimbre y arcilla; y el barro, yeso o lo que sea que se haya utilizado, se había endurecido hasta lograr la consistencia de cemento. Era lo suficientemente fuerte para durar por cien años y, a excepción de algunos asentamientos y desplazamientos, el edificio aún estaba de pie. Así que, descubrí que ese antiguo método de construcción era bastante práctico, económico y duradero. Probablemente, muchas de las paredes viejas de Europa contienen construcciones de mimbre y arcilla.

D: ¿Ese es el tipo de casa en el que vivías antes de venir a este lugar?
B: No recuerdo. He estado aquí toda mi vida. Creo que nací de alguien aquí en esta casa. No estoy segura.
D: ¿Se le llamaría «castillo» a este lugar? ¿O sabes qué palabra se utiliza?
B: (Lentamente) Yo no… sé esa… palabra. No creo que esa pudiera aplicarse. Nunca la había escuchado.

El rasgo de un auténtico sonámbulo es que no reconocen palabras que no existen en su época, incluso si están bastante familiarizados con ellas en su vida actual. Es una señal del verdadero viaje en el tiempo y estar por completo en otra época.

D: *Entonces esta es una gran casa.*
B: Muy grande… Estoy intentando recordar la palabra con que se le llama. No la puedo encontrar. Pero te diré cómo luce, y quizá tú conozcas la palabra para ella.
D: *Okey, porque yo conozco muchas palabras.*
B: En la cocina, en donde hago la mayor parte de mi trabajo, hay un techo muy alto. Tiene vigas a través del techo. Las vigas están ennegrecidas por el humo. Hay un gran fogón en donde cocinamos. Hay todo tipo de cacerolas y sartenes y utensilios colgando de la pared. Y hay una mesa muy grande… o, mejor dicho, larga. Va a todo lo largo de la habitación. Es aquí en donde preparamos la comida y todo, en esta mesa. Picamos la comida y todo aquí, y lo ponemos en ollas. Las ollas las llevamos cerca o encima del fuego, dependiendo de cómo estemos preparando la comida. El piso también está hecho de piedra, pero piedras planas. Debe hacerse de piedra porque los pisos de madera no duran mucho con los restos de comida y todo.
D: *Eso tiene sentido. ¿Son muchos haciendo el trabajo de la cocina?*
B: Bueno, hay… déjame ver… (parecía estar mirando alrededor, contando). Está el cocinero principal… hay otros dos que también cubren las tareas del cocinero principal. Y hay varios de nosotros haciendo cosas como picar, pelar y cosas así. Y también hay dos perros.
D: *¿Los perros siempre están en la cocina?*
B: Sí. Ellos evitan que el piso se llene demasiado de comida.
D: *Oh. Te refieres a que cuando cocinan, ¿simplemente tiran las cosas al piso?*
B: Sí, entre la paja.
D: *Oh, ¿hay paja en el piso sobre la piedra?*
B: Sí, la piedra sería demasiado fría, particularmente durante el invierno. Entonces ponemos paja sobre la piedra para que no esté tan fría. Solo somos sirvientes, así que no tenemos cubiertas para los pies.
D: *¿Y entonces solo tiran los restos de comida al piso con la paja?*
B: Sí. Lo mismo se hace en el comedor, cuando los nobles están comiendo. Los huesos y cosas así se tiran al piso, y los perros de los nobles se comen esas sobras también.

D: *Entonces también hay paja sobre el piso del comedor. Ummm, debe haber muchos perros en la casa.*
B: Solo el número habitual para una casa de este tamaño.
D: *¿Cuál sería el número habitual?*
B: No lo he pensado. Yo diría que ocho o diez.

Ella continuó con la descripción de la casa:
—Están los pasillos que salen desde el comedor y van a todas partes del… lugar. Y no tienen paja sobre el piso, porque las personas no «usan» los pasillos. Solo usas los pasillos para ir a otra parte de este lugar. He escuchado de las doncellas que trabajan en las habitaciones, que las habitaciones tienen apariencia bastante fina, con tapices y cosas así. Y tienen tapetes sobre el piso.

D: *He escuchado que los tapices ayudan a que la casa sea más cálida. ¿Es verdad?*
B: Sí, es verdad, porque hay corrientes de aire. Además, incluso si no hay corrientes, ya que las paredes son de piedra, el frío de ellas como que se irradia, ¿es esa la palabra?, hacia dentro. Se mete a tus huesos. Y los tapices ayudan a contenerlo.
D: *¿Hay ventanas en esta casa?*
B: ¿Las ventanas son aberturas en las paredes, que no son puertas? (Sí) Usualmente, son largas y estrechas. Y tienen persianas encima. Principalmente, sirven para ayudar en verano con la ventilación. Y se construyen en donde son convenientes para los arqueros.
D: *Estaba pensando que necesitarían alguna forma de cerrarlas, de lo contrario, enfriarían.*
B: Sí, las persianas hacen eso.
D: *Entonces los arqueros deben ser capaces de disparar a través de ellas, ¿eso dices? (Sí) ¿Por qué? ¿Hay peligro en ocasiones? (Sí) ¿Hay más chimeneas por la casa?*
B: Claro. Cada habitación tiene al menos una chimenea. El comedor tiene dos. En la cocina, el fogón es tan grande que no es necesaria una segunda chimenea. Pero todas las demás habitaciones tienen chimeneas… Excepto la habitación en lo alto de la torre. Escuché que tiene este maravilloso escudo de metal que mantiene un fuego dentro. Nunca he estado ahí. Es solo lo que he escuchado de otros sirvientes.

D: *¿Te refieres a que es un contenedor en donde se pone fuego?*

B: Se llama escudo, y escuché que es como un cuenco muy profundo, pero muy grande. Gradualmente curvo y muy grande y redondo. Y, en el centro de él, se pone fuego y se mantiene. Escuché cosas maravillosas, que está suspendido del techo por cadenas. Sospecho que el amo está involucrado con cosas profanas en esa habitación. Se dice que con eso llama a los espíritus. Pero no se habla de eso.

D: *Puedo ver por qué. Pero eso parece una forma tan maravillosa de calentarse, que pudiera haber más por la casa.*

B: No es efectivo en habitaciones grandes. Es bueno para habitaciones pequeñas. Pero incluso ahí, tendrías que tener una de tus ventanas parcialmente abiertas, para que el humo escapara.

D: *Oh, sí. Las chimeneas tienen sus tiros, ¿no es así? (Sí) ¿Pero mencionaste que nunca has estado en esa habitación?*

B: No. En realidad, no conozco a nadie que pueda asegurar que haya ido. Lo que he escuchado son solo rumores. O quizá uno o dos sirvientes hayan estado ahí para limpiarla en ocasiones. En esos momentos, estoy segura de que el amo habrá guardado sus utensilios profanos. Pero dicen que es una habitación de lo más rara.

D: *Bueno, nunca se sabe si algunas de las cosas que escuchas son ciertas o no. Puede que sean sólo palabrerías.*

B: Quizá. Pero todos saben que no hay chimenea en esa habitación, así que debe haber alguna forma de calentarla. Si es que se calienta.

D: *¿Él pasa mucho tiempo ahí?*

B: No lo sé. Creo que pasa varias tardes ahí. Se dice que hay varios pergaminos ahí. Lo que los nobles utilizan, ya sabes, para escribir. Y puede ser que él tenga cierta información oculta ahí.

D: *¿Tú sabes leer?*

B: (Enfáticamente) ¡No! Eso es lo que hacen los nobles. Tampoco puedo contar demasiado. Pero sí necesitaba saber contar pocas cosas para ayudar con la cocina.

D: *Entonces solo los nobles serían capaces de leer cualquier pergamino que él tenga. (Sí) ¿Cuántos años tienes? ¿Lo sabes?*

B: Ah… (pensando), se dice que estado aquí por… (dudando), ¿quince años? Quizá dieciséis.

D: *Entonces eres una joven.*

B: Tengo edad para casarme.

D: *¿Pero crees que naciste ahí?*

B: Eso creo. No me acuerdo de nada más.

D: *¿Conociste a tu madre o padre?*

B: Tengo un tenue recuerdo de mi madre. No conozco a mi padre.

D: *¿Tu madre aún vive?*

B: Murió cuando yo era joven.

D: *¿Es por eso que te quedaste ahí?*

B: De cualquier forma, me hubiera quedado aquí. Es aquí a donde pertenezco.

D: *¿Entonces te cuidaron otras personas de la casa?*

B: Eso creo.

D: *¿Pero eso es todo lo que recuerdas, sólo trabajar en esa cocina?*

B: Eso es lo que hago cuando trabajo. Pero cuando es tiempo entre comidas o un día festivo, salgo a los campos.

D: *¿Te refieres a que ayudas en los campos?*

B: No, no, sólo salgo. Disfrutando estar con otras personas de mi tipo.

D: *Bueno, y ahí en la casa, ¿tienes algún lugar para dormir?*

B: Sí. Hay un lugar cerca de la cocina, fuera de un... verás, cada uno de nosotros duerme en un sitio distinto, según dónde le parezca dormir. El lugar donde yo duermo es un... hay un rincón debajo de un tramo de escaleras. Es más bien como un closet. Y yo reclamé ese lugar. Los demás sirvientes no lo consideran deseable porque es solo un closet pequeño, sin ventana ni nada. Pero ellos no se dan cuenta de que la pared trasera del closet está demasiado cerca de la pared trasera de la chimenea, así que siempre es cálido en invierno.

D: *Entonces sabías lo que hacías cuando pediste ese lugar. (Risas).*

B: Sí. Así que, si quiero aire fresco, lo puedo conseguir durante el día, pero de noche necesito mantenerme caliente.

D: *¿Tienes una cama o algo sobre lo que duermas en esa pequeña habitación?*

B: Duermo sobre el suelo. En ocasiones, cuando el amo se deshace de algún abrigo, yo lo tomo y lo pongo sobre el suelo.

D: *Y así se vuelve cálido. (Sí) ¿Qué tipo de vestimenta llevas puesta? ¿Qué usas?*

B: Llevo una falda y una blusa con un corpiño y un pañuelo.

D: *¿De qué color son?*

B: En realidad no es de ningún color. Solo son de un tinte de bellota. Supongo que tú le llamarías un color café grisáceo. Mi falda es de color café claro y mi blusa es de un tipo de color crema oscuro. Nunca fue teñida. Mi corpiño es café oscuro. Y mi pañuelo... llevo mi pañuelo alrededor de mi cintura. Solía ser azul, pero se ha desteñido hasta ser gris.

D: *¿Por lavarlo? (Sí) ¿Llevas algo sobre la cabeza?*

B: No. En ocasiones en verano me pongo mi pañuelo sobre la cabeza.

D: *¿De qué color es tu cabello?*

B: Es entre dorado y rojo.

D: *¿Lo llevas de algún modo específico?*

B: No. Solo lo trenzo.

D: *Me preguntaba si tu gente usa colores llamativos en sus ropas.*

B: No los sirvientes. No sería adecuado.

D: *¿Solo los hombres de la nobleza llevan colores brillantes?*

B: No son colores brillantes realmente, sino colores «puros», mientras que nuestros colores están siempre desgastados. Ellos usan colores puros que son oscuros. Color vino, marrón, borgoña, azul, dorado, negro. Ya sabes, colores puros. En cambio, mis ropas son tipo café grisáceo. Ya sabes, colores medios.

D: *¿Pero los demás sirvientes se visten todos de la misma forma con el mismo tipo de colores? (Sí) ¿Los hombres se visten diferente?*

B: Sí. Depende de si eres noble o sirviente. Los sirvientes, por practicidad, usan pantalones bombachos. Les llegan hasta las pantorrillas. Y una camisa y chaleco. Usualmente una gorra de algún tipo. Y las mujeres sirvientas llevan lo que yo, falda y blusa, con un corpiño y pañuelo. La mayoría de ellas llevan el pañuelo en sus cabezas. Yo llevo el mío en la cintura porque soy lo bastante delgada para atarlo alrededor de ella. También, porque hay otra mujer en la casa que es muy poco atractiva. Ella está bastante celosa de mi cabello, así que yo me niego a cubrirlo. (Ella estaba sonriendo y yo me reí). Y los nobles visten túnicas que llegan hasta el suelo y tocados de diversos colores, según su posición social. Las mujeres usan vestidos largos de mangas largas, de diferentes colores.

D: *¿Qué clase de tocados utilizan?*

B: Depende de su estatus social. Diferentes formas de sombreros y gorros. En ocasiones con velos y demás; a veces nada. Los sombreros tienen distintas formas. A veces se ajustan a la cabeza y se atan como turbantes. En ocasiones tienen alas, copas y demás. Y diferentes formas tienen diferentes significados.

D: *¿Sabes qué significan?*

B: Solo los que he visto. Los clérigos, los sacerdotes, llevan diferentes formas de sombreros según su rango en el sacerdocio. Un noble que se dedica a la legislatura lleva un tipo de sombrero. Y un noble que está involucrado con las leyes, ¿esa es la palabra?, lleva otro tipo de sombrero.

D: *La legislatura sería un tipo de leyes. Sería más complicado, supongo.*

B: Uno, interpreta la ley que ya está establecida, y el otro, ayuda a crear leyes nuevas cuando hacen falta.

D: *Entonces esa es la palabra correcta.*

B: Y algunos nobles que sólo están involucrados con la tierra, tienen otro tipo de sombrero. Y aquél noble que está involucrado con el comercio y todo eso, lleva otro tipo de sombrero.

D: *Y uno los puede reconocer por lo que llevan puesto. (Sí) ¿Qué hay del lord de la casa? ¿Él lleva un tipo especial de sombrero?*

B: Él está involucrado con la tierra, así que él usa ese tipo de sombrero. Tiene una copa baja. Es de ala ancha, y ésta tiene forma. No sé cómo describirlo mejor. Usualmente es negro.

D: *¿Cómo le llaman al amo? ¿Tiene algún título?*

B: Le llamamos «mi lord».

D: *¿El lord?*

B: «Mi» lord. O «amo». Es un duque.

D: *¿Conoces su nombre? ¿Hay algún otro nombre aparte de ese?*

B: Mmmm, uno de sus nombres es Paul. (Pausa) No sé más. Hay algunos apellidos, estoy segura. Pero nunca puedo recordarlos, así que no me molesto en hacerlo. A veces mi memoria no es buena.

D: *¿Pero tú tienes solo un nombre?*

B: Sí. Soy Astelle. (Yo lo pronuncié y ella me corrigió, colocando un acento sobre la primera sílaba).

D: *¿Entonces no es común que los sirvientes tengan dos nombres?*

B: No. A veces los artesanos del pueblo, como el herrero, o lo que sea, tendrán una etiqueta describiendo lo que hacen. Como Juan el herrero. Pero no es un nombre, es solo una descripción.

D: *Eso es porque debe haber más de un Juan. (Sí) Estoy pensando, a mí me parece que Astelle no es un nombre común.*

B: Aquí tampoco lo es. No sé por qué mi madre me llamó así. He escuchado que el significado del nombre tiene algo que ver con las estrellas. Pero no estoy segura, a menos que sea por el color de mi cabello.
D: *¿El rojo y dorado? (Ajá) ¿Eres feliz ahí?*
B: Supongo. No lo sé. ¿Qué es la felicidad? ¿Qué es ser infeliz? Yo solamente vivo día tras día.
D: *Oh, dicen que la felicidad es un estado de la mente. Pero al menos no eres miserable, ¿o sí? Si es que sabes lo que significa esa palabra.*
B: Sé lo que significa. Yo tengo qué comer y un lugar en dónde dormir.
D: *Pues, supongo que, si alguien fuera infeliz, querrían estar en algún lugar diferente.*
B: A menudo me pregunto qué hay más allá de lo que puedo ver. Pero a mí no me corresponde viajar.
D: *Entonces si tuvieras la oportunidad, de cualquier forma, no irías a ningún lado. ¿Es correcto?*
B: No. Sí viajaría. Pero no me compete solamente pararme y viajar sin razón. Si mi lord me enviara a algún lugar, iría.
D: *Pero si no eres feliz realmente, al menos estás contenta. ¿Sería esa una buena palabra? (Ella parecía confundida) Las cosas van bien.*
B: Las cosas van bien.
D: *Entonces no te tratan mal.*
B: (Risas) Sólo por la noble que está celosa de mi cabello. A ella le gusta golpearme.
D: *¿Ella lo hace? ¿Por qué razón te golpearía?*
B: Porque ella es fea y yo no.
D: *No creo que eso le dé una razón.*
B: Bueno, ella es una noble y yo una sirvienta. Eso le da una razón. Si ella quiere golpearme, puede hacerlo.
D: *¿Ella viene siendo el ama de la casa?*
B: No. Ella es una prima o algo así del ama de la casa.
D: *Entonces vive ahí. (Sí) ¿Cómo la llamas? ¿Tiene un nombre?*
B: Ella es lady Joslyn.
D: *¿Tú intentas mantenerte lejos de ella?*
B: Yo sólo me quedo en la cocina y trabajo. Pero, ocasionalmente, ella baja. Cuando se siente molesta por algo, viene acá y me golpea.
D: *Se desquita contigo, y tú no tienes nada que ver con eso.*

B: Bueno, ese es su derecho. Es de la nobleza.

D: *¿Le guardas rencor por eso? ¿Sabes lo que significa eso?*

B: Sé lo que significa. Ah... yo sólo espero que suceda. No le guardo rencor a «ella», pero yo siento que ella me guarda rencor a «mí». Porque hay algo más. Hay un joven noble a quien enviaron aquí como paje. Ha alcanzado el estatus de valet y pronto se convertirá en caballero. Ella se ha interesado en él, pero él no le devuelve el interés. Ella no ha podido descubrir por qué. Lo que ella no sabe es que... él y yo somos amantes.

D: *¡Oh! ¿Cómo pasó eso?*

B: En días buenos, los valet, los pajes y caballeros salen al campo de prácticas a entrenar. En ocasiones, requieren que se les lleve alguna comida ahí; de esa forma no tienen que interrumpir lo que se encuentran haciendo. Por lo general, es mi trabajo y de otros más, llevarles la comida allá.

D: *¿Así es como lo conociste? (Sí) ¿Él no sería de un... estatus diferente?*

B: Sí. Por eso no podemos casarnos. Pero él afirma que me ama de verdad. Yo sé que también lo amo de verdad. No me preocupo por eso. Algo que he aprendido es que debes tomar cada momento como venga. Sin preocuparte por las consecuencias, porque lo que tenga que pasar, pasará, así que debes tomar lo bueno cuando venga.

D: *¿Cómo se llama él?*

(Tuve dificultad para entender e intentar pronunciar el nombre que ella dijo. Tuvo que repetirlo en varias ocasiones. Sonaba como: Thoroff, fonéticamente).

D: *¿Qué apariencia tiene?*

B: (Hablando con amor) Él es alto y guapo. Es fuerte. Tiene el pelo como el lino, muy claro. Y se vuelve blanco cuando está mucho al sol. Y su piel se vuelve de color dorado cuando está al sol. Es muy hermoso a la vista. Sus ojos son tan azules como el cielo.

D: *¿Han sido amantes por mucho tiempo?*

B: Alrededor de un año.

D: *¿Se encuentran en algún lado? Porque él no puede venir a la cocina, ¿no es así?*

B: No, no puede. En ocasiones él va a mi closet. A veces nos vemos afuera. En la arboleda hay un lugar especial al que vamos cuando el clima es cálido. Y, cuando hace frío, nos vemos en los establos. No podemos vernos en donde él duerme porque todos los caballeros, ayudantes y demás, se alojan juntos en habitaciones grandes. Duermen juntos en grupos. Así que no podemos ir ahí.

D: *¿Crees que aún serán capaces de verse cuando él se convierta en caballero? Entonces él tendrá una posición alta.*

B: Sí. Seguiremos viéndonos mientras que él esté en este lugar. Lady Joslyn está intentando ponernos las cosas difíciles. Ella siempre le llama para que la atienda. (Risas) En ocasiones ella intenta llamarle para que le atienda a horas inapropiadas del día. El duque ha estado un poco escandalizado por eso. Él no culpa a Roff, ya que sabe cómo es lady Joslyn. Pero ella está un tanto desesperada por conseguir esposo. No es bonita. Tiene una voz desagradable. Y piensa solo en sí misma. No es agradable estar con ella.

D: *¿Ella está envejeciendo? ¿Por eso está desesperada?*

B: Sí, es una solterona.

D: *¿A los cuántos años se considera que alguien es viejo?*

B: Ella tiene... veinticuatro, ¿veinticinco?

D: *Oh, ¿se casan con frecuencia antes de eso?*

B: Oh, sí.

D: *Mencionaste que ella le llama a horas inapropiadas del día. ¿A qué te refieres con eso?*

B: Ella le llama para que la atienda como... horas después de la cena. Y ella intentará mantenerlo ahí hasta altas horas de la noche, para intentar comprometerlo. E intentará reclamarle que está embarazada, así que deberán permanecer juntos.

D: *Oh, entonces él tendría que casarse con ella. ¿Así funcionan las cosas?*

B: En su caso, sí. Pero él me ha dicho que sus argucias no funcionarán. (Sonriendo) Dijo que ella es tan horrible que no puede lograr que se le pare.

D: *(Riendo) ¿Pero es por eso que ella le sigue llamando a su habitación?*

B: Sí. Y todas las damas saben que ella no está embarazada y que no es propensa a conseguirlo.

D: *¿Pero dijiste que el duque está escandalizado por eso? (Sí) ¿Él no sabe en realidad que no está pasando nada, o sí?*

B: Su señora le dice que no está pasando nada. Pero está escandalizado porque lady Joslyn se está comportando de manera inapropiada. Él la ha amenazado con enviarla lejos.

D: (Risas) A ti no te importaría, ¿o sí?

B: No.

D: ¿Entonces te golpea porque está celosa?

B: Sí. La gente dice que soy bonita. Yo nunca me he visto a mí misma. No lo sé. Me gusta el color de mi cabello. Roff dice que soy hermosa, pero Roff no está siendo objetivo.

D: (Risas) ¿Has escuchado de algo que se llama «espejo»?

B: Las damas de la casa tienen trozos de metal pulido en el que pueden ver sus reflejos. Cuando se están preparando para la cena o para un baile o algo así, sus sirvientes personales los sostienen para que ellas puedan verse a sí mismas. Pero tenuemente.

D: ¿Pero tú nunca te has visto en algún espejo como ese? (No) Pues parece que en cualquier momento en que ella se molesta por cualquier motivo, se desquita contigo. ¿No es cierto?

B: Sí. Después de haberse desquitado con sus sirvientes personales.

D: Debe tener muy mal carácter.

B: Sí, esa es una razón por la que no es muy popular. El carácter va de la mano con su voz. Es chillona. (Yo me reí).

D: ¿Entonces el duque tiene una gran familia viviendo ahí con él?

B: Oh, sí. Una familia grande y un gran séquito.

D: ¿Él tiene hijos?

B: Sí. Se dice que tiene muchos hijos ilegítimos, también entre los sirvientes. Yo sospecho que él podría ser mi padre. Pero claro que no se me permite hablar de eso.

D: ¿Tiene la edad suficiente como para serlo?

B: Oh, sí, está en sus años cuarenta.

D: Pero al menos cuida de sus hijos si sabe quiénes son. ¿O no?

B: Sí. Él les permite quedarse aquí y tener un lugar en donde vivir y trabajar. Y su señora, lady Evelyn, lo acepta. Se ha dicho que mi madre era muy hermosa. Y no fue sorpresa que el duque la sedujera.

D: ¿Eso es común entre los sirvientes?

B: ¿Qué?

D: ¿Mezclarse con la realeza de ese modo?

B: Es el derecho del duque. Si él quiere dormir con una de sus sirvientas, entonces puede hacerlo.

D: ¿Ellas no pueden decir nada al respecto?

B: No, se considera un honor ser elegida por el duque para dormir con él. Pero es notorio que hay algunas a quienes él no elige para dormir con ellas, a pesar de cuán hermosas sean. Sin embargo, él sigue siendo amable con ellas. Se sospecha que, a las que nos trata así, somos sus hijas.

D: Oh. Eso es muy posible; nunca se sabe. ¿Sabes lo que es una religión?

B: ¿Religión? ¿Eso es como la iglesia?

D: Sí. ¿Hay algún tipo de religión en el lugar en donde vives?

B: Está la santa iglesia romana.

D: ¿En eso cree la gente?

B: Eso es en lo que cree la realeza. Los nobles. Nosotros, los sirvientes, tenemos otras creencias. Pero, generalmente, no se sabe fuera de nuestros círculos.

D: ¿Puedes platicarme «a mí» acerca de eso?

B: Si deseas. No debes decirle a la realeza, porque seríamos castigados de la forma más cruel.

D: Puedes confiar siempre en mí, porque yo no se lo digo a nadie.

B: ¿Tú no eres de la inquisición?

D: Oh, no. No, yo soy solo como una amiga a la que puedes contarle todo.

B: Yo creo que tú tienes eso del espíritu familiar en ti.

D: ¿A qué te refieres? (Yo no había entendido). ¿Qué es un espíritu no familiar?

B: Un espíritu familiar, no espíritu no familiar.

D: Oh, yo creí que habías dicho no familiar. (Risas) Un espíritu familiar, ¿eso sería algo que reconoces o con lo que te sientes cómodo?

B: Hay formas de reconocer espíritus familiares. Verás, el duque en algún momento estudió parte de nuestra religión, pero la tergiversó y la utiliza para sus propios fines. Hay algunos de nosotros, entre los sirvientes, que seguimos el viejo camino. Y la iglesia está tratando de erradicar esto.

D: ¿Es la inquisición de quien hablabas? (Sí) ¿Qué es lo que hace la inquisición?

B: La inquisición te cuestiona y tortura, después te ejecuta.

D: ¿Buscan a gente que cree en cosas diferentes? ¿O cómo saben?

B: No lo saben. Sólo buscan gente con la que desahogar sus placeres enfermizos. Cualquiera que se atreva a pensar diferente. Cualquiera que se atreva a levantar la vista de su lugar y ver algo más, sin importar si es cristiano o no cristiano. Cualquiera que actúe un poco diferente. Cualquiera que se vea un poco diferente.

D: *No suena religioso hacer cosas como esa.*

B: No. Es por eso que yo no fui criada en la iglesia.

D: *Mencionaste que piensas que el duque ha tomado algunas costumbres y las tergiversó. (Sí) ¿Crees que eso es lo que hace en la habitación de la torre?*

B: Sí, apela al lado maligno de las cosas. Pero la inquisición no se atreve a tocarlo, ya que es demasiado poderoso. Así que, sólo lo hacen con aquellos que no podemos defendernos.

D: *Entonces debes ser cuidadosa. He escuchado un poco acerca del viejo camino. ¿Puedes platicarme un poco más sobre su significado?*

B: Seguimos los ciclos de la Tierra. Hay poderes en la Tierra y la Luna, a través de los cuales se revela la diosa. Y, si trabajas en armonía con esos poderes, cosas maravillosas pueden suceder en tu vida. Esa es una razón por lo que no me preocupo acerca de Roff y lady Joslyn. Porque la arboleda a la que lo llevo cuando salimos de noche, es un lugar especial de poder. Y cada vez que vamos, fortalece el lazo entre nosotros.

D: *¿Por qué es un lugar especial de poder?*

B: Es una arboleda para la diosa. Es un grupo de trece robles.

D: *¿Ustedes tienen reuniones ahí o llevan a cabo rituales?*

B: Sí. Pero no se me permite hablar de eso.

D: *Está bien. Pero quiero que te des cuenta de que puedes confiar en mí. Cuando estés lista, puede que algún día me lo platiques. Ya que sabes que yo siempre te escucho. Pero, ¿esa diosa tiene algún nombre? ¿O simplemente se le llama diosa?*

B: Sólo le llamamos la diosa. Se dice que tiene muchos nombres, relacionados con sus muchos rostros, debido a que la diosa está cambiando continuamente con las estaciones y las fases de la luna. Así que tiene muchos nombres para relacionarla con «todo» esto. Es bastante complejo mantenerse al tanto de todos los nombres. Así que nos referimos a ella como la diosa o la madre Tierra.

D: *Eso lo hace mucho más sencillo. ¿Entonces ustedes solamente le llaman las «viejas costumbres» a su religión? (Sí) ¿No tiene ningún otro nombre?*

B: No que yo sepa. Sólo le llamamos así.

D: *Okey. Pero parece como si aún estuvieras teniendo problemas con lady Joslyn.*

B: Está bien. Sabemos que todo debe encontrar su equilibrio tarde o temprano. Y ella está presionando demasiado su punta de la balanza. Cuando ésta regrese a donde debería estar, en equilibrio, ella será destruida en el proceso.

D: *¿Así es como funcionan las cosas?*

B: Sí. Es por eso que debes mantenerte en armonía, para que no seas destruido al desequilibrar las cosas.

D: *¿Alguna vez has tenido otros amantes en la casa?*

B: No. Ha habido algunos jóvenes nobles que han intentado aprovecharse de mí, pero Roff se los ha impedido.

D: *Entonces él ha sido el único.*

B: Él «es» el único.

D: *¿Y qué es lo que hace un paje en la casa? ¿Tienen ciertas tareas?*

B: Sí. Cuando un niño viene por primera vez aquí a entrenarse, es un paje. Realiza muchas de las tareas que realizan los sirvientes, pero lo hace con el fin de aprender cómo funciona por dentro el sistema. Él espera a los caballeros o lores. Y está con ellos todo el tiempo. Les ayuda a vestirse. Les lleva comida y bebida a sus habitaciones cuando lo piden. Y envía mensajes de su parte. Cuando crece, se convierte en un valet. En ese momento, ayuda al caballero o lord con sus armas. Les ayuda a pulirlas y cuidarlas. Les ayuda a vestirse para la batalla o para asuntos de estado, cosas así. Y él actúa como su ayudante general. Mientras tanto, recibe entrenamiento en armas de los maestros de armas. Y después, cuando alcanza cierto nivel de progreso, comienza a hacer las cosas que hacen los caballeros, para entrenarse, para algún día poder convertirse en un caballero.

D: *Deben pasar a través de todas estas diferentes etapas, antes de convertirse en caballeros. (Sí) ¿Él también nació en esta casa?*

B: ¿Roff? (Sí) No. Los hijos del terrateniente siempre se envían a otra casa para ser entrenados, para asegurarse de que serán entrenados adecuadamente.

D: Entonces él viene de otro lugar. ¿Y entonces ser caballero será lo más alto que él pueda llegar?

B: No. Es tan alto como su «entrenamiento» llegue. Él completará el entrenamiento que necesite saber para tomar alguna posición en su vida.

D: ¿Cuáles serían las tareas de un caballero?

B: Un caballero defiende y pelea. Un caballero también escolta a gente importante y los mantiene a salvo de ladrones y bandoleros. También, si el duque necesita enviar algún mensaje importante a algún lugar lejano, el caballero lo entrega y trae la respuesta, asegurándose de no ser detenido por nadie a lo largo del camino.

D: Nosotros tenemos una palabra para ciertas personas, «soldados». Creí que tal vez un caballero sería parecido. Mencionaste que él defiende.

B: No conozco esa palabra.

D: Sería bastante similar. Ellos tienen armas y defienden.

B: A menudo, en tiempos de paz, cuando los caballeros no han peleado mucho, tienen torneos por diversión, para ayudarles a mantener a tope sus habilidades, para que sigan estando en plena forma para defender.

D: He escuchado de eso. ¿Tú puedes ver los torneos?

B: Oh, sí. Siempre es durante una gran fiesta y todo el mundo puede verlo. Los sirvientes, claro está, deben quedarse en su sitio y no mezclarse con la nobleza. Pero, aun así, es divertido verlo y yo siempre aplaudo a Roff.

D: ¿Qué tipo de celebración tienen generalmente durante eso?

B: ¿A qué te refieres?

D: Mencionaste que siempre es durante una fiesta.

B: Sí. Cuando sea que vaya a haber una justa, todos...

D: Oh, lo hacen fiesta. (Sí) Oh, yo creí que se llevaba a cabo durante cierta fecha importante.

B: Bueno, Mayday es siempre un gran día para tener justas.

D: ¿Por qué es importante el Mayday?

B: Pues, nosotros sabemos la verdadera razón, a pesar de que la iglesia no lo admite. Es un día importante en las viejas costumbres. Y, además, es el inicio de primavera y la nueva vida para la Tierra.

D: Yo creía que la primavera iniciaba antes.

B: De hecho, sí. Y nosotros, quienes seguimos las viejas costumbres, lo sabemos. Y lo celebramos antes. Pero aquellos que no siguen las viejas costumbres y que, en cambio, están involucrados con la iglesia, no saben eso. Entonces lo celebran en Mayday.

D: *¿Por qué la iglesia lo celebra en Mayday?*

B: La iglesia tiene sus razones. Yo no tengo idea. Debe haber algún santo o alguien más en el pasado que hizo algo en Mayday.

D: *¿Entonces pueden usar eso como excusa para celebrar? (Sí) Bueno, todo ha sido muy interesante. Aprecio que me platiques todo esto. ¿Puedo volver y hablar contigo sobre estas cosas? (Sí) ¿Y visitarte de este modo? (Sí) Ya que sí te das cuenta de que yo no quiero hacerte ningún daño, ¿no es así?*

B: Tienes la sensación de un espíritu familiar. Pero debo esperar un poco y asegurarme de que pasas la prueba.

D: *¡Oh! ¿Qué tipo de prueba?*

B: Lo sabrás cuando llegue.

D: *Mmmm. Eso es interesante. ¿«Tú» eres quien va a hacerme la prueba?*

B: Quizá. O podría ser alguien más.

D: *¿Qué pasaría si no paso la prueba?*

B: Entonces te expulsaría y no hablaría más contigo.

D: *Bueno, no estoy preocupada, porque sé que no te deseo ningún daño.*

B: Entonces eso te servirá durante la prueba.

D: *Sólo tengo curiosidad y quiero saber muchas cosas. Por eso hago muchas preguntas. Pero nunca te lastimaría de ninguna manera.*

B: Eso es bueno, ya que no se te permitiría.

D: *Pero a mí sólo me gusta venir y visitarte. Si tienes algo que le quieras platicar a alguien, pero no quieres que nadie más lo sepa, entonces yo estoy disponible.*

B: Muy bien.

D: *Todos necesitan algo así. (Sí)*

Eso fue todo lo que Astelle me dijo acerca de la «prueba» misteriosa que se llevaría a cabo. Traje de vuelta a Brenda a plena consciencia, sin decirle nada acerca de mi curiosidad de lo que sería la prueba, ni cuándo ni cómo se llevaría a cabo. ¿Estaría yo consciente de ella? Yo no tenía ni idea de lo que Astelle estaba guardando para mí. Pero yo sabía que tenía que ganarme su confianza si iba a seguir compartiendo información conmigo. Especialmente si yo quería saber más acerca de la práctica de las «viejas costumbres».

Capítulo 5
La prueba
(Grabado el 6 de mayo de 1986)

Utilicé la palabra clave y le conté regresivamente hasta la vida de Astelle.

D: *Volvimos a la época en que Astelle vivía. ¿Qué estás haciendo?*
B: Estoy en la cocina. Estoy en la mesa que está a mitad de la habitación. Ayudo a preparar la comida. Esta noche habrá un banquete.
D: *¿Qué tipo de comida están preparando?*
B: Yo estoy preparando en su mayoría vegetales. Los tengo listos. He estado haciendo varios tipos de relleno para los asados. Eso incluye picar los vegetales y todo, y añadir las especias. Hay un cerdo joven que se va a rellenar. Y también va a haber un cordero rostizado. Y un poco de venado.
D: *¿De dónde vienen los vegetales?*
B: De los granjeros. Hay campos de vegetales alrededor de la casa. Este lugar tiene terrenos para que los nobles y las damas retocen. Pero, más allá, hay campos de vegetales. Y los granjeros traen aquí una cierta porción de su cosecha para sufragar sus impuestos.
D: *¡Oh! ¿Deben pagar impuestos al lord? (Sí) ¿Se te permitiría a ti comer algo de esta comida?*
B: Después de que los nobles coman. Lo que sea que sobre y que los perros no se coman. De cualquier forma, aquí en la cocina es fácil conseguir algo de comer. Debes asegurarte de que sepa bien antes de que se lleve a la mesa.
D: *Oh, ¿deben probarla? (Sí) ¿Cuál es la ocasión para este banquete?*
B: Parte de la familia del amo ha venido aquí a visitar desde muy lejos. Han venido a ayudar... No estoy segura de todas las ramificaciones. Creo que quieren arreglar algunos matrimonios mientras están aquí. Además, también quieren arreglar la ayuda entre ellos en tiempos de guerra y cosas así. Entonces, han venido

aquí a festejar y tener un banquete y hacer varios contratos y arreglos.

D: *¿Dijiste que vienen de muy lejos?*

B: Sí, un viaje de varios días de distancia.

D: *¿Son personas que ya han venido anteriormente?*

B: Sí, pero parece que fue hace mucho. Yo era una pequeña niña en ese entonces.

D: *Hablaste de guerra. ¿Crees que habrá una?*

B: Uno nunca sabe. Siempre hay disputas y desacuerdos. Siempre es bueno tener algunos acuerdos y contratos a mano, por si se da la situación.

D: *¿Vienen de un país diferente, o un lugar diferente en este país?*

B: Vienen de aquí, del este. De Francia.

D: *Antes tú no me habías dicho el nombre del país en el que vives. ¿Sabes qué nombre tiene?*

B: He escuchado que le llaman de diferentes maneras. Los comerciantes le llaman Flanders. Creo que algunos de los otros nombres que he escuchado son como lo llaman la gente de otros países. Y son palabras que no sé pronunciar.

D: *¿Y dijiste que van a arreglar matrimonios? ¿Qué clase de matrimonios?*

B: Un matrimonio es un matrimonio.

D: *(Risas) Me refería a si es entre gente que vive en la casa, ¿o con quién?*

B: Sí. Entre las personas que viven en la casa y las personas con quienes tienen conexiones. También con personas de su entorno.

D: *¿Hay alguien en particular en la casa que quiera casarse? (Naturalmente, pensaba en lady Joslyn).*

B: (Sonriendo) Sí, pero ella está decidida por Roff.

D: *(Riendo) Yo estaba pensando en Joslyn. ¿Crees que ellos intentarán arreglar un matrimonio entre Joslyn y alguien más?*

B: Sí, porque sería un matrimonio mucho más conveniente para ella. Roff es un valet, que pronto alcanzará su caballería. Pero incluso así, él no es de una familia tan alta como la de lady Joslyn.

D: *¿Sería ella capaz de casarse con él si quisiera?*

B: Sí, pero ella no tiene una visión clara en este asunto. Así que...

D: *¿Te refieres a que ella no puede decir nada acerca de con quién se casará?*

B: Oh, sí podría. Es solo que el amo sabe que sería mejor si ella se casara con alguien más. Entonces parece que él va a insistir en eso.

D: *¿Cómo te sientes acerca de eso? ¿Si ella se marcha o se casa con alguien más?*

B: Oh, eso me gustaría. Me haría la vida bastante agradable.

D: *¿Sigue tratándote de la misma manera?*

B: Sí. En ocasiones pareciera que peor, ya que es aparente para todos que yo soy más bonita que ella. Yo sólo trabajo en la cocina y tengo que llevar puesto lo mismo cada día, es todo lo que tengo, y yo no tengo las joyas que ella tiene, ni los polvos y cosas que ella se pone sobre el rostro. Y he escuchado decir que la gente concuerda en que yo soy la más bonita de las dos, aunque yo no me ponga polvos ni joyas ni nada. A ella no le importa eso. Y se vuelve particularmente molesta cuando me escucha cantar.

D: *¿Te gusta cantar?*

B: Ayuda a pasar el día.

D: *¿Qué tipo de canciones cantas?*

B: Solo canciones ordinarias. Usualmente, sólo tarareo cosas que me invento mientras trabajo. En realidad, no presto atención a lo que canto. Cuando la gente me dice que cante de nuevo, yo les pregunto qué es lo que estaba cantando, porque en realidad no presté atención. La gente dice que mi voz es agradable. Pero la voz de lady Joslyn, (sonriendo. Yo me reí)... esa parece una bisagra de puerta oxidada.

D: *(Risas) Eso no suena muy halagador. ¿Y alguna vez cantas canciones que sean cantadas por otras personas?*

Yo estaba intentando hacer que cantara algo para mí, algo que fuera yo capaz de revisar más tarde. Eso sucedió en el pasado con otro sujeto que fue un juglar en otra vida.

B: No lo sé. Sólo canto aquí en la cocina y, por lo general, solo para mí, porque no quiero molestar a nadie. Así que olvida que mencioné lo de cantar.

D: *Sólo tengo curiosidad porque me gusta la música. Y me preguntaba si hay canciones que se cantan continuamente, que tú pudieras haber estado repitiendo.*

B: No lo sé. No me mezclo mucho con la gente. Siempre estoy aquí en la cocina. No voy a ninguna de sus celebraciones.

D: *Okey. Pero a mí me gusta la música, por eso me preguntaba sobre eso. En una ocasión me dijiste que a veces Joslyn te golpea. ¿Eso es cierto?*

B: Sí. Con su cepillo del cabello.

D: *¿Es un cepillo grande?*

B: Es... mide dos palmos.

D: *Eso es grande. Los cepillos a los que estoy acostumbrada son pequeños. No creí que lastimara mucho.*

B: Yo intento decirle que... verás, los cepillos son raros y difíciles de traer, difíciles de fabricar. La mayoría de la gente usa peines. Yo intento decirle que va a arruinar su cepillo, y entonces ella no tendrá nada. Pero ella aún tendría el mango y es con eso con lo que me pega.

D: *(Risas) Entonces a ella no le importa.*

B: No, nunca le importó.

D: *¿Alguna vez fue capaz de seducir a Roff?*

B: No. Hay una parte de la mente que debe cooperar, y si no coopera, no funciona la seducción. Y ella le grita y rasguña su rostro, lo abofetea, porque ella dice que él está totalmente hechizado por mí.

D: *Ella sencillamente no comprende.*

B: No. O quizá lo comprende todo demasiado bien y no le gusta.

D: *Podría ser. Sabes, una vez hablamos sobre tu religión. Me da mucha curiosidad eso.*

B: Está en armonía con la Tierra.

D: *¿Hay muchos de ustedes que practiquen las viejas costumbres?*

B: Más de lo que sospecha la iglesia... y nosotros... ideamos una prueba para ti.

D: *¿Lo hicieron? Tengo curiosidad.*

B: Y... ya te la hicimos. Dices ser quien realmente eres. Y no eres parte de la inquisición. Entonces, responderé tus preguntas.

D: *¿Cuándo me hicieron la prueba? ¿Estaba yo al tanto de ella?*

B: No. No queríamos que estuvieras al tanto, porque entonces tendrías consciencia propia.

D: *¿Quiénes son «nosotros»?*

B: Yo y otros más de este lugar. Debe haber una palabra para este lugar. Conozco una palabra en mi idioma. Pero este idioma que estoy usando, ah...

D: *¿Cuál es la palabra con la que lo llamas en tu idioma?*

B: Un momento. No me confundas. Está la palabra «castillo», pero esa no le queda. Tampoco le queda «mansión». Estoy encontrando estas palabras. Estoy intentando ver cuál encaja. ¡Torreón! Torreón. En este torreón.

D: *¿Pero así es como le llaman en tu idioma? Dijiste que había otra palabra.*

B: No, esta es en el idioma... en «tú» idioma. Es mucho más bonito que un torreón normal. Está entre un torreón y una mansión.

D: *Sí. Una mansión es una casa bastante grande. Y un castillo también es muy grande.*

B: Sí. Un torreón* tiene una ubicación más estratégica militarmente, me parece. Y este sí que está ubicado estratégicamente. Está fortificado, pero no tanto como un castillo. Es como una mansión fortificada.

Término inglés que corresponde al francés donjon, la parte más fuerte de la fortificación de un castillo, el lugar de último recurso en caso de asedio o ataque. El torreón podía ser una sola torre o un recinto fortificado más amplio.

D: *Oh, por eso el nombre debe ser diferente. Ya veo. ¿Entonces le dijiste a estas otras personas que yo había venido y había hablado contigo? (Sí) ¿No les pareció extraño?*

B: No. Hablamos muy seguido con voces sin cuerpo. Es parte de nuestra religión. La iglesia diría que son demonios, pero no lo son.

D: *¿Pero tuvieron que idear una prueba antes de que se te permitiera hablar nuevamente conmigo?*

B: No necesariamente que se me «permitiera» hablar contigo. Debimos idear la prueba para garantizar que fuera seguro; para que no trajese algún desastre sobre nosotros.

D: *Oh, ¿eso sería posible?*

B: Oh, sí. Tú pudiste haber sido un truco, un espía que nos haya enviado la iglesia. Alguien que pudiera proyectar su voz. Y, si yo dijera algo que pudiera usar la inquisición, eso sería desastroso.

D: *Sí, y ahora sabes que yo no ocasionaré ningún desastre.*

B: No. Tú eres... es difícil de describir, pero la prueba... nosotros te hicimos la prueba. Eres de otro lugar y otro tiempo. De alguna manera eres capaz de proyectar tu voz hacia nosotros. Pero no tienes ninguna conexión con la iglesia. Y no hay forma... incluso si dijeras toda la información a la iglesia, ellos pensarían que tú eres un demonio y no te escucharían.

D: *Ellos no me creerían. Eso es verdad. Incluso en nuestra época ellos no me creerían. Es por mi propia curiosidad.*

B: ¿Entonces serás cuidadosa con la iglesia?

D: *No creo que la iglesia cambie nunca.*

B: No, no lo hará. De cualquier manera, siempre hay seguidores del arte, de la religión. Siempre hay también algunos de nosotros que respetamos a la madre Tierra. La gran madre. Ella tiene muchos nombres. Mientras haya al menos una persona que respete a la gran madre, las cosas estarán bien. Mientras más gente respete a la gran madre, habrá más armonía. Algún día la iglesia menguará, se marchitará y se secará. Ese es el ciclo natural de todo lo que no está en armonía con la gran madre. Crece, decae, se marchita y se seca. Y la iglesia creció. Y parece que ahora está en su apogeo y simplemente se está quedando igual. Pero en algún momento decaerá, se marchitará y secará. Y la gran madre aún permanecerá ahí.

D: *Sí. Estabas hablando acerca de la inquisición. Eso no me parece a mí que sea una parte buena de la religión.*

B: No. Cuando una religión o algo de ese tipo debe recurrir a la fuerza y a la violencia para mantenerse, eso significa que ha comenzado a decaer. Y date cuenta de que su fin está llegando. Ellos no quieren que eso suceda. El fin puede que esté a cientos de años, pero aun así... (ella bostezó y se hizo difícil comprender), las cosas como esa son parte del fin.

D: *Yo creo que les hace ver más inseguros el tener que recurrir a cosas como esa.*

B: Pues sí, están inseguros. Están fuera de armonía con la gran madre. La principal cosa que nos garantiza que la iglesia se marchitará y secará, es que ellos insisten en un «padre» celestial, siendo absoluto y por encima de todo. Y no es así. Es la gran madre.

D: *Bueno, tenían que hacerlo masculino, supongo.*

B: Sí, y ellos dirigen todo hacia la forma masculina de hacer las cosas. Lo cual no es correcto. Eso es dejar fuera a la mitad de la humanidad.

D: *Eso es verdad. Ya que lo masculino no puede hacer nada por sí mismo, en realidad. No acorde a las leyes de la naturaleza.*

B: Y su gran padre nunca ha tenido una esposa. Dicen que una vez él envió a su espíritu a impregnar a una virgen sin que ella hubiera conocido jamás a ningún hombre. Eso no es natural. Y ellos dicen que no hay necesidad de una esposa. Eso tampoco es natural. La gran madre ha tenido varios consortes y amantes. Y de sus entrañas ha surgido toda la vida.

D: *Entonces probablemente han escuchado la historia acerca de la virgen y el niño que ella trajo al mundo, en la que se basa la religión.*

B: Sí. Todos han escuchado de ella. La iglesia se asegura de que lo hagan.

D: *Entonces ellos quieren que todos crean en eso. (Sí) No sé si podrás decírmelo o no, pero tengo curiosidad sobre la prueba. ¿Puedes platicarme qué prueba fue, ahora que ya terminó? ¿Cómo se me examinó?*

B: No sé si sería prudente decírtelo.

D: *Pero no lo volverán a hacer ahora que se ha terminado, supongo.*

B: Pero si otros de tu clase vienen, también necesitaremos hacerles la prueba.

D: *No creo que lo hagan. No conozco a nadie más que venga. Nunca se sabe, pero creo que soy la única que vendré a esta época.*

B: Fuimos a la arboleda sagrada. Somos muy afortunados aquí. Tenemos la arboleda sagrada de un gran poder. Está en lo alto de una montaña, lo cual es bueno. Y, en el centro, hay una piedra de concentración. Utilizamos la piedra de concentración, llevamos una vasija y la llenamos con agua. Llamamos a las fuerzas de guía. Te presentamos ante ellas y les pedimos que nos contaran sobre ti. Hay algunos de nosotros que son capaces de leer lo que se muestra en el agua de la vasija. Ellos contemplaron el agua y nos dijeron lo que vieron acerca de ti.

D: *¿Puedes compartir eso conmigo?*

B: Es difícil de explicar. Había muchas cosas maravillosas que no se pueden expresar en el lenguaje de los hombres.

D: *¿Podrías intentarlo? Tengo mucha curiosidad.*

B: Dijeron que tenían lástima por ti, ya que has sido criada bajo la influencia de la iglesia, con la imagen del padre de la iglesia grabada en tu cabeza. Pero ellos pudieron ver que tú, básicamente, intentas caminar por el sendero de la gran madre. Pero no había nadie que te ayudara y lo estabas haciendo sola. Ese fue el primer punto a tu favor. Que estabas básicamente en armonía con la gran madre, y con su reino de poder. Y dijeron que tienes cosas maravillosas. Tienes un objeto negro que toma la voz de las personas y la guarda, y se puede escuchar nuevamente y se las regresas, sin hacer que nadie quede mudo.

D: *Sí, lo tengo. Es un objeto maravilloso.*

B: Y tienes objetos maravillosos para escribir. Eres capaz de hacer eso sin necesidad de tener a la mano un tintero ni piedra de tinta. Vimos muchas cosas así sobre ti. Pero eso no era lo importante. Ellos necesitaban saber acerca de «ti». Vieron que eres una herramienta de la gran madre. Ella te está usando para su propio fin. Vimos que no eres de nuestra época. Que eres de una época que está por venir. Y en ese lugar de donde vienes, la iglesia está comenzando a decaer. Pronto se secará y desaparecerá. Pero ha estado menguando por mucho tiempo y ya comenzó a decaer. Está por entrar en su agonía de muerte, lo cual puede ser muy... ya sabes, cuando algo entra en sus agonías de muerte, el esfuerzo involucrado puede ser bastante fuerte y vigoroso. Entonces, la iglesia en tu época está entrando en su agonía de muerte, lo cual la hace parecer fuerte, vigorosa, poderosa, pero muy insegura de sí misma, ya que está siendo desprestigiada por todas partes. Pronto, la iglesia se marchitará por completo, se secará, desaparecerá y la gran madre seguirá ahí. Se puede ver que vives en una época bendecida, en la que los seguidores de la gran madre no tienen que preocuparse por la inquisición. Eso es bueno. Y que en tu época se han descubierto muchos caminos para seguir a la gran madre. Sus seguidores han usado varios caminos. Por lo tanto, hemos acordado que, ya que tú me contactaste, yo te ayudaré todo lo que pueda. Quizá nosotros sepamos algo de la gran madre que se haya perdido en tu época y que podría ayudarte. Hay cosas que se han perdido, pero se ganan nuevamente con el paso de los años. Ese es el ciclo natural de las cosas.

D: *Sí, eso es verdad, porque con el paso del tiempo los libros son destruidos, los pergaminos son destruidos, y la gente muere y se pierde mucho conocimiento. Eso es lo que siempre intento hacer, recuperar conocimiento perdido que podría ayudarle a las personas. Así que estás en lo correcto, no tengo intenciones de lastimarte. Sólo estoy en busca de conocimiento. En nuestra época no somos tan perseguidos como ustedes lo son en aquella* época. *Aún hay gente que tiene ideas incorrectas, pero son aquellos que están totalmente inmiscuidos en la iglesia y no comprenden. Pero ya no hay torturas ni muertes como lo había en tu época. Esa es la diferencia. Esa parte es buena, ¿no es así? (Sí) Tenemos perseguidores de distinto tipo.*

B: La persecución que tienen en su época es una persecución espiritual, más que una física.

D: *Sí. ¿Tenían idea ellos desde cuán lejos en el futuro yo te estaba hablando?*

B: Muchas eras. Es difícil decirlo. Ya que cuando se encuentra información como esa, cosas como los números y eso, las cosas de los hombres, no son importantes. Lo importante son los sentimientos y las impresiones que obtienes.

D: *Entonces fue por los objetos que vieron que pudieron deducir que era una época diferente.*

B: Y por la distancia desde donde vienes. Ellos dijeron que parecía que estuvieran mirando a través de un túnel muy largo. Y es la longitud del túnel lo que les da una idea de cuán lejos estás en el tiempo. La inquisición me mataría por decir cosas así, ya que dicen que el tiempo es ahora, y que lo que sucedió en el pasado no tiene importancia, a menos que se haya registrado en la Biblia. Y que no te preocupes por el futuro. Que no existe el futuro, excepto lo que se ha registrado en la Biblia. Pero ellos no te hablan sobre ello porque dicen que los profanos no lo entenderían, así que no necesitan saber.

D: *Eso es interesante. Ellos lo basan todo en lo que está escrito en la Biblia. ¿Es cierto?*

B: Supuestamente lo hacen. Yo creo que lo ajustan para que se adapte a sus propias nociones.

D: *Sí. He escuchado que las personas en tu era no leían por sí mismos la Biblia. Que los sacerdotes eran quienes les decían lo que está escrito ahí.*

B: No se nos permite leer la Biblia, porque está considerada como algo demasiado sagrado para tocarse por manos ordinarias, por manos profanas.

D: *Pues, en nuestra época, se nos permite leerla, estudiarla e intentar comprenderla. Pero aún hoy, la gente encuentra muchos significados diferentes en ella.*

B: Sí. Eso es porque no están en armonía con la gran madre. Y si siguieran el camino de la gran madre, podrían desechar la paja y quedarse con lo bueno.

D: *Porque hay muchas interpretaciones y muchos significados hoy en día. Cualquiera puede sacar la conclusión que quiera a partir de ella. Esa es una de las cosas extrañas de la Biblia. (Sí) Básicamente es un buen libro, pero la gente la tergiversa según sus propias interpretaciones.*

B: Es un buen libro. Pero no es el único buen libro. Tampoco es el rey de los libros.

D: *¿Tienen a alguien en su grupo de seguidores, supongo que esa es la palabra correcta, que pueda leer?*

B: Déjame pensar. (Pausa) Sospecho que puede haber una. Pero, «si es que» ella puede leer, lo mantiene en secreto, porque no debería ser capaz.

D: *Me estaba preguntando si ustedes tienen algo escrito. Algún pergamino o cosas que leen cuando realizan sus ceremonias.*

B: Hay algunos pergaminos que contienen algunas ceremonias. Ya que algunas de ellas no son llevadas a cabo muy seguido.

D: *¿La mayoría de ellas simplemente se las saben? (Sí) Bueno, me gustaría mucho trabajar contigo por un largo tiempo si tú me lo permites.*

B: Has pasado la prueba.

D: *Me gustaría, si ellos me lo permiten, si pudieras contarme algo de magia o hechizos que pudieran ser utilizados en mi época, por la gente ordinaria.*

B: Te los diré si te aseguras de permitir que al menos un seguidor de la madre los sepa. Para asegurarnos nosotros de que otros seguidores de la madre los tengan.

D: *A eso me refiero. Pasarlos a las manos correctas. Cosas que utilizarían para sí mismos y para ayudar a otros. (Sí) No queremos nada que pueda lastimar a otros.*

B: En ocasiones, debes tener rituales de protección contra aquellos que te lastimarían.

D: *Sí, estoy interesada en conocerlos, porque quiero protegerme a medida que realizo mi trabajo. (Pausa) ¿Tienes algo así que puedas compartir conmigo? ¿Para protección?*

B: Déjame pensar. Hay tantos que solo hago como parte de mi día a día, que me es difícil separarlos. (Pausa) Una cosa que es buena, de noche... comenzaré por darte los sencillos, para que estés segura de comprenderlos.

D: *Muy bien. Lo aprecio.*

B: De noche, cuando te preparas para dormir, la habitación en la que duermes deberá tener solo una entrada y salida, solo una puerta. A lo largo de esa puerta, en el piso... debes traer algo de sal y piensas en esa sal. Piensas con fuerza, e imaginas que la sal produce luz por sí misma, como una vela que produce su luz. La sal produciría luz por sí misma. E imaginas que esta luz puede difundirse sobre todo y repeler las fuerzas malignas. Y espolvoreas esta sal en el piso a lo largo de tu entrada. Eso forma una pared protectora para que no se te pueda dañar durante tu sueño.

D: *Eso sería muy bueno. ¿Hay algún otro? Dijiste que comenzarías con los más sencillos.*

B: Cuando tengas contacto con gente y no estés segura de que su intención sea buena o mala, debes tener algo de sal en tu mano para que puedas espolvorearla en ellos. En su espalda, hombros, lo que sea, de forma que ellos no lo noten. Piensas en una pared blanca entre tú y ellos para protegerte. Esto confundirá sus pensamientos y sus lenguas, para que no sean capaces de hacer el daño que estaban planeando.

D: *Hasta ahora son cosas fáciles de hacer. No requeriría muchas cosas para lograrlo. Eso es muy bueno.*

B: Los rituales más importantes son aquellos que haces con tu mente. Es difícil describirlos. Es por eso que comienzo con los más sencillos. Para prepararte para que más tarde escuches los más difíciles.

D: *Puede que sea capaz de comprenderlos, ya que he estudiado el uso de la mente en mi época. Espero ser capaz de comprender. ¿Tienes algún otro? ¿O prefieres esperar?*

B: Estaba intentando ver cómo puedo explicártelo. En primavera y verano, cuando hace calor y el clima es agradable, con la luna creciente, encuentra un lugar en donde haya flores brotando y oliendo rico. Sería particularmente bueno si son flores nocturnas, ya que irás de noche. Escoges una flor que te represente y escoges otra que represente a quien amas. Las entrelazas. Deberás estar en un claro en donde puedas oler las flores y arbustos, en donde la luz de la luna brille en esas flores. Caminas en un círculo trece veces alrededor de ellas.

D: *¿Alrededor de las dos flores o de las demás flores?*

B: Las dos flores, ya que las colocas en el suelo con la luna brillando sobre ellas. Cada vez que camines alrededor de esas flores, le pides a la gran madre por esta situación en particular, le pides a ella cuando está encarnada en la luna. Le pides a la gran madre que entrelace a quien amas, su corazón con tu corazón, entrelazarlos de la misma forma en que están entrelazadas estas flores. Y entrelazar sus vidas, y más. Cada vez que caminas alrededor de las flores, pides por un entrelazamiento diferente. Y debes realmente parar y ponerte a pensar en trece distintos entrelazamientos, para que no los repitas, sino para que estén muy bien unidos y entrelazados. Entonces, cuando termines de caminar alrededor de estas flores trece veces, te detienes y encaras a la luna, estiras tus manos hacia ella y dices: «He pedido a la gran madre por esto, y sé que así será. Como fue pedido, que así sea». Entonces tomas las dos flores y las colocas de vuelta en donde las encontraste entre los arbustos y flores. Las entierras en el suelo entre estos arbustos, en donde haya un dulce aroma a su alrededor. Te alejas caminando sin mirar atrás.

D: *Eso suena como un hechizo de amor.*

B: Lo es.

D: *¿Has hecho esto contigo y Roff? (Sí) Parece bastante efectivo. ¿Hay algún otro que quieras compartir conmigo en este momento? No quiero nada que pueda lastimar a nadie. Pero dijiste que no se te permite usar los de ese tipo, ¿verdad?*

B: No, no hay necesidad. Ya que, si no estás en armonía con la madre Tierra, al ir y dañar a personas y todo, después de un tiempo la diosa tomará las cosas entre sus propias manos y devolverá el golpe. Simplemente porque la persona que daña a otras personas, ha ido en contra de la diosa. Y después de un tiempo, las cosas deben volver a como eran.

D: *Entonces a la diosa tampoco le gusta la violencia. (No) Eso es bueno, porque de esa forma yo puedo creer. No me gusta hacerle daño a nadie, ni siquiera decir malas palabras contra nadie.*

B: Eso es verdad. Es por eso que la iglesia terminará destruyéndose a sí misma, porque todas las cosas que ha hecho no han ocasionado nada más que violencia. Las cruzadas, por ejemplo.

D: *¿Sabes algo acerca de las cruzadas?*

B: En realidad no sé de ellas. He escuchado historias acerca de ellas.

D: *Entonces no sucedieron en tu época, ¿o sí? (No) ¿Has escuchado acerca de un grupo de mujeres que se llamaban las druidesas? ¿O las conoces por un nombre diferente? ¿Druidas o druidesas?*
B: Si es que te entiendo bien, no estoy segura de conocerlos, quizá es uno de los nombres con que nos llaman a nosotros. Los que no forman parte de nosotros, quienes seguimos el camino. Ellos no están seguros de lo que hacemos nosotros y nos llaman de distintas formas.
D: *¿A qué te refieres con los que siguen el camino?*
B: Aquellos de nosotros que seguimos a la gran diosa.
D: *Bueno, lo que he escuchado sobre los druidas y druidesas es que vivieron muchos años antes de tu época. Pero es posible que tuvieran algunas creencias similares.*
B: Los que caminamos por el sendero de la diosa hemos estado aquí desde el comienzo de los tiempos. Siempre hemos estado aquí. Ya hace muchos años que debemos ser muy reservados con lo que hacemos, o nos matarían.
D: *Hablé con una de las que practicaban eso, ya sabes, de la misma manera en que hablo contigo. (Sí) Y ella estuvo ahí muchos cientos de años antes que tú. Ella dijo que veneraban a la Señora. (Sí) ¿Crees que podría ser lo mismo?*
B: Sí, sí lo creo. Ya que siempre hemos estado alrededor y no vamos por ahí pregonando nuestras creencias, como lo hacen los cristianos. Nosotros lo pasamos de padre a hijo.
D: *Sin embargo, algunas de esas mujeres nunca se casaron, y solamente seguían esas creencias.*
B: Algunas han hecho eso. Todos tienen su propia decisión. Nosotros no hacemos nada por mostrar nuestra religión a nadie. Ocasionalmente, algunos se interesan por su cuenta. Comienzan a seguir el camino de la mejor forma que pueden sin ayuda de nadie. Y cuando nosotros vemos a alguien haciendo eso, los observamos por un largo periodo. Si continúan haciéndolo, entonces nos acercamos y comenzamos a ayudarles. Pero eso no sucede muy seguido.
D: *Entonces, usualmente no lo intentan por sí mismos. Estoy agradecida por cualquier cosa que me puedas platicar, porque, como dije, los demás también me han contado cosas. Pero en ocasiones ellos estaban «tan» atados por su secretismo, que hubo cosas que no pudieron revelarme.*

B: Es difícil que uno encuentre el camino y lo siga por sí solo, cuando tienen a la iglesia cristiana de algún modo trastornando su mente. Sí, el estar atados por el secretismo es muy necesario. No todos los grupos tienen estas pruebas que tenemos nosotros para los espíritus familiares. Todos tienen diferentes regalos por parte de la diosa. Nosotros somos muy afortunados con los regalos que hay en nuestro grupo.

D: *Pero es sencillamente natural. Tienen ese miedo porque la iglesia es muy poderosa. Ellos siempre tuvieron miedo de que, de cierta forma, hubiera represalias en su contra. (Sí) Es por eso que estoy agradecida de que tú puedas decirme cosas. He intentado encontrar respuestas en muchos periodos diferentes. ¿Tienes algún otro hechizo, por decirlo así, que pudieras compartirme ahorita?*

B: No en este momento. La mayoría de los hechizos, rituales que tenemos, son para el amor, como te he dicho, y para protección. Esos son los hechizos básicos del día a día. También hay cosas más complicadas, como saber los pensamientos de tus enemigos y cosas así. Y también confundir los pensamientos de alguien en caso de que te deseen hacer daño. Pero esos son muy difíciles de lograr. Y es imposible describírselos a alguien que no es seguidor de hace tiempo de la gran madre. Yo sospecho que la razón por la que lady Joslyn se enoja conmigo es porque siempre confundo sus pensamientos. De esa forma, cuando ella se encuentra alrededor de Roff, comienza a tartamudear y a hacer el ridículo. En una ocasión, me molestó mucho porque me pegó sin razón. Yo confundí sus pensamientos cuando iba hacia un banquete con el señor feudal. Y ella decía, una y otra vez, cosas muy extrañas, que no tenían sentido con lo que sucedía. Ella estaba bastante molesta. Y mientras más se molestaba, más empeoraba todo.

D: *(Risas) ¿Tenía idea de que tú lo estabas ocasionando?*

B: No. Quizá tenía un presentimiento, ya que no había sido capaz de enfadarme. No puede probar nada.

D: *Es ahí cuando debes tener cuidado. (Sí) ¿No me dijiste una vez que sospechabas que el lord hacía cosas en esa habitación de la torre? (Sí) ¿Has escuchado más sobre eso?*

B: Por lo que podemos decir, eso que hace no es, de ninguna forma, para la diosa, sino cierta corrupción de los aspectos vestales (¿?) (¿místicos?) de su iglesia.

D: *Yo creía que la religión cristiana no hacía cosas así.*

B: El sacerdote te hará decir eso. El sacerdote te hará creerlo. Pero los sacerdotes hacen muchas cosas en el curso de una misa que, si no estuvieran tan corrompidas, casi convertirían la misa en un ritual.

D: *Oh, ¿puedes compartir más de eso conmigo?*

B: Estoy segura de que has visto cómo tienen estatuas y queman velas frente a ellas. Y mucha gente pasa tiempo contemplando las estatuas con las velas quemando frente a ellas. Esa es una manera de hacer un ritual. Y tienen varias partes de la misa que se supone que son para simbología, que de hecho son cosas que ellos... yo sospecho que lo que sucedió fue que hace tiempo, cuando la iglesia se encontró por primera vez con seguidores de la madre, algunos de nosotros se infiltraron en la iglesia y se convirtieron en sacerdotes. Comenzaron a introducir algunas de nuestras costumbres en la misa, para corromper las misas. Así, el poder que ellos pretendían lograr con ellas, sería inefectivo. Porque si la misa no hubiera sido corrompida, ellos serían capaces de esgrimir mucho poder con ellas, poder espiritual, poder invisible que le haría mucho daño al mundo. Entonces, ellos corrompieron las misas, para que no tengan valor, en lo que al poder respecta.

D: *¿Cuál simbología crees que forma parte de la misa?*

B: Bueno, la misa siempre enfatiza los números tres, siete y doce. Estos números tienen significados que no se conectan con su Biblia. En cambio, tienen simbolismos que se conectan con la diosa.

D: *Oh, yo no sé mucho acerca de números. ¿En qué se conectan con la diosa?*

B: El número doce se conecta con la diosa a través de los ciclos de las estaciones. Hay doce meses en un año. Solían ser trece meses al año. Pero entonces un gran cambio vino sobre la Tierra, y hubo mucho llanto de la diosa, porque era un cambio horrible. Y cuando el cambio se produjo, solo hubo doce meses en el año.

D: *¿Sabes cuál fue el cambio?*

B: No lo sé. Sucedió hace tanto, antes de que existiera la iglesia cristiana.

D: *¿Pero se mantiene el recuerdo?*

B: Sí, es una de las leyendas que tenemos.

D: *¿Qué hay del número siete?*

B: El número siete es un número espiritual. Pero los números tienen diferentes niveles. El número tres representa la multiplicación. Representa el crecimiento y a los niños. Se necesitan dos personas para tener un hijo, entonces serán tres.

D: ¿Te refieres a que representaría la creatividad, el proceso de creación?

B: Sí. Es un número activo. Un elemento activo. Algo que tenga tres lados, está activo, puede moverse. Mientras que algo con cuatro lados es estable y sólido, y así se mantendrá. Por lo tanto, el cuatro es una especie de número de descanso. El cinco es un número muy físico. Es el número del humano, por las cinco extremidades del cuerpo. Los brazos, las piernas, la cabeza. El seis es otro número activo, pero en un plano más espiritual. El seis va más allá de lo humano, alcanzando los planos superiores. El seis es la creatividad espiritual y la multiplicación espiritual. El siete lo tapa, porque el siete es la perfección del seis. Es difícil explicar esto y llegar a lo que quiero decir.

D: Creo que lo entiendo.

B: Entonces, el siete es un número importante. Todos los números son importantes. Todos tienen sus significados y usos. Pero la iglesia, de la misma forma en que ha sido corrupta con todo, ha corrompido también esto.

D: ¿Qué hay del uno y del dos? No cubriste esos.

B: El uno es la fuente. El origen de la energía. Hay un número antes del uno. Es un número que no existe. Representa la nada. Ese número es bueno para meditar, ya que representa el vacío, el universo. Representa los límites de la consciencia y más allá. El uno es la fuente de energía a partir de donde se crearon todas las cosas. El dos es un buen número para hechizos de amor, porque representa a la gran madre y su consorte.

D: Dijiste que el uno representa al creador. ¿Tú consideras que este creador es la madre Tierra?

B: Sí, ella es la fuente de la energía a partir de la cual se crearon todas las cosas.

D: Entonces eso representaría la imagen del creador en tu mente.

B: Sí. La fuente central de energía a través de la cual ella es el canal principal. La energía detrás de la gran madre.

D: Entonces hay otro detrás de ella. ¿A eso te refieres?

B: No, es parte de ella, pero la gran madre es la parte que podemos ver y entender. Pero hay más que no podemos entender. Y el número uno representa la energía detrás de lo que no podemos entender. Pero la gran madre es más de lo que podemos entender. Y la energía que maneja y la energía que es parte del universo, está representada por el uno. Eso es solo la energía. Pero todo el concepto de la gran madre se representa por el número que no está, que va más allá de lo que uno puede comprender, porque ella abarca todo lo imaginable y más allá.

D: *El número antes del uno. (Sí) Bien. Veamos, hemos llegado hasta el siete. ¿Qué hay del ocho? ¿Tiene algún significado?*

B: El ocho es un descanso espiritual. Después de lograr la perfección del siete, el ocho es un descanso y meditación espiritual. El nueve es una conexión espiritual con el tres, ya que es tres veces tres. Es un número muy potente de creatividad y cosas así. Y el diez representa el logro supremo. Cualquier número más allá del diez, son solo permutaciones de los números ya cubiertos.

D: *Eso tendría sentido porque simplemente se multiplicarían a medida que fueran más altos. (Sí) Eso es muy interesante. ¿Pero crees que los números son parte del simbolismo que ha tomado la iglesia? (Sí) ¿Hay algo más que reconozcas como simbólico en la iglesia o en la misa?*

B: Algo que ellos hacen y nosotros también; a menudo nosotros creamos fogatas y ponemos hierbas en ellas, para hacer que, en ocasiones, el humo se torne de ciertos colores, y para producir ciertos aromas para ayudar a evocar a la diosa. Ellos utilizan sus aromatizantes** para ayudar a provocar el ambiente que quieren para la misa. Porque tienen a todos, supongo que tú le llamas entrenados, para que entren en cierto estado mental cuando sea que huelan el incienso que ellos utilizan.

Un turíbulo (o incensario) es el recipiente para la quema de incienso utilizado durante la misa.

D: *¿Ellos utilizan el mismo tipo de hierbas que utilizan ustedes?*
B: No. Nosotros utilizamos de todo tipo, ellos utilizan siempre una misma combinación en particular.
D: *¿Sabes cuál es esa combinación?*
B: No exactamente. Es una combinación masculina muy dura.

D: ¿Creí que quizá podrías decirme qué es por su aroma?

B: Con algunas, sí puedo, con otras no. Sospechamos que podrían colar un par de drogas para ayudar a mantener a todos a raya. Para hacerlos más susceptibles a lo que el sacerdote tiene que decir.

D: ¿Y eso se encuentra también en el aroma?

B: Sí. Hay ciertas plantas que tienen jugos poderosos. Cuando se queman los jugos, éste pasa al humo y afecta a todos quienes lo inhalen.

D: ¿Eso no afectaría también al sacerdote?

B: Podría, excepto por la forma en que hacen el incienso, no creo que los sacerdotes estén tan expuestos a él. Y, si lo están, posiblemente tengan otra planta cuyos jugos afectan de forma favorable para el sacerdote. O quizá lo preparan en donde él no sea tan afectado.

D: Mmmm. ¿Me pregunto qué tipo de planta usarán?

B: Hay varias que podrían usar. Solo que no sé cuáles son exactamente. Pero sospecho que son dos o tres de ellas.

D: ¿Les llaman de algún modo?

B: No. Los del oficio sabemos cómo son. Cuando las necesitamos para algo, vamos al bosque y las buscamos.

D: ¿Es por eso que no tienes nombre para los demás tipos de hierbas que podrían usar? (Sí) ¿Solo saben qué apariencia tienen las hojas y raíces? (Sí) Eso es interesante. ¿Puedes pensar en algo más que la iglesia usa durante la misa? Porque quisiera estar consciente de esas cosas.

B: Sí, es bueno estar consciente, para protegerse uno mismo del incienso de los sacerdotes.

D: ¿Hay algún otro simbolismo que usan?

B: El más atroz de todos. Aunque no lo digan, saben que la gran madre es el poder del universo. Pero el suyo no es un poder masculino directo, es más bien un poder indirecto, como el efecto que el agua tiene sobre la piedra.

D: Uno gradual.

B: Sí. Un poder de fluidez. Y ellos saben que la gente encontrará esto y lo seguirá a pesar de sus enseñanzas. Por tanto, lo que han hecho, es que han tomado el símbolo que representa este poder, que las personas pudieran encontrar y lo explican en términos de su iglesia. Lo han explotado y profanado para que parezca que no tiene ningún poder, o tal vez un poder inferior al de su seguidor. Y esto es lo que ellos llaman la Virgen María.

D: *Mmmm. Sí, en nuestra época ella es casi venerada. Se supone que sea igual a su hijo. Es como si veneraran a los tres.*

B: Sí. Sucede lo mismo aquí. La veneran, pero la someten al Padre. Dicen que ella no tiene poder propio en absoluto, pero puede usar artimañas femeninas para engañar al Padre, por así decirlo. O para convencerle de que sea misericordioso.

D: *Oh, ¿es por eso que le piden favores a ella?*

B: Sí, y la hacen ver sumisa ante el Padre. Haciendo parecer que la diosa, por sí misma, no tiene poder.

D: *¿Crees que la historia de la Virgen María sea cierta o solo fue introducida con esta intención?*

B: Creo que en parte se introdujo por este motivo. Creo que había una historia detrás, la cual fue tergiversada para su propio beneficio, para así poder consolidar su poder. Lo que yo creo que pasó fue que ella dio a luz a Jesús, siendo José el padre. Y la primera vez que hicieron el amor, ella no supo qué estaba pasando. En aquel momento, no se percató de que había perdido su virginidad. Se le había dicho que la mantuviera, pero ella no sabía de qué estaban hablando. Entonces, ella no supo que la había perdido hasta después de hacer el amor varias veces con José. O en algún momento después, cuando se dio cuenta de que iba a tener un bebé. Ella sabía que solo las mujeres que no eran vírgenes tenían bebés. Pero pensó que ella aún conservaba su virginidad. Fue debido a que era joven y aún no sabía ciertas cosas. Entonces, la iglesia tomó eso y lo modificó para que ella pareciera efectivamente una virgen. Así, fue solo la influencia espiritual la que hizo que se embarazara.

D: *Supongo que ellos no podían permitir que fuera de otra forma. ¿Qué hay del hijo, Jesús? Dentro de sus creencias, ¿qué piensan ustedes de eso?*

B: Él era un sirviente de la diosa, estaba intentando volver a la gente hacia la diosa. Intentando suavizar la religión judía, para que la gente pudiera aceptar más a la diosa. Él hubiera tenido éxito de no ser por la inquisición. Verás, se dice que, después de que lo mataron, sus seguidores se separaron en dos grupos diferentes. Uno seguía a la diosa, de forma que ella hubiera estado muy complacida. El otro grupo estaba enfermo de poder. Este grupo enfermo de poder creó reglas y cambió cosas, y consolidaron su poder e intentaron acabar con el otro grupo. Sospecho que lo lograron en gran medida. Si no lo hubieran hecho, la iglesia no existiría. Habría seguidores de Jesús, pero no estarían agrupados en una iglesia todopoderosa. Estarían en grupos venerando a la diosa de la misma forma en que nosotros la veneramos.

D: *Eso tiene sentido. Esas son cosas que yo nunca había pensado, pero tienen sentido. Realmente aprecio que me cuentes esto. Me marcharé ahora, pero, ¿me permitirías venir después y continuar nuestra conversación?*

B: Pasaste la prueba.

D: *Y estoy intentando aprender esta información y transmitirla a tus seguidores en esta época.*

B: «Yo» no tengo seguidores.

D: *Me refiero a los seguidores de tu religión, tus creencias.*

B: Los seguidores de la diosa.

D: *Sí, así es. Lo dije mal, ¿no es así? Pero sabes a qué me refiero. Intentaré pasar esta información a quien esté interesado.*

B: Sí. Diles que su hermana, Astelle, la envía con amor.

D: *Y si vuelvo nuevamente, podremos continuar nuestra conversación sobre los diferentes hechizos y cosas como esas.*

B: Rituales.

D: *¿Rituales? ¿Así les llaman? (Sí) También me gustaría escuchar algunas de las leyendas. Eso sería interesante.*

B: Hoy has escuchado algunas.

D: *Sí. Me gustaría escuchar otras más. Muy bien. Realmente lo aprecio y te agradezco. Desearía volver en otro momento. Entonces seguiremos nuestra conversación. Muchas gracias. Te deseo lo mejor, que tengas un buen día.*

B: Igualmente.

(Se trajo al sujeto de vuelta).

Capítulo 6
Pentagramas y más
(Grabado el 13 de mayo de 1986)

Utilicé la palabra clave y le conté regresivamente hasta la época en que vivía Astelle.

D: Hemos retrocedido en el tiempo hasta la época en que Astelle vivía. ¿Qué estás haciendo?
B: Estoy fuera en el campo. Estoy recogiendo algunas trufas.**

Una trufa es el cuerpo fructífero de un hongo subterráneo ascomiceto, predominantemente una de las muchas especies del género Tuber. Algunas especies de trufas son una comida muy costosa. El gastrónomo francés, Jean Anthelme Brillat-Savarin, les llamó a las trufas «los diamantes de la cocina». Las trufas comestibles se utilizan en la alta cocina nacional italiana, francesa y muchas otras. Las trufas se cultivan y cosechan en ambientes naturales.

D: ¿Qué es eso?
B: Es... no estoy segura... es un tipo de... bueno, no es una planta, en realidad... es como un... (tuvo dificultad describiéndola) ah, ¿has escuchado de los hongos? (Sí) ¿De cómo son una planta, pero no son una planta? Pues las trufas son una planta, pero no son una planta. Y crecen un poco bajo la tierra, tienes que escarbar para sacarlas.

D: Oh, entonces se comen. (Sí) ¿Cómo las encuentran si crecen bajo la tierra?
B: Parte de ellas está por encima de la tierra, pero la mayoría por debajo. Algunas personas utilizan cerdos para desenterrarlas, porque los cerdos pueden encontrarlas. Y a los cerdos les gusta comerlas. Pero yo no tengo un cerdo conmigo. Sólo las encuentro por mí misma, usando... hay una manera de sentir las cosas que no están a la vista. La iglesia enseña en su contra, pero nosotros, con la vieja religión, lo sabemos mejor. Entonces, yo utilizo esa

habilidad para sentir las cosas que no están a la vista, para encontrarlas. Principalmente, es una excusa para salir un rato de la cocina y estar afuera por ser un día lindo.

D: *¿Las cocinan?*

B: Sí, se mezclan con… hay un platillo que la cocinera está haciendo. O que la cocinera «puede» hacer. No creo que lo esté preparando ahora mismo. Pero se pueden mezclar de distintas formas.

D: *¿Qué más habría en el platillo a un lado de las trufas?*

B: Oh, depende de cómo lo prepares. Una forma es como parte del relleno para, ya sea rellenar un asado o rellenar un ganso o algo así. Otra forma es mezclándolo con algún tipo de… no es sopa exactamente, pero las trufas y otros vegetales con una salsa, se sirven con carne o algo.

D: *Yo nunca he visto una trufa. Es por eso que me preguntaba qué apariencia tienen. ¿Son de un cierto color?*

B: Bueno, tienen varios colores, algunas se consideran más apetecibles que las otras. Usualmente tienen una forma. Su superficie tiene texturas diferentes. Parece que la textura depende de su color.

D: *¿Qué colores serían esos?*

B: Bueno, la mayoría son usualmente un tipo naranja rojizo. Y algunas son de un blanco tostado. Algunas otras son negras. Pero eso es solo en la superficie. Por dentro son blancas. Excepto por las naranja rojizas, tienden a ser rosas por dentro.

D: *Oh. No creo haber visto nunca una de ellas. Las blancas de las que hablaste me recuerdan a los champiñones.*

B: Sí. Y son sólidas como los champiñones. No son cáscara y fruto, solamente… son.

D: *Probablemente, ni siquiera reconozca una si la veo. (Risas) Nunca he visto nada de ese color.*

B: Son difíciles de encontrar. No son muy comunes. Los champiñones y las setas esponjosas son mucho más comunes.

D: *Si están bajo la tierra, entonces yo creo que es bueno que puedas encontrarlas.*

B: Parte de ellas sobresalen del suelo un pelín. (Suavemente) ¿Pelín? ¿De dónde salió esa palabra?

D: *(Ella había hablado tan suave que no escuché su expresión) ¿De dónde qué?*

B: Usé una palabra y me di cuenta de que no la conozco.

D: *¿Qué palabra fue?*

B: Pelín. Dije «un pelín». Quise decir «un poco».

D: *Eso es lo que significa. Un poco. Bueno, sé que no las he comido nunca. ¿Tienen un sabor distintivo?*

B: Mmmm, tienen un sabor suave pero persuasivo. Sabes, como los champiñones, que tienen un sabor suave, pero cuando los pones en algo puedes identificar que ahí hay champiñones. Bueno, es lo mismo con las trufas. Tienen un sabor suave, pero se puede identificar que están en un platillo cuando las ponen ahí.

D: *Entonces eres bastante buena usando tus sentidos de esa forma.*

B: Oh, hace bien el usarlos, porque mientras más los uses, se vuelven más y más confiables.

D: *Eso es cierto, mientras más los uses. Bueno, ¿recuerdas que hemos hablado antes?*

B: Sí. Recuerdo que pasaste la prueba.

D: *Es cierto. Me platicaste acerca de las diferentes cosas que hizo la iglesia. Me preguntaba cómo sabes acerca de eso. ¿Has estado alguna vez en una iglesia?*

B: Todos saben acerca de la iglesia, ya sea que quieran saberlo o no.

D: *¿Alguna vez has asistido a misa?*

B: No. Pero los que seguimos la vieja religión debemos saber lo que hace la iglesia, para protegernos. Y, en muchas ocasiones, estas cosas que sabemos acerca del servicio de la iglesia... verás, algunos de nosotros también van a misa, supongo que se podría decir que para despistar a los sacerdotes. Y ellos nos pueden decir después qué es lo que sucede durante la misa. Y entonces nosotros diremos: «Bien, ¡ajá! Eso tiene sentido». Por esta y esta razón.

D: *Las similitudes.*

B: Ajá. Y ellos hacen cosas por ignorancia, sólo lo repiten porque la persona, antes de ellos, lo hacía. Y así sabemos que ellos no saben el verdadero significado de las cosas que hacen.

D: *No saben en verdad lo que están haciendo. (Sí) ¿Y a dónde van los que acuden a misa? ¿Hay una iglesia cercana o algo?*

B: Sí. Hay un priorato* aquí en los terrenos, además de la capilla privada para el duque.

---

* Tomado de Wikipedia: Priorato: Territorio en que tiene jurisdicción el prior. Monasterio de hombres o mujeres bajo votos religiosos, presidido por un prior.*

D: ¿En la casa? (Sí) Pero tú nunca has ido a ellos. (No) En una ocasión mencionaste la inquisición. ¿Son sacerdotes o quiénes?

B: Sí. Hay cierta rama del sacerdocio católico que todo lo que hacen es ir por ahí torturando a la gente. Usualmente... verás, todo tipo de hombres son atraídos hacia el sacerdocio. Es por eso que el sacerdocio tiene tantas ramas, para acomodar a esos tipos diferentes de hombres. Hay cierto tipo de hombres enfermos, que obtienen placer dañando. Dañan ya sea a animales o personas. Y el único momento en que se sienten como una persona completa, como si valieran algo, es cuando están lastimando. Así que ese el tipo de personas que son atraídos por la inquisición.

D: No suena muy religioso el querer lastimar a las personas.

B: Se convencen a ellos mismos de que lo están haciendo por la gloria de Dios, y ellos rezan hasta la histeria.

D: Siempre pensé que se suponía que la religión hiciera el bien.

B: Se supone.

D: Pero el lastimar a otros no parece correcto. Déjame comprender exactamente lo que es la inquisición. ¿Estaban intentando encontrar gente que «no» obedeciera a la iglesia o que no obedeciera las costumbres de la iglesia?

B: Sí. Ellos sienten que su deber es ayudar a mantener la novia de Cristo pura para Él, por usar sus términos.

D: Me pregunto a qué se refieren con eso.

B: Puede significar lo que ellos quieran que signifique. Lo que sea conveniente en el momento.

D: ¿Qué consideran como la novia de Cristo?

B: Al decir la novia de Cristo se refieren a la iglesia. Dicen que quieren mantenerla pura para su novio. Así que usan esa excusa para sus propios motivos. Francamente, si dicha noción fuera cierta, y el novio fuera a venir a la Tierra para tomar una iglesia por esposa, lo cual no tiene sentido, la iglesia católica no sería esa iglesia. ¿Quién ha oído semejante disparate?

D: Sí, no veo cómo la mantienen «pura» si están lastimando y matando.

B: Exactamente.

D: Eso sería como mancharla. (Ajá) Bueno y, ¿qué es lo que hacen? ¿Simplemente van a lo largo de la tierra buscando personas? ¿O cómo lo hacen?

B: Están por todos lados ocasionando problemas. Hay agentes de la inquisición por todos lados. Y, si no hay ningún agente de la inquisición a la mano, usualmente hay uno, dos o tres informantes pagados, que le pasan la información a los agentes de la inquisición, acerca de lo que sucede. Creo que les pagan en función del número de personas que entregan. Cuanta más gente entreguen, más les pagan. Así que, el número de gente que entregan por razones inventadas, depende de cuán codiciosos sean.

D: ¿Les pagan a los informantes?

B: Sí. Por cabeza, como ganado.

D: ¿Qué es lo que buscan? ¿Cómo lo saben?

B: No tienen que buscar nada. Pueden inventarse lo que necesiten para encontrarlos. Buscan a cualquiera que tenga el valor para mirarlos directo a los ojos. Buscan a cualquiera que pregunte cosas. Gente que se cuestiona cosas. Por ejemplo, si alguien dice: «¿Por qué las nubes flotan sobre la Tierra, si parecen tan sólidas, y todo lo demás que es sólido se asienta sobre la Tierra?»

D: *Sí, yo también me pregunto cosas así.*

B: Sí, cualquier cosa parecida. O si alguien tiene alguna deformidad, se meterán con ellos. O si tienen alguna marca sobre la piel. En ocasiones, si les falta gente para meterse con ellos, escogen a alguien y le marcan la piel, diciendo que es la marca de la bruja. En muchas ocasiones, si creen que hay alguien que piensen que es una carga para la comunidad, alguien inútil, se meten con él. Lo cual suele significar algunas viejas viudas y algunos viejos.

D: *Eso da un poco de miedo, porque para mí eso no es particularmente religioso. Eso significa que «yo» no encajaría, ¿o sí? Porque me encanta hacer preguntas. (Risas)*

B: Tú estarías en problemas. Tendrías que tener protección de nosotros. Y deberías tener varias lecciones antes de poder sobrevivir.

D: *Soy muy preguntona. Tengo mucha curiosidad. A ellos no les gustaría eso, ¿o sí?*

B: No, para nada. Se supone que sólo debes mirar abajo, hacia tus pies, cuando alguno de ellos está alrededor, y debes quitarte el sombrero y humillarte ante ellos. Y, cuando no estás en misa, empapándote de todo lo que tienen que decir, sin cuestionarte nada, entonces se supone que debes estar en tu tierra labrando y sin hacer preguntas sobre lo que está más allá de las fronteras de tu campo.

D: *¿No deben «querer» saber o tener curiosidad?*

B: Eso es cierto. Se supone que debes conocer tu lugar y quedarte en él. De esa forma el mundo será agradable y estará en orden.

D: *Sí, pero la mente humana siempre quiere saber más, creo yo.*

B: Cierto. Ellos piensan que «querer» saber más es herejía.

D: *Yo siempre pensé que la herejía era ser alguien que dice algo distinto a la Biblia o algo que no esté dentro de sus creencias.*

B: Eso es correcto, ese es el significado de la herejía. «Pero», para la gente de la inquisición, la herejía es cualquier cosa que ellos quieran que lo sea. Estornudar en un mal momento es herejía.

D: *(Risas) No se puede controlar un estornudo.*

B: Si estornudas en un momento incómodo, entonces es obvio que eres un agente del demonio intentando perturbar las cosas. (Yo me reí) Así que, si no pueden agarrarte por herejía, lo harán por asociarte con el diablo.

D: *¡Caramba! Daría miedo hacer cualquier cosa.*

B: Eso es lo que intentan. Están intentando mantener abatida a la gente.

D: *Pero tú no sabrías si «cualquier cosa» que hicieras es segura, ¿o sí?*

B: Es verdad.

D: *Entonces entiendo tu vacilación para hablar conmigo. (Sí) Para mí eso daría mucho miedo. Me daría miedo cualquier movimiento o cualquier cosa que dijera.*

B: Creo que también lo hacen para desanimar a que la gente viaje mucho, para mantener a las personas en su tierra, porque nadie confía en los extraños.

D: *Me han dicho eso antes, al hacer estas cosas que hago ahora. Me han dicho que soy una extraña y debo tener cuidado.*

B: Sí. Pero tuviste suerte. Querías saber acerca de lo que hacemos, y contactaste a alguien de la vieja religión, y nosotros siempre tenemos forma de saber si eres confiable o no. Y nuestras costumbres están en armonía con el universo, para que nadie salga lastimado y no se cause ningún dolor.

D: *Sí. Y puedes ver que yo también estoy en armonía en ese sentido.*

B: Mmmm, sí, bastante. Estás fuera de armonía en ciertas cosas, pero creo que es por tu ambiente. Estás esforzándote por estar en armonía, pero algunas de las cosas con que debes vivir son cosas que te hacen estar fuera de armonía. Pero no es porque estés básicamente fuera de armonía, ya que tú intentas sí estarlo. Es simplemente por tus circunstancias.

D: *Y por la época en la que vivo. Es una era diferente. (Sí) Entonces cualquiera que tiene una deformidad o tiene alguna marca... algunas de esas marcas vienen de nacimiento. (Sí) ¿Ellos ven todas esas marcas como brujería? ¿Eso es lo que dijiste?*

B: Sí. Si alguien tiene una marca de nacimiento, significa que su madre hizo el amor con el demonio. Hizo el amor con Satán, así que el niño tiene la marca de Caín o alguna otra etiqueta sin sentido. Por tanto, el niño deberá ser asesinado, porque son un engendro de Satán. Y su madre deberá ser asesinada por tener contacto íntimo con Satán.

D: *¿Entonces las madres intentan ocultar cualquier marca que tengan sus hijos?*

B: Sí, si tienen suerte, la marca estará en donde la cubra la ropa. Si no tienen suerte, mantienen al niño en donde sólo los puedan ver vecinos, familia y amigos. Y no permiten que los extraños los vean hasta que crezcan.

D: *¿Y lo mismo pasa con las deformidades?*

B: Sí. Una deformidad es ocasionada porque los padres han cometido algún tipo de pecado horrible. Por tanto, como castigo de Dios, su Dios, supuestamente deforma al niño para castigar a los padres. Y el niño, ya que es solamente usado como medio de castigo, no es humano de cualquier forma. Sólo es un ser usado como objeto de una lección. Así que el niño no importa.

D: *¿Entonces matarán al niño o adulto que tenga una deformidad?*

B: Correcto. O al niño y sus padres.

D: *¿A sus padres también?*

B: Depende de quién sea más conveniente de matar para la inquisición. Como, por ejemplo, si un miembro de la inquisición deseaba a la esposa, entonces matarán al padre. O si un miembro de la inquisición deseaba al esposo, entonces matarán a la esposa.

D: *Mmmm. ¿Te refieres a los informantes? ¿O a los sacerdotes?*

B: Los sacerdotes.

D: *Creía que ellos no debían tener sexo.*

B: (Una risa fuerte) ¡Ja, ja, ja! Es verdad que se supone que sean célibes, acorde a sus enseñanzas. Personalmente, yo digo que no es natural ser célibe. No es como se supone que sean las cosas. Está fuera de armonía. Fuera de ritmo con el universo. Ser célibe está fuera de ritmo con la madre diosa. Y estos sacerdotes mantienen la apariencia de ser célibes, una máscara. Pero es falsa y hueca, porque detrás no lo son en absoluto. No conozco a ningún sacerdote que haya sido célibe. Todos son muy libertinos. Hacen el amor tan seguido como quieran con quien sea que quieran. Sin importar de qué sexo sean.

D: *Y ahí nadie puede decir nada tampoco, ¿verdad?*

B: No, porque sucede a puertas cerradas. Los sacerdotes tienen festines fantásticos porque reciben lo mejor de las cosechas. Y en esos festines se dice que se llevan a cabo todo tipo de libertinajes. Usualmente, los sacerdotes se aprovechan de los jóvenes que acaban de entrar en el sacerdocio.

D: *¿Esas cosas suceden en la casa en donde tú vives? ¿O sabes de algo?*

B: No. No a ese grado. El sacerdote que está ahí... creo que él se ocupa de sí mismo con su propia mano. Ocasionalmente, usa a algún paje, ya sabes, cuando van a confesarse. Y, en caso de que alguien quiera hacer penitencia por algún pecado, él piensa ocasionalmente en penitencias extrañas.

D: *Ya veo. ¿Entonces piensas que la mayoría de eso sucede en lugares como el priorato?*

B: No, el priorato se encuentra aquí en los terrenos. Pasaría, por ejemplo, en el pueblo. Pero el pueblo es bastante chico. Sucede más en lugares grandes, en donde hay más gente y más sacerdotes a la mano. Ya sabes, en grandes ciudades.

D: *¿Pero estas son cosas que te platican tus amigos? (Sí) Porque dijiste que tú, personalmente, no tienes información de eso.*

B: Exacto. Son cosas que ellos han visto. Además, tenemos formas de observar cosas que están sucediendo, similares a como te observamos a ti.

D: *Entonces puedes ver eventos lejanos de esa manera, de lo que realmente está sucediendo. (Sí) Tendrías más verdad, ¿no? (Sí) Más conocimientos de la verdad. ¿Hay alguna ciudad grande cerca de donde vives?*

B: No lo sé. Creo que debe haber una a un par de días de viaje. Pero no lo sé. Nunca he dejado este lugar.

D: *Sólo me preguntaba si habías escuchado alguna vez sobre el nombre de alguna ciudad grande cercana. (No) Bueno, y, ¿esos sacerdotes llegan a casarse?*

B: Algunos de ellos, sí. Sin embargo, se supone que debe ser secreto y nadie sabe acerca de eso. La mayoría tienen amantes o niños jóvenes. O ambos.

D: *Para mí, eso no es exactamente lo que Jesús, el Cristo, pretendía en absoluto. No creo que él enseñara eso.*

B: Desde mi comprensión, estoy de acuerdo contigo.

D: *Especialmente si ellos dicen estar intentando hacer lo que él quería, pero no creo que eso fuera su intención. Ni la inquisición ni ninguna de esas cosas.*

B: Eso es cierto. Es por eso que se dice que la iglesia está decayendo. Y seguirá el ciclo natural de esas cosas, desaparecerá y se marchitará hasta la muerte. Y la madre diosa seguirá permaneciendo aquí. Ese es el ciclo de todas las religiones basadas en el patriarcado. Comienzan con buenas intenciones, pero con algunas intenciones egoístas incorporadas. Y, como resultado, no están en armonía con la madre Tierra, y salen del balance. Después de un tiempo, eventualmente colapsan sobre sí mismas y se marchitan hasta morir. Ese ha sido el destino de religiones que no están en armonía con su madre diosa.

D: *Tengo curiosidad. Dijiste hace poco que yo necesitaría aprender algún tipo de protección en caso de estar allá. (Sí) ¿Podrías decirme cómo podría protegerme?*

B: En donde estás pareces tener la protección suficiente, aunque tener más protección nunca afecta. Pero la protección de luz blanca que tú utilizas es muy efectiva. Hemos visto que tú usas esa. También lo que puedes hacer para que muchas cosas se cumplan, es la invocación de pentagramas por diversas razones.

D: *¿Puedes contarme acerca de eso? No tengo conocimiento sobre ese tema.*

B: El tetragrámaton* o el pentagrama es el diseño de una estrella de cinco puntas, encerrada dentro de un círculo. Lo haces cuando quieras protegerte de ladrones, bandidos y semejantes. Algunos de los granjeros lo hacen, pero la inquisición no sabe acerca de eso. Por ejemplo, cuando traen su cosecha aquí para depositarla en los almacenes, en caso de que deban hacer alguna parada para pasar la noche a lo largo del camino, invocan un pentagrama sobre su carreta. Así, protegen su cosecha para que los ladrones no salgan corriendo con ella durante la noche. Algunos granjeros que no saben la verdad detrás de esto, toman algo de arcilla, tierra o algo para dibujar uno sobre su carreta y así protegerla. Eso funcionará. Pero es mejor hacerlo con la mente. Lo que haces es, veamos si puedo describirlo, ¿ya sabes que, en ocasiones, cuando el sol brilla entre las nubes, ves rayos de luz que llegan hasta el suelo?

Esta palabra fue difícil de deletrear fonéticamente. Tetragrámaton. Según el diccionario, este es el nombre hebreo de Dios, transliterada en cuatro letras como YHVH o YHWH.

D: *Oh, sí, es hermoso.*
B: Sí, lo es. Bueno, tomamos un rayo de luz como ese y pretendemos que es una pluma para escribir con ella. El rayo de luz puede ser del color que necesites, para el propósito para el que necesites el pentagrama. En este caso, para protección, como el que los granjeros necesitan sobre su carreta, sería blanco. Dibujarías primero la estrella de cinco puntas. Lo haces con un solo trazo, sin levantar la pluma. Entonces, cuando has terminado de dibujarla y estás en el punto de la última punta, desde ahí y sin levantar la pluma, o tu rayo de luz, en este caso, continúas dibujando un círculo alrededor de la estrella.
D: *Okey. ¿A partir del pentagrama hacia el círculo sin levantar? Todo en una sola línea continua.*
B: Sí. Y cuando estás dibujando esto, lo que haces en tu mente es imaginar lo que sea que quieras que esté protegido. Y lo superpones a esto.
D: *Ya veo. Pero algunos otros no saben que puedes hacerlo mentalmente, y en realidad dibujan el pentagrama. (Sí) Suena bastante efectivo.*
B: Puedes utilizar el pentagrama de muchas formas diferentes para distintas cosas. Por ejemplo, si alguien está enfermo y quieres que recobren su salud, dibujas un pentagrama de... (pausa), bueno, depende del tipo de enfermedad. Pero sólo para enfermedades en general, dibujas un pentagrama de un color amarillo dorado, con un toque de rosa en él. Y lo imaginas alrededor de su cuerpo, con el círculo lo suficientemente grande para rodearlo. Lo imaginas cubriendo su cuerpo.

D: *¿El círculo rodeando su cuerpo?*

B: Correcto. Y si quieres despertar la pasión en alguien, te imaginas a ti y a esta persona de pie, juntos. Luego proyectas un pentagrama rojo alrededor de ustedes. Un rojo carmesí brillante e intenso.

D: *Rodeando a las dos personas. (Sí) Mmmm, eso parece intenso.*

B: Los puedes usar para muchos propósitos.

D: *Me preguntaba si hay diferentes significados para los diferentes colores. (Sí) Usados para distintos propósitos.*

B: Rojo es para pasión. Amarillo para salud. Azul para claridad mental. Violeta para alcanzar reinos superiores.

D: *¿Verde?*

B: El verde es para contactarte con los seres vivos. Plantas y animales. Y la madre Tierra en general. El blanco puede utilizarse para cualquiera de estas cosas, además de protección general, ya que el blanco son todos los colores de la luz juntos. Al menos eso es lo que algunos dicen. Los monjes lo niegan. Pero algunos de la vieja religión dicen que, puesto que los arcoíris brotan del sol, y el sol es luz blanca, entonces todos los colores deben estar en la luz blanca.

D: *Eso tiene sentido.*

B: Pero, de cualquier forma, estoy divagando. Veamos, blanco, rojo, azul, verde, amarillo, violeta. El naranja es de amistad. El azul también se puede utilizar para amistad, pero el naranja sería para una amistad de amor, mientras que el azul sería para una amistad que te estimula mentalmente.

D: *Hay diferentes tipos de amistad. (Sí) ¿Qué hay del rosa por sí solo?*

B: El rosa es para el amor verdadero, afecto y cuidados.

D: *¿Es por eso que lo combinaste con el amarillo, porque sería para cuidado? (Sí) ¿Entonces se pueden mezclar? (Sí) Veamos, ¿qué otros colores hay? ¿Utilizan colores oscuros como café o negro?*

B: Es muy peligroso utilizar esos colores. Si invocas un pentagrama café en algún ser vivo, le ocasionará alguna enfermedad.

D: *Oh, ¿eso es porque es oscuro?*

B: Porque el café es una mezcla de colores como el fango. Y al ser una mezcla de colores, se cancelan el uno al otro teniendo una influencia negativa. Ahora bien, los pentagramas negros son muy poderosos, podemos utilizarlos para distintos fines. Algunas personas que tienen un aspecto de carácter más débil, utilizan pentagramas negros para ocasionar mala suerte en las personas.

Para provocar que les sucedan cosas negativas o para que atraigan influencias negativas. Ya sabes que mencioné que el violeta era para alcanzar reinos superiores. (Sí) El siguiente color, más allá del violeta, es el negro. Entonces, una vez que pasas a través del violeta, puedes utilizar el negro para alcanzar el centro del universo, y para encontrar secretos que, en ocasiones, la mente no puede manejar.

D: *¿Tu gente utiliza pentagramas negros en algún momento para ocasionar cosas negativas?*

B: No lo sé. Algunos podrían, de forma ocasional y en privado, cuando alguien les hace una mala jugada. Puede que invoquen un pentagrama negro sobre ellos lo suficiente para enseñarles una lección, y luego lo retiran, pero eso sería algo privado. En ocasiones, cuando lady Joslyn está siendo particularmente odiosa y negativa, invoco un pentagrama negro muy pequeño en su camino, para hacerla tropezar con algo.

D: *(Risas) Sólo me preguntaba cómo se siente tu religión al ocasionar cosas así.*

B: Bueno, si alguien quiere torcer una nariz ocasionalmente para enseñarles una lección, porque necesitan realmente aprender la lección, entonces es como debe ser. Pero el ser malvado y ocasionar mala suerte sin razón alguna, no está permitido. Y ocasionar mala suerte en general, incluso habiendo razones, no es necesario. Porque lo que tenga que llegarles, les llegará tarde o temprano, por la forma en que está creado el universo. Pero si alguien está siendo constantemente negativo contigo y quieres regresar un par de favores, por así decirlo, puedes hacerlo, mientras que no les ocasiones ningún daño. En ocasiones, lo hago por un poco de rencor cuando lady Joslyn se ha portado especialmente mal. Y lo hago en un sentido de travesura, ya sabes, queriendo hacerla parecer chistosa, por decirlo así, alrededor de Roff. (Yo me reí). En ocasiones, cuando están teniendo un gran banquete y ella quiere presumir y ser el centro de atención, yo invoco un pequeño pentagrama negro en su boca, sobre sus labios, para que cuando diga algunas palabras, éstas no salgan claras. Ella dirá algo, queriendo tener cierto significado, pero accidentalmente lo dirá de forma que tenga doble sentido, y la gente la tomará de otra manera.

D: *(Risas) Sin embargo, puedes darte cuenta de que no estás dañando realmente a nadie de esta forma. (No) Porque siempre he escuchado que lo que envíes, se te regresará.*

B: Correcto. Bueno, ella ha estado enviando tanta negatividad que, el que yo haga algo como esto, en defensa propia, no me rebotará. Es solo parte de lo que rebotará sobre ella.

D: *Entonces puedes mirarlo de esa forma. (Sí) Mencionas continuamente al universo, ¿qué sabes acerca del universo? Tu mundo es muy limitado, en realidad. Dices que no puedes salir de esa casa.*

B: Es cierto que mi mundo físico es limitado. Pero una de las ventajas de mi religión es que, sin importar cuán limitado seas físicamente, no hay límites mentales para ti. Y puedes ir a donde quieras, cuando quieras, utilizando tu mente. Puedes proyectar tu mente hacia donde quieras. Por lo tanto, lo que intentamos es explorar el universo en general, intentando descubrir cómo funcionan las cosas, por qué funcionan, cómo funcionan. E intentar describir lo que tenía en mente la madre Tierra cuando creó el universo. Nunca hablamos de lo que hacemos, porque eso sería herejía en su mayor expresión.

D: *Eso realmente sería cuestionarse y querer saber. ¿Pero ustedes hacen eso como grupo?*

B: Usualmente, sí, porque es más efectivo de ese modo. Como individuos podemos hacer algo de eso a modo de meditación personal. Pero lo más efectivo es unirnos como grupo, juntarnos para unir nuestra energía, lo cual parece ampliarla de alguna forma.

D: *¿En dónde lo hacen? ¿En la arboleda? (Sí) ¿Tienen algún tipo de ritual o ceremonia?*

B: Pues bien, antes de comenzar, todos vamos a la arboleda y todos encontramos ese punto especial en donde nos sentimos cómodos. El tipo de punto en donde nos podamos conectar con la madre Tierra. Todos vamos a nuestro punto favorito y nos preparamos para ello, porque toma algo de preparación al principio. Despejamos nuestras mentes, relajamos el cuerpo y no pensamos en las cosas que sucedieron durante el día. Solo comenzamos a imaginar, bueno, hay dos cosas que se pueden imaginar. Uno se puede imaginar una luz blanca, y te sumerges en esta luz blanca como te sumergirías en una piscina en un día de verano.

D: *Okey. Pero sólo lo principal, no quiero que lo hagas ahora mismo. Sólo quiero que me describas el procedimiento. (Había comenzado a notar algunos cambios en sus reacciones físicas).*

B: Eso es lo que hago.

D: *Okey. Porque sería peligroso para ti que lo hicieras ahí fuera, en cualquier lado, mientras buscas trufas. Sólo platícame el procedimiento.*

B: Otra forma de hacerlo sería imaginando una noche llena de estrellas, cuando no brille la luna. Y pensar que estás volando entre las estrellas, en la profundidad de la oscuridad. De cualquier forma, lo haces como si quisieras apartar las limitaciones de ser una persona.

D: *Suena bastante agradable.*

B: Lo es. Y después de que te sientas listo, el grupo se une. Nos sentamos alrededor de un círculo sobre el suelo y unimos las manos. Usualmente, cuando hacemos eso, hay algo a la mitad del círculo para que nos concentremos, para aquellos que necesitamos algo visual que observar.

D: *¿Algo en particular?*

B: Por lo general, es un diseño en el suelo con rocas, piedrecillas o algo.

D: *¿Un diseño en particular?*

B: Depende. En ocasiones es un pentagrama, a veces es un diseño que se supone que no significa nada. Solo para ayudarte a quitar las barreras.

D: *¿Entonces lo observan?*

B: Sí. Y ya que estamos tomándonos las manos, nuestra energía fluye junta. Desde ahí, podemos dirigir la energía hacia cualquier propósito para el cual estemos reunidos. Si es por el propósito de explorar el universo, entonces todos nos imaginamos cayendo, ya sea en la luz blanca o en las profundidades del espacio. Y viajamos juntos con nuestras mentes y vemos muchas cosas maravillosas.

D: *¿No tienen alguna bebida o alguna hierba que utilicen en este momento para ayudarles con eso?*

B: No. Tenemos algunas bebidas a la mano que utilizamos para ciertos propósitos. Pero para esto es bueno tener la mente despejada.

D: *En nuestra época, las personas creen que tu gente utilizaba en ocasiones ciertas drogas para distintos fines.*

B: Lo hacemos.

D: *Y que quizá eran las drogas las que les ocasionaban esta sensación de ser capaces de viajar.*

B: No. Este tipo de viaje lo debes hacer con tu mente. En ocasiones, en ciertos días del año, nos reunimos para celebraciones con otro grupo de la vieja religión, algún grupo que no sea de esta área inmediata. Y, ya que no estamos acostumbrados a trabajar con ese otro grupo, en ocasiones tomamos una bebida que nos ayude a romper las barreras, para que nuestra energía pueda fluir junta, como si fuéramos un solo grupo. Porque con el grupo que trabajas toda tu vida, es bastante sencillo derribar las barreras. Pero, cuando trabajas con un grupo nuevo, es difícil, así que la bebida ayuda a derribar esas barreras. Y verás, parece que lo hacemos con la parte escondida de la mente, con la que la mayoría de la gente no tiene contacto. Y derribar esas barreras de esta forma, ayuda también a derribar tus barreras internas, para que puedas contactarte con todas las partes de tu mente y, entonces, trabajarlas juntas en una sola persona.

D: *¿Qué tipo de bebida es?*

B: No estoy segura. Solo pocos saben cómo prepararla. Lleva ciertas hierbas y bayas. Las bayas se consideran venenosas, pero en realidad no lo son, solo son poderosas. Tienen un efecto drástico en el cuerpo. Y, si tomaras muchas de ellas, sí, podrían matarte. Pero no es porque sean venenosas, solo porque son fuertes. Pero usamos esas bayas más algunas otras bayas normales que saben bien. Y ciertas hierbas y flores que tienen ciertos efectos. Se mezclan en ciertas proporciones para obtener lo que sea que se necesite. Luego, se almacena y se les permite fermentarse como un vino, pero en realidad no se tornan alcohólicas. De alguna forma, su fermento saca las drogas y ayuda a combinarlas o concentrarlas de cierta forma. No sé cómo funcione. Aún no tengo edad suficiente para aprender cómo hacerlas. Pero lo he visto y he recolectado hierbas para eso.

D: *Parece que debes ser muy cuidadoso para obtener las proporciones correctas.*

B: Sí, para poder obtener el efecto deseado, porque diferentes proporciones causan diferentes efectos.

D: *¿De qué color son esas bayas que se consideran venenosas?*

B: Blancas.

D: *Yo estaba intentando pensar qué tipo de planta serían. ¿Pero las mezclan con otras bayas de diferentes colores? (Sí) Tendrías que ser muy cuidadoso. Si las obtienes en proporciones equivocadas, supongo que no sería una experiencia muy agradable.*

B: No. Se podría hacer una mezcla que mataría a alguien, pero no queremos hacer eso... por lo general. Pero hay diferentes proporciones que ocasionan efectos desequilibrados. Desequilibrados me refiero en comparación con lo que se supone que debería ocurrir.

D: *¿Qué tipo de efectos tendría en el cuerpo si se mezclan de manera incorrecta?*

B: Un efecto es particularmente aterrador, haría que el corazón latiera demasiado fuerte y rápido. O podrías empezar a sudar por todo el cuerpo y sentir tu piel como si ardiera. O uno podría sentir un tipo de parálisis envolviéndolo. O diferentes cosas así.

D: *No, no sería bastante agradable el obtener la combinación equivocada. Es mejor dejar que lo mezclen aquellos que saben. (Ajá) Bien, ¿y esa sería la única ocasión en que usarían cualquier tipo de droga al reunirse?*

B: Cuando alguien de nuestro grupo enferma, en ocasiones utilizamos alguna droga para ayudarle a la invocación del pentagrama a surtir efecto. Pero usualmente es sólo durante las reuniones.

D: *¿La gente ordinaria utiliza algún tipo de droga cuando alguien enferma?*

B: Solo carne y vino.

D: *¡Oh! ¿Al estar enfermos?*

B: No. No a menos que alguien que compre hierbas y cosas así, venga, y use esas hierbas para ayudarles a sentirse mejor. Hay cierto tipo de cortezas de árbol que ayudan a disminuir el dolor. Corteza de sauce. Y hay ciertas hierbas que, al prepararse en bebida, se supone que sean un buen tónico.

D: *Me preguntaba cómo se siente la iglesia sobre usar drogas y hierbas para la gente enferma.*

B: Oh, ellos están en contra. Pero eso no evita que el granjero común lo haga de cualquier forma. Lo que dice la iglesia que alguien debe hacer al enfermar, es pagar un brazo y una pierna a la iglesia, y ellos enviarán a uno de sus educados doctores para cuidarte. Eso también cubrirá al sacerdote que reza por tu alma. Así que supongo que, cuánto debes pagar a la iglesia dependerá según tu estado de gracia, cuán enfermo estés, cuán bien estés.

D: Oh, ¿a eso te refieres con pagar un brazo y una pierna? ¿Pagas mucho de... qué? ¿Dinero o bienes?

B: Ambos. Cualquiera de los dos. Lo que sea que tengas.

D: Entonces, la única forma de ser tratado, sería siendo rico. Si tienes esas cosas, ¿no es así? (Sí) Entonces ellos no tratarían a la gente común, ¿o sí?

B: Generalmente, no. A menos que un sirviente particularmente bueno, de alguien rico, caiga enfermo. Entonces el rico pagaría por que se trate a su sirviente enfermo.

D: Entonces parecería que la gente ordinaria acudiría a tu gente, la gente de la vieja religión, por ayuda. ¿Lo hacen?

B: No. En ocasiones algunos de los granjeros vienen y nos dicen: —He escuchado que tienen algún método con hierbas. ¿Podrían ayudar a mi hija que enfermó? —O algo parecido. Pero eso es todo lo que se dice, incluso si se entiende mucho más de lo que es dicho.

D: Tengo tantas preguntas. Estoy agradecida de que seas paciente conmigo.

B: No es problema.

D: Cuando exploran el universo, ¿qué encuentran allá afuera? ¿Cuál es su versión de eso? ¿A qué se parece?

B: Es difícil decirlo. Es difícil describir cómo es el universo con cosas que has visto en la Tierra y que puedas comprender. Por un lado, el universo es como una esfera gigante. Pero, por el otro, el universo es como un túnel que continúa eternamente. Y da vueltas sobre sí mismo, y se enreda en sí mismo, y cosas así. Así es también el tiempo.

D: ¿Han descubierto eso?

B: Bueno, parece que el tiempo y el universo son lo mismo. Hemos encontrado muchas cosas. Es difícil de explicar todo lo que hemos descubierto. Y, si intentáramos ponerlo en palabras, no tendríamos que preocuparnos porque lo descubran los sacerdotes, ya que la gente regular nos mataría primero.

D: (Risas) ¿Por qué? ¿Por ser tan extraño? (Sí) ¿Al hacer esas cosas, van allá afuera a explorar por un tiempo como grupo y después, eventualmente, regresan a la arboleda?

B: Primero vamos y exploramos un tiempo como grupo. De cualquier forma, usualmente habrá un propósito por el cual nos encontramos ahí. Cuando regresamos, descubrimos qué está sucediendo que pudiera estar afectando a aquellos que seguimos la vieja religión. Y nos preparamos contra ese evento.

D: *Entonces no quieren ser sorprendidos.*

B: Exacto. Y después nos hacemos cargo de otras cosas diferentes. Como, por ejemplo, si hay una mujer en el grupo que quiera concebir, hacemos que su cuerpo esté receptivo a la concepción. Y, si hay otra mujer que esté teniendo problemas con su espalda, entonces somos capaces de hacer que el dolor se vaya. Solo cosas diferentes como esas.

D: *Con esta mujer concibiendo, ¿lo hacen con su mente? ¿Pensándolo? ¿O utilizan hierbas?*

B: No, con nuestro pensamiento.

D: *Ha habido historias que se contaron por mucho tiempo, me parece bastante gracioso, pero ha habido gente que dice que ustedes efectivamente volaban. Que usaban su cuerpo para hacer distintas cosas e ir a diferentes lugares.*

B: Bueno, en ocasiones, algunas de las personas comunes intuyen lo que hacemos, o nosotros mencionamos algo que sucedió muy lejos. Y ellos no pueden imaginarse nada más que quizá a alguno de nosotros físicamente volando y viendo cómo sucedió. Es difícil de explicarles lo de proyectar tu mente y hacer eso, en cambio, con tu mente. Porque puedes ir a cualquier lado que necesites usando la esencia de tu mente. Usando tu esencia superior.

D: *Entonces es de ahí de donde provienen esas historias. Se transmitieron. (Sí) Ya veo. Hemos escuchado la palabra «bruja». ¿Usan esa palabra en tu época?*

B: En ocasiones. Hay diferentes palabras que usan. A veces solo dicen la frase «una señora vieja», usándola en forma de respeto. Entonces dirán: —¿Eres tú una señora vieja? —Refiriéndose a alguien conocedor de las hierbas y cosas así, para ser capaz de ayudar a alguien en sus casas que tenga una enfermedad o lo que sea. Y ellos no se refieren a «¿eres vieja y canosa?», sino a «¿eres vieja y sabia?»

D: *En conocimiento. ¿Qué otros términos utilizan?*

B: En ocasiones ellos dicen «gente de los árboles», porque siempre nos reunimos en arboledas.

D: ¿Hay alguien que use la palabra «bruja»?

B: La iglesia lo hace, pero, ¿quién le presta atención a la iglesia?

D: *(Risas) Sólo me preguntaba qué es lo que consideran ellos una bruja.*

B: ¿La iglesia? (Sí) Yo soy bruja, tú eres bruja, todos son brujos.

D: *(Risas) ¿Simplemente cualquiera haciendo algo que no le gusta a la iglesia?*

B: Eso es correcto.

D: *Hemos escuchado las palabras «bruja» y «brujería». Por eso me preguntaba qué significan esas palabras para ustedes.*

B: Brujería es una palabra que se refiere a la vieja religión.

D: *¿Pero ustedes usan esa palabra para describirse a sí mismos?*

B: ¿Qué? ¿Brujería? No, pero en realidad no uso ninguna palabra para describirme a mí misma. Porque simplemente pienso en mí tal como soy. Y, ya que no hablamos mucho de eso, porque no podemos, entonces muchas palabras no son necesarias.

D: *¿Entonces no consideran a su grupo como brujos? (No) Especialmente en la forma en que la iglesia lo hace.*

B: La iglesia usaría la palabra «bruja» para alguien que se concentra en el lado negativo de las cosas. Y adorar a la noción de la iglesia del diablo. Lo que la iglesia ignora es que Satán es una invención del cristianismo. Para que cualquier religión se imponga, para que cualquier figura de admiración se imponga, tiene que haber cierta clase de figura en su contra, intentando matar a esta otra figura, para, de esta forma, hacer que la gente sienta pena por el bueno y lo sigan a él. Como consecuencia, el diablo y Satán son inventos de la iglesia.

D: *Ellos tienen una guerra librándose entre los dos poderes, por así decirlo. ¿A eso te refieres?*

B: Sí. Ellos lo inventaron para capturar el interés de la gente y para mantenerlos involucrados con la religión.

D: *¿Entonces ustedes no creen que en realidad exista un diablo?*

B: No, no lo creo, ya que es un invento de la iglesia. Ahora bien, yo no estoy diciendo que no haya fuerzas negativas a nuestro alrededor. Pero, lo que podría parecer negativo no es necesariamente negativo. Solo balancean lo que aparentemente es bueno, porque todo debe estar en equilibrio. Todo es parte de la diosa madre.

D: *Siento mucho decir que incluso en nuestra época las personas aún creen que hay un diablo. Yo no creo en eso, pero otras personas, sí. (Sí) La idea no se ha esfumado en realidad. ¿Has escuchado la palabra «aquelarre»?*

B: (Pausa) Sí. Es un grupo similar a lo que somos nosotros.

D: *Sí, eso es lo que significa ahora, un grupo de personas que se unen para practicar cosas de las que tú has hablado. Pero, ¿no les da miedo que alguien los descubra cuando están todos ahí juntos?*

B: Siempre está esa posibilidad, excepto que, cuando estamos proyectando nuestras mentes, podemos ver muchas cosas. Y podemos ver lo que los ojos ordinarios no pueden. Podemos ver si alguien nos desea bien o mal. Por lo tanto, podemos ver el peligro mucho antes de que llegue. Así, tenemos tiempo de bajar de ese plano y dispersarnos, desaparecer, por así decirlo. Entonces, para cuando llegue ahí quien sea, todo lo que verán será solo una arboleda y nada más.

D: *Eso me imaginaba. Si ustedes estaban meditando, ellos podrían sorprenderlos.*

B: Sí. Mientras usas tu mente para otras cosas, también la puedes usar para protección.

D: *Pero se sienten seguros en esa arboleda. (Sí) Mencionaste ciertas festividades cuando se encontraban con otros grupos como el suyo. ¿De qué festividades se trata?*

B: Está la noche sagrada (N. del T.: en inglés «Hallowed evening»). Y también está Beltane.*

D: *¿Qué son? Son festividades que yo no conozco.*

Diccionario: Beltane: «Festival de primavera celebrado en la víspera de mayo en las tierras celtas, en tiempos precristianos». También podría referirse a lo que ella dijo antes sobre celebrar primavera en Mayday.

Beltane es una palabra celta que significa «fuegos de Bel» (Bel era una deidad celta). Es un festival de fuego que celebra la llegada del verano y la fertilidad del año entrante. Estos rituales conducen con frecuencia a uniones y matrimonios, ya sea inmediatamente en el verano entrante, o en otoño. Beltane es el festival gaélico de Mayday. Más comúnmente celebrado el 1 de mayo, o entre el equinoccio de primavera y el solsticio de verano.

B: Tenemos cuatro festividades principales, y caen usualmente tan cerca como podamos de los solsticios y equinoccios.

D: *¿Puedes hablarme sobre ellas?*

B: Bueno, nos reunimos. Debido a la época del año, las energías de la Tierra fluyen de forma particular, lo cual la hace buena para hacer cosas similares, así que tomamos ventaja de eso.

D: *¿Tienen algún nombre para el equinoccio de primavera?*

B: Sí. A veces es difícil mantener los nombres correctamente porque los nombres no son importantes. La noche sagrada es en otoño.

D: *¿Alrededor del equinoccio de otoño?*

B: Ajá. Y en invierno se llama Lammas. En primavera es Beltane. Y en verano es el festival supremo. La del verano es llamada el festival supremo, ya que es cuando el sol está en su punto más fuerte. Pero la celebración más grande es en otoño, en la noche sagrada. Además, nos gusta reunirnos y hacer ciertas cosas con ciertas fases de la luna.

D: *Iba a preguntarte acerca de eso. ¿Por qué la noche sagrada es la más grande? ¿Es más importante que las demás?*

B: Sí, porque es el término de un año y el inicio del siguiente, en nuestro ciclo. Es como Año nuevo para los cristianos.

D: *¿Hacen algo diferente en esa época?*

B: Sí, generalmente llevamos a cabo rituales más elaborados en esa época. Y es más probable que tengamos las bebidas herbales a la mano. Intentamos salir todos durante la noche sagrada, porque en ocasiones la combinación de meditación más bebidas herbales, más la energía de estar con un grupo con el que eres familiar, puede ocasionar algunas experiencias bastante profundas.

D: *¿Qué tipo de experiencias?*

B: Cosas como profecías y cosas así. O en ocasiones, solo el tener una visión muy clara de cómo serán las cosas dentro de muchos años.

D: *¿Y creen que eso tiene que ver con la época del año y con la luna?*

B: Sí, porque todo eso afecta la forma en que las energías fluyen a través de la Tierra. Y, además, las energías fluyen a través de la Tierra de la misma forma en que fluyen a través de ti.

D: *Ya veo. Estoy intentando comprender todas estas cosas distintas. Tengo muchas preguntas. Lammas, dijiste, ¿esa es en invierno? (Sí) ¿Hay algo diferente que se haga durante esa época?*

B: Por lo general, en esa época invocamos el poder del fuego y utilizamos ese poder. Usualmente, tendremos una fogata y miramos fijamente las flamas, eso parece hacer algo con la mente. Y, mientras la mente cambia de esa forma, hay varias cosas que el grupo puede hacer.

D: *¿Como cuáles, particularmente?*

B: Nada en particular. Sólo pensar en cualquier cosa que necesite hacerse.

D: *¿Ya sea viajar, o si alguien del grupo desea algo, como mencionaste anteriormente?*

B: Sí. Además, usualmente hacemos algo con la tierra. Así, la energía fluirá bien por la tierra cuando llegue la primavera, para que las cosechas crezcan bien.

D: *¿Qué es lo que hacen con la tierra?*

B: Lo hacemos con nuestras mentes. Todo se hace con las mentes.

D: *¿Es como refrescar la tierra, nutrirla nuevamente y prepararla? (Sí) ¿Y dijiste que Beltane es en primavera? ¿Qué tiene de especial?*

B: El equinoccio, y es cuando todo está en equilibrio. El equilibrio siempre está basculando hacia una u otra dirección, pero durante el equinoccio, la balanza está equilibrada. Por tanto, hay cosas que se hacen ahí.

D: *¿Te refieres a que parte de sus rituales tienen que ver con la temporada de cultivo?*

B: No. Porque ya se ha cuidado eso. Los rituales tienen que ver con que las cosas estén en equilibrio, porque eso se da durante el equinoccio.

D: *Ya veo.*

B: No, no lo ves.

D: *(Risas) Lo estoy intentando. Por lo general, yo pienso en el equinoccio como el inicio de la temporada de cultivo, cuando las cosas comienzan a crecer.*

B: Bien, pues eso no es cierto. La temporada de cultivo ya ha comenzado cuando llega el equinoccio. Cuando llega el equinoccio, la proporción del día y la noche están equilibradas. Y las cosas celestiales están equilibradas. (Ella pareció un poco irritable o enfadada conmigo). Debes mirar hacia las cosas más elevadas. No estás mirando lo suficientemente alto. Creo que no se nos está dando el mérito suficiente, sencillamente por ser de años atrás.

D: Sí. Creo que las personas piensan que ustedes no tenían en realidad este tipo de conocimientos en aquella época.

B: La iglesia ha intentado suprimir este conocimiento, pero nosotros hemos seguido transmitiéndolo. Este conocimiento solía ser mucho más común, además de ser mucho «más» conocimiento. Pero la iglesia ha estado suprimiéndolo por siglos, o intentando apagarlo como a una vela.

D: ¿Crees que han tenido éxito en cierto grado?

B: Oh, sí. Casi todo el conocimiento ha sido suprimido, excepto a lo que pequeños grupos como nosotros hemos podido aferrarnos.

D: Entonces había mucho más en el pasado.

B: Oh, sí. Cosas incluso mucho más asombrosas que las de tu época.

D: ¿Sabes algo acerca de eso? ¿O proviene de tus leyendas?

B: Casi no sé nada de eso.

D: ¿Crees que eran cosas físicas o mentales?

B: Ambas.

D: Es muy bueno que haya grupos como el tuyo, que están intentando continuar con todas estas cosas. Intentando preservarlas.

B: Sin embargo, lo que lo hace difícil es que, ya que sabemos más de lo que se supone que deberíamos saber, es difícil actuar como ignorante, tal como todos los demás.

D: (Risas) Sí, creo que eso debe ser lo más difícil. Yo pienso que de cualquier forma sería difícil para mí el no mirarlos a los ojos y decirles: —Yo no creo en lo que tú estás haciendo. (Risas).

B: Sí, exacto. Entendiste eso.

D: Sí, eso sería peligroso. Entonces, mencionaste que el festival principal durante verano es cuando el sol está en su apogeo. (Sí) Okey. Creo que ahora comprendo las festividades y el porqué de su importancia. ¿Y mencionaste que hay ciertas fases de la luna que son importantes?

B: Sí, las diferentes fases de la luna significan cosas diferentes, porque las fases de la luna corresponden con el ciclo del año. Hay cosas que se realizan durante ciertos festivales del año, pero, en caso de necesitar realizarlas entre esas épocas, entonces las realizas acorde a las fases de la luna.

D: ¿Para ustedes hay alguna fase de la luna más importante que las demás? ¿O cuál es su significado?

B: Bueno, yo no diría necesariamente «más importantes». Es simplemente que, para ciertas cosas, necesitas saber la fase de la luna, para asegurarte de que la fase no se opone a tu necesidad.

D: *Sé algunas cosas acerca de la luna y el crecimiento de las plantas.*

B: Sí, esa es una cosa. Pero también, ciertas cosas mentales que hacemos con frecuencia como parte de nuestra religión, para ayudarnos a nosotros mismos y ayudar a los demás. Y, dependiendo de qué tipo de cosas queremos hacer, debe estar de acuerdo con la fase de la luna. Por ejemplo, si quiero hacer un ritual que ayude a que Roff se sienta cercano a mí, necesito hacerlo cuando la luna está creciente. Si quiero hacer un ritual para que la vida sea particularmente molesta para lady Joslyn, necesito hacerlo cuando la luna esté menguando. Para ciertas cosas la luna llena está más acorde, y para otras la luna oscura está más acorde.

D: *¿Para qué tipo de cosas sería mejor la luna llena?*

B: Para tener mejor fortuna con los bienes materiales, tener buena relación con quienes te rodean y cosas así. La luna oscura puede utilizarse para hacer rituales para ayudar a eliminar las barreras entre varios aspectos de ti mismo. Y la luna oscura también puede utilizarse para estar en contacto con aquellos que ya pasaron al siguiente plano de existencia.

D: *Entonces, cuando se reúnen en su arboleda, ¿generalmente lo hacen durante la luna oscura?*

B: Nos reunimos durante todas las fases, porque siempre hay diferentes cosas por hacer. Nos reunimos bastante seguido.

D: *Entonces no esperarían a esa fase de la luna.*

B: No, porque si la fase de la luna no es la correcta para realizar algo en particular, siempre podemos proyectar nuestras mentes hacia lugares diferentes para ver cómo son.

D: *¿Ese grupo se compone por personas que viven y trabajan aquí? (Sí) ¿Es un grupo grande?*

B: No lo sé. ¿Grande comparado con qué?

D: *Me preguntaba cuántos son. ¿Unos treinta? Eso sería grande.*

B: No, no tantos. Somos quince... ¿o diecisiete? Depende de cómo los cuentes, porque dos son vendedores ambulantes, y viajan.

D: *Oh, ¿no están ahí todo el tiempo? (Así es) ¿Entonces ellos se reúnen con ustedes cuando pasan por ahí? (Correcto) Sólo me preguntaba cuán grande era el grupo. He escuchado cuentos* sobre ustedes siendo capaces de contactar con espíritus de aquellos que ya han fallecido.

B: Sí, eso es cierto. En un principio pensamos que «tú» eras un espíritu que había fallecido. Porque tu espíritu toma un cuerpo por un tiempo, después falleces para contemplar las lecciones que has aprendido. Luego vuelves y tomas nuevamente un cuerpo. Y pensamos que tú eras uno de esos que dejaron un cuerpo y que estabas haciendo algún aprendizaje y pensamiento extra, antes de tomar otro cuerpo. Y nos sorprendimos al descubrir que tú eres alguien, un espíritu que está «dentro» de un cuerpo ahora mismo.

D: *Es un poco inusual, ¿no es así?*

B: Sí, pero no desconocido. Pero está bien, porque tú fuiste capaz de contactarnos y, al pasar la prueba, significa que eres también una seguidora de la diosa. Incluso si la porción de tu mente de la cual eres más consciente, te llamas a ti misma una seguidora del Dios patriarcal, en realidad, en lo profundo, eres una verdadera seguidora de la diosa.

D: *Yo creo que soy una buscadora de conocimiento, por encima de todo.*

B: Eso te hace una seguidora de la diosa. Buscar los secretos del universo y haciéndolos claros, exponiéndolos donde todos puedan verlos.

D: *Sí, eso es lo que intento hacer. Me he preguntado con frecuencia si, al hacer esto, tú puedes verme o sólo me escuchas.*

B: Nosotros no te vemos con los ojos, tal y como los ojos ven. Pero te vemos con la mente. O podemos ver las intenciones en tu mente.

D: *Pero cuando vengo, ¿sólo puedes escucharme? ¿Es así?*

B: Es difícil de describir.

D: *Porque siempre he tenido curiosidad de cómo aparezco ante las personas.*

B: Lo que sucede es que estoy hablando contigo dentro de mi cabeza.

D: *Ah, eso es lo que pensaba. Pero mucha gente no está consciente de eso.*

B: Es cierto, porque la mayoría de la gente no está consciente de los diferentes aspectos de sí mismos.

D: *Ya que viajo de esta forma a través de muchos periodos, y la mayoría de las personas pueden hablar conmigo, pero no son conscientes de que estoy ahí. Es por eso que me sorprendió cuando tú pareciste estar consciente de mí.*

B: Es porque ambas somos seguidoras de la diosa.

D: *Esa debe ser la diferencia. Los demás quizá no estaban utilizando esa parte de su mente.*

B: Estás en lo cierto.

D: *Pero nunca he dañado a nadie haciendo esto. Soy muy cuidadosa. (Sí) Estoy bastante interesada en estos rituales porque me gustaría transmitirlos a los seguidores de la vieja religión que están viviendo ahora. Siguen siendo secretos. Algunos de esos rituales pueden incluso haberse perdido.*

B: Eso es verdad, o quizá ellos usan distintos aspectos de estos rituales. Pero son bienvenidos a ellos. Puedo ver que estás en contacto con algunos pocos seguidores de la diosa. Por lo tanto, al transmitir esto a todos ellos, llegará a los lugares correctos. Puedo ver que algunos de los seguidores de la diosa que tú conoces, están en contacto con más seguidores. Y hay algunos que se encuentran solos. Puedo ver lo que quieres decir con que están en necesidad de permanecer en secreto. Hay una en particular que trabaja por sí misma, pero los que trabajan solos lo hacen porque es difícil contactar con otros. Pero también necesitan este conocimiento.

D: *Estaba pensando que quizá tengan interés en cómo han cambiado los rituales. Y quizá quieran volver a tu forma de hacerlos.*

B: Sí, o añadir nuestra forma a su forma, para desarrollar una forma más completa.

D: *Debe haber muchas cosas que se perdieron, o las razones detrás de ellas. Algunos en nuestra época llevan puestos pentagramas, pentáculos.*

B: Sí, puedo verlo. Es algo bueno porque es una señal de que la iglesia definitivamente se está marchitando. El que la gente pueda llevar pentagramas de forma abierta, sin temor a la inquisición, es una buena señal. Estoy muy feliz de ver eso. Desearía poder llevar abiertamente un pentagrama.

D: *Los llevan en collares, cadenas alrededor de sus cuellos, y anillos y cosas diferentes de ese tipo.*

B: Sí, y en ocasiones como hebilla de espada. (Probablemente refiriéndose a una hebilla de cinturón).

D: *Claro, la mayoría de las personas no sabe su significado al verlo. La gente en tu época no los llevaba abiertamente, ¿o sí?*

B: No, no llevamos nada.

D: *¿Para reconocerse unos a otros?*

B: No «usamos» nada, pero tenemos gestos sutiles que utilizamos al hablar. Parecen solo gestos ordinarios, pero alguien que sepa de ellos y los reconozca, puede regresarlos.

D: *¿Puedes decírmelos?*

B: Es muy difícil describirlos. Es algo con lo que creces. Sabes cómo diferentes personas se abrazan de cierta forma y usan ciertos gestos manuales. Parece ser el tipo de cosas que hace la gente de por aquí. Y son ese tipo de cosas, pero es diferente en ciertos aspectos.

D: *¿Te refieres a colocar la mano en cierta parte del cuerpo, o algo similar?*

B: Ya sea eso o, en ocasiones, tomar tus dedos de cierta forma al gesticular.

D: *¿Podrías mostrármelo, para saber en caso de ver a alguien?*

B: No creo que ese conocimiento te serviría, porque es solamente algo entre nuestro grupo local.

D: *Su grupo «local», okey. Sería una forma de reconocerse entre ustedes.*

B: Un gesto que hacemos y es común entre todos nosotros son los Cuernos de Diosa. (Ella levantó su mano. Tenía todos los dedos doblados, a excepción del pulgar y el dedo meñique. Similar al signo de los Cuernos largos de Texas. Lo describí para la grabación).

D: *Oh, ¿El pulgar y el meñique?*

B: Sí. Algunos lo hacen así. (Hizo el gesto nuevamente).

D: *El primer dedo y el pequeño.*

B: Sí. Y lo sacaron de la fase de la luna. El primer cuarto.

D: *Oh. ¿La luna creciente, como le llamamos nosotros?*

B: Sí, la creciente.

D: *¿A eso se le llama los «Cuernos de Diosa»? (Sí) He escuchado que en nuestra época le llaman los «Cuernos del diablo», en ocasiones. (Risas).*

B: Ahí está la iglesia trabajando nuevamente.

D: *(Risas). Pero ese sería un gesto para reconocerse entre ustedes. Puedo ver de dónde lo sacaron, de los cuernos de la luna, porque parecen cuernos cuando se encuentran en la última fase.*

B: O en la primera fase.

D: *Sí, en cualquiera de esas formas. Me preguntaba si la gente lleva cruces. ¿Sabes lo que es una cruz?*

B: (Indignada y con un tono de voz de disgusto). Sí, sé lo que es una cruz.

D: *¿La gente común las usa, o solo la iglesia?*

B: Los sacerdotes, claro está. Algunos de los granjeros más supersticiosos son quienes con frecuencia llevan una cruz en alguna parte de su cuerpo. Usualmente, son dos palos unidos. En ocasiones, alguna niña lleva dos palos juntos atados alrededor de su cuello con alguna correa de cierto tipo. Se supone que les dé protección del diablo, de los vampiros o de lo que quieras.

D: *Mmmm, ¿creen en vampiros?*

B: No realmente. He escuchado rumores de que la creencia es más fuerte al este de aquí. Pero ellos creen que son criaturas fantásticas, acechando y esperando arrebatarles sus almas eternas.

D: *¿Qué consideran como vampiro? Quizá tengan un significado diferente al mío de la palabra.*

B: No, solo hay un significado de la palabra.

D: *¿Qué significa?*

B: Un vampiro es otro invento de la iglesia. No estoy segura de que existan, pero supuestamente es un espíritu recluido en un cuerpo, y el espíritu se rehúsa a partir y continuar hacia la siguiente etapa de desarrollo. Y, para poder mantenerse y retener su dominio sobre el cuerpo, debe beber sangre humana.

D: *¿Eso sería un espíritu?*

B: Bueno, es un espíritu en un cuerpo. Tú eres un espíritu. Yo soy un espíritu.

D: *Oh, un espíritu «en» un cuerpo. Okey. Porque estaba pensando que, si eres únicamente un espíritu, entonces no necesitarías beber. Te refieres a un espíritu en un cuerpo.*

B: Escucha lo que digo. Yo dije que estaba en un cuerpo.

D: *Ya veo. ¿Y la iglesia inventó esa idea?*

B: Eso creo. Ya sea eso o que, de forma milagrosa, captaron una idea al respecto... porque, verás, un espíritu está en un cuerpo solamente por un tiempo, después, deberá pasar a la siguiente etapa de desarrollo. Y, de alguna manera, la iglesia se las arregló para percibir que algunos espíritus no se dejan ir cuando deberían. Entonces, la iglesia inventó cosas fantásticas acerca de «por qué» no se dejan ir, y «cómo» se mantienen atados al cuerpo. Y los efectos que tienen sobre la gente ordinaria.

D: *¿Crees que lo han hecho solo para incrementar el miedo? (Sí) Ya veo. Bueno, realmente estoy disfrutando esta conversación, pero es tiempo nuevamente de que me marche. (Risas) Normalmente debo irme justo cuando tengo algo acerca de lo que me gustaría hablar. Pero siempre puedo pedirte más información la próxima vez, ¿no es así? (Sí) Quizá me puedas platicar más acerca de eso. ¿Entonces está bien si vuelvo y te hablo? (Sí) Cada que me permites venir aprendo tantas cosas. Y te agradezco por permitírmelo. (Sí) Bien, entonces te veré de nuevo y te haré más preguntas. Sé paciente conmigo cuando no comprendo mucho.*

B: Lo intentaré.

D: *Gracias, Astelle. (Ella me corrigió enfáticamente mi pronunciación, remarcando el acento sobre la primera sílaba). Sigo pronunciándolo mal, ¿no es así? Pero de cualquier forma yo sé quién eres.*

(Se trajo de vuelta al sujeto).

Capítulo 7
Hablando con animales
(Grabado el 20 de mayo de 1986)

Usé la palabra clave y le conté de forma regresiva hasta la vida de Astelle.

D: *Hemos retrocedido hasta la época cuando Astelle vivía. ¿Qué estás haciendo?*
B: Estoy en los establos.
D: *¿Qué estás haciendo ahí?*
B: (Su voz sonó triste). Alejándome de lady Joslyn.
D: *Oh, ¿ha estado molestándote? (Sí) ¿Quieres contarme sobre eso?*
B: ¿Qué hay que decir? Es lo que hace normalmente. (Suspiro) Han estado intentando conseguir un pretendiente para ella, pero continúan rechazándola. Y ella se molesta y me pega con su cepillo.
D: *Como si fuera tu culpa.*
B: Bueno, ella siente que se debe a que yo soy más bonita que ella.
D: *Creo que alguna vez me dijiste que tenían un gran banquete cuando muchas personas venían. Y estaban intentando arreglar un matrimonio para ella. (Ajá) ¿No funcionó? ¿O qué pasó?*
B: Pues, arreglaron el matrimonio y cuando las personas regresaron a donde viven para hacerle saber al hombre acerca del matrimonio que habían arreglado, él ya se había casado mientras ellos no estaban.
D: *Apuesto a que eso no hizo muy feliz a lady Joslyn.*
B: Ella «gritó». Y no paraba de gritar, poner los ojos en blanco y tirar cosas.
D: *¿Arreglan matrimonios de esa forma antes de que hayan visto a la otra persona?*
B: Eso es bastante común.
D: *Y ella creyó que ya estaba todo arreglado.*
B: Sí, lo hizo. Pero el hombre había oído hablar de ella y su forma de ser. Y supongo que no quiso casarse con ella. Se dice que él amaba

a otra mujer y se casó con ella. No quería casarse con alguien a quien no amara.

D: *Me preguntaba si en realidad se habrá casado o si solo lo dijeron porque él no quería casarse con ella.*

B: Por lo que he escuchado, él realmente se casó.

D: *Así que lady Joslyn estaba «verdaderamente» infeliz.*

B: Sí. También ha habido otros intentos. Pero todos han fracasado. Si tan solo se diera cuenta, si lady Joslyn no estuviera tan preocupada por casarse y dejara de gritar y preocuparse por las cosas, quizá no sería tan fea. Y quizá entonces sería más deseable para algún pretendiente. Pero ella no parece ser capaz de ver las cosas de esa forma.

D: *Dijiste que estaba molesta contigo, así que pensé que quizá algo acababa de suceder.*

B: Pues Roff la rechazo otra vez, apenas anoche. Y esta mañana ella vino temprano a la cocina y nos encontró juntos. Estaba algo molesta.

D: *Eso fue. (Sí) ¿Roff ha intentado alguna vez hacer algo cuando ella te lastima?*

B: No. Ella nos vio juntos y simplemente se dio la vuelta y se marchó. Pero más tarde, creo que era cerca de la hora de comer, decidió que quería comer en su habitación. Quería específicamente que fuera yo quien le llevara la comida. Así que, cuando la llevé, ella estaba esperando con su cepillo.

D: *Entonces ella no hace nada frente a él. (No) Eso la haría ver incluso peor, ¿no es así? (Sí) ¿Así que en este momento estás escondiéndote en los establos?*

B: Podría decirse. Ella nunca viene a los establos. No le gusta montar a caballo. Así que, aquí estoy, viendo entrenar a los hombres en el campo de prácticas. Y todavía no me necesitan en la cocina.

D: *¿Sólo intentas mantenerte fuera de su vista?*

B: Sí. Además, aquí es pacífico. Escucho hablar a los caballos. Y escucho al viento soplando.

D: *¿Puedes escuchar a los caballos hablando entre ellos? (Sí) Nunca había escuchado de alguien que pudiera hablar con los animales.*

B: Bueno, los puedes escuchar, pero en ocasiones puede que los entiendas o puede que no. Depende de cuán bien estés con la diosa madre. Si piensas como ella, entonces puedes entender lo que dicen.

D: ¿Cómo suenan?
B: Con tus orejas puedes escuchar los sonidos que hacen normalmente. Pero dentro de tu cabeza es como escuchar a dos personas hablando.
D: ¿Suenan como las palabras, como comunicación mental?
B: Suenan como palabras.
D: Mmmm, me pregunto qué tema encontrarían esos caballos para hablar.
B: Diferentes cosas. Hablan mucho sobre el clima. Y si tienen o no que ser herrados nuevamente. Los sementales que usamos para la cría sólo tienen una cosa en la cabeza.
D: (Risas) ¿Solo piensan en eso? (Sí) ¿Qué es lo que piensan acerca de la gente? ¿Acerca de sus amos?
B: Oh, escucho algunas cosas escandalosas sobre personas de aquí de esta casa. Los caballos también son muy malos al chismosear. Todos los que vienen aquí a los establos para hacer el amor, creen que están a salvo, pero no entienden lo que dicen los caballos. Ellos hablan acerca de todos. (Yo me reí). Y se burlan de las distintas características distintivas que tienen los humanos.
D: ¿Como qué?
B: Pues, como un hombre que cojea. Ellos lo imitan cojeando en su caballeriza. Y hay otro hombre con nariz larga y boca pequeña. Un caballo es particularmente bueno imitando cómo habla. Es muy gracioso. Son solo diferentes cosas de ese tipo.
D: Uno diría normalmente que a ellos no les interesaría o que no lo notarían. Muchas personas creen que son solo animales tontos.
B: Eso es cierto, y es ahí en donde cometen su error. Los animales no son para nada tontos. Hay simplemente una pared entre ellos y nosotros, para que no podamos hablarles. Las personas que bajan aquí a hacer el amor ni siquiera se imaginan que los caballos se dan cuenta. Y, si lo hacen, se figuran que no hay nada que ellos puedan hacer, porque solo interactúan con otros caballos. No se percatan de que hay quienes entendemos lo que dicen los caballos.
D: (Risas) ¿Los caballos saben que tú puedes entender?
B: Creo que sí. Sé con seguridad que hay uno o dos que lo saben.
D: Supongo que hay mucho del mundo animal que la gente no sabe. (Sí) ¿Alguna vez has intentado comunicarte con otros animales, aparte de caballos?

B: Oh, sí. No necesariamente puedo decir algo a cambio, pero sí que puedo escuchar lo que tienen por decir.

D: *Entonces, si intentaras hablarles, ¿ellos no te entenderían?*

B: Podría hablarles con mi mente, y ellos podrían entenderme. Pero algunos son como las personas, se vuelven desconfiados cuando lo hago.

D: *No están acostumbrados. (Exacto) Pero tú eres al menos capaz de saber lo que ellos piensan. (Sí) Supongo que la mayoría de la gente piensa que, de cualquier forma, los animales no tienen mucho en sus mentes de lo que hablar.*

B: Pues eso depende de qué animal sea y qué ha estado haciendo.

D: *Bueno, tú si me recuerdas, ¿verdad?*

B: Sí. Pasaste la prueba.

D: *Sí.*

Al regresar en otra sesión, Dolores quiso continuar con un tema sobre el que no fue capaz de terminar de hacer preguntas. Esto es lo que encontró.

D: *La última vez que hablé contigo estábamos platicando acerca de algo y tuve que marcharme; no pudimos terminarlo. Dijiste que hay personas que llevan una cruz hecha de trozos de madera unidos. (Sí) Y las mantienen alrededor de sus cuellos para protegerse de cosas. Una de las cosas que mencionaste fue que creían en vampiros. No pude obtener toda la información sobre eso. Dijiste que es una creencia sobre algo que inventó la iglesia. ¿Eso es cierto?*

B: Sí. La iglesia ha usado y usará lo que sea y todo lo que pueda para mantener tontas y asustadas a las personas. Una de sus mejores armas es el miedo. Así que inventan estas historias locas para decírselas a la gente para asustarlos, de esta forma les será más fácil controlarlos. Escuché que es una creencia de algunas montañas al este de aquí. Pero no sé en dónde podría ser. Nadie lo ha dicho. Y yo nunca he estado ahí.

D: *¿Crees que las historias hayan sido basadas en algún hecho? ¿Algo que fue verdadero?*

B: Eso es difícil de contestar. En ocasiones creo que sí, pero a veces creo que no. Hay muchas cosas que suceden en nuestro mundo, que el hombre no sabe, o no saben el porqué. Estas cosas son bastante confusas. En ocasiones, encajará una explicación fantástica y, en ocasiones, si observas con más atención, habrá una razón ahí que la mente sí puede aceptar.

D: *Pensaba que la iglesia quizá no lo inventó todo. Que pudo haber algo que tomaron y le agregaron cosas.*

B: Yo creo que tomaron historias de lobos que se llevaban a los niños en invierno. Tomaron esa historia e inventaron todo lo demás a partir de ella, incluida la idea de la muñeca.

Seguro yo no había escuchado acerca de esta muñeca, porque no le entendí. Me pregunto a qué se refería con eso.

D: *¿Cuál es la creencia de esa gente? ¿Qué piensan que hace un vampiro?*

B: Oh, ¿qué es lo que pasa cuando un vampiro toma sangre?

D: *La historia de lo que se supone que son.*

Yo quería su historia. No quería influenciarla. Pero no estaba segura de cómo preguntarlo.

B: Sí. Bueno, la iglesia te hará pensar que ellos son no muertos. Que deberían estar muertos, pero no lo están. Pero, una mujer sabia de nuestro círculo ha mencionado que las personas que son así, están vivas, pero que están sutilmente enfermas. Y que quizá los únicos nutrientes que los mantiene vivos, son los de la sangre.

D: *¿Cómo obtienen la sangre?*

B: La historia dice que te muerden en el codo o cuello para obtener la sangre de ti. He escuchado que te muerden en cualquier parte en que la sangre esté cerca de la superficie en flujos abundantes.

D: *Parece una vieja idea. ¿Pero entonces la iglesia les dice que el utilizar esa cruz los protege?*

B: Sí, sí que lo hacen. Yo tengo mis dudas acerca de eso. Por la forma en que la iglesia se ha corrompido a sí misma, ya no funciona ninguna de su magia. Entonces intentan lo que sea para aferrarse al poder.

D: *¿Crees que en algún momento sí tuvieron una magia que funcionaba?*

B: Sí, lo creo, a pesar de que la iglesia nunca lo aceptaría.

D: *¿En sus inicios? (Sí) ¿Tienen otras cosas, tal como los vampiros, que quieren que la gente crea que andan por ahí?*

B: La iglesia siempre está intentando asustar a las personas con ideas sobre demonios. Y cómo los demonios están por todos lados, listos para hacer distintas cosas, dependiendo de dónde se encuentren. Y es cuestión de dejar a un lado todo esto que te dice la iglesia y tratar de ver las cosas con claridad. Mucha gente no tiene la fuerza para hacerlo.

D: *Ellos simplemente se dejan llevar con esas creencias. (Sí) ¿Crees que los demonios son reales? (No) ¿Crees que existe algo que se les parezca, como espíritus?*

B: Hay cosas como espíritus y personas del otro lado del velo. Los he visto. Pero no son iguales a lo que la iglesia describe como demonios, ni tampoco los ángeles, de hecho. Es diferente a cómo lo describe la iglesia. La iglesia intenta ponerle significado matemático a todo, cuando no es así en la naturaleza.

D: *¿A qué te refieres con matemático?*

B: Por ejemplo, intentan decirte que hay siete reinos en el cielo, porque consideran que el siete es un número sagrado. E intentan pensar que hay trece divisiones del infierno, porque consideran que el trece es el número de la brujería. Y es totalmente arbitrario. Ellos simplemente establecen los números porque les parece que se ven bien para ellos. No saben cómo seguir sus sentimientos y dejar que aquello que está ahí, esté de forma natural. Ellos solo intentan hacer que todo encaje en su patrón del mundo.

D: *¿Qué es lo que dicen que son los ángeles?*

B: Esa es una razón por la que siguen teniendo consejos. No se ponen de acuerdo acerca de lo que es un ángel.

D: *¿Te refieres a consejos eclesiásticos?*

B: Algunos dicen que son muy grandes, imponentes y altos, y otros dicen que son tan pequeños que varios de ellos pueden bailar en la superficie de una cuchara, o algo así. Pero no se ponen de acuerdo. Por un lado, dicen que son espirituales, pero, por el otro, comienzan a darles descripciones físicas ridículas. Los espíritus no están unidos a la tierra como tú y como yo. Por lo tanto, la iglesia asume que deben tener alas. Pero las cosas del otro lado no necesitan manifestaciones físicas. Es confuso.

D: *Me pregunto si en verdad los han visto en alguna ocasión, o si sólo los inventaron.*

B: Los inventaron.

D: *Yo creía que quizá tenían algo en sus libros sagrados, que les decía que ellos existen, o algo así.*

B: No lo sé. No he escuchado que se diga nada acerca de su existencia.

D: *¿Y qué es lo que piensan que hace un ángel? ¿Cuál es su propósito?*

B: Un ángel es para mantener a salvo a los creyentes, específicamente del diablo y sus demonios. Pero, más generalmente, mantienen a la gente a salvo unos de otros.

D: *Okey. ¿Y qué se supone que son los demonios?*

B: Diablillos de Satán. Es agotador hablar de este tema.

D: *Bueno, yo sólo intentaba obtener información. (Risas) Porque algunas de esas creencias aún existen en mi época.*

B: Ya veo.

D: *Aún no se han descartado esas creencias. Es por eso que me preguntaba de dónde vinieron. Hablaré de algo más. También creen en los santos, ¿no es así? (Sí) ¿Quiénes son los santos, según ellos?*

B: Pues, la iglesia los considera una persona que vive una vida particularmente santa o bendecida para su iglesia y, claro está, son especialmente bendecidos cuando mueren. Y tienen ventajas sobre otras personas que han fallecido. Como resultado, se ponen objetos representando a esas personas, para que la gente pueda venerarlos. También para que yo pueda usar esos diferentes... (Pausa) Estoy confundida.

D: *¿Qué?*

B: Mi mente está toda confusa. Parece que tengo dificultad para hablar. Es como si tuviera dos mentes aquí, al mismo tiempo.

D: *¡Oh! ¿Te está molestando?*

B: Se me está dificultando hablar, porque se siente como si hubiera dos mentes aquí, al mismo tiempo, lo que me hace bastante somnolienta. La otra mente también está pensando cosas, y está preocupada por cosas. Y yo estoy pensando sobre las cosas que estoy intentando decirte. Y la otra mente... estoy teniendo que trabajar bastante rápido para mantener mi concentración. Y cuando mi concentración cede un poquito, entonces la otra mente está ahí con los otros pensamientos. Y olvido lo que iba a decir. El concentrarme de esta forma me está cansando.

Creo que esto significó que ella se estaba percatando de la mente de Brenda, o la mente de Brenda estaba intentando interferir o interponerse de cierta forma.

D: *Quizá yo pueda ayudar. Quizá sea eso, ya estabas cansada.*
B: Podría ser. No dormí bien después de que lady Joslyn me golpeara.

Pensé que la mejor forma de evitar la confusión que estaba creando interferencia sería moviéndola a otra escena. Así que le pedí que avanzara hacia un día importante en su vida. Cuando dejé de contar, ella anunció emocionada:
—¡Estoy en el banquete! La gente está comiendo y los músicos están tocando.

D: *¿Tienes un trabajo por hacer ahí?*
B: Ya lo he terminado. Sólo traje un poco de comida para el banquete. Estoy escuchando a los músicos antes de regresar a la cocina.
D: *¿Qué clase de músicos son?*
B: Solo los músicos normales. Son una compañía itinerante de músicos, y han parado aquí. Van por el sendero. Seguirán por ese camino después de esta noche.
D: *¿Son muchos?*
B: Oh, seis o siete.
D: *¿Qué clase de instrumentos tocan?*
B: La mayoría son instrumentos a los que les soplas. Algunos tienen cuerdas atadas que deben rasguear. No estoy segura. Me gusta la música, pero no sé mucho acerca de instrumentos.
D: *¿La música es agradable?*
B: Sí. Es briosa. Es buena para un banquete. Suena agradable. Y cuando no tocan los instrumentos, cuentan chistes.
D: *(Risas) ¿Qué tipo de chistes?*
B: Normalmente son atrevidos. Solo cosas diferentes. Burlándose de la gente que está aquí en el banquete.
D: *¿Puedes darme un ejemplo?*

B: Bueno, por ejemplo, en cierto punto dijeron: —¿Cuándo se vuelve un establo el salón de banquetes? —¿Cuándo? —contestó alguien. —Cuando los caballos se sientan a comer —dijeron señalando a lady Joslyn.

D: *¡Oh-oh! ¿A qué se referían? ¿A cómo luce ella? (Sí) (Risas) Me pregunto qué pensó ella.*

B: Arrojó el trozo de carne que estaba comiendo y salió furiosa de la habitación. No ha regresado.

D: *(Risas) Mmmm. ¿Hay otros chistes que estén contando? A mí también me gusta reírme.*

B: Ese es del que más me acuerdo porque era sobre lady Joslyn. Lo han estado haciendo toda la tarde, burlándose de todos. No lo dicen en serio, solo es para hacer que todos los demás se rían.

D: *Ajá. Pero no era el tipo de broma apropiado para contar sobre ella.*

B: Sí, pero todos los demás se rieron.

D: *¿Dicen algún chiste del lord, del amo?*

B: Oh, sí. Oh, sí. Pero son del tipo de chistes que, aunque sabes que se están burlando del amo, al mismo tiempo lo respetan. Entonces es un cumplido, de cierta forma.

D: *¿Y también cantan?*

B: Un poco. Normalmente cuando se trata de alguna canción que tenga palabras y que alguien la haya pedido.

D: *¿Conoces alguna de las canciones que cantan?*

B: No, no las he escuchado antes. Esta es una nueva compañía que no había pasado antes por aquí. Se dice que son del sur, y tienen canciones que no se escuchan muy a menudo tan al norte.

D: *¿Hay algún otro tipo de entretenimiento?*

B: Pues, este es el entretenimiento principal mientras las damas están en la mesa. Sospecho que tienen algo más planeado para cuando las damas se marchen. Normalmente, ellas permanecen con los hombres hasta el final del banquete, pero, con este otro entretenimiento que tienen, han decidido que las damas deben terminar pronto su banquete y deben marcharse.

D: *Oh, Me pregunto qué clase de entretenimiento será.*

B: No se dice.

D: *¿Tú tienes alguna idea?*

B: Sospecho que involucrará algunas cosas poco naturales con una mujer desnuda.

D: *¡Oh! ¿Hacen eso en banquetes?*
B: No lo sé. Es un rumor que escuché.
D: *¿Creen que eso es un entretenimiento? (Sí) ¿Sería una mujer que ellos traen, o es alguien de la casa, o quién?*
B: Una que trajeron. Una que viaja con la compañía.
D: *Mmmm. Ya veo por qué no querrían que las mujeres estuvieran ahí. Sólo tenía curiosidad acerca de la clase de entretenimientos que ustedes tienen. ¿Hay algo especial que coman en el banquete?*
B: Varios tipos de carnes mezclados de formas diferentes. Y diferentes tipos de pan. Las carnes tienen rellenos distintos.
D: *¿Tienen algo dulce? (No) Me preguntaba si tu gente come cosas dulces.*
B: En ocasiones, sí, pero no muy seguido.
D: *¿A qué se debe eso?*
B: Lo que hace las cosas dulces, ya sea líquido o sólido, es muy difícil de encontrar. Particularmente la miel, que es muy difícil de encontrar por esta zona.
D: *Oh, no lo sabía. Entonces no tienen cosas dulces muy seguido.*
B: Correcto. Es solo un capricho de vez en cuando.
D: *También he escuchado algo acerca de la sal. (Pausa) ¿Sabes lo que es la sal?*
B: Sí. Sí sé lo que es la sal. Hay un comercio de sal. Y tenemos un tanto disponible, pero no mucha.
D: *¿Un comercio de sal? ¿A qué te refieres?*
B: Hay un vendedor ambulante que viene y que, en ocasiones, vende sal. No la usamos mucho en la mesa del banquete. La utilizamos principalmente para conservar la carne.
D: *¿No la utilizan para cocinar?*
B: La carne, que ha sido conservada en sal, provee la suficiente para los platillos. También usamos hierbas y cosas así para hacer que la comida sepa bien.
D: *He escuchado decir a otras personas que la sal es valiosa. Que es difícil de conseguir. ¿Eso es cierto?*
B: No estoy segura. Parecemos tener suficiente, pero debe recorrer una larga distancia para llegar aquí.
D: *Así que, de todos modos, no la utilizan libremente.*
B: Correcto.
D: *Bueno, supongo que no lo necesitan si la carne se conservó de esa forma. ¿Es así como conservan la carne para invierno?*

B: Esa es una forma de hacerlo. Otra forma es si tienes un pernil o algo (Diccionario: Pernil: anca y muslo de un animal), lo cubres con cera, para que la cera lo selle.

D: *¿Eso lo conserva en buen estado? (Sí) No lo hubiera pensado. ¿Son las únicas formas en que conservan la comida durante los meses de invierno?*

B: Esa es la mejor forma. La carne que se mató recientemente en invierno, se conserva durante un tiempo si los días son fríos. Los demás días, hay que depender de la carne salada. Normalmente, cuando la carne es fresca, en los días fríos la cortan y la salan. Así se conserva el resto de los días.

D: *¿Sabes qué son las verduras? (Sí) ¿Tienen en invierno?*

B: Algunas. Las principales que crecen en la tierra, como remolacha y zanahoria. Esas se conservan bien por un tiempo, después de que cesa la temporada de cultivo. Otras no se conservan tan bien.

D: *¿Sabes qué son las frutas?*

B: Oh, sí. Tenemos muchas frutas. Manzanas, peras, diferentes tipos de bayas. También hay una manera de conservarlas, para tenerlas cuando las necesites. Se mantendrán tanto como necesites conservarlas.

D: *¿Cómo lo hacen?*

B: Con brandy. Una bebida alcohólica muy fuerte. Tomas tu fruta y la cortas del tamaño del que quieras las porciones. Viertes brandy sobre ellas y las dejas macerar. Las cubres para evitar la tierra y los insectos. Durante el invierno, cuando quieras alguna fruta, sólo debes retirarlas del brandy. Después, filtras lo que quede del brandy, lo haces pasar a través de alguna tela, porque tendrá el sabor de la fruta y eso lo hace una bebida muy buena.

D: *Esto le da también a la fruta un sabor diferente, ¿no es así?*

B: Sí. Pero cualquier cosa que hagas con la comida para mantenerla por un tiempo, le cambia el sabor.

D: *Oh, sí. ¿Y eso es lo que comen durante el invierno?*

B: Sí. El amo de la casa trae otras cosas en ocasiones, pero eso pasa normalmente para la temporada de fiestas.

D: *¿Qué fiestas celebra el lord?*

B: Él y su familia suelen celebrar las que la iglesia católica dice que hay que celebrar. Navidad. Pascua. Día de San Pedro. Día de San Pablo. También son importantes diferentes días de otros santos, además de los días previos a Navidad y Pascua. Los días posteriores a Navidad y Pascua.

D: *¿Hay algún evento especial que realicen alrededor de la Navidad?*

B: Es difícil decirlo. Cantan más, sobre temas religiosos. Tienen más misas. Se espera que las personas que son parte de la iglesia hagan ciertas cosas según la tradición, para demostrar que están celebrando esas festividades, cualquiera que ésta sea.

D: *¿Qué es lo que hacen para celebrar esas diferentes tradiciones?*

B: Es difícil decirlo. Yo intento mantenerme alejada de eso lo más que puedo, porque tenemos nuestras propias fiestas cercanas a estas épocas. Por lo tanto, para poder ser capaz de mantenerme con la mentalidad adecuada, intento alejarme de los quehaceres de la iglesia.

D: *Okey. Sólo pensé que era algo tan importante que tendrías que ayudar.*

B: Sólo hay que cocinar más.

D: *Cocinar más. ¿Mencionaste que tienen cosas especiales que preparan o hay alguna cosa en especial que coman?*

B: Bueno, si son capaces de hacerse con cualquier comida fresca, eso preparan. Además, lo que sea que haya en las bodegas que puedan mezclar.

D: *De cualquier forma, parece una buena época. ¿Por qué es un día tan importante?*

B: ¿Por qué es cuál un día tan importante?

D: *¿Es solo importante por ser un banquete, o qué pasa?*

B: ¿Te refieres a ahora mismo?

D: *Sí, ese día.*

Al escuchar la grabación me percaté de que eso debió haberla confundido. Había estado hablando de las festividades y después cambié de tema, preguntando nuevamente por el banquete sin ser clara sobre ello.

B: Es importante para la casa porque esta compañía paró aquí, y es una suerte. Es importante para mí porque, aunque no sepa mucho de música, en ocasiones me invento algún ritmo, y me gusta escuchar cómo suena. Hablé con un par de músicos de la compañía para que lo toquen para mí. Así puedo escuchar cómo suena, asegurarme de que suena como yo pensaba.

D: Oh, ¿te refieres a las canciones que tú inventaste? (Exacto) Entonces por eso es tan importante. No tienen muy seguido a una compañía musical que pare ahí.

B: No, no es seguido.

D: ¿Entonces la mayor parte del tiempo no tienen mucho entretenimiento en la casa?

B: Usualmente, hacemos nuestro propio entretenimiento. Es el entretenimiento externo el que es una suerte. Normalmente, el entretenimiento que nosotros tenemos son como concursos entre los diferentes caballeros, valets, pajes y demás, para ver quién es el más habilidoso o fuerte ante algo. Y cosas diferentes que hacen comúnmente en las casas.

D: ¿Esas contiendas llegan a ser peligrosas?

B: No, no, porque el amo de la casa no mataría a todo su hogar por el concurso. Se supone que sean retadores sin poner tu vida en peligro. Si no eres cuidadoso, podrías salir lastimado, pero eso solo sería debido a tu propia torpeza.

D: ¿Qué tipo de concursos serían?

B: Arquería, lanzas, cuchillos, equitación. A algunos de los valets y caballeros les gusta presumir su equitación, haciendo cosas que nunca pensarías que se pueden hacer sobre un caballo. Solo diferentes cosas así. Juegos de espadas.

D: Entonces son juegos de habilidades. ¿En alguna ocasión tienen algún reto con otros caballeros de algún otro lado, que puedan ser peligrosos?

B: No. Principalmente, se mantienen en buena forma con los juegos de habilidades, para estar listos en caso de guerra. Por eso usualmente hay muchas apuestas durante estos eventos. Ese es el aspecto principal del entretenimiento, ver a todos enloquecer apostando por su favorito.

D: ¿Tienen dinero? ¿O con qué apuestan?

B: Por lo general, se apuesta con cosas que tienes, o cosas que puedes conseguir.

D: Siempre había escuchado que, en ocasiones, había contiendas entre caballeros de distintas casas, y éstas podían tornarse bastante serias.

B: Es verdad en caso de que haya una enemistad entre dos casas. Empeora cada vez más hasta que ambas casas están completamente involucradas. Pero si no hay disputas, ¿para qué habría contiendas para matar a los mejores caballeros? Si es solo un concurso como el que tenemos aquí por entretenimiento, se hace únicamente para ver quién es el más habilidoso. No para ver quién puede ser asesinado.

D: *Eso tiene sentido, porque los caballeros entrenan durante años. ¿Roff ya es caballero o sigue siendo un valet?*

B: Sigue siendo un valet. Creo que se volverá caballero pronto, porque ya ha dominado todas las habilidades que necesita. Yo creo que están esperando una gran contienda con un caballero regular y más espectadores, para poder hacer una gran celebración. Toma varios años el aprender todo. Y, para cada persona, toma diferente cantidad de años.

D: *¿Más o menos cuántos años?*

B: No estoy muy segura.

D: *Entonces, cuando están listos, ¿tienen una ceremonia para muchos a la vez?*

B: No, por lo general solo uno o dos.

D: *Eso es interesante. Sé que estás disfrutando del banquete, pero ¿puedo preguntarte algunas cosas más sobre tu religión? (Sí) Nadie más puede escucharnos, ¿o sí? (Risas).*

B: No lo creo. Sólo estoy de pie junto a los músicos. La mayoría de la multitud está... allá.

D: *Bueno, de cualquier forma, no sabrán de qué estamos hablando. (Cierto) Me estabas platicando acerca de diferentes rituales que hacen. (Sí) ¿Alguna vez hacen algo que involucre velas?*

B: A menudo es bueno usar una vela para calmar la mente y poder llevar a cabo el ritual. Pero usualmente los rituales que hacemos no requieren nada. La mayoría de las veces solo requieren tu mente en el marco correcto, para que pueda hacer que suceda aquello que tú quieres.

D: *¿Entonces no necesitan usar velas de distintos colores?*

B: Ayuda si puedes, pero si no las tienes, debes hacerlos sin ellas.

D: *Entonces en «realidad» no son necesarias.*

B: Ayudan para aportar más poder a tus rituales. Pero puedes hacer los rituales sin ellas.

D: *¿Qué me dices de diferentes tipos de piedras? No exactamente joyas, sino...*

B: ¿Gemas?

D: *Sí. ¿Tienen alguna creencia sobre ellas?*

B: Oh, sí, tienen poderes mágicos para protección y cosas similares para su dueño. Cada gema tiene su propio significado. Yo no tengo mucha sabiduría sobre la tradición de las gemas, pero aún soy joven. Sigo aprendiendo. Hay una mujer mayor en el grupo que sí tiene esa sabiduría, y a mí me gustaría aprender de ella. Pero ella no ha tenido la oportunidad de hacerse de un gran tesoro de piedras preciosas, para que yo pueda aprender lo que ella sabe. Para enseñarme para qué son buenas, para los rituales. Las personas promedio, todos, cada uno, hacen al menos una cosa para protegerse o lo que quieras. Usualmente, no saben si proviene de nuestra religión, pero lo hacen de cualquier forma, solo como hábito. Se ha transmitido de padre a hijo.

D: *¿Qué tipo de cosas hacen?*

B: Oh, cuando llega el recaudador de impuestos, hacen los Cuernos de Diosa por protección. Y todo lo que saben es que es un gesto de protección. No se percatan del significado que hay detrás.

D: *¿Qué más?*

B: En ocasiones, cuando algún enfermo pasa a su lado, escupen sobre su hombro, porque se supone que eso se lleva las influencias negativas. A veces, las esposas de los granjeros espolvorean sal en su cocina para la buena suerte. Y no son conscientes de que la sal es muy poderosa para la buena suerte y para protección y limpieza.

D: *¿Bueno y qué hay de las gemas? ¿La gente las usa?*

B: Los nobles y las damas las usan. Visten perlas y rubíes, esmeraldas y ópalo.

D: *¿Pero no se percatan del poder detrás de ellas?*

B: No, no lo hacen. Sólo las llevan porque lucen bonitas.

D: *Quizá cuando aprendas esas cosas, seas capaz de contarme. Nosotros tenemos una piedra que se llama cristal. ¿Has escuchado o visto alguno? Quizá no hay en la parte del mundo en que tú te encuentras.*

B: ¿Un cristal? ¿Es como en eso donde he visto mi reflejo?

D: *Es claro, puedes ver a través. ¿Sabes lo que es el vidrio? (No) Bueno, es un material a través del cual puedes ver.*

Eso fue nuevamente un ejemplo de alguien en aquella época que no sabía lo que era un cristal. Esto ha pasado muchas veces antes.

B: ¿Tal como el agua, pero en sólido? ¿Parecido al hielo?

D: *Sí, parecido al hielo, solo que no se derrite. Un cristal es una piedra que es así. Se parece mucho al hielo, pero es duro.*

B: Nunca he visto nada parecido.

D: *Hay algunas personas en el mundo que creen que esas piedras poseen grandes poderes, incluso para sanación.*

B: Puedo ver que sería bueno para eso, pero no lo tenemos por aquí.

D: *¿Pero dijiste que hay algo en donde puedes verte reflejada?*

B: Mmmm. En ocasiones, las damas de la casa tienen una pieza de metal pulido en donde puedes verte a ti mismo.

D: *Me dijiste una vez que no te habías visto nunca a ti misma.*

B: No. En ocasiones puedes ver tu silueta en el agua.

D: *Sí, eso es cierto. ¿Tienen alguna creencia sobre las estrellas?*

B: Se dice que las estrellas pueden ayudarte a determinar tu plan de vida. Quizá sea cierto, porque hay tantas que podrían ser distintas para cada vida. Solo es cuestión de tener la habilidad de interpretar lo que tienen que decirnos. Sé que existe esa habilidad, pero no lo tenemos por aquí. Solo tenemos algunas cosas básicas sobre las estrellas. Pequeñas cosas.

D: *¿Como cuáles?*

B: Como la estrella del amor. Si pides un deseo a la estrella del amor, entonces debería volverse realidad.

D: *¿Cuál es esa estrella?*

B: Es la primera de la noche. O si ves una estrella fugaz, sucederá un evento de cierto tipo en tu vida.

D: *¿Bueno, malo o de qué tipo?*

B: Solo un evento importante que no olvidarás. Podría ser de cualquier forma. Y cosas diferentes como esas.

D: *Un día me platicabas que hay muchas leyendas que fueron transmitidas por tu gente. Y hubo una sobre el mundo hace mucho, mucho tiempo. Me estabas platicando algo sobre eso.*

B: Lo siento, ¿sobre qué?

D: *¿Te estoy distrayendo?*

B: (Pausa) Parece que nuestra comunicación no es clara ahora.

D: *Oh, bien, de cualquier forma, ya no hablaremos mucho más.*

B: Me disculpo. Prometí ayudarte.

D: *Creí que tal vez la música estaba distrayéndote.*

B: Lo está. Sigo escuchándola y escuchándote a ti también. En ocasiones, todo se mezcla, y no puedo recordar todo lo que has dicho en una oración.

D: *Podrías alejarte de la música, pero sé que eso también te interesa.*

B: Si pudieras hacer tu pregunta nuevamente, la contestaré.

D: *Muy bien. No tomará mucho tiempo, para que puedas disfrutar de tu música. En una ocasión me estabas platicando acerca de las leyendas de tu gente. (Sí) Mencionaste algo acerca de cómo era el mundo hace muchos, muchos años. ¿Recuerdas que me estabas platicando sobre eso?*

B: Parece que pude habértelo mencionado, pero no recuerdo lo que dije.

D: *Estoy intentando recordar. Algo le sucedió al mundo.*

B: Lo único que puedo recordar ahora es cómo solía ser diferente el número de días en cada estación.

D: *Era algo por el estilo, sí. ¿Algo sucedió?*

B: Nunca hemos tenido claro qué sucedió. No lo sabemos. Solo sabemos que algo sucedió. De alguna manera, por alguna razón, todo era diferente. Los meses eran diferentes, los años eran diferentes, las estaciones eran diferentes. Según las leyendas, las cosechas no crecieron por varios años. De cierta forma, el aire estaba envenenado o algo así.

D: *¿Esto continuó por varios años?*

B: Sí. Y entonces el veneno en el aire se fue, pero los días nunca volvieron a ser lo que eran antes.

D: *¿Crees que los días eran más largos, cortos, o sabes cómo eran?*

B: No lo sé. Sólo sé que el número de días era diferente. Antes, cada cosa tenía números buenos y redondeados. Ahora los números son todos puntiagudos y difíciles de recordar. El número de días en el mes, el número de meses en un año.

D: *¿Todos eran diferentes?*

B: Sí. Y se dice que tomó un tiempo para que la gente averiguara de nuevo los meses. Y fueron tiempos difíciles para todos.

D: *Mmmm. Debe haber sucedido algo bastante poderoso.*

B: Eso es cierto. Pero no puedo pensar qué pudiera haber ocasionado algo así.

D: *No. No si afectó las cosechas y todo.*

B: Entonces, yo creo que es algo que probablemente nunca sabremos, incluso en tus tiempos maravillosos.

D: *No, no lo sabemos. No hemos escuchado nunca esa historia. Algunas historias simplemente mueren y no sabemos sobre ellas si no se transmitieron. (Cierto) ¿Cuántos días hay ahora en tu época?*

B: Es difícil recordarlo. Parece que los días son diferentes para cada mes. Algunas veces treinta, algunas otras treinta y uno.

D: *¿Cuántos días había antes en un mes? ¿Lo sabes?*

B: Creo que eran veintiocho. No estoy segura. Es difícil decirlo.

D: *Claro, sería más fácil recordarlo si fueran todos iguales, ¿no es así?*

B: Sí. Pueden haber sido veintiocho o treinta, o incluso treinta y dos. Era un número parecido. Era el mismo número para todos los meses.

En La leyenda del choque estelar, la historia cuenta algo que le sucedió a la Tierra, haciendo que la «Luna recorriera un camino diferente». Parecía que algo catastrófico había sucedido, que ocasionó cambios en las estaciones y en el clima.

D: *¿Cuántos meses hay en un año?*

B: Doce. Pero las leyendas dicen que solía haber trece.

D: *¿Ustedes tienen diferentes nombres para cada mes?*

B: Los meses son los meses. Hay nombres para los meses. Son los mismos en todos lados. En ocasiones difieren un poco cuando se dicen en otras lenguas de tierras diferentes, pero son los mismos meses.

D: *¿Cómo los llaman? Me gustaría ver si tienen el mismo nombre que tenemos para ellos ahora.*

B: Creo que sí lo son. No veo razón por la que cambiarían.

D: *No se sabe. Es por eso que hago tantas preguntas, para ver cuánto han cambiado las cosas. (Sí) Por ejemplo, ¿sabes en qué mes es que tienen su noche sagrada?*

B: Eso es en el mes de la cosecha. También llamado octubre.

D: *¿Y dijiste Lammas?*

B: Febrero.

D: *Y, déjame ver. Había otra. Ya me estoy olvidando de sus nombres. Tienen el festival supremo y también otro que es durante primavera, ¿no es así?*

B: Los de primavera y otoño, para los equinoccios, no siempre corresponden al mismo mes. Esto es debido a que los equinoccios no siempre caen en el mismo mes. Los solsticios usualmente caen en el mismo, pero no los equinoccios. Estos festivales son antes de ese cambio, y se realizan de acuerdo al mes lunar, porque los meses lunares son lo más cercano a lo que solían ser los viejos meses. Y es acorde a las fases lunares, no siempre con el calendario regular.

D: *¿Entonces te refieres a que la noche sagrada no siempre se festeja en octubre?*

B: Por lo general, sí. Creo que establecieron ese a finales de octubre, solo por asegurarse de que todos celebraban al menos ese único festival al mismo tiempo, así podían producir más poder. El de primavera, Beltane, es generalmente en abril y, en ocasiones, mayo. Varía. A veces me confundo con el mes en que será un festival, porque no se puede decir realmente hasta que ya es casi tiempo de hacerlo. Debes llevar un registro de los ciclos de la luna para ser capaz de decir cuándo será.

D: *Por lo general, para ese entonces las cosas ya crecieron un buen tiempo. No es el comienzo de la estación de crecimiento.*

B: Depende de cuán frío haya sido el invierno, pero tienes razón.

D: *Entonces el festival supremo, ¿dijiste que es en verano?*

B: Sí, junio.

D: *Ese es en el solsticio. (Sí) Bueno, parece que los meses son los mismos. Nosotros tenemos algo a lo que le llamamos calendario, para ayudarnos con eso. ¿Tienen algo similar?*

B: Creo que el amo tiene uno. No estoy segura. Creo que sí lo tiene, como dijiste, para llevar registro de los días.

D: *Y los meses.*

B: No necesitas un calendario para llevar registro de los meses. Sólo llevar registro de los días para que sepas cuándo cambió el mes. Pero no se necesita para gente ordinaria como yo.

D: *Nos confundiríamos ahora si no tuviéramos nuestros calendarios. (¡Ah!) Eso nos facilita las cosas a la gente ordinaria. (Sí) Bueno, me interesan esas leyendas de tu gente. ¿Tienen alguna otra leyenda sobre cómo fue el inicio de tu gente, o la historia de su religión?*

B: (Suspiro) No ha habido mucho, porque siempre hemos debido ser tan reservados. Solo lo transmitimos de boca en boca. Se pierde mucho de esa forma, a lo largo de los años.

D: *Sí, así es. ¿No tienen mucho acerca de cómo comenzó su religión o de dónde provino?*

B: Se dice que nuestra religión comenzó cuando la diosa Tierra quiso obsequiar a sus hijos, para que crecieran y fueran felices. Entonces nos dio esta religión.

D: *En un pasado remoto. (Sí) ¿Y la gente la ha transmitido todo este tiempo? (Sí) ¿Siempre han tenido problemas al verse perseguidos, si es que sabes lo que significa esa palabra?*

B: Sólo desde que llegó la iglesia cristiana. Antes de eso, no.

D: *Entonces antes de eso la gente no le temía a la religión.*

B: No. ¿Por qué lo harían?

D: *Porque dijiste que la iglesia ha hecho que la gente les tema a ustedes.*

B: Sí, pero antes de que la iglesia ganara su poder, la gente no tenía miedo. Eso he escuchado.

D: *Tengo curiosidad de dónde vino todo. ¿Entonces no tienen alguna otra leyenda de la que puedas pensar, que tenga que ver con tu gente? ¿Alguna historia?*

B: Solo acerca de cómo hace tiempo el hombre y los animales podían comunicarse, pero no conozco la historia completa. Es una historia olvidada a medias. Usualmente, los cuentacuentos se la dicen a los niños, para entretenerlos. Pero se inventan cosas para terminar la historia, ya que no la conocemos completa, no sabemos qué sucedió.

D: *Pero dijiste que «tú» puedes comunicarte. Tú sí los puedes escuchar, de cualquier forma.*

B: Sí, pero eso no es común. Solía ser algo que todos podían hacer, sin necesidad de intentarlo.

D: *¿Puedes pensar en alguna otra? Estoy intentando ver si la gente en mi época pudo haber olvidado algunas historias que ustedes sepan.*

B: (Pausa) Hoy no logro pensar en ninguna. Lo pensaré para la siguiente vez que me contactes. La mayoría de las historias que decimos, tienen que ver con enseñarle alguna lección a los niños, para ayudarles a recordar un ritual o algo así. Y las historias no son verdaderas por lo general. Es solo algo inventado para ayudar a enseñar la lección.

D: *Incluso esas me interesarían, porque puede haber algo que le ayude a la gente en mi época.*

B: Quizá. Te diré algunas en otra ocasión.

D: *¿Le podrías preguntar a los demás por algunas historias que puedas contarme? (Sí) Porque dijiste que las historias se pierden y olvidan con el paso de los años. Y cambian. (Sí) Puede haber personas en mi día actual a las que les gustaría saber esas cosas.*

Intenté preguntar más acerca de los rituales y hechizos que lleva a cabo su grupo, pero nuevamente no obtuve respuesta. Era como si ella estuviera inmersa en su mundo y no quisiera comunicarse conmigo. Me disculpé por apartarla del disfrute de la música, que era un placer poco frecuente para ella.

B: Me disculpo por no ser capaz de comunicarme adecuadamente esta tarde.

D: *Está bien. ¿Lady Joslyn regresó?*

B: No la veo. Lo cual es bueno. Estoy disfrutando más de la velada sin ella.

D: *¿Se les permite a todos los sirvientes venir y ver esto?*

B: Sí, porque las compañías no llegan muy seguido. Es una suerte para todos. Después de que hayamos servido la comida para todos, tenemos libertad de quedarnos aquí y escuchar.

D: *Entonces parece que ese es un muy buen amo para quien trabajar, ¿no es así?*

B: Sí, he escuchado que hay otros peores.

D: *En una ocasión me hablaste de las cosas que hace en la habitación de la torre, que tú crees que era algo que no debería estar haciendo.*

B: Sí. Porque cada vez que lo hace, nosotros sentimos como si estuviera intentando corromper el poder natural que está inherente en las cosas de la diosa madre. Y lo usa para sus propios fines. Lo usa para razones egoístas, en lugar de utilizarlo para el bien de todos.

D: *¿Descubrieron qué es lo que hace ahí?*

B: No. Pero seguimos intentándolo.

D: *¿Creen que él utilice rituales similares a los que usan ustedes?*

B: Podrían parecer similares para un observador externo, pero son básicamente diferentes, porque él tiene una meta diferente en mente.

D: *¿Qué clase de meta crees que tiene?*

B: Probablemente sea más dinero para él.

D: *¿Puedes obtener cosas así a través de rituales?*

B: Sí, pero te rebotarán algún día si lo haces de forma egoísta. Si piensas sólo en ti mismo y no piensas en dónde estás, en relación con la diosa madre.

D: *A la iglesia no le gusta lo que ustedes hacen, pero, ¿no dicen nada acerca de lo que él hace?*

B: Sí, porque nosotros somos una amenaza para su poder, y él no lo es. Porque cuando él consigue dinero, le da una parte a la iglesia.

D: *Suena como si estuviera haciendo lo mismo que ustedes, solo que con distintos propósitos.*

B: Propósitos muy diferentes.

D: *Quizá algún día descubras lo que trama ahí y seas capaz de contármelo.*

B: Sí, lo intentaré. De cualquier forma, debemos saberlo. Y probablemente tú también tengas curiosidad.

D: *Sí. ¿Sabes si él va ahí arriba con frecuencia?*

B: Casi cada noche.

D: *¿Y siempre está solo? (Sí) Será difícil descubrir qué es lo que hace, si siempre va solo.*

B: Sí. Esa es la principal razón por la cual no sabemos nada hasta ahora.

D: *Me platicaste acerca de un fuego extraño que tiene ahí arriba.*

B: Sí. Estamos intentando descubrir qué es lo que hace ahí. Hemos desarrollado distintas formas para intentar descubrirlo. Y estamos intentando encontrar cuál es la que funciona mejor. Tan pronto como descubramos algo, te lo diré. Puede que quizá también te diga «cómo» lo encontramos, porque estoy segura de que tendremos que hacer algo inusual. Él ha sido extremadamente reservado.

D: *Si tu gente piensa que lo que él hace no es correcto, ¿intentarán detenerlo de alguna forma? ¿O pueden hacer algo así?*

B: Podemos y probablemente lo haríamos. Depende de si lo que sea que esté haciendo es lo suficientemente malo para que nosotros nos arriesguemos a ser expuestos.

D: ¿Pero creen que haya alguien más de la casa que esté involucrado?

B: No, él es el único. Lady Joslyn pudiera estarlo, pero en realidad yo no lo creo. Ella no actúa como tal.

D: Si ella tuviera suficiente poder, si poder es la palabra correcta, si tuviera suficiente conocimiento para hacer algo así, ella lograría conseguir lo que quisiera, ¿no es así? (Risas).

B: Sí. No está funcionándole. Podría ser que ella esté intentándolo, pero lo hace de forma incorrecta. Así que esa es una razón por la que está malhumorada. No logra descubrir qué es lo que está fallando.

D: Eso es posible también. Claro, su actitud es lo principal.

B: Sí, pero ella nunca se percatará de eso.

D: (Risas) Eso es cierto. Bueno, creo que seguiré adelante y te dejaré disfrutar de la música. Te estás divirtiendo mucho. Y no es algo que puedas hacer muy seguido.

B: No muy seguido. Esta vez no te he informado mucho.

D: Oh, de cualquier forma, me has contado algunas cosas. No espero que sea igual cada vez.

B: No, soy humana.

D: Y nunca sé qué te encontraré haciendo. (Risas) Quizá para la siguiente ocasión puedas descubrir un poco más acerca de las gemas.

B: Lo intentaré. No sé si obtendré toda la información. He escuchado rumores sobre algunas de ellas. Pero quiero confirmar lo que he escuchado antes de decírtelo, porque la sabiduría que transmito debe ser la correcta.

D: Sí, eso es cierto. Yo quiero que sea correcta. Y quizá puedas también averiguar algunas de esas historias. No tienen que ser las verdaderas, solo las que les cuentan a los niños, dijiste que así no olvidarían los rituales. Esas pudieran ser de ayuda para las personas en mi época.

B: Muy bien, si tú lo crees. Tú serás capaz de juzgar eso mejor que yo.

D: Sí, algunas podrían ayudar, algunas no. No podré decirlo hasta escucharlas. Quizá podamos hacer eso la próxima vez que nos encontremos. (Sí) Y aprecio que hayas hablado conmigo, me gustaría volver. Ve y disfruta la música, diviértete.

B: Lo haré.

D: Muy bien. Gracias por hablar conmigo.

B: Gracias por ser paciente.
D: Está bien. Tengo mucha paciencia.

(Se trajo al sujeto de vuelta)

Una cosa extraña ocurrió ese mismo día. Tuve otra sesión con Elaine en Eureka Springs, esa misma tarde. Ella también experimentó la misma desorientación y dificultad al escucharme en ocasiones. Ella dijo que era como si yo estuviera hablando desde otra habitación. Brenda dijo que yo parecía estarme desvaneciendo a veces, o como si mi voz proviniera del extremo de un gran túnel. Yo creí que era por las circunstancias que Astelle estaba experimentando en su propia vida en ese momento, que pudieran haberle ocasionado confusión. Pero cuando también le sucedió a Elaine ese mismo día, me pregunté si pudiera ser que había algo más involucrado. Las condiciones atmosféricas, la fase de la luna o algo que involucrara el tiempo y otras dimensiones, que estaba presente ese día y no lo comprendíamos. Fue extraño que sucediera en dos sujetos diferentes el mismo día. Nunca volvió a suceder en ninguno de mis otros sujetos. Después, ocasionalmente, Nostradamus experimentó algo como estática, pero no sé si se trataba de lo mismo.

Capítulo 8
La gente pequeña
(Grabado el 3 de junio de 1986)

Utilicé la palabra clave y le conté regresivamente hasta la época en que vivía Astelle.

D: *Hemos retrocedido al tiempo en que Astelle vivió en Flanders. ¿Qué estás haciendo?*
B: Estoy con Grendell. Es una señora anciana que vive aquí. Es una sabia. También es una de nosotros.
D: *¿Es una mujer muy grande?*
B: No sé a qué le llamas tú «muy grande». Está doblada y gris. Pero nunca se casó para tener hijos, así que no puedo decirte cuántos nietos tendría. Pero es lo suficientemente vieja para que, en caso de que tuviera nietos, ellos ya estuvieran teniendo hijos.
D: *Entonces eso sería lo que yo considero como muy grande. ¿Es así como determinan la edad de alguien, por sus hijos y nietos?*
B: Sí, en caso de que no sepas su edad en años.
D: *¿Ella vive ahí en la casa grande?*
B: Ahh... no precisamente en la casa. Vive en una casa de campo cercana.
D: *¿Por qué estás tú con ella?*
B: Tenía una pregunta y ella me está ayudando a encontrar la respuesta. Tiene muchos conocimientos.
D: *¿Qué tipo de pregunta tienes para ella? ¿Puedes decírmelo?*
B: Sí que puedo. Es cosa de poder ponerlo en palabras. (Pausa) Como todos saben, hay propiedades mágicas en los diferentes colores. Yo estaba preguntándole si hay algún ritual en particular que necesite o aproveche la presencia de un arcoíris, que tiene todos los colores. Así que ella me está ayudando a explorar algunas formas en que se pueden utilizar los arcoíris.
D: *Los arcoíris son muy hermosos, pero nunca había pensado en eso. Eso sería utilizar todos los colores al mismo tiempo. ¿Es solamente una idea que te vino a la mente?*

B: Sí. He estado pensando sobre ello por un tiempo, porque siempre me han gustado los arcoíris. Son muy bonitos. De niña, cuando estaba aprendiendo el significado de los colores, cuando fuera que viera un arcoíris, veía si podía recordar el significado de los colores que vi en él. Y aquí estoy, años después, pensando que quizá haya un ritual que necesite un arcoíris para ser efectivo. Hay algunos rituales que necesitan realizarse durante ciertas fases de la luna. Quizá haya un ritual que necesite un arcoíris. Así que pensé en preguntarle a Grendell, para averiguarlo. En general, lo que me está diciendo es cómo puede utilizarse un arcoíris para la meditación.

D: *¿Puedes compartir eso conmigo?*

B: Aún sigo aprendiéndolo. Después de que lo aprenda de ella, te lo podré decir.

D: *Pensé que quizá podrías repetir lo que ella está diciéndote.*

B: Bueno, la forma que tiene ella de explicar las cosas es a través de muchos ejemplos, lo que a veces hace difícil aprender de ello, pero en otras ocasiones, no. Después de que averigüe lo que está queriendo que yo aprenda, entonces podré decírtelo.

D: *Okey. ¿Te ha dicho algo más para lo que pueden usarse aparte de la meditación?*

B: Sí, hay un ritual que se realiza en presencia de un arcoíris. Se supone que te ayuda para poder ver a la gente pequeña y a los unicornios. (Eso fue una sorpresa). Porque son personas mágicas y tienen sus propios hechizos para protección, para que no los puedas ver, a menos que realices este ritual con ayuda del arcoíris. Así, podrás observar a través de sus hechizos de protección y los verás.

D: *He escuchado de la gente pequeña, pero no sé si en realidad existieron o no.*

B: Sí, en verdad existen. Pero tienen hechizos demasiado poderosos, rituales muy poderosos para protegerse. Los necesitan. Han sido perseguidos por muchos siglos.

D: *¿Le temen a las personas?*

B: Depende. A la mayoría de la gente, sí, les temen. Porque saben lo que ellos intentarán hacer. Pero no les temen a las personas que están en armonía con la madre Tierra. Porque ellos también la veneran.

D: *¿Has visto alguna vez a alguna gente pequeña? (Sí) ¿Puedes describirlos para mí?*
B: Se ven como la gente ordinaria. Son proporcionados de la manera en que se supone que sean. Sus cabezas pueden ser un poco más grandes de lo que uno creería que deberían ser para el tamaño de sus cuerpos. Y lo único es que tienen una piel más oscura que la gente ordinaria.
D: *¿Son tan altos como nosotros?*
B: (Enfáticamente) ¡No! ¡Son gente pequeña!
D: *¿Cuán pequeños son?*
B: ¿Eh? De lo alto de sus sombreros hasta el suelo, nos llegan solo hasta las rodillas.
D: *¿Parecen gente vieja o jóvenes o niños?*
B: Los hay de todas edades. La mayoría de ellos parecen personas adultas. Pocos lucen viejos. Este ritual que puedes hacer con el arcoíris traspasa los hechizos de protección para que puedas ver a los adultos, pero no puedes ver a los niños, ya que ponen hechizos extra de protección sobre ellos.
D: *¿Temen que algo les suceda a sus niños? (Sí) He escuchado historias de diferentes cosas, pero no sé si son reales.*
B: Sí son reales.
D: *Nosotros tenemos diferentes nombres para ellos. No sé si sean los mismos con los que ustedes les llaman.*
B: Hay muchos nombres diferentes para ellos, porque tienen muchos grupos distintos. Y los diferentes grupos tienen diferentes propósitos en la vida. En ocasiones, la diferencia de propósitos les hace verse diferentes, porque tienen una forma de vida diferente. Así que se les llama de diferentes formas.
D: *¿Cuáles son algunos de los distintos grupos?*
B: Bueno, en general se les llama elfos. Pero hay diferentes tipos de elfos. Hay elfos del campo, elfos del bosque, elfos domésticos y elfos de la tierra. Y también hay damas blancas.
D: *¿Damas blancas? (Ajá) ¿Qué son ellas?*
B: Las damas blancas se encuentran generalmente en los campos. El poder de ellas tiene que ver con el viento. Si se enojan contigo, llaman a una tormenta. Si traspasas su propiedad, llaman a una lluvia de granizo. Pero si les agradas y tú las tratas con respeto, entonces hacen que llueva en tus cultivos en el momento adecuado.

D: *Pero, ¿cómo sabes en dónde está su propiedad?*
B: No lo sabes. Así que, lo que uno debe hacer es estar en armonía con la madre Tierra y tener respeto por todos ellos. Y ellos saben si los respetas o no.
D: *Entonces, si los respetas, ¿no considerarán que estás traspasando su propiedad? (Correcto) ¿Por qué se les llama damas «blancas»? ¿Tienen ese aspecto?*
B: No estoy segura del porqué se les llame así. Se dice que una posible razón es que uno de sus hechizos parece tener apariencia de una gran señora blanca que es un tanto difusa, puedes ver a través de ella, parecido a una nube, o algo así. Entonces, por eso se les llama las damas blancas.
D: *¿Entonces no se ven sólidas como los elfos?*
B: Correcto. Cuando conjuran ese hechizo en especial, cuando se molestan con un ser humano ordinario y van a llamar al viento, quieren que el humano sea capaz de ver cuál es la fuente de ese viento, así ellos sabrán que están traspasando. Y el humano verá esta gran dama blanca, de unos, oh, del alto de un árbol. Pero pueden ver a través de ella. Parece niebla. Y la verán hasta que el viento comience a soplar y haga que ella se disipe. No podrán contarle a nadie sobre eso, ya que la gente pensará que están locos. Es por eso que les llaman las damas blancas.
D: *¿Y ellas son grandes, mientras que los elfos son pequeños?*
B: Bueno, los elfos en sí son pequeños. Es solo cuando conjuran este ritual en particular, que toman esta apariencia. Pero no es su verdadera apariencia.
D: *Oh, es solo una apariencia que proyectan. Eso asustaría a la gente, al ver algo grande. (Sí) ¿Y hay otros grupos de gente pequeña?*
B: Sí. Están los elfos del campo. Se relacionan con las damas blancas. Todos los elfos están relacionados. Es como una gran familia. Sólo son diferentes ramas de la familia, que se concentran en ciertas cosas. Los elfos del campo son los que cuidan los cultivos y la tierra. Se aseguran de que el suelo sea bueno. Se aseguran de que broten las semillas. Los elfos de la tierra son los que algunos llaman gnomos. Son de los que uno oye hablar a veces en las minas. Los elfos del bosque viven en los bosques. Ayudan a proteger a la flora y fauna silvestre de los cazadores del amo.
D: *¿Diciéndole a los animales que se escondan, y cosas así?*

B: Por lo general son más traviesos que eso. Hacen que los caballos se tropiecen y cosas así, dándole tiempo a los animales de alejarse corriendo. Todos los elfos tienen un lado travieso. Particularmente los elfos domésticos. Ellos tienen muchas más oportunidades que los demás para hacer travesuras.

D: *(Risas) ¿Qué es lo que hacen?*

B: En ocasiones arrojan un plato por la habitación. O azotan una puerta atrapando la falda de una dama, cuando ella esté en una posición incómoda. A veces hacen que algo se eleve en el aire, sin medios visibles para sostenerse.

D: *¿Qué se supone que hacen normalmente los elfos domésticos?*

B: En casas que están de acuerdo con la madre Tierra y respetan a los elfos, los elfos domésticos se aseguran de que todo marche bien. Se aseguran de que tu pan se eleve como debería. De que los carbones no se salgan de la estufa. De que tu vino o cerveza salgan bien cuando los preparas. Y que tu queso se endurezca de la forma correcta. Que tu leche no se cuaje. Pero, si haces que se enfaden contigo, tu leche empezará a cuajarse, tu queso se quedará pastoso, tu pan no subirá, saldrá plano, y tu cerveza y tu vino se convertirán en vinagre.

D: *Entonces tienen buenos propósitos si tú estás en armonía.*

B: Sí, todos ellos los tienen.

D: *Entonces, cuando hacen travesuras, ¿lo hacen porque se enojan o solo por jugar?*

B: En ocasiones creo que se aburren, y solo quieren jugar. Aunque estés en armonía con ellos, de cualquier forma, hacen travesuras. Si no estás en armonía, simplemente hacen que todo resulte en lo opuesto a cómo debería. Como hacer que el fuego se apague continuamente en tu chimenea y en la estufa en la que cocinas. Si en verdad están siendo malos, entonces cada mañana tendrás que ir a la granja de alguien más a conseguir más carbón para intentar hacer fuego. Y, ya sabes, cuando haces pan, apartas una parte de masa para ponerla en la siguiente tanda y que ésta suba. Entonces, la parte que dejaste aparte no subirá y tampoco hará que suba la siguiente hogaza. Y tendrás que ir con alguien más que está preparando pan, para pedirles un poco de su masa.

A menos que se haya vivido en áreas rurales, no se sabe que los «más tradicionales» aún hacen eso. A menudo no se tiene levadura para hacer que el pan suba, así que usan lo que llaman «masa madre», que guardan de la tanda anterior, para lograr que la siguiente tanda de pan se eleve. Esta tradición parece bastante antigua, sin embargo, aún se utiliza en nuestros montes Ozark.

D: *Bueno, parece que son solo como niños pequeños queriendo hacer bromas.*

B: Bueno, todos hacemos bromas para divertirnos un poco. Es solo que ellos tienen que recurrir a eso más a menudo que la gente ordinaria, porque es su modo principal de mantener a la gente grande a raya, por decirlo así.

D: *¿Hay algo que puedas hacer cuando empiezan a hacer que las cosas salgan mal? No mal, pero cuando ocasionan estas molestias. Cuando esto sucede, ¿hacen algo para volver a cambiarlo?*

B: Sí. Hay muchas cosas que puedes hacer. Primero, te pones ropa vieja, te la rasgas un poco, te echas ceniza por la cabeza y montas un numerito con esto, llorando y lamentándote por haberles hecho enfadar contigo. Lo haces el tiempo suficiente para hacerles saber que en verdad lo sientes. Después, te cambias de ropa por una adecuada para alguna ocasión solemne. Esto si es que tienes ropa extra para poder cambiarte. Si eres pobre, sólo tendrás un set de ropa. Si eres rico y tienes más de un conjunto, te cambias para una ocasión solemne. Tomas algo de pan horneado y lo partes en un tazón, le pones algo de miel y añades leche. Lo dejas en una esquina que sepas que les gusta, como ofrenda de paz, diciéndoles cuán sentido estás de haberlos ofendido, que intentarás no ofenderlos nuevamente, y si pudieran quedarse por favor a vivir ahí y ser amigos de nuevo.

D: *¿Sí sirve?*

B: Se supone que sí.

D: *Entonces ellos realmente no quieren hacer daño. Solo hacen esas pequeñas travesuras.*

B: Sí. A menos que vean que estás determinado a no estar en armonía con la madre Tierra. Entonces se enojarán contigo y harán cosas para intentar que te corrijas.

D: *¿Alguna vez hacen algo para intentar lastimarte?*

B: Sí, en ocasiones. Como cuando arrojan un plato por la habitación, si resulta que estás en el camino, chocará contigo en lugar de chocar contra la pared.

D: *Me pregunto si alguna vez se les «permitió» hacer algo deliberadamente para lastimar a los seres humanos.*

B: Ellos harán lo que sea que quieran.

D: *¿No tienen reglas que los gobiernen?*

B: No pueden hacer que nadie muera. Por ejemplo, una cosa que no les gusta a los elfos, son los cazadores, en caso de cazar por deporte. Si la cacería provee a su familia de comida, entonces le ayudan. Pero si es un lord rico, quien sólo caza porque no tiene nada mejor que hacer, y sólo quiere presumir sus habilidades, entonces se enojan con él. Y ocasionan que su caballo se tropiece con las raíces de los árboles. O, si el caballo está herrado, harán que el caballo tire una herradura. O la puntería del cazador será mala. O harán que la cuerda de su arco esté húmeda y no lo suficientemente tensa para disparar bien. Harán varias cosas.

D: *¿Harían que se lastimara?*

B: Depende. Si se pone violento y enojado, decidiendo que de cualquier forma cazará, entonces pueden hacer que se tuerza el tobillo o algo parecido, para que no pueda continuar su juego.

D: *Entonces en realidad no pueden herir a alguien de gravedad.*

B: No por alguna mala razón. Pero, en ese caso, si es por una buena razón, sí que pueden.

D: *Pero no se les permite lastimar a alguien lo suficiente como para causarles una discapacidad permanente, o la muerte. (No) Entonces sí que tienen «algunas» reglas. ¿Todos esos elfos se parecen?*

B: Visten diferente, acorde al lugar en donde viven, porque deben confundirse. Pero si les quitaras la ropa, sí se parecerían.

D: *¿Te refieres a que los del campo visten de verde?*

B: Sí. Los del bosque visten café en su mayoría. Y los elfos del campo normalmente visten combinaciones de verde y dorado. Las damas blancas generalmente visten grises y azules. Y a los elfos domésticos, los más traviesos de todos, les gusta vestir de rojo brillante.

D: *(Risas) Rojo brillante. Seguro podrías verlos.*

B: Sólo si atraviesas sus hechizos de protección.

D: *Yo pensaba que el rojo sería muy visible.*

B: Pues, yo creo que ellos piensan que, ya que están en la casa, no importa de qué color vistan. Y a todos les gustan los colores brillantes.

D: *¿Los gnomos que viven en la tierra visten de colores oscuros?*

B: No estoy segura de qué color vistan los elfos de la tierra. Creo que ellos piensan que no importa, ya que de cualquier forma viven en la oscuridad. Pero creo que visten de diferentes colores, pero siempre oscuros. Rojo oscuro, azul oscuro, negro, gris oscuro. Los elfos de la tierra visten de todos esos colores oscuros, excepto por sus sombreros. Sus sombreros siempre son de algún color brillante.

D: *¿Todos los elfos tienen sombreros brillantes? (Sí) Entonces, sin importar qué ropa lleven, ¿sus sombreros siempre serán diferentes?*

B: Sí, y no debe ser un color que vaya con el resto de sus ropas. Siempre debe ser un color diferente. Por ejemplo, un elfo del bosque que lleva ropas cafés, rojizas y marrones, puede llevar un sombrero morado brillante.

D: *¿Eso se debe a algo en especial?*

B: Vanidad, creo yo.

D: *(Risas) Así que «ellos» también son vanidosos.*

B: Oh, sí. Pero no les digas que yo te lo dije. Podrían enojarse conmigo.

D: *(Yo me reí). ¿Hay algún otro grupo de gente pequeña además de los elfos y damas blancas?*

B: Se dice que hay otros que viven en distintas partes del mundo, porque hay gente pequeña por todos lados. Yo sólo te estaba mencionando los que viven aquí alrededor. Son sobre los que yo sé. Oh, hay un grupo que olvidé mencionar. No por falta de respeto a su grupo, sino porque están muy bien escondidos. Los duendecillos de agua. Son otro tipo de elfos, pero viven en el agua. Mantienen el agua limpia y pura para beber. Y se aseguran de que se cuide a los peces, las plantas y el agua. Usualmente, trabajan junto con los elfos de los bosques. Si vas por el bosque y has molestado a los elfos de los bosques o a ellos, si paras en un riachuelo para beber agua, de pronto el riachuelo se llenará de lodo y no será bueno para beber. A veces ayudan también a los elfos domésticos. Si alguien en la casa no hace lo que debería, entonces su agua para beber será siempre salobre.

D: *¿Solo su agua?*

B: Sí. A menos que hayan hecho algo para enfadarlos de verdad, entonces harán que ningún agua de la casa esté buena. Así, la gente en la casa, la gente grande, tú y yo, comenzaremos a quejarnos y traerá presión sobre esa otra persona, para que haga lo correcto.

D: *Para dejar de enfadarles. (Si) ¿Qué aspecto tienen los duendecillos de agua?*

B: Es difícil describirlos. Son casi transparentes. Se parecen a otros elfos, solo que tienen las extremidades más largas. Los duendecillos de agua tienen cabello rubio. Y usan plantas de agua unidas, como ropa.

D: *Si ellos tienen cabello rubio, ¿entonces los elfos lo tienen oscuro?*

B: Normalmente café, a veces negro. O gris si son viejos. Los duendecillos de agua son tan rubios que pareciera casi blanco.

D: *Y mencionaste que casi puedes ver a través de ellos, ya que son claros. (Si) En nuestras historias hay un grupo llamado «hadas». Y se supone que tienen alas. ¿Ustedes tienen algo parecido?*

B: No he visto a ninguna. Pero he escuchado de algunos elfos acerca de sus primos, los feéricos. Son muy pequeños y viven entre los campos de flores. Y sí vuelan.

D: *Esos deben ser acerca de los que yo escuché. Dicen que tienen alas. ¿Sabes si lucen diferente?*

B: No lo sé. Nunca he visto a ninguno. Sólo sé que son más pequeños que los elfos.

D: *Muy bien. Hace un momento mencionaste a los unicornios. (Si) He escuchado de ese animal. Mucha gente cree que pudo haber sido real.*

B: Son reales. La gente pequeña los protege, porque el hombre, los lores y demás, siempre están intentando conseguir una cabeza de unicornio como trofeo.

D: *No me gusta esa idea. (No) ¿Has visto alguna vez a un unicornio real?*

B: Sí. Una vez. Son muy hermosos.

D: *¿Entonces son un animal verdadero, físico?*

B: Sí. Pero como mencioné anteriormente, debes conjurar un hechizo para traspasar sus velos de protección, para poder verlos.

D: *Entonces no son visibles para todos. (No) Creí que quizá serían un animal de verdad y que estaban ocultos y protegidos.*

B: Sí «son» un animal verdadero. Y tienen velos de protección que la gente pequeña conjuró sobre ellos para esconderlos. La gente pequeña ayuda a protegerlos.

D: *¿Hay una razón específica para eso?*

B: El unicornio es un animal mágico. Y la Tierra no sería la misma sin ellos. Probablemente, una parte del espíritu de la Tierra moriría si no hubiera unicornios.

D: *¿Qué clase de magia tienen?*

B: Es difícil de decir. Es magia indisciplinada. Siempre para bien, pero es tan indisciplinada que no puedes deducir qué forma tomará. Se puede utilizar para un propósito en particular, pero no sabrás cómo sucederá, o cómo serán los resultados finales.

D: *Los otros grupos de los que hablabas tienen ciertas tareas. ¿La magia de los unicornios no es así? (No) ¿Cómo lucía el unicornio que tú viste?*

B: Pues, en los tapices son siempre retratados como blancos. Pero no son blancos. Es más como... ah, ¿has visto el interior de una concha de almeja?

D: *¿Cierta clase de gris?*

B: No, no, no, no es gris. Es como un color plateado con todos los demás colores del arcoíris en él. Es como ópalo o madreperla.

D: *Oh, sí, sé a lo que te refieres. Eso es hermoso.*

B: Bueno, así era el color del unicornio. Era de un tono plateado con los demás colores del arcoíris en él. Similar a lo que se ve en la madreperla. Y tenía grandes ojos azul oscuro. Y el cuerno era de la forma en que se retrata, básicamente. Es un cuerno en espiral, también con apariencia de madreperla. Pero lo que no se ve en los tapices es que la parte en espiral tiene una línea plateada.

D: *A lo largo del espiral.*

B: Sí. Y hay un cabello rizado desde la barba, como una barbita de chivo. Tienen una melena ondeante. Y las pezuñas están hendidas.

D: *¿Lo están? (Sí) Porque he escuchado que parecen caballos.*

B: Sí, se parecen a un caballo, pero con pezuñas hendidas.

D: *¿Son tan grandes como un caballo?*

B: Sólo he visto a uno. No sé si todos sean del mismo tamaño o no. Era del tamaño de un poni. No era tan grande como un caballo de guerra. Y, ya que tenía pelo en la barba, también tenía cabello como ese sobre las pezuñas, en la parte trasera de la pierna. Y la cola era como mitad cola de burro y mitad cola de caballo. Salía desde el cuerpo, sin pelo, como una cola de burro; después, la mitad inferior tenía cabello rizado. Ya sabes, ondeando como una cola de caballo, pero rizada.

D: *Mitad y mitad. (Sí) ¿La melena estaba rizada o lacia?*

B: Creo que probablemente era rizada. Se veía ondeante por ser tan larga.

D: *¿Más larga que la de un caballo? (Sí) ¿Qué tan grande era el cuerno?*

B: (Pausa, como si estuviera pensando). El cuerno era lo suficientemente largo para alcanzar mis caderas desde el suelo. La altura de mi pierna. Era bastante puntiagudo.

D: *Oh, eso sería mucho más largo de lo que yo pensaba. Siempre pensé que serían como, oh, de la longitud de tu mano hasta el codo.*

B: (Enfáticamente) No, no, son bastante largos.

D: *«Muy» largos. Entonces sería como toda la longitud de tu brazo, ¿o como la longitud de tu pierna?*

B: Como la longitud de mi pierna. Y estaba bastante puntiagudo y delgado, pero muy fuerte. No los puedes romper.

D: *Mmmm, parece que el unicornio tendría problemas para entrar y salir con algo tan grande de lugares, árboles y cosas.*

B: Es por eso que los unicornios son amigos de los elfos del bosque.

D: *Si fueran del tamaño de un poni, el cuerno sería casi del tamaño del cuerpo, ¿no es así?*

B: La longitud del cuerno es muy cercana a la longitud de la cruz hasta la nariz.

D: *Eso sería largo. Las imágenes que he visto lo muestran mucho más corto.*

B: Sí, los tapices también tienen el cuerno corto. Pero normalmente se distorsionan las cosas en los tapices, porque tienen que hacer que quepa mucho en ellos.

D: *Me pregunto si la gente que hace los tapices han visto alguno.*

B: Solo se están guiando por viejas imágenes dibujadas por monjes, quienes los dibujaron a partir de viejas imágenes, que fueron dibujadas a partir de viejas imágenes, que fueron dibujadas a partir de recuerdos vagos de alguien que vio a uno de forma accidental.

D: *¿Y tú estabas en los bosques cuando viste uno?*

B: No, fue en el campo, cerca del borde del bosque.

D: *¿No intentó correr?*

B: No inmediatamente, porque sabía que yo intentaba estar en armonía con la madre Tierra. Permaneció quieto y me miró; fue el tiempo suficiente para que yo lo observara y admirara su belleza. Entonces, se giró y corrió hacia el bosque. Dejó un resplandor en el aire después de él.

D: *¿A qué te refieres?*

B: A la forma en que destellan las estrellas.

D: *Oh, suena hermoso.*

B: Y se desvaneció casi de forma inmediata. Pero se quedó ahí por un momento.

D: *Oh, eso debe haber sido una vista muy hermosa.*

B: Lo fue.

D: *Pero dijiste que son animales mágicos. (Sí) ¿Te han enseñado a utilizar esa magia?*

B: Los humanos no podemos utilizar esa magia. Solo el unicornio la posee, y el unicornio la usa como le plazca. Aceptan consejos de la gente pequeña, pero al final, ellos toman su propia decisión sobre qué hacer con su magia, en distintas situaciones.

D: *Entonces son bastante inteligentes.*

B: Sí, pero todos los animales lo son. Más de lo que los humanos les atribuyen.

D: *Entonces, si tú estás en armonía con la Tierra, ¿podrías hablar con un unicornio y pedirle que use su magia para ayudarte?*

B: Sí. Pero entonces nunca sabrías qué forma tomaría. Porque la magia del unicornio siempre es impredecible.

D: *¿Te refieres a que no pueden controlar su magia por sí mismos?*

B: Sí «pueden». Es solo que tú no sabrás qué dirección tomará, porque el unicornio no es un humano. Por lo tanto, no piensa como humano, piensa como unicornio.

D: *¿Piensa más como un animal?*

B: Piensa como un unicornio. (Se estaba exasperando con mi falta de comprensión).

D: *(Risas) Supongo que estoy intentando ponerlo en la categoría de un animal.*

B: Es un unicornio.

D: *(Risas) Okey. ¿Entonces la magia podría salir de forma equivocada?*

B: No, es solo que nunca sabrás cómo sucederá entre el inicio de la magia y los resultados. Y los resultados serán los que pediste.

Puede que no sea lo que anticipaste. Porque si formulaste mal tu pregunta, obtienes los resultados equivocados.

D: Creo que sé a qué te refieres. Lo obtendrás, pero puede que no sea exactamente de la forma en que quieres, debido a la manera en que lo pronunciaste. (Sí) Sin embargo, no sería necesariamente algo malo.

B: No, no malo de forma deliberada.

D: Pero podría resultar que no era para nada lo que tú deseaste. (Sí) Creo que lo comprendo. Tiene un poco de juego travieso también, tal como los elfos.

B: Sí, pero no es de forma deliberada como lo hacen los elfos. Están intentando ayudar. Si les agradas, entonces intentarán ayudarte. Es solo que es una criatura diferente; piensa diferente. Por lo tanto, lo que sucede, normalmente parece impredecible, desde nuestro punto de vista.

D: Sí, ya lo veo. Pensamos de una forma y creemos que todos deberían pensar igual. (Sí) Nuestra clase de lógica.

B: No funciona así.

D: ¿Fue por esto por lo que acudiste a Grendell, para averiguar acerca del arcoíris? (Sí) ¿Ella es quien sabe también sobre las gemas?

B: Creo que sí sabe de eso. Le preguntaré.

D: Porque yo te pregunté sobre las gemas en una ocasión y tú me dijiste que aún no habías aprendido eso.

B: Sí, he aprendido muy poco de eso.

D: ¿Podrías compartir conmigo qué has aprendido?

B: Sí. Las gemas pueden usarse en ciertos rituales para enfatizar ciertos efectos. Por ejemplo, las gemas que son rojas como rubíes, se pueden usar para los sentimientos pasionales, amor, odio, celos. Las gemas rosas, y me dijeron de una, pero lo olvidé; era un nombre largo, difícil de pronunciar. Esas de color rosa pueden usarse para la lealtad, por ejemplo, si quieres que alguien a quien amas te sea fiel. Las gemas verdes pueden usarse para la amistad y el crecimiento. Ya sabes, cualquier cosa que crece y es verde. También se pueden usar para la amistad. Las gemas azules, como los zafiros, se pueden usar para el desarrollo de la parte mental del espíritu. Porque las gemas moradas las usas para desarrollar el lado espiritual del espíritu. Hay algunas gemas que te dan mala suerte, como los diamantes.

D: *Son blancos o transparentes.*

B: Sí, los transparentes. Pueden ser de mala suerte porque no están definitivamente orientados hacia una vibración en específico o un color en particular, dándoles esa influencia del color.

D: *Eso es interesante, ya que, en mi época, cuando alguien se casa, siempre se obsequian diamantes.*

B: ¿Qué tan bien funcionan esos matrimonios?

D: *Pues, es la tradición de todos, que el hombre dé un diamante a la mujer.*

B: Sí. Y apuesto a que también tienen un mal matrimonio.

D: *Pues deben usar ese diamante por el resto de sus vidas, después de eso. Es extraño. No se han percatado de que ese es el significado de esa piedra.*

B: Y las piedras negras son para la búsqueda de la verdad, o para iniciar un cambio.

D: *Entonces esas no son de mala suerte. (No) ¿Solo los diamantes son de mala suerte?*

B: U otras gemas que son transparentes. Porque pueden atraer fuerzas tanto buenas como malas. Ahora bien, el diamante puede ser una piedra poderosa de buena suerte si lo purificas y lo intencionas para el bien.

D: *En nuestra época es una piedra bastante costosa. Quizá es por eso que lo utilizan para los matrimonios.*

B: No lo comprendo. ¿A qué te refieres? ¿Usar piedras para el matrimonio?

D: *Bueno, cuando tienen una ceremonia para casarse. (Sí) El diamante se encuentra en un anillo y se le da a la mujer durante la ceremonia.*

B: ¿En serio? No sabía que los diamantes pudieran ser lo suficientemente grandes para ser tallados en un anillo.

D: *¿Te gustaría ver el mío? (Sí) Muy bien. Aquí... abre tus ojos y mira mi mano. (Lo hizo)*

B: ¡Ah! Se «coloca» sobre el anillo.

D: *Sí. ¿Pensaste que me refería al anillo «completo»?*

B: Sí. Como el oro que se convierte en anillos. O la plata, como el tuyo.

D: *Sí. Y esto es lo que se le da a una mujer cuando se casan. Está «sobre» el anillo.*

B: Quizá el orfebre que hace el anillo lo purifica e intenciona para tu bien, para traer poder a tu matrimonio.

D: *Esto le dice a todos que una mujer está casada, al usar un anillo de ese tipo.*

B: Ya veo. Como estando prometida.

D: *Sí. ¿Te gustaría ver mi otro anillo y decirme qué piensas de él? (Tengo un anillo en forma de pentáculo que está hecho de turquesa y rodeado por siete pequeñas bolas plateadas. Hice que abriera nuevamente sus ojos y dirigí su atención hacia mi mano derecha). Aquí.*

B: Ese es un anillo de buena suerte. La plata es un buen metal y tiene una piedra azul en él. Eso es bueno para impulsar la parte mental en tu desarrollo espiritual.

D: *¿Es un pentagrama?*

B: Es un pentagrama sin el círculo. Pero está rodeado por siete perillas de plata. El siete es un número de la suerte. Así que es como si tuviera el círculo alrededor. Es un buen anillo. Es un buen amuleto.

D: *Para eso lo llevo puesto. Nunca me lo quito.*

B: Eso es bueno.

D: *¿La plata es un buen metal?*

B: (Ya había cerrado nuevamente sus ojos). Sí. La plata es también buena para desarrollar tu habilidad de contacto con los planos superiores. Y la plata con la piedra azul es una buena combinación.

D: *Entonces debería traerme buena suerte.*

B: Sí. Las piedras azules más oro también es bueno.

D: *Pero el otro anillo es solo lo que usan las mujeres para demostrar que son casadas. Es solamente un símbolo en nuestra época.*

B: Sí, ya veo.

D: *¿En tu época llevan algo para demostrar que están casadas?*

B: Sí. Un brazalete.

D: *¿De oro o plata?*

B: Normalmente de cobre con algunas piedras. El oro y la plata son muy difíciles de conseguir. Usualmente, ponen algún tipo de laca sobre el cobre para que no se deslustre.

D: *Ya veo. ¿Incluso la gente pobre usa brazaletes?*

B: Los muy, muy pobres, no. Pero los diversos herreros, sí; herrero, orfebre y cosas así, y los comerciantes y similares, entre otros, sí lo hacen.

D: *Lo mismo en nuestra época. Si alguien es muy pobre, no serán capaces de conseguir el diamante. Usarían solo un anillo plano de oro. (Sí) Solo son diferentes tradiciones. (Sí) ¿Para qué me dijiste que son las piedras negras?*

B: Para la búsqueda de la verdad y para iniciar un cambio. El negro también se puede utilizar como protección. Pero un tipo distinto de protección. El azul y el negro pueden usarse para rodear tu esencia corporal con una esencia protectora que repelerá el mal y el daño. Pero el tipo de protección que ofrece la piedra negra es poder atravesar el corazón de las cosas y ver la verdad de todo. Y saber si algo va a causarte daño o no.

D: *¿Tienen piedras amarillas, o algo de ese color?*

B: No. Tenemos oro, que es amarillo.

D: *Veamos, ¿qué otros colores hay?*

B: Tenemos morado, azul, verde, rojo, blanco y transparente.

D: *Con tantas piedras diferentes es difícil saber cuál usar.*

B: Usas diferentes piedras de acuerdo a las situaciones en que pienses que te encuentras.

D: *O qué piedras cargar. Muchas veces no se encuentran en joyería, ¿o sí?*

B: No, las llevas en un pequeño saco y las cuelgas alrededor de tu cuello.

D: *Porque es caro hacer que las pongan en joyería. (Sí) Me dijiste antes que, en ocasiones, la gente rica como los nobles y las damas llevan joyería y ni siquiera saben su significado.*

B: Sí. Solo las usan porque se ven bonitas, y normalmente llevan varias piedras al mismo tiempo.

D: *Eso pasa también en mi época. La gente solo las usa por ser bonitas. No saben sus significados. Pero, incluso sin saber qué significan, al usarlas, ¿servirán para el mismo propósito?*

B: No lo creo. Porque una piedra necesita saber que tú sabes que es especial, para que puedan hacer bien su trabajo. Si sólo llevas estas diferentes piedras porque se ven bonitas, en muchas ocasiones su esencia puede chocar con las demás y, entonces, no te harán ningún bien.

D: *Entonces su magia no funciona, a menos que tú sepas que la magia está ahí.*

B: Sí, debes encender la magia con tu mente.

D: *Entonces la gente que solo las lleva puestas no estará protegida ni atraerá la pasión ni nada de eso, a menos que sepan que esas piedras harán esas cosas. (Sí) Muy interesante. ¿Ya te dijo Grendell algo más sobre el arcoíris y qué es lo que hace?*

B: Puedes usar el arcoíris para sellar amuletos. Hay distintos pasos para preparar un amuleto. Primero, debes decidir para qué se usará el amuleto. Después, si tienes el material, haces un pergamino adecuado para él. Pero si no lo tienes, no importa. Entonces debes encontrar una piedra que vaya en tu amuleto, que le dará el poder que necesita. Y el pergamino y la piedra se pondrán en un saco y se sellarán con un ritual para que se concentre y magnifique su poder, así esparcirá su influencia por doquier, haciendo lo que se supone que debería hacer. Y una forma muy poderosa de sellar un amuleto es con el uso de un arcoíris.

D: *¿Debe ser un arcoíris real? (Sí) A veces no se sabe cuándo aparecerá un arcoíris.*

B: Sí se sabe, si sabes dónde buscar.

D: *¿Para qué es el pergamino?*

B: Escribes símbolos en el pergamino que signifiquen cosas particulares que ayuden a atraer y concentrar ciertos poderes en tu amuleto para ciertas cosas. Si tienes un amuleto para hacer dinero, tienes un pergamino con símbolos que trabajen bien con Júpiter.

D: *¿Por qué? ¿Júpiter se asocia con el dinero?*

B: Sí. También se le conoce bajo otros nombres. Y, ya que usarás el pergamino para atraer la atención de ciertas deidades hacia tu amuleto, intentas hacer el amuleto el día en que la deidad tiene poder. E intentas hacer la mayor parte de tu trabajo en ese día. Hasta que llegue el tiempo de sellarlo. Y, en caso de que sea primavera u otoño, cuando llueve demasiado, y tienes la oportunidad de cruzarte con un arcoíris, entonces lo sellarás con él, en lugar de sellarlo en el día de la deidad.

D: *Dijiste que Júpiter tiene muchos más nombres. ¿Todos tienen diferentes nombres? (Sí) ¿Por qué otro nombre se le conoce a Júpiter?*

B: Oh... estoy sacando esto de las leyendas, como comprenderás.

D: *Sí. Quiero aprender las leyendas si es que puedo.*

B: A Júpiter se le conoce también como Zeus y Thor, y hay otro nombre que no puedo pronunciar, siempre se me olvida. En fin. Así que, las diferentes deidades tienen varios nombres. Creo que es porque se les conoce por todos lados, entonces diferentes personas tienen diferentes nombres para ellos.

D: *Eso tiene sentido.*

B: Creo que esa es la razón por la que no puedo pronunciar ese. Nunca lo logré recordar.

D: *(Risas) Bueno, ¿cuál sería el día de Júpiter si quisieras ese amuleto para el dinero?*

B: Depende de por quién conozcas a Júpiter. Algunas personas asocian a Júpiter con Thor, por lo tanto, lo harán en jueves. Pero aquí, la mayoría de nosotros decimos que Júpiter es el mismo que Odín, así que lo hacemos en miércoles.

D: *Entonces tomas ese pergamino con los símbolos en él, y el amuleto y la piedra, ¿y qué haces a continuación?*

B: Lo que haces es que, en el día apropiado, y es bueno también si lo puedes hacer durante la fase correcta de la luna, pero, ya sabes, no se puede esperar tanto para tener completo un amuleto. Y esperas hasta la media noche. Preferiblemente, a la media noche vas a donde estés directamente bajo la luz de la luna. Tomas el pergamino y la piedra y hay una cierta forma en que puedes doblar el pergamino alrededor de la piedra, para que la piedra quede contenida y protegida dentro del pergamino. Y esa es la parte que puedes hacer también con el arcoíris. Pero, si no hay arcoíris cerca, lo haces de esta forma. Y lo sellas, por así decirlo; la forma de sellarlo depende del tipo de amuleto. Después, lo pones dentro del saquito y lo cierras. Entonces queda listo para que el portador lo use, después de haber bendecido el saquito.

D: *A mi modo de pensar, el sellarlo significa que no puede ser abierto nuevamente. ¿A eso te refieres?*

B: Pues, lo sellas con magia.

D: *Okey. No sellándolo en verdad.*

B: En ocasiones sí lo haces. Depende del tipo de amuleto que sea. Lo puedes sellar con cera, pero no siempre. Pero siempre lo sellas con magia. Así queda orientado hacia un fin determinado, y sólo para ese fin. Y no se puede volver a abrir y convertir hacia otro propósito. Mientras más lo uses, más poderoso se vuelve.

D: *La magia no se desgasta, por decirlo en otras palabras.*

B: No, mientras más la uses, más fuerza gana. Cuando comienzas a pasar el amuleto de padre a hijo, sólo sigue ganando más y más poder.

D: *Pero cuando haces todo esto, ¿tienen algún ritual o algo que digan o hagan?*

B: Depende del tipo de amuleto que estés haciendo. Hay rituales para todos ellos.

D: *¿Serías capaz de pasarme esos rituales y esos símbolos en alguna ocasión?*

B: No puedo darte los símbolos porque yo misma no los sé. Como podrás ver, no sé leer ni escribir. Pero hay un par que sí lo hacen. Ellos son quienes escriben los símbolos para nosotros.

D: *Oh, ¿ellos los escriben en los pergaminos?*

B: Sí. Y puedo decirte qué se hace después de eso, después de obtener el pergamino con los símbolos.

D: *Me preguntaba si, en caso de que los veas a ellos dibujándolos, ¿podrías copiarlos para mí?*

B: No. Pero estoy pensando que, si aún hay algunos de nosotros por ahí, en tu época, entonces ellos aún tendrán los símbolos.

D: *Podría ser. Hay personas que creen las mismas cosas.*

B: Porque hemos tenido mucho cuidado para pasar estos símbolos, para asegurarnos de no perderlos.

D: *Yo podría enseñarte algunos de los símbolos que tenemos ahora, y tú podrías decirme si son iguales, porque sabrías cómo se ven. (Sí) Esa puede ser una forma de hacerlo. Entonces podrías decirme también si son incorrectos.*

B: No sé si podría decirte si son incorrectos. Podría decirte si no me parece que luzcan bien.

D: *Sí, si no son iguales a como tú los conoces. Eso sería algo de lo que podríamos hablar la próxima vez que nos encontremos. (Sí) Me interesan mucho estas historias. Y entonces podrías hablarme de los rituales que hacen cuando sellan los amuletos.*

B: Sí, puedo contarte eso.

D: *Y yo puedo tener los símbolos dibujados y te los enseñaré para ver si son iguales. (Sí) Quizá también puedas decirme qué día es mejor para diferentes cosas.*

B: Puedo intentar.

D: *Me interesa mucho transmitir todo esto, porque una parte del conocimiento puede haberse perdido.*

B: Quizá.

(Se trajo al sujeto de vuelta).

Capítulo 9
Signos y Símbolos
(Grabado el 10 de junio de 1986)

Utilicé la palabra clave y le conté regresivamente hasta la vida de Astelle.

D: *Hemos regresado a la época en que Astelle vivía. ¿Qué estás haciendo?*
B: Estoy sentada bajo un roble. Para disciplinar la mente hay una forma de calmar tus pensamientos. Y yo necesitaba salirme de la casa un momento y calmar mis pensamientos.
D: *¿Por qué? ¿Sucedió algo de lo que necesitaras alejarte?*
B: (Agraviada) Solo lo que pasa normalmente. Simplemente, estaba cansada de eso. Lady Joslyn estaba siendo ella misma; la cocinera estaba siendo ella misma. Roff estaba de mal humor. (Suspiro) Y todo estaba ruidoso. Yo sólo quería algo de paz.
D: *¿Y saliste a la arboleda de robles? (Sí) ¿Qué método utilizas para calmar tu mente? Me gustaría intentarlo alguna vez.*
B: Diferentes métodos funcionan mejor para cada quien. La forma en que yo lo hago es poniéndome cómoda y cerrando mis ojos. Y me imagino que hay un unicornio de pie a mi lado. Me gustan los unicornios. Pretendo que hay un arcoíris ante mí. Me monto en el unicornio y caminamos hasta la base del arcoíris. Yo conduzco al unicornio y el unicornio sigue subiendo por el arcoíris. Y lo seguimos alto, alto. Y cuando el arcoíris vuelve a bajar, baja hacia los deseos de mi corazón, cualesquiera que sean. Y me imagino toda clase de cosas maravillosas.
D: *Oh, eso es una imagen mental maravillosa. Y lo que sea que quieras está ahí. ¿Usas esto a menudo para meditar?*
B: Sí. También es una forma de viajar.
D: *¿Viajar a dónde?*
B: A donde sea que quieras ir.
D: *¿Te refieres a que, al bajar del otro lado, estarás en donde quieras estar?*

B: Sí. No en tu cuerpo físico, sino en tu cuerpo mental.

D: *¿A dónde te gusta viajar a ti, normalmente?*

B: Depende. Voy a diferentes lugares. Sin embargo, esta vez, quería un lugar pacífico, silencioso y cómodo. Así que, cuando bajé del otro lado del arcoíris, había un pastizal verde con algunas ovejas. Había un arroyo y yo remojaba mis pies en él para que se refrescaran. Todo lo que escuchaba era el viento y los pájaros cantando.

D: *Una escena bastante pacífica. ¿Eso es lo que te estás imaginando ahora, mientras me escuchas? (Sí) Eso es bastante agradable. Bien, sabes que te hablé anteriormente. (Sí) Y me estabas platicando sobre cierta información cuando tuve que marcharme. Había más preguntas que yo quería hacer. ¿Está bien si te las hago ahora? (Sí) Okey. Una de las cosas que quería saber era acerca del arcoíris para meditar. Y ya me lo has dicho.*

B: Esa es una forma de usar el arcoíris.

D: *¿Hay otra forma?*

B: Sí. Hay diferentes formas de usar el arcoíris. Una que la gente utiliza es... bueno, primero te platicaré. En la casa, en la gran escalera del vestíbulo principal, los primeros dos o tres escalones tienen forma del borde exterior de la luna. Un círculo parcial. Son curvos. Lo que a algunas personas les gusta hacer, es imaginar que el arcoíris es una escalera curva. Y cada color es un escalón diferente. Se imaginan que están pisando cada escalón hasta la cima de esta escalera curva. Y, cuando llegan a lo alto, ahí estará lo que sea que quieran o lo que sea que se imaginen. Eso no funciona mucho para mí, pero es una forma de hacerlo.

D: *¿No habría más escalones que colores?*

B: Hay todo tipo de colores.

D: *Yo creía que había solo unos cinco o seis colores en el arcoíris.*

B: Pues, depende. Si usas las diferentes sombras de los colores, eso llenaría más escalones. A medida que flotas de un color al siguiente, puede haber muchas sombras entre cada uno de ellos.

D: *Sí, ahora lo veo. Pero entonces sólo «subiría», y eso estaría en lo alto de las escaleras. (Sí) ¿Hay otras formas en que pueda usarse?*

B: Sí. Estoy intentando pensar en otras formas que haya escuchado, pero no las he usado porque no me funcionan muy bien. Creo que algunos se imaginan que están volando a través del arcoíris, como lo haría un pájaro. Pero no estoy segura de cómo lo hagan, así que en realidad no lo sé. Todo lo que sé es que así lo describen. En realidad, no sé cómo funcione.

D: *¿Grendell te enseñó esos métodos?*

B: No. Había escuchado del método de la escalera y le pregunté sobre él. Ella dijo que eso es lo que funcionó para esa persona porque eso fue lo que él se pudo imaginar. Ella me dijo que es bueno imaginar algo que realmente te agrada. E imaginarlo de tal forma que puedas alcanzar una meta en tu imaginación. Y, de cierta forma, usar un arcoíris al imaginar. Y yo pensé que a mí me gustan mucho los unicornios. Así que, de esa forma fue como se me ocurrió montar un unicornio sobre un arcoíris. Y, cuando llego al final, aquello que quiero está ahí.

D: *Eso suena como un muy buen método. Yo podría imaginármelo muy fácilmente. Pero todos tienen algo diferente que pueden imaginarse. (Sí) Y eso debe ser algo muy pacífico, algo feliz que puedas imaginar para hacerte sentir bien. (Sí) La última vez que hablé contigo, estabas hablando sobre cómo hacen amuletos. (Sí) Y toman diferentes piedras y mencionaste que toman un trozo de pergamino. (Sí) Y escriben un símbolo en el pergamino. Quiero ver si lo entendí bien. Después, envuelven la piedra con el pergamino y lo ponen en un saquito, ¿o algo así?*

B: Sí. Y, en ocasiones, ponen más de un símbolo en el pergamino.

D: *¿Y lo llevan en alguna parte de su cuerpo? (Sí) Estábamos hablando acerca de estos símbolos cuando tuve que marcharme la última vez. (Sí) Creo que estabas hablando acerca del que es para Júpiter, que usan para el dinero. Ese fue el único que me platicaste. (Sí) ¿Por qué usarían más de un símbolo?*

B: En ocasiones, si lo entiendo correctamente, hay símbolos que se ponen para cosas como la prosperidad, felicidad, amor y cosas así. Pero cada una de esas cosas tiene aspectos diferentes, así que usas otros símbolos para enfatizar los aspectos que quieres atraer.

D: *Creí que deberías concentrarte en solo una cosa a la vez.*

B: Pues se pueden combinar cosas y usarlos así.

D: *¿Mencionaste que era importante usarlos ciertos días de la semana?*

B: Sí. Júpiter sería en jueves o miércoles. Miércoles, si lo que quieres son riquezas, por ejemplo. Puedes obtener riquezas al cruzarte con ellas de forma milagrosa. O puedes obtener riquezas trabajando por ellas, y dinero llegando a ti muy, muy fácil. O puedes obtener riquezas pidiendo prestado algo de dinero a algún noble, sin pagarle de vuelta. Esa es la forma que usan algunos bandoleros. (Yo me reí). Entonces, en el amuleto pondrás el símbolo de Júpiter, para las riquezas. Después lo moderas poniendo otro símbolo abajo, para ayudar a guiar al amuleto hacia el tipo de riquezas que tú quieres. Y esto se consigue con la concentración. Pero la persona común, a la que le das amuletos, los campesinos y tal, no son siempre buenos en concentración.

D: *¿Qué otros símbolos usarías con Júpiter?*

B: Con Júpiter, si quieres riquezas trabajando por ellas y dinero llegándote de todas partes, gracias al trabajo que realizas, usarías también el símbolo del sol, también conocido como Apolo. Ya que ese es un símbolo para las artesanías y habilidades, tanto como la buena suerte.

D: *¿Y marcarías ambos en el mismo pergamino?*

B: Sí. Y normalmente hay un margen dibujado alrededor para contener el poder para algún propósito en particular.

D: *¿Y seguirían haciéndolo en miércoles si usan esos dos símbolos?*

B: Ya que estás usando ambos símbolos, podrías hacerlo en miércoles o domingo, dependiendo del símbolo que quieras que sea un poco más fuerte.

D: *Estoy intentando recordar lo que me dijiste la vez pasada. Se sella el amuleto esos días para hacerlo más poderoso. ¿Es correcto?*

B: Lo sellas para ayudarle a dirigir el poder a través del amuleto. Porque, de no ser sellado, los poderes podrían disiparse intentando influirlo todo, en lugar de influir sólo lo que se supone que deberían influir.

D: *Entonces los dirige.*

B: Correcto. También ayuda a protegerlo de influencias externas.

D: *Creo que dijiste que tenían cierto ritual. ¿Se usa el mismo ritual para cada amuleto?*

B: No lo creo. No parece. Los que he visto llevándose a cabo, dependía del amuleto para determinar cómo se dirige el ritual. La parte de purificación en el ritual, siempre es la misma. Pero hay diferencias en el resto del ritual, dependiendo del tipo de amuleto.

D: *¿Cuál es la parte de la purificación?*

B: Para purificar, tomas el amuleto y lo rodeas con un círculo de cenizas de tejo. Luego, dentro del círculo espolvoreas sal en forma de una estrella de cinco puntas. Después, espolvoreas agua sobre ella, en las cuatro direcciones. Mientras tanto, continúas diciendo las palabras apropiadas. Después de que hacer todo lo anterior, entonces lo dejas reposar de esa forma por un tiempo en particular. Hay diferentes duraciones para los diferentes amuletos.

D: *¿Quieres decir que el amuleto se encuentra dentro de ese círculo?*

B: Y de la estrella, sí. Y normalmente debe reposar hasta cierto día, para que, cuando el amuleto es expuesto por primera vez al mundo, por así decirlo, o cuando se lo des al propietario, sea en un día de suerte para el amuleto.

D: *¿Sería algo así como una semana, o más?*

B: Normalmente, una semana o menos. Tres días es bueno. Pero si resulta ser un poco más largo, está bien. Por ejemplo, para un amuleto de dinero, la purificación durará seis días. Lo haces en un número que sea de buena suerte para el amuleto. Un amuleto para aprender cosas, por conocimiento, lo harías ya sean cinco o seis días, dependiendo de si tu intención es conocimiento mental o espiritual. Un amuleto para el amor, lo dejarías reposar tres o nueve días, dependiendo de qué tan fuerte quieras hacer el amuleto. Y continúa de esa forma.

D: *Pero, ¿tienen ciertas palabras que pronuncian cuando hacen esto?*

B: Sí. Creo que se guían sobre todo por el sentimiento cuando se trata de las palabras, en cuanto a qué palabras serían apropiadas. Pero usualmente cantan sobre el amuleto durante la parte final de la purificación. Eso ayuda a darle dirección al amuleto.

D: *¿Lo sellan al final o al inicio?*

B: El sellarlo se hace parcialmente al inicio, cuando dibujas el amuleto, completándose con la purificación. Entonces, cuando cantas las palabras sobre él, se activa el amuleto y completa el sellado.

D: *¿Cuál sería el símbolo del amor?*

B: El símbolo del amor. Sí que sé cuál es ese símbolo. Normalmente, los Cuernos de Diosa se usan para el amor. Otra cara de la diosa es también la estrella de la mañana o la estrella del atardecer. En amuletos hechos para el amor es muy bueno comenzar en viernes, que es el día regido por el amor. Y puedes completar el sellado del amuleto el siguiente sábado o domingo, después de eso. Ese sería el número correcto de días, y también tendrás la suerte del sol detrás de él.

D: *Entonces puede volverse muy complicado, ¿no es así?*

B: Sí, sí podría.

D: *Porque sé que dijiste que la Luna es también los Cuernos de Diosa. (Sí) Veamos, quizá lo facilite si voy por la semana y te pregunto qué día representa a cada signo.*

B: Lo intentaré.

D: *Okey. Estoy intentando comprender. Veamos, ¿dijiste que en domingo sería Apolo? (Sí) ¿Cuál sería para el lunes?*

B: La Luna.

D: *¿Martes?*

B: Marte. El martes es para competencias, peleas y cualquier cosa similar.

D: *¿Y dijiste que para el miércoles es Júpiter?*

B: Júpiter.

D: *¿Qué hay del jueves?*

B: Se escuchan diferentes cosas acerca del jueves. Algunos dicen que el jueves es para el hermano de Júpiter y algunos dicen que es su sobrino.

D: *¿Quién es su sobrino?*

B: No me sé el nombre.

D: *Bueno, ¿y qué clase de poderes tendría este sobrino en ese día?*

B: Mmmm, comunicación. Se dice que los romanos le han llamado mercurio.

D: *¿Qué hay del viernes?*

B: Los Cuernos de Diosa.

D: *Entonces ella tiene dos días. ¿Dijiste que la luna es en lunes? (Sí) ¿Y también viernes? (Sí) Ella tiene dos días, pero, como has dicho, tiene muchas caras. ¿Se debe a eso?*

B: Sí. Es posible relacionar todos los días de la semana con ella si uno realmente así lo desea, porque ella está en todos lados.

D: *Son solo sus diferentes fases, supongo. Diferentes formas de verla.*

B: Lo entendiste bien.

D: *¿Y el sábado?*

B: El sábado es para Cronos.* El padre de Júpiter. Él tiene que ver con el conocimiento antiguo, la historia y el tiempo.

Diccionario: En la mitología griega, Cronos era el principal de la primera generación de titanes. Derrocó a su padre, Urano, y gobernó hasta ser derrocado por su hijo, Zeus. Fue identificado por los romanos como Saturno. En latín, Cronus.

D: *Entonces para eso es que utilizan los distintos días, acorde a quién se atribuya su nombre o a quién representen. (Sí) Dijiste que has visto muchos de esos símbolos, ¿no es así?*
B: Algunos, sí.
D: *¿Recuerdas que te dije que traería algunos de esos símbolos y te los mostraría para ver si puedes reconocer alguno de ellos? (Sí) ¿Harías eso por mí? (Sí) Porque yo no sé si sean los mismos. Podríamos haberlos cambiado.*

Había llevado un calendario astrológico que tenía todos los símbolos planetarios y zodiacales impresos en grande en la portada. Le pasé el calendario.

D: *Déjame ver si puedes mover tu mano. Quiero darte un trozo de pergamino.*
B: Eso es un trozo bastante grueso.
D: *Sí. Pero quiero que abras los ojos y mires la parte superior. Aquí.*

Le dirigí la vista hacia los signos y no hacia la imagen de la portada.

D: *Hay algunos símbolos hasta arriba y luego van bajando por un costado.*
B: (Ella parecía fascinada con ellos). Sí.
D: *Ve si alguno de ellos te parece familiar.*
B: Algunos, sí. (Los estaba estudiando, comenzando por el final de la primera línea, señalando al símbolo). Este es para el sol. Este son los Cuernos de Diosa. (La Luna). Este es para el lunes. Este es para el viernes. (Mercurio).
D: *¿El tercero es para el viernes? (Sí) Muy bien.*
B: Este es para el domingo. (Venus). Es una variación del que es para el viernes, pero normalmente ponemos los Cuernos sobre él para honrar a la diosa.
D: *¿Entonces el que está a su lado es una variación? (Sí) ¿Se usaría para algún día en especial?*

B: También se usa en viernes. Algunos otros grupos lo usan en viernes. Pero, en nuestro grupo, lo hacemos de este modo para honrar a la diosa.

D: *Con los Cuernos. (Sí) ¿Qué hay del que está a su lado? ¿Te resulta familiar? (No) (Yo tampoco sé lo que signifique ese símbolo). Son solo dos líneas cruzándose, ¿no es así?*

B: Sí. Podría usarse para representar un cruce de caminos. También podría representar las cuatro direcciones; cuando se honra a las cuatro direcciones, cuando necesitas el poder de la naturaleza detrás de tu trabajo.

D: *Muy bien. Pero, no es un símbolo que usarías con los demás.*

B: No que yo sepa. Sólo te estoy diciendo cómo parece que pudiera ser usado.

D: *Ahora el siguiente. ¿Ese te resulta familiar?*

B: Ese parece un símbolo que podría usarse para el martes.

D: *Es como una flecha, ¿no es así? (Sí) Muy bien. Después el que está debajo.*

B: Muy bien. Este símbolo y ese otro. (Júpiter y Saturno) Reconozco estos dos símbolos. A veces los confundo porque lucen similares para mí. Déjame ver si puedo asegurarme de decírtelo correctamente. No quiero equivocarme. (Pausa).

D: *Porque siento que nuestros significados pudieron haber cambiado con el paso de los años.*

B: Sí. Estos dos símbolos, uno es para Cronos y el otro para Júpiter. Estoy intentando recordar cuál es cuál. Creo que este es para Cronos y este otro para Júpiter. (Ella podría haberse equivocado. No lo recuerdo y la cinta no lo indica). Este es para Saturno. (Estaba apuntando hacia el del Neptuno).

D: *¿Saturno? (No lo había mencionado antes).*

B: Sí. Sábado.

D: *Déjame ver. ¿No mencionaste que Cronos era en sábado?*

B: Sí, Cronos también es en sábado.

D: *¿Hay dos que pueden usarse en sábado?*

B: Sí. Cronos también puede usarse en miércoles, junto con Júpiter.

D: *¿Por la relación que hay ahí? (Sí) ¿Pero este otro se llama «Saturno»? ¿Para qué se usa ese?*

B: A este se le llama Saturno. Algunos también dicen que es para Neptuno, por el tridente. Y se utiliza para... déjame pensar.

(Pausa) Neptuno y Saturno se usan para cosas que tienen que ver con la sabiduría oculta.

D: *Muy bien. Puede que no reconozcas algunos de estos. Lo estás haciendo bastante bien. Después hay otro más abajo. (Urano).*

B: He visto ese en algunos amuletos de vez en cuando, pero no sé su significado. No se usa muy a menudo. No me sé este otro. (Señalando a Plutón).

D: *Muy bien. Ahora los de abajo. (Los signos zodiacales). ¿Te resultan familiares? No son los símbolos de los días. Son símbolos diferentes.*

B: Sí, son los símbolos de las estaciones del año, para los meses.

D: *Veamos si los conoces de la misma forma que yo.*

B: Bueno, puedo decirte cómo me parecen a mí. Estos símbolos de aquí, son para el crecimiento de la primavera. Los tres primeros. (Aries, Tauro y Géminis).

D: *¿Tienen algún nombre para esos, o solo usan el símbolo?*

B: Creo que sí hay nombres, pero no logro recordarlos. Y este es el inicio del verano. (Cáncer). Éstos son también para el verano.

D: *¿Los tres siguientes? (Cáncer, Leo y Virgo).*

B: Sí. Me parece que están en orden. Porque acá están los del invierno. Y allá los del otoño. (Señaló los correctos).

D: *Entonces hay tres para cada una. ¿Usan esos símbolos para algo?*

B: En ocasiones, cuando estamos en la arboleda haciendo rituales, los dibujamos en el suelo. A veces los orientamos hacia las direcciones: norte, sur, este y oeste. Depende. Si estamos celebrando uno de los equinoccios o solsticios, usamos esos símbolos.

D: *¿Usarían los tres?*

B: Depende de qué esté sucediendo.

D: *Bueno, tal parece que los símbolos no han cambiado mucho en realidad, ¿o sí?*

B: Lo que tienes aquí, está incompleto. Hay más símbolos.

D: *¿Los hay? ¿Podrías dibujarlos para mí?*

B: No los conozco lo bastante bien como para dibujarlos, pero los he visto. Son más ornamentados que estos. Son más complicados. Estos son de los símbolos más simples. Y hay otros que tienen más líneas o curvas en ellos. Se usan para llamar a ciertos espíritus. Espíritus de protección. Espíritus de prosperidad o lo que quieras.

D: *Estos son los que se utilizan en mi época. Supongo que son los más comunes.*

B: Supongo que sí.

D: *En realidad no han cambiado mucho, si puedes reconocerlos.*

B: Hay variaciones en ellos. Como las variaciones de estos dos, aquí, para la diosa. El que tiene los cuernos y el que no. (Mercurio y Venus). También hay variaciones en estos de acá abajo. (No recuerdo cuáles fueron los que indicó). Pero algunos de ellos son similares. Y por eso yo he reconocido los que se parecen.

D: *¿Cuáles son los que más han cambiado?*

B: Este no está tan ornamentado como debería. (Aries). Este aún se parece mucho. (Tauro). Este otro tampoco está tan ornamentado como debería. (Géminis). Ha cambiado un poco. Hay algunas variaciones en este otro, pero en general, todos tienen el tema similar. (Cáncer) Este aún es muy similar.

D: *Déjame ver. Tenemos nombres para estos. Yo estaba intentando ver cuál era ese. ¿Sería el tercero del verano? (Virgo) (Sí) ¿Ese es muy similar?*

B: Sí. Y este otro, el primero de otoño (Libra), aún es bastante similar. El segundo de otoño es muy similar. (Escorpión). Nosotros tenemos un par de variaciones para el tercero de otoño (Sagitario).

D: *Parece una flecha. ¿Cuál es la variación que tendría?*

B: En ocasiones, hay una figura que se muestra tomándolo, en lugar de que esté solo el arco.

D: *Oh, sí, lo he visto.*

B: Y… (Estaba apuntando hacia Piscis).

D: *¿El último del invierno?*

B: De invierno. En ocasiones se muestra con peces.

D: *Este que mencionaste que ha cambiado un poco. El tercero de primavera. (Géminis).*

B: El tercero de primavera. Nosotros usamos un animal para ese.

D: *¿Un animal? ¿Sabes cuál animal?*

B: (Pausa) No lo recuerdo. Y usamos un animal también para este. (Aries). En ocasiones, usamos un animal para este otro, pero es más simple dibujarlo así, ya que todos saben que parece un toro. (Tauro).

D: *Nosotros también tenemos animales para esos dos, pero para el tercero normalmente mostramos a dos personas. (Géminis). ¿Ustedes tienen un animal para ese?*

B: Sí. Creo que es un animal mitológico. No sé su nombre.

D: *Hay animales representando algunos de éstos. Este es un animal en los nuestros. (Leo).*

B: No recuerdo haber visto un animal para ese.

D: *¿Qué es lo que tienen para ese?*

B: Un símbolo bastante parecido a este. Son los símbolos básicos simples. Los más complejos, me imagino, se han perdido o han cambiado.

D: *Sí, esos son los que me gustaría recuperar. Porque probablemente hemos perdido muchos.*

B: No lo dudo, por los cristianos.

D: *¿No crees poder dibujar esos símbolos para mí?*

B: No, no creo poder. Me sentiría incómoda dibujándolos sin usar los rituales apropiados con ellos.

D: No me gustaría hacer nada que te haga sentir incómoda.

B: Y normalmente, también hacemos este otro más adornado. Pero solo para enseñar los símbolos básicos, usamos símbolos similares a esos. Y cuando los usamos, los adornamos más.

D: *Es más fácil dibujarlos así. (Sí) Mira, la imagen tiene también los Cuernos de Diosa, ¿no es así? (La imagen en el calendario mostraba una luna creciente).*

B: Sí, lo veo.

D: *Y tiene a una mujer con toda la comida. (Una mujer sacando comida de una cornucopia).*

B: Sí, tiempos de cosecha.

D: *Sí, eso es lo que se supone que representa. Bueno, aún tenemos esos símbolos referentes a esas épocas del año. Así que eso no se ha perdido.*

B: Me complace escuchar eso. Que la inquisición no ha tenido éxito.

D: *Estos otros que tienen que ver con Júpiter y Saturno, nosotros los tenemos representando estrellas en el cielo. ¿Ustedes también los tienen?*

B: (Enfáticamente) ¡No! Las estrellas son las estrellas.

D: *Es como darle un nombre a cierta estrella de allá arriba y decir que es Júpiter.*

B: Eso es verdad. Pero creo que los alquimistas tratan con eso.

D: *¿Entonces ustedes más o menos tratan con el nombre de la deidad o del dios?*

B: Sí. Con el poder que hay detrás.

Hice que cerrara de nuevo sus ojos y tomé el calendario.

D: *Quisiera agradecerte. Fue demasiada información. Y me alegra ver que en realidad no ha cambiado mucho. Sabes, las estrellas están allá arriba y, en ocasiones, se dice que forman patrones en el cielo. (Sí) Y les han dado algunos de esos mismos nombres. (Sí) Mencionaste a los alquimistas, ¿Qué es lo que hacen ellos?*

B: No estoy segura. Hay rumores. Por lo que puedo comprender, los alquimistas son hombres intentando averiguar lo que tenemos nosotros. Pero ellos no quieren problemas con la iglesia y no saben en dónde buscar. Así que se mantienen buscando debajo de cada roca y piedra, intentando encontrar los poderes que usamos nosotros.

D: *En cosas materiales.*

B: Sí. Y algunos de ellos se dan cuenta de que debe haber algún desarrollo espiritual, pero no saben cómo hacerlo.

D: *Todo sería mucho más fácil si tan solo le preguntaran a alguno de ustedes, ¿no es así?*

B: Sí, pero la inquisición previene eso.

D: *Nosotros hemos escuchado el cuento de que los alquimistas intentaron convertir cosas ordinarias en oro. ¿Es esta una historia que tú hayas escuchado?*

B: Algunos lo han hecho.

D: *(Sorprendida). ¿Lo han logrado? (Sí) Oh, nosotros siempre hemos oído que era solamente un cuento. Que, en realidad, nunca fueron capaces de lograrlo.*

B: Algunos sí lo lograron.

D: *Ha de ser bastante difícil, ¿o no?*

B: En un principio, cuando no sabes qué es lo que buscas, sí. Pero después de que lo sepas, yo pensaría que no debería ser demasiado difícil. Siempre que tengas un buen fuelle a la mano para avivar el fuego.

D: *¿Has escuchado cómo fueron capaces de hacerlo?*

B: Toman diferentes cosas, las mezclan y forman un polvo. Toman algo hecho de plomo y frotan el polvo sobre eso. Y, cuando lo calientan en el fuego, en donde se haya frotado el polvo, se convierte en oro. Pero debe ser un fuego bastante caliente. El oro, sin embargo, es solo temporal. Después de un cierto tiempo se revierte.

D: ¿No se mantiene así? (No) He escuchado la historia de que, en ocasiones, los alquimistas se frustraban demasiado, intentando convertir las cosas en oro. Y yo creí que no habían tenido éxito.

B: Aquellos que lo lograron siguen frustrados.

D: ¿Debido a que no se mantiene? (Sí) ¿Crees que sea porque cambia al enfriarse nuevamente?

B: Quizá. Le toma bastante tiempo enfriarse. Y comienza a cambiar. Es un cambio bastante gradual. Finalmente, después de uno o dos días, sabrás que ha cambiado por completo.

D: Entonces, si intentaban usar ese oro, por ejemplo, para comprar algo, no funcionaría, ¿o sí? (No) Pues ha habido historias de gobernantes que querían que sus alquimistas hicieran oro para ellos y así aumentar sus riquezas. (Sí) Pero si están más interesados en las cosas materiales que en las espirituales, quizá fue por eso que no les funcionó.

B: Quizá. Siempre están hirviendo y cocinando cosas y mezclándolas, en lugar de hacer alguna meditación e intentar encontrar su camino espiritual interno.

D: ¿Tu gente se interesaría por hacer algo de ese tipo?

B: ¿Algo como la alquimia? No.

D: Eso sería una forma de obtener riquezas.

B: Pero las riquezas no son necesarias. Tenemos un lugar en donde vivir. Tenemos comida para alimentarnos. Mientras complazcamos al lord de la casa, no habrá nada por qué preocuparnos.

D: Entonces no habría nada que ustedes desearan. Esa es una buena forma de ver las cosas. Pero, ya sabes, hay gente egoísta ahí afuera. Algunos quieren más y más. Nunca tienen suficiente.

B: No están felices. Lady Joslyn es así.

D: Nada complacerá nunca a ese tipo de personas. (No) Dijiste que el lord va a la torre y que ustedes tenían curiosidad sobre qué hacía. ¿Creen que esté involucrado en la alquimia? (Sí) Una vez me dijiste que, si tu gente llegaba a descubrir lo que hacía, lo compartirías conmigo.

B: Tememos que sea una combinación de alquimia y el lado oscuro de nuestro trabajo. Porque cuando él se encuentra allá arriba, trabajando en la torre, suceden cosas. Como un árbol cayendo sin advertencia y sin razón. Y cosas diferentes de ese tipo.

D: *Entonces creen que él está haciendo algo que no debería. (Sí) Yo tenía curiosidad de cómo podría él invocar el lado oscuro. Pensé que sus creencias eran todas positivas.*

B: Sí lo son. Pero el universo debe equilibrarse.

D: *¿Y ustedes creen que él lo hace de forma intencionada o solo porque no sabe?*

B: No estamos completamente seguros, pero creemos que él lo hace intencionalmente.

D: *Dijiste alguna vez que iban a intentar descubrirlo. No sé cómo lo harían sin ser descubiertos.*

B: Pues, estamos trabajando en eso.

D: *¿Es algo malo, el intentar invocar el lado oscuro?*

B: Depende de las circunstancias. Si invocas el lado oscuro por razones egoístas, entonces sí, es algo malo, porque rebotará en ti. Pero, si invocas al lado oscuro para ayudar a alguien que está en verdadera angustia, entonces todo resulta bien.

Aparentemente, yo no estaba prestando atención y la cinta se terminó. No sé cuánto se perdió antes de darme cuenta y girarla. Cuando volví a empezar en el otro lado, parece que me estaba refiriendo al sonido que provoca el apagar la grabadora y voltear la cinta.

D: *...la atmósfera, el ambiente. No quise molestarte.*

B: ¿Atmósfera? ¿Qué es atmósfera?

D: *El aire. Como cuando tienes a los pájaros, los árboles y las hojas susurrando. (Sí) Fue solo un ruido. Sin importancia. (Oh) ¿Parecido al dejar caer algo? (Oh) Okey. Pero me da curiosidad, ya que me gustaría conocer las advertencias, ya sabes, para no hacer cosas que no debería. Dijiste que, si usas el lado oscuro por una razón equivocada, motivos egoístas, ¿rebotará en ti?*

B: Si usas el lado oscuro para maldecir a alguien, simplemente porque no te gusta la forma en que visten o algo así. Y ya que ellos no han hecho nada en tu contra, lo que sea que hayas maldecido para ellos, no funcionará, sino que rebotará y tendrá efecto en ti. Algunos dicen que multiplicado por dos, otros dicen que multiplicado por diez.

D: Sí, he escuchado eso en palabras diferentes. Que lo que sea que tú envíes, vuelve a ti. Ya sea bueno o malo.

B: Pues, cuando es bueno, entonces hace efecto y no tienes que preocuparte porque rebote en ti. Y no recibes «eso» a cambio, sino que recibes de vuelta los resultados que tú necesitabas.

D: ¿Y dices que el lado oscuro puede usarse para el bien?

B: Puede usarse para ayudar a alguien. Por ejemplo, si alguien que conoces ha sido engañado por alguien más. Puedes usarlo sobre quien ha engañado, para ayudar a que las cosas se asienten de forma adecuada.

D: ¿Te refieres a que haga daño a quien engañó?

B: No necesariamente.

D: ¿Cómo le llamarías a lo opuesto? ¿Usar las cosas para bien? ¿El lado de luz?

B: Está el lado oscuro y el otro es, ya sea el camino o el sendero. Porque ese es el camino por el que guiamos nuestras vidas.

D: ¿Entonces no usan muy a menudo el lado oscuro? (No) Eso es muy bueno, ya que la iglesia nos ha dado ideas diferentes.

B: No me sorprende.

D: Durante mucho tiempo han intentado dar ideas erróneas acerca de tu gente. (Sí) Es por eso que yo quería aprender la verdad sobre cómo son ustedes «en realidad».

B: Eso es bueno.

D: En una ocasión mencionaste que tenían historias que les contaban a los niños, y que les ayudaban a recordar los rituales. ¿Recuerdas haberme dicho eso? (Sí) Y dijiste que quizá me dirías algunas de esas historias. Haría más fácil el recordar. ¿Puedes contarme alguna?

B: (Pausa) Estoy intentando pensar en alguna. A veces las historias son acerca de cómo se iniciaron los rituales.

D: ¿Podrías decirme? ¿Compartirlo conmigo?

B: Hay un ritual que hacemos, estoy intentando pensar en uno que sería bueno decirte, sin que sea una historia demasiado pesada o complicada.

D: Está bien. Intentaré entender y seguirte el paso.

B: Muy bien. Hay un ritual que hacemos para el amor, que involucra muchos gestos manuales. Y los ademanes realmente explican y ayudan a recordar los sentimientos básicos de esos gestos, contando la historia de estos dos cisnes. Los cisnes eran capaces de hablar. Y había este cisne que era muy malo, difundiendo chismes acerca de todos. Y, ya que todos los cisnes son parecidos ante los humanos, este cisne estaba dando una reputación negativa a todos los demás ante las personas. A los seres humanos no les gustaba que el cisne fuera por todos lados contando los secretos de los demás; porque un cisne era capaz de caminar alrededor y descubrir cosas sin que la gente realmente lo notara. ¿Quién iba a prestar atención a un cisne? Los cisnes son hermosos cuando vuelan o nadan, pero, cuando caminan, son un tanto torpes. Así que, llegó a un punto en que la vida era muy difícil para todos los cisnes. Convocaron al consejo y la diosa también estuvo ahí. Le contaron a la diosa esta situación y le preguntaron qué podrían hacer. La diosa les dijo que ella podría mejorar la situación hasta el punto en que este cisne en particular no pudiera chismear más. Al mismo tiempo, ella alteraría los recuerdos de las personas para que recordaran a los cisnes como las criaturas hermosas que son. Entonces ellos dijeron: —Bueno, ¿y qué tendremos que dar a cambio de esto? Porque algo debe ser dado a cambio, para que todo permanezca en equilibrio. —Tomaré su poder de habla y todos quedarán mudos. —les dijo ella.—Entendemos por qué lo haces, pero, ¿entonces cómo nos comunicaremos? ¿Cómo podremos decirle a nuestras esposas, nuestros esposos, que los amamos? —Les daré una forma hermosa de demostrarlo. —Y la diosa cumplió todo lo que prometió. Ahora, en primavera, cuando ves a dos cisnes cortejando, lo hacen entrelazando sus cuellos y cabezas. Es muy hermoso verlo. Y nosotros imitamos esos gestos con nuestras manos en algunos de nuestros rituales de amor.

Durante esta historia, ella entrelazó sus dos manos y brazos, en un gesto que imitaba las acciones de las aves.

D: *Ya veo. Sí, eso encajaría bastante. Es una historia muy hermosa; me gustó. Y de esta forma, ustedes recuerdan los gestos manuales que deben hacer con el ritual. (Si) ¿Tienen alguna otra historia como esa que puedas compartir conmigo?*
B: Déjame pensar. Esa es la que mejor recuerdo porque es mi favorita.
D: *Ya veo a qué se debe.*
B: Hay otras, pero no recuerdo todos los detalles. No puedo hacer que vengan a mi mente de forma correcta ahora. Pero estaré pensando

en ellas, intentando ordenarlas y tenerlas listas para contártelas la próxima vez que vengas.

D: Muy bien. ¿Dijiste que hay algunas que explican cómo comenzó tu religión? Si es que le llaman religión. ¿Su camino?

B: Sí. Hay varias leyendas sobre cómo comenzó nuestra religión. Tendría que pensar en ellas para asegurarme de no mezclar los detalles de una historia en la otra.

D: Agradezco cualquier cosa que puedas decirme.

B: Sólo sé paciente con mi lenta memoria.

D: Sé que, cuando alguien intenta contar una historia, siempre es posible mezclar las cosas. (Sí) Es algo muy normal. Pero me gustaría tenerlas para poder transmitirlas a otras personas que pueden haberlas olvidado.

B: Sí. Asegúrate de que sean solo aquellos que siguen nuestro camino.

D: Sí. Es lo que intento hacer, transmitir toda esta información. Y así podrán ver cuánto ha cambiado. (Sí) Es por eso que quiero pasarles esta información. Pueden haber olvidado esas historias.

B: Es posible.

D: ¿Quisieras pensar en ellas o te gustaría preguntarle a alguien más?

B: Ambas cosas. También hablaré de esto con Grendell.

D: Oh, ella debe tener una «gran» memoria.

B: Sí, sí que la tiene.

D: También me gustaría saber qué plantas utilizan, pero dijiste que no tienen nombres.

B: Sí. Sé que no tienen nombres. Pero parece que esta lengua, en la que estoy hablando, puede tener nombres para algunas plantas. Veré si puedo pensar en eso también y conectar el nombre correcto con la planta correcta.

D: Porque ya sabes cómo lucen. (Sí) Nosotros podríamos tener también nombres diferentes. Dijiste que algunas plantas son venenosas, y se debe tener mucho cuidado. (Sí) Entonces, la próxima vez que nos veamos, podrías tener listas las historias y cosas que yo podría transmitir. (Sí) Bueno, ¿y cómo van las cosas entre tú y Roff? (Corrigió mi pronunciación).

B: Por un lado, bien, por el otro, mal. Nos juntamos para amarnos y va muy bien. Pero se dice que pronto será enviado lejos y no volverá.

D: Oh. Siento mucho escuchar eso. ¿Sigue siendo un valet?

B: Pronto se volverá caballero, y es ahí cuando le enviarán lejos.

D: *¿Por qué no puede quedarse ahí?*

B: No se le necesita aquí. Hay suficientes caballeros.

D: *Sé que a ti te gustaría que se quedara, ¿no es así?*

B: Sí. Él no lo sabe, pero... anoche pude habernos casado a nuestro modo. Pero él no conoce nuestro camino, así que no lo hice. Es secreto y él no se daría cuenta hasta que yo pusiera la cuerda alrededor de sus brazos... en cierto punto. Entonces, él comenzaría a preguntarse qué estaba sucediendo.

D: *¿Puedes decirme cómo lo hubieras hecho?*

B: No logré descubrirlo. Por eso no lo hice.

D: *Oh, ¿no sabías cada paso?*

B: Sabía cada paso. Sólo estaba intentando descubrir una forma de lograrlo sin hacer que Roff se enoje.

D: *¿Cómo lo harías si fueras a casarte?*

B: Primero, caminaría alrededor de la arboleda, luego te diriges al centro. Hay una piedra en el centro. Colocas algo sobre la piedra para la madre Tierra, dependiendo de la época del año. Anoche, caminamos alrededor de la arboleda y yo dejé un ramo de flores sobre la piedra. Después de colocar algo en la piedra para la madre Tierra, te das la vuelta y se miran el uno al otro a los ojos. Hay diferentes formas en que pueden prometerse fidelidad. Y lo haces ante la diosa. Después de prometerse fidelidad el uno al otro, lo sellan poniendo una cuerda de flores alrededor de los dos. Una cuerda de flores que la mujer ha hecho antes, como preparación. Y esto lo sella bajo la mirada de la madre Tierra y de cualquiera que esté observando. Es mejor hacerlo durante la luna creciente. No debe hacerse en la oscuridad de la luna. Debe haber luz de luna.

D: *¿Por qué no fuiste tú capaz de hacerlo?*

B: Porque él no se me ha propuesto, y él se hubiera preguntado por mi promesa de amor hacia él. Y se hubiera preguntado la razón por la que coloqué una cadena de flores alrededor de nosotros y por hacer los gestos del ritual.

D: *¿No podrías haberle dicho que era solo un significado de amor, o algo así?*

B: No, no podría, porque él no sospecha de nosotros.

D: *Oh. Yo pensé que él sabía algunas de las cosas que tú hiciste. (No) ¿No podrías haber dicho que era solo una forma de mostrarle tu* amor? Pero entonces, eso hubiera sido realmente engañarlo, ¿o no?

B: Sí, y no se puede hacer eso.

D: ¿Entonces por eso estabas triste, porque no fuiste capaz de hacerlo?

B: En parte. Parece que no estoy destinada a hacerlo. Y, tal parece que, si voy a casarme, necesito encontrar a alguien más. Roff... él es bueno para un revolcón en el heno, pero no tiene deseos de casarse.

D: ¿Te refieres a que sientes la necesidad de casarte? (Sí) ¿Hay una razón? (Yo pensaba que ella podría estar embarazada).

B: (Triste) Para no estar sola toda mi vida. Necesito a alguien que sea parte de mi vida. Siempre he estado sola. Necesito cuidar a alguien. Alguien que esté ahí cuando seamos viejos.

D: Pero no eres tan grande, ¿o sí? ¿Por qué estás preocupándote por estar sola?

B: Soy lo suficientemente grande. Tengo edad de casarme. Pero uno debe pensar pronto en eso. Porque uno nunca sabe cuándo pueda llegar alguna enfermedad y llevarte. O llevarse a tu compañero. O llevarse a todos tus amigos y familia.

D: Eso es cierto. Esas cosas son inesperadas. Pero él se va a ir. Si te casas con él, ¿podrías tú irte con él?

B: No, no podría. Eso es lo que me ayudó a darme cuenta de que debo encontrar a alguien más.

D: ¿No se te permitiría seguirlo?

B: No. No bajo estas circunstancias.

D: Entonces él realmente no sería una buena opción, excepto por el hecho de que tú lo amas, o eso dijiste. (Sí) ¿Se marchará pronto?

B: (Insegura) Eso creo.

D: Entonces, tampoco hubiera sido una buena elección para lady Joslyn, ¿o sí?

B: Pero lady Joslyn podría seguirlo, porque ella no está atada aquí, como yo. Ella es una dama. Ella tiene un caballo y puede montar hacia donde ella quiera. Y si ella y Roff se casaran, dondequiera que él fuera a vivir, ella podría ir también.

D: Ya veo. Creí que sería igual, que tú podrías ir con él.

B: No, yo debería tener permiso del amo de la casa.

D: ¿Él no te lo daría?

B: Uno nunca sabe. Actúa muy diferente. Actúa extraño. Algunos dicen que ha sido hechizado, pero nosotros sabemos que no es así.
D: ¿Qué creen que sea?
B: Yo no lo sé. Creo que quizá lo está afectando alguna enfermedad rara y extraordinaria.
D: ¿Qué es lo que hace para actuar diferente?
B: Solamente el pasar tanto tiempo en la torre. No le gusta ser molestado durante el día. Habla en círculos y tiene repentinos ataques de ira, fuera de proporción para la situación.
D: ¿No hacía esas cosas anteriormente?
B: (Suspiro) Pues, hacía algunas, pero ha estado empeorando y empeorando. (Repentinamente) ¡Está caliente! ¿Cómo es que de pronto hace tanto calor?

Hacía calor en la pequeña habitación y teníamos el ventilador soplando sobre Brenda. A ella le afecta mucho el calor. Le molesta. La única forma en que podíamos tener una sesión durante el verano era tener un ventilador prendido, a pesar de que la grabadora captaba el ruido del motor. Yo siempre tuve que sortear este obstáculo al transcribir, porque es esencial que el sujeto se encuentre cómodo.

D: Oh, no lo sé. ¿Hay una briza soplando? (No) Quizá es porque los árboles bloquean la brisa.
B: No, aquí está agradable. Pero siento que en donde tú estás hace calor.

Extrañamente, ella estaba siendo afectada en su época por lo que sucedía en la nuestra.

D: Sí lo hace, un poco. Pero no te molestará. Una brisa fresca empezará a soplar.
B: Yo no siento una brisa fresca. Solo estoy sensitiva a donde tú estás. Es demasiado caliente. No está cómodo.
D: Muy bien. Pero siempre puedes moverte a otro lado en donde esté más cómodo.
B: «Yo» estoy cómoda. Estoy hablando de que en donde «tú» estás, no está cómodo. En mi mente.
D: Mmmm. Es raro que puedas percibir eso, ¿no es así? (Yo estaba intentando llevar su mente lejos del calor en la habitación).

> *Bueno, pues siento mucho que Roff y tú tengan problemas. Sigo pronunciando mal su nombre. Lo siento.*

B: Está bien. También se te dificulta el mío. Pareces tener dificultad con el nombre de todos, excepto el de Joslyn.
D: *Tienes razón. Es porque no estoy familiarizada con esos nombres. (Oh) Son diferentes a los que usamos nosotros.*
B: Entonces también conoces a Joslyn. Te compadezco.
D: *Sí, es un nombre que he escuchado, pero los demás no son tan comunes.*
B: Te compadezco por conocer a lady Joslyn.
D: *No la conozco. Pero conozco el nombre. (Risas) No creo que me gustaría conocerla a ella. (Oh) No, solamente conozco el nombre. Es un nombre que he escuchado. Los otros nombres no los había escuchado antes. Es por eso que tengo problemas para pronunciarlos. (Sí) Muy bien. Pero en pocos momentos haremos que se vuelva más fresco aquí también, para que no te moleste. Podemos abrir las ventanas y dejar que entre la briza.*

La cortina estaba cerrada en la ventana más cercana, para oscurecer la habitación, lo cual pudo haber estado bloqueando la brisa.

B: ¿Ventanas? ¿Qué es una ventana?
D: *Es una abertura en la pared.*
B: ¡Oh! Nosotros tenemos aberturas con persianas.
D: *Sí, yo tendré que abrir la persiana y eso dejará que entre la briza fresca. Las persianas estaban cerradas, quizá por eso hacía calor.*
B: Quizá.
D: *Pero no te molestará mientras que estés cómoda allá en donde tú estás.*
B: Se me está dificultando respirar.

Yo seguí brindándole sugestiones para tranquilizarla y aliviar cualquier incomodidad, pero no parecían ayudar. Astelle parecía sentir que el cuerpo en nuestra época estaba incómodo. Yo me levanté mientras hablaba con ella y abrí la cortina de la ventana más cercana a ella. Esperaba que esto permitiera que pasara algo de aire. También decidí moverla a otra escena, esperando distraerla. Ya sea que funcionó o que el aire por fin circulaba, porque, a medida que entró a la siguiente escena, pareció regresar a la normalidad.

D: *¿Qué estás haciendo?*
B: Me voy a casar.

Esto fue una sorpresa. Le pedí que me contara sobre eso.

B: Sí. Roff se marchó.
D: *¿Lo hizo?*
B: Sí, se fue lejos.
D: *¿Como caballero, o qué?*
B: Sí. Y nunca le volví a ver. Supongo que siempre tendré gratos recuerdos de él. Después de que se fue, había un hombre trabajando con los caballos. Era nuevo. Y entendía el dolor. Algo muy similar le había sucedido a él, así que hablamos mucho. Nos llevamos muy bien. Nos sentimos muy cómodos estando juntos. Él comenzó a hacer cosas especiales para mí. Y descubrimos que era uno de nosotros. Él no se dio cuenta de que había más de nosotros alrededor. Y esperaba... él deseaba encontrar a más. Y una tarde lo sorprendí haciendo gestos hacia la luna, de la misma forma en que nosotros lo hacemos, honrando a la diosa. Yo no le dije que lo vi, pero se lo conté a los más viejos del grupo, para que ellos tomaran una decisión sobre qué hacer al respecto. Uno de ellos se le acercó muy astutamente. Y, mientras hablaban, hacían vagas alusiones a la diosa, de forma que solo un seguidor de la diosa lo captaría y notaría. Y él hizo las respuestas adecuadas. Así que, finalmente, fueron capaces de hablar abiertamente sobre si él seguía o no a la diosa.
D: *De esa forma, no había peligro por alguien proveniente de la inquisición, si estaban seguros de que era uno de ustedes.*
B: Sí. Entonces decidimos que, ya que él estaba planeando quedarse aquí y pasar el resto de su vida aquí, podía acudir a aliviar su dolor. Vino desde muy lejos. No estoy segura de dónde. La inquisición capturó a su esposa. Es viudo. Es joven. Su esposa tenía más o menos mi edad. Así que allá había muchos recuerdos para él. Quería alejarse. Y, ya que tenía algunas habilidades, es bueno con los caballos, puede comunicarse con ellos y es bueno herrándolos, entonces sabía que sería capaz de acudir a otro lord y ellos le permitirían vivir y trabajar ahí.
D: *Normalmente no reciben extraños por ahí, ¿o sí?*

B: No. Y entonces él entendió el dolor por el que yo estaba pasando.

D: *¿Qué pasó con su esposa? ¿Te contó la historia?*

B: Es muy doloroso para él hablar de eso. La inquisición la torturó porque ella también era una de nosotros. Ellos sospechaban, pero ella nunca admitió nada. Así que la torturaron hasta morir.

D: *¿Crees que ellos hayan visto algo o sospechaban por algo? Normalmente tu gente es bastante cuidadosa.*

B: Sí. Sospecho que uno de los miembros de la inquisición quería acostarse con ella, y ella no quiso. Porque él dijo que ella era muy hermosa. Y, ya que ella no se acostó con ese miembro de la inquisición, ellos decidieron saciar su placer de otra forma. Porque se dice muchas veces que se corren mientras torturan a la gente.

D: *Oh. Eso les da a «ellos» un placer de forma «extraña», ¿no?*

B: Sí. Así que él fue capaz de ayudarme y yo fui capaz de ayudarle a él.

D: *¿Tenían algún hijo?*

B: Ella estaba embarazada en ese momento.

D: *Eso lo haría más difícil al recordar, ¿no es así? (Sí) Puedo ver por qué él quiso marcharse a otro lugar. Él también estaría en peligro, ¿o no?*

B: Sí. Ellos irían tras de él después. Así que él juntó todas las herramientas que pudo y se las llevó, a pesar de que no eran propiamente suyas. Tomó las herramientas para poder ir a cualquier lado y ser capaz de trabajar.

D: *¿Caminó desde muy lejos?*

B: Creo que sí. Cuando llegó se veía bastante polvoriento y con los pies cansados. Ha estado ya aquí por varios meses. Nosotros necesitábamos a alguien como él. También, cuando no está ocupado con los caballos, ayuda a reparar la armería. Pero su responsabilidad principal es con los caballos.

D: *Estoy muy feliz por ti. ¿Se casarán bajo su propio método?*

B: Sí. Todos estamos aquí. Los que seguimos a la diosa. No es común que seamos capaces de tener un matrimonio en honor a la diosa. Es una razón para celebrar.

D: *¿Están en la arboleda?*

B: Sí. En la roca.

D: *¿Vivirás allá en la casa con este hombre?*

B: No, él tiene una choza para sí mismo. Viviremos ahí.

D: *¿Cómo se llama? No te lo pregunté.*
B: Es cierto, no lo hiciste. Estoy debatiendo si debería decirte su nombre interno o el externo.
D: *¿A qué te refieres?*
B: Los que seguimos a la diosa tenemos nombres con los que solo nos conocemos aquí los unos a los otros, y también tenemos los nombres regulares que les decimos a las demás personas.
D: *¿Puedes decirme ambos?*
B: Creo que no te diré su nombre interno, pero sí su externo.
D: *Así sabré de quién estás hablando.*
B: Mi esposo, sí. Sí, yo estaba pensando en Roff por un momento. ¿Me pregunto qué estará haciendo ahora?
D: *Es natural que también pienses en él.*
B: Sí, eso creo.
D: *¿Cuál es el nombre externo de tu esposo?*
B: Déjame pensarlo. Nunca lo uso. (Yo me reí) Un momento. Mi memoria ha estado fallando otra vez.
D: *(Risas) Bueno, tienes más cosas en qué pensar en este momento.*
B: Es verdad.
D: *¿Cómo le llaman los demás?*
B: Su nombre exterior es Gundevar. (Fonéticamente. Le hice repetirlo).
D: *Oh, ese se me va a dificultar pronunciarlo. ¿Lo puedes repetir, por favor?*
B: (Lentamente) Gun-devar. (Fonéticamente. Yo lo repetí después de ella).
D: *Okey. ¿Y así le llaman los demás? (Sí) Es un nombre bastante extraño.*
B: Sí. No sé qué clase de personas serían en su familia, para usar nombres tan extraños.
D: *Bueno, el único nombre por el que yo te he conocido es Astelle.*
B: Sí, ese es mi nombre externo.
D: *¿Podrías decirme tu nombre interno?*
B: No. Creo que no.
D: *Creí que confiabas en mí lo suficiente como para decírmelo.*
B: «Sí» confío en ti. Pero dicen que incluso los árboles tienen oídos. La inquisición está por todos lados. Han empeorado últimamente. Quizá cuando la inquisición no esté tan agresiva, entonces pueda decírtelo. (Hizo una pausa, luego añadió rápidamente:) Te lo diré

bastante rápido. Sharra. (Fonéticamente. Tenía un extraño sonido en las «rr». Hice que me lo repitiera y yo intenté decirlo). Cerca, pero no lo suficiente. Es difícil pronunciarlo si no estás acostumbrado.

D: *¿Tiene algún significado?*
B: Creo que significa seguidor de la diosa estelar.
D: *¿Para qué tienen dos nombres?*
B: Nuestros nombres internos contienen poder. Los nombres externos realmente no significan nada. Son solo sonidos. Astelle, Gundevar, Roff, Joslyn. Son solo sonidos para llamarle a alguien. Pero los nombres internos tienen significados que les da un poder que puede usarse en los rituales.
D: *Entonces toda tu gente tiene dos nombres.*
B: Sí, excepto por los niños muy pequeños. Cuando nace un niño, se les da el nombre exterior. Debemos observar su personalidad y características y qué rituales son los que hacen mejor, antes de poder darles un nombre interno que servirá bien en sus vidas.
D: *Entonces no se les da el nombre interno durante bastante tiempo.*
B: No hasta la iniciación principal. Se hace normalmente cuando tienen siete años, después de que, en casa, sus padres les han enseñado bien las cosas que deben saber.
D: *¿Se les interroga durante la iniciación?*
B: Sí. Y también se les hacen pruebas en rituales similares para ver si saben cómo hacerlos y si saben las respuestas principales para los rituales grupales que hacemos. Además, se les prueba en cuán bien están siendo reservados con todo esto.
D: *Sí, no podrían decirle a un niño nada que pudiera poner en peligro al grupo, ¿verdad?*
B: A menos que ya se le haya enseñado al niño a ser hermético.
D: *¿Podrías en algún momento decirme cuáles son esos rituales de iniciación? (Sí) Entonces yo podría ver cuánto han cambiado. (Sí) ¿Qué es lo que hacen esta noche, después de la ceremonia? ¿Se van a la choza?*
B: Esta noche, después de la ceremonia, los demás se marcharán y nosotros dormiremos en la arboleda, debajo del arco de piedra. Hay dos pilares de piedra y solía haber una piedra que era un travesaño, pero se cayó, así que hemos puesto una viga de roble para ocupar su lugar.
D: *¿Eso es algo que había ahí o ustedes lo construyeron?*

B: No lo sé. Es bastante viejo.

D: *¿A eso te referías cuando hablabas sobre la piedra?*

B: Hay un altar... bueno, no es realmente un altar de piedra. Hay otra piedra alineada con el arco de piedra, que usamos para los rituales. Es algo plana en la parte superior.

D: *¿Pero el arco de piedra no se usa para nada?*

B: Sí, es para los rituales. Y esta noche, Gundevar y yo dormiremos entre el arco y la piedra. Luego, de madrugada, cuando aún esté oscuro y nadie nos vea, iremos a su casa. Así la gente de la mansión no sospechará.

D: *¿Tendrían alguna objeción para que ustedes se casen?*

B: No. No les importa si nos casamos o si solamente vivimos juntos. Ellos saben que no tenemos el dinero para pagarle a los sacerdotes para que nos casen.

D: *¿Eres mayor cuando esto sucede?*

B: Tengo veintitrés, lo que se considera un tanto mayor para casarse. La mayoría se casa cuando tienen dieciséis o diecisiete.

D: *Bueno, quiero que disfrutes. ¿Puedo hablarte después, cuando vuelva otra vez? (Sí) Y entonces tendré muchas preguntas por hacerte. Estoy muy feliz por ti.*

B: Gracias.

D: *Espero que seas muy feliz con él.*

B: Así será.

(Se trajo al sujeto de vuelta)

Después de que aparté la cortina de la ventana, ella ya no pareció verse afectada por el calor de la habitación. Creo que fue una forma interesante que encontró la otra personalidad para hacerme saber que el cuerpo, a través del cual estaba hablando, estaba incómodo. Ella lo sintió, de cierto modo, a través del tiempo.

Capítulo 10
Leyendas e historias
(Grabado el 19 de junio de 1986)

Usé la palabra clave y le conté regresivamente hasta la vida de Astelle.

D: *Retrocedamos al tiempo en que Astelle vivía en Flanders. Ella iba a contarme algunas de las leyendas e historias de su época y quería asegurarse de que las tenía correctamente. Me gustaría que retrocediéramos a esa época, cuando, en esa vida, ya tuviera acceso a esa información que iba a brindarme. Contaré hasta tres y retrocederemos hasta esa época. 1, 2, 3, hemos retrocedido al tiempo en que Astelle vivía. ¿Qué estás haciendo?*
B: Estoy sentada frente a la chimenea en mi casa.
D: *¿Ahora tienes tu propia casa?*
B: Desde que me casé.
D: *¿Cómo es?*
B: Entras por la puerta y, hacia la izquierda de la habitación, está la chimenea que calienta mi hogar. Ahí es también donde cocino. Y hay pocas cosas para cocinar. Un poco alejada de la chimenea está la mesa con dos sillas y un banquito. Yo estoy sentada en el banquito junto a la chimenea. Después, a la derecha de la puerta, en el otro extremo, es donde dormimos mi esposo y yo. Tenemos un armazón de cama, con cuerdas atadas, y las mantas y demás, puestas encima.
D: *¿Hay muchas habitaciones?*
B: No, solo esa.
D: *¿Ya tienen mucho tiempo de haberse casado?*
B: Sí, nos casamos hace cinco años.
D: *¿Aún trabajas en la casa grande?*
B: No, ya no lo hago. Tengo que cuidar de mi familia. Tengo tres hijos y el cuarto está en camino.
D: *Oh, has hecho mucho en cinco años. ¿Qué son tus hijos, niños o niñas?*

B: La más grande es una niña, el de en medio es niño y la más chica es una niña. La que viene en camino es otra niña.

D: ¿Cómo «puedes» saberlo?

B: Siempre lo he sabido.

D: *Eso siempre ha sido uno de los secretos mejor guardados.*

B: Nosotros, los que seguimos el viejo camino, tenemos formas de saberlo. Si trabajas en armonía con la diosa, la diosa te dirá muchas cosas. Y la diosa está especialmente en sintonía con la vida y el dar vida. Así que hay formas de descubrir la naturaleza de esa vida, ya sea niña o niño.

D: *¿Puedes decirme cómo?*

B: Hay distintas maneras de saberlo. Una que puedes hacer es tomar una pequeña piedrecilla, es más fácil si tiene un hoyo. Pero tomas, ya sea una piedrecilla o una moneda, y atas un hilo a su alrededor, con el que se mecerá. Tomas el hilo con la piedrecilla colgando de él. La medida del hilo debe ser de la distancia de tu muñeca a la parte interna de tu codo. Lo tomas con la mano que te sea más cómoda. Para algunas personas es la derecha, para otras, la izquierda. Lo tomas y sostienes la piedrecilla colgando del hilo sobre la muñeca de la mano contraria, con unos cuatro dedos de distancia entre ellas.

D: *¿La parte externa o interna de la muñeca?*

B: La externa. Tienes tu mano descansando sobre tu rodilla o algo así. Y mantienes el hilo ahí, y te relajas y piensas en tu bebé. Debes estar embarazada al hacer esto. Piensas en tu bebé. Si es niña, se mecerá en círculos hacia la derecha. Si es niño, se mecerá ya sea en círculos hacia la izquierda o solamente se mecerá al frente y atrás.

D: *¿Hiciste esto cuando estabas embarazada de los otros niños? (Sí) ¿Fue acertado? (Sí) ¿Y dijiste que hay otras formas de saberlo?*

B: Sí, formas más elaboradas. Pero no son tan acertadas como esta. Es por eso que yo uso esta, porque no es difícil de hacer y es acertada. Pero, se dice que hay quienes no pueden hacerlo a mi modo, por la misma razón de que hay quienes no pueden hacer hechizos para buscar agua; simplemente la habilidad no está ahí. Es algún truco por estar en sintonía con la madre Tierra.

D: *¿Sabes cómo hacer hechizos para buscar agua?*

B: Sé acerca de ello, sé cómo, pero nunca lo he hecho yo misma. Siento que sí podría. Es solo que hay una persona en nuestro grupo que es muy bueno en eso, así que se lo dejamos a él. Lo que él hace normalmente es tomar una rama verde que está separada en un extremo. La toma y camina por el área en donde se necesite encontrar el agua. La rama se torcerá en el lugar correcto. Y, dependiendo de cómo se tuerza y cómo se sienta, él será capaz de decirte cuán profundo tendrás que cavar para tu pozo.

D: *Ese es un método que también se utiliza en mi época.*
B: Es un método bastante antiguo.
D: *Entonces es un método que no se ha olvidado.*

Dos ejemplos de radiestesia que demuestran que existe desde hace mucho tiempo, y los métodos no han cambiado mucho.

D: *Yo creía que tenías que seguir trabajando en la casa grande. Que no había forma de marcharte si eres un sirviente.*
B: No me he marchado. Aún vivo en sus terrenos. Mi esposo aún trabaja para el lord. Es verdad que normalmente debería quedarme en la cocina. Pero nuestro grupo decidió que sería mejor si yo trabajaba sólo parte del tiempo en la cocina. Así que hicimos un ritual para cambiar la situación.
D: *¿De forma que se te permitiera quedarte en casa? (Sí) Hubiera sido difícil con los niños, ¿no es así? (Sí) A menos que llevaras también a los niños a la cocina.*
B: Si tuviera a uno que estuviera amamantando, entonces hubiera podido llevarlo. Los otros dos tendrían que... hay un lugar para que los hijos de los sirvientes se queden ahí y jueguen. Yo hubiera tenido que llevar a los otros ahí.
D: *Bueno, de cualquier forma, no te importa no trabajar en la cocina, ¿o sí?*
B: No. (Risas) Eso le ha hecho la vida interesante a lady Joslyn.
D: *¿En qué sentido?*
B: Ya no me ve nunca. No puede llamarme a mitad de la noche para golpearme.
D: *Me preguntaba sobre lady Joslyn. ¿Alguna vez encontró marido?*
B: No, sospecho que nunca lo hará. Ahora es una vieja solterona. Tiene treinta y dos años.
D: *Apuesto a que está más frustrada que nunca.*
B: Sí, muy amargada.

D: *Me imagino que, de cualquier forma, probablemente siga celosa de ti, porque ahora estás casada. Siempre estuvo celosa, eso parecía.*

B: Sí, pero ella nunca lo admitirá. Eso estaría por debajo de su dignidad, creo yo, debajo de su posición.

D: *Siento pena por ella en cierta forma.*

B: Ella se lo buscó, porque cada persona tiene su camino por recorrer. El destino separa el hilo de la vida, y tus acciones determinan el tejido de ese hilo. Y el resultado final viene determinado por tus acciones en la vida. Así que, lo que sea que ocurra, te lo has buscado tú mismo, ya sea en esta vida o en la última.

D: *Eso tiene sentido. Entonces, en sus convicciones, ¿creen ustedes que tenemos más de una vida?*

B: Sí, lo cual la iglesia ha declarado como herejía. Pero ellos también solían enseñar eso. Solo que no mucha gente lo recuerda.

D: *Sé que ahora lo han sacado de sus enseñanzas. Y me preguntaba si se enseñaba eso en los viejos tiempos.*

B: Sí se enseñaba, pero comenzó a suprimirse. Después de que se suprimiera el tiempo suficiente, entonces fueron capaces de quitarlo de las escrituras de la Biblia. Tuvieron que reprimirlo el tiempo necesario para que se perdiera de la memoria viva, de modo que nadie echara de menos que lo hubieran eliminado.

D: *¿Has escuchado acerca de las escrituras que se han suprimido y eliminado?*

B: Uno escucha algunas historias, pero hay tantos rumores sobre la iglesia, que ya no se sabe cuándo son ciertas y cuándo no.

D: *¿Sabes sobre qué era esa escritura?*

B: Pues, enseñaba sobre más de una vida. Nunca he sabido bien qué decía.

D: *Sólo tenía curiosidad. Porque siempre estoy en busca de las cosas que se eliminaron y se perdieron.*

B: Sí. Y se dice que en la Biblia está escrito que no se debe quitar nada. Pero los sacerdotes se dan ese gusto regularmente.

D: *¿Por qué crees que querían sacar eso?*

B: Si uno sabe que tendrá otra oportunidad, las amenazas de los sacerdotes no son tan efectivas. Pero si crees que esta vida es tu primera y única oportunidad, entonces eso les ayuda a los sacerdotes a ejercer más poder y les ayuda a que tú estés más reprimido. No está bien que lo hayan quitado.

D: *¿Están haciendo todo eso por poder y control?*

B: Sí, es cierto. Ya que ellos no se dan cuenta de que, aunque quizá no tuvieran tanto poder de otra forma, al menos tendrían mucho más respeto, lo que viene siendo un poder en sí mismo.

D: *¿Aún continúa la inquisición?*

B: Han concentrado sus esfuerzos en otro lado. Están ahora en otra parte del país, concentrando sus esfuerzos allá. No han estado aquí por, oh, un par de años.

D: *¿Entonces ustedes se sienten más seguros? ¿Tu grupo no tiene que preocuparse tanto?*

B: Sí, pero no nos descuidaremos.

D: *Van a seguir siendo discretos, sólo por si acaso. (Correcto). Tengo curiosidad sobre algo. Si estoy fuera de lugar... si hago alguna pregunta que no te guste, sólo dímelo. Dijiste que ya tienes tres hijos y tendrás otro más. Sólo tenía curiosidad de por qué no te embarazaste cuando estabas con Roff.*

B: Hay formas de prevenir o favorecer el embarazo. Si estás en armonía con la madre Tierra, puedes determinar si estarlo o no, y cuándo quieres tener un hijo.

D: *Porque yo pensaba que podrías haber quedado embarazada en ese entonces.*

B: Bajo circunstancias normales, sí, pero yo no quería, así que no me embaracé.

D: *¿Podrías compartir estos métodos conmigo? Porque en nuestros tiempos algunas personas no saben cómo controlarlo.*

B: Es algo mental. Algo que tienes que practicar desde que eres joven. (Pausa). Es difícil de explicar. No estoy segura de poder ponerlo en palabras. Llega un punto, a la mitad, entre un periodo y el siguiente. Hay un cierto número de días involucrados, pero eso varía de persona a persona. Y en ese punto uno debe pasar por cierto ritual en disciplina mental, de lo contrario, un mes más tarde te embarazarás.

D: *¿Puedes decirme cuál es el ritual?*

B: Vas a la arboleda de noche y tienes ciertos objetos contigo. Tomas algo de cabello de la cabeza de tu amante, y un poco del tuyo. Y tienes un huevo. Y, en el ritual, le dices a los poderes pertinentes que, a pesar de que tu amante y tú estén unidos en amor, y durante esto haces algo con los cabellos en el ritual, no entraré en detalle de eso, pero les dices que no desean ningún fruto a partir de esa unión. En ese punto, rompes el huevo y lo estrellas sobre el suelo, simbolizando que nada se crea a partir de la unión. Entonces enfocas tus pensamientos internamente, te centras en ti misma, abajo, en tus partes femeninas, centrándote en el pensamiento de no quedar embarazada. De cierta forma, eso fue lo que yo hice. Funciona bien.

D: *¿Entonces sabes mentalmente cuando llega ese periodo del mes?*

B: Sí. Si estás en sintonía con tu cuerpo, puedes saber cuándo es ese periodo en el mes.

D: *Ese es uno de los problemas que tienen las mujeres en nuestros tiempos. En muchas ocasiones se embarazan cuando no lo quieren, porque no saben cuándo es un momento seguro.*

B: Si se toman el tiempo para escuchar a la madre Tierra, entonces descubrirán cuándo es tiempo.

D: *¿Y tienen algún ritual de fertilidad si quieren quedar embarazadas? ¿O simplemente no hacen nada para prevenirlo?*

B: Hay varios rituales para favorecer el quedar embarazada. Son populares con mujeres que tienen dificultad para concebir.

D: *¿Los puedes compartir conmigo?*

B: No son muy familiares para mí. Nunca he tenido ese problema.

D: *No lo parece. Pero hay muchas mujeres en nuestra época a las que también les gustaría embarazarse. Tenemos los mismos problemas. Parece que el tiempo no cambia mucho eso.*

B: No. Una cosa que se dice que ha ayudado es lavar las partes femeninas con orina de bebé.

D: *Nunca había escuchado eso. Nunca se sabe. Pueden funcionar distintas cosas. Sólo tenía curiosidad porque sé que estuviste con Roff bastante tiempo. Y ahora tienes todos esos hijos. ¿Eres feliz ahí? (Sí) ¿Es un buen esposo?*

B: Sí. Trabaja mucho. Tenemos un lugar donde vivir. Él no me pega. Realmente cuidamos el uno del otro.

D: *¿Y Roff no ha regresado nunca?*

B: No. No espero que lo haga. Si vuelve, lady Joslyn creerá que él vuelve por ella, y entonces, ¿en dónde quedaría él?

D: *(Risas) Oh, pobre lady Joslyn. ¿Qué hay del lord? ¿Aún tiene esas cosas que hace en la torre?*

B: El amo, creo que intentó manejar más cosas de las que podía, porque ahora es un hombre arruinado. Su mente casi se ha ido.

Han bloqueado la entrada a la torre y ya nadie sube ahí. El amo está confinado en sus habitaciones.

D: ¿Qué fue lo que pasó?

B: Una noche invocó una tormenta. Hay de formas a formas para invocar a la lluvia. Y, si lo haces mal, te sobrepasará y provocará algo extraño sobre ti. Él invocó una tormenta porque estaba enojado. Quería lanzar rayos a una casa grande vecina. Estaba molesto con el lord de esa casa, así que le quería lanzar algunos rayos a la casa. Entonces, invocó esta gran tormenta y se desgastó más de la cuenta. No se percató de que, después de invocar la tormenta, tomaría aún más fuerzas el lanzar los rayos. Así, perdió el control de las fuerzas que había invocado. A partir de entonces, no ha sido el mismo en su mente. Dice que ahora ve cosas extrañas. Porque... bueno, este mundo no es el único. Hay otros mundos, mundos invisibles, a todo nuestro alrededor. Algunos de ellos más maravillosos que otros. Y se dice que, desde ese día, él ha sido capaz de mirar hacia el mundo al que sea que le hayan atado, debido al poder de invocar la tormenta. Ahora no puede salir de él por completo. Está atrapado entre dos mundos. Y eso le está desgarrando la mente.

D: Menuda noche debió de ser aquella.

B: Sí, fue muy tormentosa, dañó mucho los campos.

D: Yo no sabía que era posible tener el control de las fuerzas de la naturaleza de esa forma.

B: En realidad, no tienes el control sobre eso. Simplemente, las haces trabajar contigo, dentro de sus confines naturales. Porque no puedes hacer que las fuerzas de la naturaleza hagan algo totalmente antinatural. Por ejemplo, no puedes llamar a la lluvia y hacer que caiga hacia arriba, en lugar de hacia abajo.

D: Oh, no, eso sería realmente ir en contra de lo natural, ¿no es así? (Sí) Pero, a partir de esos rituales, él aprendió que podía controlar el clima para producir una tormenta.

B: Sí. Pero los rituales que aprendió fueron centrados en el «hombre», en lugar de ser centrados en la diosa. Así que no le funcionaron. O, mejor dicho, le salió el tiro por la culata. Lo arruinaron a él. Le salió diferente a como él había previsto.

D: Había más poder del que él podía manejar. (Sí) Entonces dices que está confinado. ¿Es peligroso?

B: Mmmm. Algunos días sí lo es. La mayoría de las veces, no. Solo es cuestión de esperar a que muera. Porque la mayor parte del tiempo sólo come, duerme y murmura para sí.

D: *Me pregunto si está... loco, si podría hacer cosas que lastimaran a alguien más.*

B: Nunca se sabe. Creo que lo mantienen vigilado en todo momento, para asegurarse de que no se vuelva así.

D: *¿Sabes si la iglesia ha dicho algo sobre lo que sucedió?*

B: No creo que lo hagan. Él ha sido bastante generoso con sus ofrendas en el pasado.

D: *¿No tienen explicación de lo que sucedió? (No) Sin embargo, ese es un ejemplo de lo que sucede cuando alguien usa las fuerzas de la manera equivocada, o para su propio bien. (Sí) Tu gente nunca haría nada como eso, ¿o sí?*

B: No, no lo creo.

D: *A menos que supieran cómo controlarlo mejor.*

B: Exacto. Normalmente, para controlar de forma correcta a una tormenta, se necesitarían dos o tres personas. Si sólo quieres llamar un poco de viento y un poco de lluvia, una persona puede hacerlo. Pero para una tormenta de gran escala, generalmente se necesitará a tres personas trabajando en conjunto.

D: *Sí, en ocasiones podrías desear un poco de lluvia para tus cultivos o algo. (Correcto) Puedo ver cómo varias personas serían capaces de controlar ese poder, más de lo que una sola persona podría. (Sí) Dijiste antes que no estabas segura de lo que él estaba haciendo ahí arriba.*

B: Creo que se le había estado juntando a lo largo de los años, y esta última cosa fue la gota que derramó el vaso.

D: *¿Hace cuánto sucedió eso, y quedó confinado a su habitación?*

B: Ya fue hace un año.

D: *Okey. Pero ahora tú estás feliz con tu vida ahí, y no tienes que trabajar en la cocina. ¿Tu esposo trabaja con los caballos?*

B: Sí. Y ahora es un jefe de artillería, también.

D: *¿Qué tiene que hacer con la artillería?*

B: Debe mantener varias cosas en buenas condiciones. Se supone que él debe hacer cualquier reparación o forja que ésta necesite. Requiere habilidad y fuerza.

D: *¿Sería lo mismo que trabajar con herraduras?*

B: Sí, pero requiere más habilidad, ya que está la cota de malla y cosas así que tiene que mantener en buen estado.

D: Bueno, eso demuestra que él es bastante habilidoso. (Sí) Okey. La última vez que hablé contigo me ibas a contar algunas cosas, pero dijiste que tenías que investigar más acerca de eso. Y querías asegurarte de que fuera la información correcta. Yo estaba preguntándote algunas cosas. ¿Está bien si te pregunto ahora? ¿Podrías darme las respuestas? (Sí) Muy bien. Estabas hablándome de las leyendas. Y una de ellas era sobre del inicio de tu religión. Dijiste que querías asegurarte de tenerlas precisas, antes de contármelas. ¿Puedes platicarme ahora sobre eso? ¿La leyenda de cómo inició tu religión?

B: Sí. Sucedió hace mucho tiempo. Al principio de los tiempos, todos estaban en sintonía con la madre Tierra, ya que las almas apenas habían comenzado su viaje. Estaban recién separadas de ella, así que recordaban cómo estar en armonía con ella. Y sabían cómo estar en armonía con la naturaleza. Entonces, observaban las cosas que sabían que debían ser observadas para permanecer de esa forma. Pasó el tiempo, tuvieron hijos, sus hijos tuvieron hijos, y así, y continuaron haciendo esto. Y así siguió y se convirtió en lo que tenemos hoy. Después de que el cristianismo obtuviera poder, las cosas tuvieron que cambiar bastante. Pero el tiempo del cristianismo es limitado debido a la forma en que se estableció. Muchas veces les decimos a nuestros hijos que nuestra religión es como... déjame pensar. Usamos ejemplos diferentes, dependiendo de las circunstancias. Nuestra religión es como el caballo y el cristianismo es como la montura. El caballo está en armonía con la madre Tierra. El caballo tiene fuerza. Y la montura cree que tiene el control. Pero no es la montura la que tiene el control, es el caballo. Los pensamientos del caballo y todo eso. Y el caballo elige permitir que la montura crea que tiene el control. Pasa lo mismo entre nuestra religión y el cristianismo. El cristianismo piensa que tiene el control simplemente porque, de momento, como nuestros miembros están dispersos, nos conviene permitirles pensar que ellos lo tienen.

D: Eso sería una muy buena forma de explicarlo. ¿Dijiste que tienen más ejemplos también de cómo se lo explican a los niños?

B: Ese es el principal que me gusta usar a mí. En ocasiones la comparación se hace entre el pasto y el saltamontes. Nuestra religión es como el pasto creciendo bajo el fuerte sol de verano, creciendo fuerte y hermoso, en armonía con todo. Y el cristianismo es como el saltamontes brincando de una cosa a la otra, buscando en qué ocuparse.

D: *También puedo ver eso. Es bastante bueno. En ocasiones lo hace más fácil de comprender.*

B: Sí, es por eso que las tenemos para los niños.

D: *Eso es muy bueno. También me dijiste que tienen historias que le cuentan a los niños para que recuerden ciertos rituales. (Sí) ¿Podrías contarme algunas de ellas?*

B: Sí. Algunos rituales son fáciles de recordar, simplemente porque tienen sentido. Pero, en ocasiones, un ritual puede no hacer sentido al principio porque no conoces la historia detrás. Te he contado el ritual de los cisnes.

D: *Sí, es muy hermoso.*

B: A veces, los ademanes manuales son bastante complejos y difíciles de recordar. Y es difícil recordar cómo hacerlos, a menos que recuerdes al cisne. Entonces se vuelve fácil de hacer. Otra cosa que a menudo se les dificulta aprender a los niños, son las distintas fases de la luna. Qué rituales son buenos para cuál fase de la luna. Entonces, para ayudarles a recordarlos, comparamos las fases de la luna con las estaciones del año. De esa forma, se les facilita recordar qué clase de rituales van bien con las distintas fases de la luna. Así, la luna nueva es invierno y la luna llena, verano, y el creciente y el menguante son la primavera y el otoño, respectivamente. Durante la primavera y la luna creciente, se hacen rituales para incrementar y hacer crecer. Los rituales de logro y culminación se hacen en verano o luna llena. Rituales para terminar los últimos detalles de las cosas, se hacen en otoño o durante la luna menguante. Y rituales para limpieza y preparación para otro ciclo de las cosas, las haces en invierno o durante la luna nueva.

D: *Nosotros también creemos que hay cosas que pueden hacerse durante ciertas fases de la luna, pero es muy difícil recordarlas. Esto lo hace mucho más fácil de comprender.*

B: Qué bien.

D: *Gracias por decirme eso. ¿Hay algunas otras que le digan a sus niños?*

B: Hay muchas. Sólo estoy diciéndote algunas que se me ocurren ahora mismo. Existen muchos rituales que implican el uso de una intersección. Y normalmente estos rituales implican una elección de algún tipo, cuando no estás seguro de qué decisión tomar. Y ese es el tipo de rituales que se hacen con los cruces, para que la elección quede clara. Para que sepas qué camino tomar, por así decirlo.

D: *¿Tienen algún ritual que hagan con eso?*

B: Hay varios. Sólo estaba hablando de las circunstancias en general. Ya que, cuando uno está construyendo un ritual y necesita ciertos elementos en el mismo, se debe recordar para qué sirven los distintos elementos. De esta forma, pondrás los elementos adecuados en tu ritual y obtendrás los resultados correctos.

D: *Entonces, si estuvieras intentando tomar una decisión, ¿cómo lo harías con las intersecciones?*

B: Dependiendo de qué tipo de decisión estés tratando de hacer, tomarás algo que es compatible con eso. Por ejemplo, si estás intentando decidir si negociar o no algo de lana por un poco de maíz, o algo así. O quizá tengas la oportunidad de cambiar parte de tu trigo por algo de tinte. E intentas decidir qué camino tomar. Entonces vas a una intersección por la noche con una moneda. Y en el centro del cruce hay ciertos símbolos que puedes dibujar, indicando a qué camino corresponde cada elección. Y entierras la moneda allí. Esperas un tiempo determinado, dependiendo de lo que sea compatible con el ritual, y regresas. Y cuando, quienquiera que sea el primero en pasar por el camino y cruzar la intersección, cualquiera que sea el camino que tome, indica la elección que más te conviene hacer.

D: *¿Qué tipo de símbolos hacen en el suelo?*

B: Normalmente, hay un pentagrama y, después, dependiendo del tipo de ritual que sea, será el tipo de símbolos que dibujes. Si es un ritual de amor, pondrás el símbolo de Venus.

D: *Oh, los símbolos de los que hablamos anteriormente.*

B: Sí. Y, si tienes algo como una moneda que puedas enterrar, es bueno que con ella dibujes esos símbolos en la tierra, en el cruce, y después entierras la moneda ahí, junto al símbolo.

D: *Mmmm. ¿Qué tipo de monedas tienen? ¿Has visto muchas?*

B: No. O casi ninguna.

D: *Pensaba que sería difícil encontrar alguna.*

B: Pero a veces... es bastante gracioso, una de nuestras ancianas es conocida por ser una mujer sabia. A menudo los nobles ricos acuden a ella en busca de consejos sobre qué hacer en asuntos de amor y cosas así. Se desesperan y quieren intentar cualquier cosa. Así que no les importa ir en contra de la iglesia para intentar nuestro camino.

D: *(Risas) Mientras que nadie más se entere.*

B: Correcto. Entonces es así como yo he conocido las monedas que se usan en cierto tipo de rituales, porque esos nobles tienen algunas monedas.

D: *¿Alguna vez lograste ver cómo lucen esas monedas?*

B: No realmente cerca. Suele haber una imagen de algún miembro de la realeza en una cara y un emblema en la otra. Y es el equivalente en otro metal de lo que vale esta moneda. Como, por ejemplo, una pieza de cobre puede valer una pieza de plata de tal o cual tamaño.

D: *¿Y eso está escrito en la moneda?*

B: Normalmente, hay símbolos que representan eso. Están escritos en la moneda. Y las monedas son de diferentes tamaños para que sea fácil distinguirlas. Así, en realidad no necesitas fijarte en los símbolos si no quieres hacerlo.

D: *¿Te refieres a que, mientras más grande la moneda, tendrá más valor?*

B: Depende del metal, pero por lo general, sí, porque una gran moneda de cobre no valdría tanto como una pequeña de oro. Las monedas son en su mayoría de cobre y plata, pero, ocasionalmente, de oro. Pero el oro es un tanto raro y difícil de conseguir.

D: *Okey. Una vez que estuve hablando contigo, me platicaste acerca de la iniciación principal de los niños. (Sí) E ibas a contarme más sobre cómo se realiza. Dijiste que hay un ritual para asegurarse de que guardan los secretos.*

B: Sí. Normalmente, la forma en que probamos si pueden o no guardar secretos, es conseguir a una persona adulta que ellos conozcan, pero que ellos no sepan si están o no en nuestro grupo. Pero sí que lo están. Solo que los niños no lo saben. Y el adulto se sentará con ellos y les hablará y usará los ademanes, intentando obtener información de ellos. Y, dependiendo de cuánta libertad se tomen para brindar información o retenerla, eso determina si pasan o no esa prueba. Se toma en cuenta su edad cuando hacemos esto. Pero incluso cuando son jóvenes, se puede determinar si serán o no buenos para mantener el secreto.

D: *¿Un niño pequeño sabría muchas cosas que pudiera contar?*

B: Podría decir algunos nombres. Eso es más que suficiente.

D: *Porque aún no sabrían muchos rituales, ¿o sí?*

B: No realmente. Pero la inquisición no está interesada en los rituales. A ellos les interesan las personas a quienes pueden torturar.

D: *Es por eso que estarían en busca de nombres. Me da curiosidad el porqué tienen que torturar a la gente. ¿Por qué no simplemente los matan, si están buscando brujas o como sea que les llamen? ¿Por qué tienen que meterse en asuntos de tortura?*

B: Porque obtienen un placer retorcido a costa del dolor ajeno.

D: *Yo siempre creí que estaban intentando hacer que confesaran.*

B: Sí, pero si te someten a suficiente dolor, confesarás cualquier cosa, incluso si nunca lo has hecho. Cualquier cosa con tal de detener el dolor. Dicen que lo hacen en nombre de su dios. Y, si alguien es lo suficientemente débil como para confesar bajo dolor, en caso de que en verdad no hayan cometido lo que sea que confesaron, entonces lo cometerán en el futuro, porque fueron lo suficientemente débiles para confesarlo.

D: *Mmmm. Pero, aun así, no los liberan después de que hayan confesado, ¿o sí?*

B: No creo que lo hagan. A veces dejan ir a uno, para enseñarnos una lección al resto de nosotros. Y, normalmente, es alguien que quedó horriblemente asustado o desfigurado; pero eso no sucede muy a menudo.

D: *La tortura no prueba si son brujas o no. Eso no suena normal, ¿o sí?*

B: No.

D: *Bueno, volviendo a la iniciación. Después de haber visto que son capaces de guardar secretos, ¿dices que pasan por su primera iniciación?*

B: Sí. Es una ceremonia bastante simple. Encienden una vela blanca, y toman un puñado de tierra, poniéndolo ante ella. Prometen mantener en mente que son parte de esa tierra. Y que deben permanecer en armonía con la diosa, que es la fuerza que mueve esa tierra. Y toman un trago de vino como rito simbólico. Después se hace normalmente algún tipo de celebración.

D: *¿Son muchos niños haciendo esto al mismo tiempo?*

B: No, todo se hace de forma individual, una persona a la vez. Solamente lo hacemos cuando un niño está listo para eso, porque es una experiencia bastante personal. Ya que, para prepararse para el ritual, un niño debe practicar la meditación que ha aprendido para que abran su mente y se sintonicen.

D: *¿Entonces les enseñan a meditar desde que son muy jóvenes?*

B: Desde que nacen. Desde antes de que nazcan.

D: *Mmmm. Porque todos piensan que un bebé no puede saber nada.*

B: Eso no es cierto.

D: *¿Lo hacen mentalmente o le hablan al bebé?*

B: Ambos.

D: *Es difícil para mí el entender cómo podrían enseñarle a un bebé a meditar.*

B: Hay formas de hacerlo. Debes ser bastante paciente y ser capaz de decirlo en palabras que ellos entiendan.

D: *¿Puedes compartir eso conmigo? Creo que sería muy agradable si, en ocasiones, pudiéramos callar un poco a los bebés. (Risas).*

B: Lo que haces es usar diferentes formas de ayudarles a alterar su respiración, ya sea ralentizarla o acelerarla. Así, cuando están enojados y molestos, puedes calmarlos al ralentizar su respiración.

D: *¿Cómo puedes hacer eso?*

B: Es difícil de explicar. De cierta forma lo haces con la mente. Y, cuando son un poco más grandes y pueden hablar un poco más y pueden comprender, entonces les hablas acerca de inhalar y exhalar lentamente. Y estableces algunos paralelismos entre ellos y lo quietas y tranquilas que son las cosas cuando el viento está en calma. Les dices que lo mismo ocurre en tu mente cuando tu respiración está tranquila. Y ayúdales a explorarse a sí mismos de este modo. Después de un tiempo, llegan al punto de querer hacerlo ellos mismos, solo para saber qué pueden averiguar. Y comenzarán a hacerlo solo por curiosidad. Y cada vez lo harán mejor.

D: *Sí, puedo ver que es más fácil cuando aprenden a hablar. Cuando son bebés creo que sería difícil.*

B: De todas formas, los bebés son buenos haciéndolo, normalmente. Ellos simplemente no se dan cuenta de lo que están haciendo. Y es solo cuestión de señalárselos cuando lo hacen, para que ellos estén conscientes de ello.

D: *Aprenden a una edad muy temprana y no les es difícil recordarlo. Simplemente, crecen con eso y pueden aprender cómo hacerlo más fácil. No creo que haya algún peligro al enseñarle a un niño a meditar, ¿o sí? (No) Porque yo creo que en ocasiones los niños no son tan disciplinados.*

B: Un niño no parece ser tan disciplinado porque aún no está atado a las reglas hechas por el hombre. Aún actúa espontáneamente y, por lo general, en sintonía con la madre Tierra.

D: *Así que no hay peligro en que un niño haga alguna de esas cosas.*

B: No. No pondríamos a nuestros niños en peligro.

D: *No creí que lo hicieran. ¿Y hay alguna iniciación que se haga después?*

B: Sí, cuando alcanzan los trece años, se convierten en miembros plenos del grupo.

D: *¿Cuál es el ritual que se lleva a cabo en ese momento?*

B: Es muy elaborado, con mucho simbolismo en él. Y en ese momento se confirman en su nombre interno secreto. Hasta este momento ellos han estado realizando rituales individuales, que solo requieren de una persona para llevarlos a cabo. O tal vez dos, ellos y su maestro. Y, en este momento, por primera vez, participan en un ritual que involucra a varios miembros del grupo con un propósito específico. Hasta ahora han participado en rituales con su maestro y están en sintonía con él. Y ahora aprenden a expandirse y a ser capaces de sintonizar con los otros miembros del grupo para diversos rituales.

D: *¿Y dijiste que en este momento se les da su nombre interno?*

B: Se les da antes, pero, si parece encajar con su carácter, se confirman en él. A menos que tengan un familiar** de cierto tipo. Y en ese caso, su familiar recibe un nombre interior.

En el folclore europeo de la Edad Media y principios de la Edad Moderna, se creía que los familiares (a veces llamados espíritus familiares), eran entidades sobrenaturales que ayudaban a las brujas y a los sabios en sus prácticas mágicas. El objetivo principal de los familiares era servir a la bruja o al joven brujo, proporcionándoles protección mientras adquirían sus nuevos poderes.

D: *¿Cuál es el ritual que hacen en ese momento?*
B: Es bastante largo y elaborado.

D: *¿Tienen algunos otros rituales que se lleven a cabo a medida que crece el niño?*

B: Hay un ritual que se lleva a cabo cuando un niño, un joven adulto, siente que ha encontrado a su alma gemela. Hay un ritual que se hace para ver si eso es cierto. Y se les ayuda, se les guía de cierta forma a lo largo del camino, acerca de qué hacer y qué rituales llevar a cabo para hacer que suceda lo que ellos quieran en esa relación.

D: *¿Cómo pueden decir si en verdad es su alma gemela?*

B: En la noche de luna llena tomas, ya sea una bola de cristal o una tetera negra con algo de agua dentro. Sales a la luz de la luna. Miras a la superficie reflejante del objeto, pensando en la persona. Si esa persona es la indicada, verás una señal afirmativa. Es diferente para cada quien, así que en realidad no se podría describir. Pero no hay modo de equivocarte cuando lo has recibido.

D: *¿Algo que sucede o algo en la naturaleza o qué?*

B: Ambos. O bien es algo que sientes, o algo que aparece de pronto en tu mente, o algo que ves en la superficie reflejada. Cualquier cosa. Una estrella fugaz. Podría ser cualquier cosa. Pero cuando suceda sabrás que es tu señal para lo que sea.

D: *Pero, si no lo es, ¿también obtendrás una señal? (Sí) ¿Sería una forma de saber que no es tu verdadera alma gemela? (Sí) ¿Entonces esos son los rituales más importantes, iniciaciones y cosas que hacen?*

B: Sí, hay otros más para cosas más chicas, del día a día, pero esos son para las cosas importantes de la vida. Hay otra celebración que tenemos que la iglesia no aprueba en particular. Y es la muerte de alguien. Celebramos que han completado un ciclo de su vida y están listos para el siguiente.

D: *¿Por qué no lo aprueba la iglesia?*

B: Porque la iglesia dice que cuando alguien muere, su alma se va al purgatorio, y se mantienen ya sea en el limbo o en algún tipo de tortura hasta que estén listos para entrar en el paraíso.

D: *Qué rara creencia, ¿no es así? (Sí) Una creencia bastante negativa. Entonces a ellos no les gusta porque ustedes son felices cuando esto sucede. (Sí) ¿Entonces no hay luto cuando alguien del grupo fallece?*

B: Oh, los extrañas, por supuesto, y les guardas luto de esa forma. Pero no sientes luto por su alma. Solamente guardas luto porque ellos ya no están más contigo y los extrañarás.

D: *¿Qué hacen con el cuerpo cuando alguien muere?*

B: No podemos hacer nada al respecto. Deben ser enterrados.

D: *Pensé que tendrían una forma especial para deshacerse del cuerpo.*

B: Lo haríamos si pudiéramos. Pero la iglesia es demasiado poderosa.

D: *¿Entonces ellos se llevan al cuerpo? (Sí) ¿Podrían hacer un ritual cuando la persona muere o simplemente celebraciones?*

B: Los colocas dentro de un círculo sagrado de sal y proyectas un pentagrama sobre ellos. Y, en función de lo que se les diera mejor, dispones a su alrededor las cosas que utilizaban para los rituales que mejor hacían. Y continúa a partir de ahí. Es difícil decirlo. Nunca hemos sido capaces de hacerlo. Solo escuchamos hablar de eso. Y lo transmitimos de generación en generación.

D: *Sí, sería difícil esconder algo así con la iglesia observando. Debo marcharme ya. Desearía volver y hablar contigo. (Sí) Y me alegro mucho de que seas muy feliz con tus hijos. Volveré en otro momento para hablar contigo. Gracias. (Sí)*

(Se trajo al sujeto de vuelta).

Capítulo 11
Regresa la inquisición
(Grabado el 24 de junio de 1986)

Usé la palabra clave y le conté en forma regresiva hasta la vida de Astelle.

D: *Volvamos atrás hasta la época en que Astelle vivía y trabajaba en Flanders. La última vez que estuvimos ahí, ella estaba casada y tenía varios hijos. Me gustaría volver alrededor de esa época en la vida de Astelle. Algún día importante alrededor de ese momento en su vida, después de haberse casado. Contaré hasta tres y estaremos ahí. 1, 2, 3, hemos retrocedido a un día importante en la vida de Astelle, después de que se casara. ¿Qué estás haciendo?*
B: Estoy sentada al frente de mi casa. Tengo un cuenco en mi regazo y estoy mezclando algo de pan.
D: *¿Tienes muchos hijos ahora?*
B: ¿Te refieres a hijos vivos o hijos que hayan nacido?
D: *¡Oh! La última vez que hablé contigo tenías tres hijos y esperabas otro más. (Sí) ¿A qué te refieres?*
B: Ese falleció al nacer. Y una plaga vino y mató a otros dos. Después tuve otro hijo, así que ahora tengo dos.
D: *Siento mucho escuchar eso.*
B: (Tristemente) Esas cosas pasan. Le pasa a todo el mundo.
D: *¿Tuviste alguna advertencia del que nacería muerto?*
B: No nació muerto, murió al momento de nacer. El cordón que conecta al bebé con la mamá estaba enredado alrededor de su cuello y se asfixió a medida que nacía.
D: *Tenías el presentimiento de que sería una niña.*
B: (Tristemente) Era niña.
D: *Siento mucho escuchar eso. ¿Qué tipo de plaga se llevó a los otros?*
B: Fue algún tipo de enfermedad. No era la peste negra, gracias a Dios. Pero se enfermaron con fiebre y tosían. La humedad se acumulaba

en su garganta y se espesaba. Y ellos intentaban sacarla tosiendo. Estaban enfermos y débiles; no eran capaces de toser tan fuerte como harían de no estarlo. Este líquido se acumulaba y los asfixiaba. Afectó a muchos niños. Por alguna razón, no afectaba a los adultos. Es solo una plaga que afecta a los niños.

En mi trabajo estudiando historia a través de las regresiones a vidas pasadas, he descubierto que, en el pasado, la palabra «plaga» se refería a cualquier cosa que fuera contagiosa. No tenían nombres para enfermedades específicas a menos que tuviera una cualidad particular. Por eso no cuestioné el uso que hizo del término. Se lo había oído decir a otras personas en distintas épocas.

D: *¿No hubo nada que pudieras hacer con los métodos de tu gente?*
B: Lo intenté. Intenté que inhalaran vapor que lo aflojara un poco, pero sólo hacía efecto por un corto tiempo. Porque a cada rato les hacía inhalar vapor, pero, cuando volvía el líquido espeso, era aún más espeso que antes.
D: *¿No había algunas hierbas o algo que pudieras usar?*
B: Oh, tenía algunas hierbas en el vapor, quiero decir, en el agua que producía el vapor. Y les estaba dando medicinas. Pero estaba más allá de mis habilidades. Los niños de nuestro grupo vivieron más que los demás con esta plaga, pero… esta plaga ya había venido antes, aunque no era tan fuerte. A veces las plagas son más fuertes y a veces más débiles. Esta vez fue particularmente fuerte.
D: *¿El hijo que te quedó fue uno de los mayores?*
B: Era mi segundo hijo.
D: *¿No se contagió?*
B: No, no lo hizo. No logro comprender por qué, pero no se contagió.
D: *Eso debe haber sido raro, que unos sí se contagiaran y otros no.*
B: Sí, es cierto.
D: *¿Pero mencionaste que ahora tienen otro bebé? (Sí) ¿Eso pasa muy seguido en tu tierra? ¿Que a los niños les sea difícil crecer?*
B: Sí. Por eso tenemos muchos hijos. Para asegurarnos de que algunos sobrevivan. Pero si tienes muchos hijos varones, si es que pasan la niñez, entonces, al volverse jóvenes, se van a la guerra y los matan. Así que…

D: *No se sabe cómo acabará todo. Solamente toman el riesgo. ¿Tu esposo aún trabaja en la casa grande? (Sí) Pero tú nunca tuviste que volver a trabajar en esa cocina, ¿o sí?*
B: No, no en la cocina. Lo que hago ahora son tejidos y cosas así para las damas en la casa. Tejo finos velos y encajes. Hago cosas de belleza.
D: *¿Cómo lo haces?*
B: Depende de lo que esté haciendo. Solo les digo a las de la casa que yo los tejo. Para los velos yo «solamente» los tejo. Pero, para otras cosas de belleza, no los tejo exactamente, sino que hago bucles con el hilo sobre sí mismo. Hay un palo que tengo que me ayuda a hacer eso. Un palo pequeño y delgado con un gancho en un extremo. Lo uso para ayudarme a hacer los bucles alrededor de sí mismo. (Sonaba como hacer crochet).
D: *¿Al tejer usas un telar? ¿Sabes lo que es un telar?*
B: Sé lo que es un telar. No uso un telar completo, porque eso es para hacer rollos de tela y mantas y cosas así. Tengo un telar más pequeño que es del tipo que enganchas un extremo a la pared. Y el otro extremo se tensa o afloja atándolo a una silla y acercando o alejando la silla de la pared. Y las partes del telar se sujetan ensartándolas con hilo. Tienes que ensartarlo con hilo antes de poder colgarlo en la pared. Y se teje con eso.
D: *Suena complicado.*
B: Pues la mayoría de las cosas lo son.
D: *Claro que, de esa forma puedes quedarte en casa, ¿no es así?*
B: Sí, y cuidar de mis dos hijos. En ocasiones, es difícil tejer durante el invierno, cuando mis manos se enfrían. Pero al menos no estoy en la casa grande. Aquí puedo hacer lo que quiera.
D: *¿Ya eres mucho más grande en este momento?*
B: Tengo treinta y siete.
D: *¿Qué sucedió con Joslyn? ¿Llegó a casarse?*
B: No. Lo que pasó fue que lady Joslyn siguió los pasos del viejo lord. Él, el viejo amo... lo encerraron en sus habitaciones. Y después se puso tan mal, que tuvieron que atarlo a su cama y mantenerlo así todo el tiempo. Finalmente, alguien le dio una bebida envenenada y lo sacó de su sufrimiento.
D: *¿Estaba alucinando o qué pasó?*
B: Empeoró. Y él creía que lo que veía era la realidad, en lugar de lo que estaba a su alrededor. Es por eso que tuvieron que atarlo.

D: *¿Intentó lastimarse a sí mismo o lastimar a otros?*
B: Sí. Y lady Joslyn, sin tener la excusa que tenía el amo, se estaba volviendo más y más extrema con su temperamento. También enloqueció, pero fue un tipo diferente de locura. La encerraron en sus aposentos. Y, finalmente, tuvieron que acabar emparedándola en una pequeña celda con apenas una abertura lo bastante grande para pasarle la comida y el agua, porque era demasiado violenta.
D: *Mmmm, hacer eso suena bastante extremo.*
B: Fue por la seguridad de todos los demás. Porque ella estaba ahí sentada, actuando perfectamente normal. Nunca se sabía cuándo, repentinamente, se pondría a «gritar». Y tenía este grito en particular que era bastante espeluznante. Y atacaba al que estuviera más cerca e intentaba matarlo.
D: *¿Tenía alguna razón?*
B: ¡No! Podía estar sentada frente a la chimenea, bordando con las demás damas. Y de repente gritaba, tiraba su bordado al suelo y se volvía hacia la dama más cercana para intentar matarla.
D: *Mmmm. Bueno, tú sabes que, en cierto sentido, ella siempre estaba enojada y era violenta, por la forma en que solía pegarte.*
B: Sí. Aparentemente, en ese entonces comenzaba a volverse loca, pero la gente solo la juzgaba como de mal temperamento. Pero empeoró y empeoró, hasta que, finalmente, tuvieron que emparedarla. Yo sospecho que aún está viva y aún la alimentan. Probablemente, ahora sea una pobre criatura patética. Pero se dice que de noche puedes escuchar sus gritos. Y, por la forma en que su cámara está situada, tiende a hacer eco en gran parte de la casa grande. Yo me imagino que cuando muera habrá un espíritu inquieto en esa casa.
D: *¿Y qué hay del amo? ¿Piensas que su espíritu inquieto se quedará ahí?*
B: Él ya murió. Y estaba listo para irse. No creo realmente que ahí esté su espíritu inquieto. Sospecho que, en el minuto en que liberaron a su espíritu, éste subió y cruzó hacia esa otra dimensión que había buscado por tantos años, después de volverse loco.
D: *¿Pero él también intentó atacar a las personas como hizo ella?*
B: No, él no intentó atacar a la gente. Él sólo intentaba hacer magia torcida sobre ellos. La mayor parte del tiempo no funcionaba. Pero, en ocasiones, funcionó de forma muy extraña. Así que, en

nuestro grupo, hemos estado intentando mantener todo esto bajo control.

D: ¿Puedes contarme algunos de esos incidentes extraños?

B: Pues, cuando él estaba hablando con un amigo suyo, éste mencionó que su vaca premiada tendría una cría y daría a luz a un ternero en pocos meses. Verás, el viejo amo en ocasiones se sentía bien y, en ocasiones, mal. Y ese día se sentía bien, pensando que podría ayudar a su amigo. Así que trabajó en un ritual sobre la vaca. Cuando nació el becerro, éste tenía dos cabezas y no sobrevivió.

D: Oh. ¿Él esperaba hacer que tuviera gemelos o algo así? (Sí) Eso es extraño. Me pregunto qué pensaría el amo cuando eso sucedió.

B: Él no supo de eso cuando sucedió, porque había vuelto al lado malo y no sabía realmente lo que estaba sucediendo.

D: Entonces no era tan violento como Joslyn. (No) No creo que le haya gustado permanecer atado a su cama.

B: No. Pero en ocasiones se volvía violento e intentaba hacer algún ritual en su etapa violenta, lo que podría ser muy peligroso. Era bastante astuto. Le gustaba ocultar un cuchillo y esperar a que alguno de sus sirvientes se le acercara. Entonces les cortaba la garganta. Lo hacía muy rápido y no era violento. Era simplemente... astuto.

D: Así que sólo era peligroso en ese sentido. (Sí) Eso demuestra que no siempre es bueno intentar trabajar con esos poderes, ¿no es así?

B: Si no sabes lo que estás haciendo e intentas llegar al lado negativo. Además, todos podían ver que estaba débil y no viviría mucho tiempo más. Así que sólo decidieron atarlo y dejarlo en su cama para que falleciera. Aún lo alimentaban, pero sabían que pronto moriría. Pero lady Joslyn aún está muy sana y fuerte; así que la emparedaron.

D: Yo no creí que los sirvientes pudieran hacer eso con ellos, si ellos eran los amos de la casa.

B: No, no, fueron las demás personas en la casa. Porque el nuevo amo, el hijo mayor del lord, fue el que nos ordenó atarlo a su cama. Entonces, cuando el viejo amo falleció, eso convirtió al hijo en el nuevo amo. Y una de las primeras cosas que hizo fue ordenarnos que tomáramos medidas más enérgicas para mantener a lady Joslyn bajo control. Finalmente, se enteró de que no podía ordenar a un sirviente que la emparedara, así que lo hizo él mismo.

D: *Eso es lo que creí. Los sirvientes no tendrían suficiente poder, o autoridad, para hacerlo. (Sí) Me imagino que a lady Joslyn no le gustó mucho eso. (No) ¿Pero la única forma de contacto que tiene alguien con ella es al pasarle sus cosas a través de la abertura?*

B: Sí, la abertura tiene un palmo de altura y alrededor de un codo de ancho.

D: *¿Entonces nadie entra nunca para cuidar de ella, en ningún sentido?*

B: Solo existe esa abertura para la cámara. Lo único que se puede pasar es un plato de comida.

D: *Supongo que pienso en sus funciones corporales y cosas así. Y ropa. ¿Cómo podría ella vivir ahí de esa forma?*

B: Hay un agujero en una esquina de la cámara, para que ella atienda sus necesidades corporales. Y hay otra abertura en la cámara, en el techo. Es bastante alta para que ella la alcance. Con una cuerda y un gancho le bajan una jarra con agua. Y pasan comida a través de la otra abertura. La abertura del techo es lo bastante ancha como para pasarle ropa doblada, pero no sabemos si ella la utiliza o no.

D: *Eso es lo que creía. Sería bastante difícil que alguien viva en una habitación sin tener ningún tipo de contacto. Suena bastante drástico.*

B: La situación había empeorado mucho. No hay palabras para describir lo mal que se había puesto. Nunca se sabía cuándo iba a estallar su mal genio. Sus ojos siempre parecían raros. Estaba sentada muy tranquila y actuaba casi normal. Y de repente... se daba la vuelta y trataba de apuñalarte.

D: *¿Crees que las cosas hubieran sido diferentes si se hubiera casado? (No) Pensé que quizá fuera su frustración.*

B: Yo pienso que solo era una extensión del mal temperamento que siempre mostraba. Lady Joslyn simplemente no estaba bien allá arriba. Y nunca lograría controlar su carácter. Y tenía pasiones y temperamento que dirigía hacia una dirección negativa. Y eso la dominaba.

D: *¿Qué hay del nuevo lord? ¿Él muestra algún signo de esto?*

B: No. El nuevo amo ha bloqueado esa torre y nadie puede entrar ni salir. A él le interesan otras cosas.

D: *¿Qué hay de la inquisición? ¿Aún está activa en tu país?*

B: Sí. De hecho, yo sospecho que ahora la inquisición está aquí. Unos lores extraños vinieron hace pocos días a visitar la casa grande. En lugar de hacer lo normal que hacen los lores cuando vienen de visita, cazar y cosas así, se mantuvieron haciendo preguntas y hablando con todos y husmeando alrededor de los aposentos de los sirvientes. Así que yo sospecho que son de la inquisición.

D: ¿Entonces no son realmente sacerdotes?

B: Son sacerdotes disfrazados, porque los sacerdotes tienen mucho dinero. Les es sencillo disfrazarse con ropas caras.

D: Pero, claro que, de cualquier forma, ustedes deben sospechar de cualquier extraño, ¿o no?

B: Sí. Sólo temo que a alguien se le vaya a escapar algo.

D: Sí, deben ser extra cuidadosos en este momento. Sólo me preguntaba si aún estaban activos. Entonces aún no se ha terminado. ¿Pero tú eres razonablemente feliz en tu vida?

B: Sí. Mi esposo es bueno conmigo. Y yo soy buena con él. Y juntos elaboramos bien los rituales.

D: Es muy bueno que todo haya mejorado para ti.

Decidí moverla a algún evento importante que sucedió más tarde. Tenía la inquietante sensación de que la Inquisición iba a atraparla. Le di instrucciones para que viera con objetividad todo lo que pudiera molestarle. Había tenido esta sensación a lo largo de esta historia, de que ella no sería capaz de escapar a la última confrontación con ellos. No me la imaginaba envejeciendo y llevando un estilo de vida de tanto secretismo en aquella época. Con su mención de la renovada actividad de la inquisición y su aprensión al respecto, sentí que el momento se acercaba. Conté hasta tres y la adelanté en el tiempo.

B: He horneado mi pan y lo acabo de sacar del horno. Alguien llama a la puerta. Voy y abro. Uno de los visitantes está de pie ahí. Entra y quiere hablar conmigo. Yo le pregunto por qué querría hablar con alguien tan humilde como yo. En realidad, no lo creo, como tú comprenderás, pero debo decir eso para que él no sospeche. Y él comienza a hacer comentarios sobre cosas que dice sospechar, pero en realidad está pescando información.

D: ¿Para ver qué dices tú?

B: Sí. Así que yo pretendo ser muy tonta. Actúo como si estuviera un poco loca. Hay quienes sí están un poco locos y no «saben» muchas cosas. No hablan muy bien.

D: *Esa siempre es una buena estrategia.*

Yo giré la cinta antes de que llegara del todo al final, porque no quería que se terminara en lo que podría ser un momento crucial.

D: *¿Qué pasó después?*

B: El lord, el señor que está ahí, no obtendrá ninguna respuesta de mi parte. Y puedo decir que se está molestando. Será peligroso. Pero, si le digo lo que sé, sería aún peor.

D: *Pero él podría sólo pensar que tú eres tonta o estúpida.*

B: Podría, excepto porque ha escuchado mi reputación de ser capaz de sanar a la gente.

D: *¿Crees que alguien haya dicho algo que no debía?*

B: Sí. Creo que algún niño podría haberlo hecho. Uno de los niños de este lugar, no de los míos, sino de alguien más, que accidentalmente dejó escapar algo.

D: *Sí, los niños son así de inocentes. Es difícil. ¿Entonces él no te cree?*

B: No. Y se pone violento y comienza a magullarme y golpearme. Me arranca las ropas. Se vuelve bastante violento.

Esto fue dicho de forma bastante tranquila, desapegada, sin emoción involucrada. Aparentemente, ella estaba obedeciendo las instrucciones de permanecer objetiva, para que esto no le molestara. Agradecí que ella hubiera elegido esta forma de reportaje.

B: Entonces él... en cierto punto él toma... yo tengo esta vara de hierro que uso para cuidar el fuego de la chimenea. Él la toma y la mete al fuego para calentarla, amenazándome de quemarme con ella si no le digo lo que quiere saber.

D: *Pero está bien si tú lo observas de esta manera, ¿no es así? (Sí) No es doloroso.*

B: No, yo estoy flotando por encima, viendo lo que sucede.

Esto también pudo haber explicado el desapego. Ella tenía la habilidad de dejar su cuerpo, a través de años de práctica con su religión. Ella pudo haber elegido hacer eso cuando comenzó el dolor.

D: *No quiero que estés incómoda. Es por eso que te pedí ser objetiva. (Sí) Intento ser gentil contigo.*
B: Sí. Este hombre está perplejo. Él obtiene placer a partir del dolor. Comenzó a sacar verdugones en mis brazos y piernas con su atizador caliente. Finalmente, me viola. Pero la forma en que me viola no es la normal. Lo que hace es tomar el atizador caliente y... y me mete eso, en cambio. Y mientras lo hace... me ha atado... mientras hace eso con una mano, se masturba con la otra. Y obtiene placer al verme sufriendo de esa manera, porque se mantiene metiendo esa vara caliente en mis partes.
D: *Sí, eso es una perversión.*

Toda esta imagen mental me resultaba horriblemente repugnante.

B: Y termina por encima de mí y, mientras tanto, mi dolor aumenta. Después, él se molesta porque aún no ha obtenido nada por mi parte. Así que pierde los estribos. Calienta la vara de nuevo y me golpea en la garganta con ella. Y, por la forma en que lo hace, me aplasta la tráquea. Yo me ahogo hasta morir.

Ella declaró todo el horrible episodio con total desapego, sin emociones involucradas.

D: *Así que, de cualquier forma, no obtuvo más placer. Eso es un tipo de persona bastante pervertida.*

Su ira podría haber sido provocada aún más si ella estaba, de hecho, fuera de su cuerpo y no mostraba las respuestas de agonía adecuadas, necesarias para alimentar sus deseos pervertidos. Esto también podría haberle llevado a atacarla con rabia, porque ella no le había proporcionado todo el placer que él buscaba. Probablemente se sintió insatisfecho.

D: *¿Estabas sola en la casa cuando esto sucedió? (Sí) ¿Y ahora estás flotando por encima, viendo la escena? (Sí)*

Yo estaba agradecida por eso. Me alegró que no hubiera vuelto a experimentar una muerte tan horrible.

D: *¿Qué sucede? ¿Qué hace ese hombre después?*
B: Pues, se cubre nuevamente sus partes privadas. Pone el atizador de vuelta, a un lado de la chimenea. Simplemente, me deja en donde estoy tumbada. Se marcha y azota la puerta detrás de él, dejándola tal como la encontró. Regresa a la casa grande como si nada hubiera sucedido. Entonces, mi esposo llega a casa y descubre mi cuerpo. Los niños han estado fuera en los campos con los demás niños. Así que no llegan todavía a la casa.
D: *El hecho de que no estuvieran allí fue bueno, al menos.*
B: Sí. Y mi esposo descubre mi cuerpo y sabe de inmediato lo que ha sucedido, debido a la condición en que está mi cuerpo. Está intentando averiguar qué puede hacer. Porque, a menos que quiera ser asesinado en el proceso, por sí mismo no puede tomar acción física directa contra ese hombre. Así que lo que hace es llamar a una reunión de todo nuestro grupo. Dos de nuestros hombres más fuertes engañan al otro hombre para que salga de la casa grande. Le dicen que tienen información para él, que hay una joven que quiere darle información. Así que le dicen que los encuentre en cierto lugar. Se encuentran con él y se lo llevan hacia el bosque, en donde el resto del grupo lo espera. Pero, es lo suficientemente lejos de la casa grande, en donde nadie puede escuchar lo que sucede. Ellos lo atan a una gran piedra con las extremidades abiertas, para que no pueda moverse. Van a averiguar de él lo que me sucedió. Y así que... tienen que recurrir al dolor para sacárselo.
D: *¿Están bastante seguros de que fue él?*
B: Sí, podían verlo. Una de sus manos estaba vendada por una quemadura, porque su mano se resbaló en cierto punto y se quemó con el atizador que usaba para embestirme.
D: *Y dijiste que tuvieron que recurrir al dolor. Esa no suele ser la forma de actuar de tu gente, ¿verdad?*
B: No, no lo es. Intentaron primero por otros medios. Él se negó a decirles nada. Así que, decidieron que él iba a tener que morir, de cualquier forma, porque la gente enferma, como él, no debería vivir. El dolor que usaron fue mental, en su mayoría, en lugar de dolor físico. Pero tuvieron que recurrir también a algo de dolor

físico. Al principio no iban a usarlo mucho, pero vieron que la cantidad que usaban, que eran lo suficiente para que a una persona normal no le gustara y le doliera, era placentero para este hombre.

D: *De todas formas, era un pervertido.*

B: Sí. Así que tuvieron que modificar lo que estaban haciendo. Y supieron por él lo que me había hecho. Y después descubrieron que era parte de la inquisición. Entonces supieron que, si lo dejaban ir, él los mataría a todos. Entonces... ellos se adelantaron y lo mataron. Después de haber averiguado por él lo que trataban de saber.

D: *No, eso no es lo que hace normalmente tu gente. Pero en ocasiones es algo que no se puede evitar.*

B: Cierto. Se adelantaron y lo enterraron. Pusieron algunos hechizos sobre su tumba, para que nunca fuera encontrada.

D: *¿Cómo te sientes por todo lo que pasó?*

B: Siento mucho que mi gente haya tenido que ensuciarse las manos recurriendo a las tácticas de la inquisición.

D: *De modo que los hizo ser iguales, ¿no es así?*

B: De cierto modo. Sin embargo, debo admitir que quienes recurrieron al dolor fueron los más jóvenes, que estaban más impacientes. Los más viejos sabían que lo podían lograr usando solo la tortura mental, en lugar de la física.

D: *¿Pero crees que fue justificado?*

B: Es difícil decirlo. Porque cuando él no regresó a la casa grande, los demás empezaron a sospechar. Y se quedaron más tiempo del que habrían permanecido de otro modo.

D: *Intentando descubrir qué le sucedió a él.*

B: Sí. Y finalmente decidieron que habían sido algunos bandidos quienes lo atraparon.

D: *De cierto modo, eso pudo ser una suposición segura. Más seguro para tu gente. (Sí) Bueno, y, ¿cómo te sientes acerca de lo que te sucedió a «ti»? Quiero decir, ¿estás enojada? ¿O cómo te sientes emocionalmente por lo que sucedió?*

B: Me siento triste, porque no sentía que mi tiempo se hubiera acabado ya. Tenía más cosas por hacer. Y me siento confundida. ¿Por qué «yo»? ¿Por qué yo? Nunca le había hecho nada a ese hombre.

D: *Sí, eras una persona bastante gentil. ¿Pero te sientes molesta?*

B: No molesta. Podría sentirlo fácilmente. Pero eso no ayudaría en nada. Sólo comenzaría el círculo nuevamente.

D: *Sí. Estarías generando un karma negativo, por así decirlo, que tendría que ser reparado posteriormente. Sé que conoces esa palabra.*

B: Entiendo el concepto. Y lo que sucedió no ha afectado negativamente mi karma, sino que le ha hecho mal a su karma.

D: *Siento mucho lo que sucedió. Pero he estado tanto en contacto contigo, que quería saber qué te había pasado. Aprecio que me cuentes sobre eso. Me alegra que lo hayas hecho de «esa» forma, para que no tuvieras que «sentirlo».*

B: Sí, fue bastante doloroso, y fue demasiado.

D: *Pero no fue doloroso tan solo observándolo. Me alegro de que eligieras hacerlo así. (Sí) Muy bien. Movámonos de esa escena tan dolorosa y triste. Alejémonos de ella y sigamos adelante. Quiero que te alejes en el tiempo hacia ahora, cuando estás viviendo esta vida como Brenda. Quiero que seas capaz de observar aquello de forma objetiva, desde este lugar. Es el 24 de junio de 1986. Ahora puedes ver con mayor facilidad los patrones. ¿Hay alguien de aquella vida que conozcas ahora, en esta vida en que te llamas Brenda? ¿Alguien con quien veas una relación?*

B: Déjame ver. El patrón es bastante complicado.

D: *Seguro lo es. Había muchas personas involucradas.*

B: El amo de la casa está involucrado en esta vida. Estoy intentando rastrear el hilo a través de mi padre.

D: *¿Qué hay de lady Joslyn? ¿Tienes alguna relación con ella en este momento? ¿Ya la conociste?*

B: (Pausa) Aún no.

D: *Parece ser que hay mucho karma ahí, por la forma en que te trataba.*

B: Sí, hay mucho karma ahí. Pero algo de eso se ha trabajado en algunas vidas intermedias. Y habrá un poco más por trabajarse en vidas futuras. Aún no ha estado involucrada en esta vida. Es difícil decir si lo estará o no.

D: *Yo esperaría que no lo estuviera. (Sí) Bueno, ¿qué hay de los dos hombres que tuviste en aquella vida? ¿Ves alguna relación en esta vida con ellos?*

B: Déjame ver.

Una cosa que lo complicó es que, en esta vida presente, ella está en un punto de enlace. En donde todas las líneas se juntan y después salen en forma de nuevos patrones.

B: (Pausa) Déjame ver. Roff estuvo brevemente en esta vida. Siguió un patrón similar. Es a quien se conocía como Rick. Y, en esta vida presente, Rick no está resolviendo bien el karma. Sólo está agregando un poco más a él. Positivo tanto como negativo. Gundevar está en esta vida. Está teniendo dificultad para trabajar ese karma, debido a que, en aquella vida, él estuvo comprometido con Astelle. Y, cuando Astelle fue asesinada brutalmente, eso lo desgarró por dentro y apenas pudo enfrentarlo. No quería volver a pasar por eso. Y así, en las vidas desde entonces, cada vez que estas dos almas se han encontrado, Gundevar siempre ha retrocedido en el dolor y el horror y ha tratado de evitar la conexión kármica. Porque Gundevar no quiere volver a pasar por ese tipo de dolor.

D: *Puedo entender el porqué.*

B: Teme que le vuelva a suceder.

D: *Pues, se nos dijo que, si analizábamos esa vida, Brenda comprendería los problemas que estaba teniendo en su vida amorosa.*

B: Sí. Gundevar es quien se conoce como John. Y Gundevar teme estar involucrado en esta conexión kármica y teme trabajar en ese karma. Necesita trabajarlo. Mientras más pronto lo trabaje, mejor será para él. Así que, parece prometedor que lo haga durante esta vida. Pero puede ser que decida continuar y esperar hasta la siguiente vida. Ya ha tenido más oportunidades en el pasado para trabajarlo. Cada vez se vuelve un poco menos doloroso para él, y se acerca un poco más a liberar el karma, antes de salir corriendo de él.

D: *Bueno, yo creo que tú has hecho bastante bien al mirar esto y tratar de comprender qué estaba sucediendo. Y, a medida que pienses en eso, probablemente serás capaz de entender aún más. Tendremos que dejarlo así por ahora. Pero aprecio que me hayas contado la historia. Espero que, a medida que pienses en ella, seas capaz de descubrir muchas cosas en tu vida que comenzarán a encajar y tener sentido a partir de esto. (Sí) Aunque haya sido una vida violenta, tuvo detalles a partir de los que puedes aprender.*

(Se trajo al sujeto de vuelta). Tuvo algunas reacciones físicas extrañas al despertar, a pesar de las instrucciones para el bienestar mental y físico. Supongo que la muerte fue tan violenta, que aún dejó algunos residuos emocionales.

A medida que salía del trance, noté un fenómeno físico curioso que ya había observado pocas veces en el pasado. Por alguna razón, en los demás casos también involucraba el área del cuello. Noté una zona roja apareciendo en su cuello, sobre la laringe. Una marca roja, alrededor de dos centímetros cuadrados. Los demás casos habían involucrado ahorcamientos, y habían dejado marcas más anchas en la garganta. Yo no me preocupé mucho porque, en los otros casos, después del asombro y la sorpresa inicial, las marcas se desvanecieron después de unos cinco minutos, sin dejar efectos permanentes. Esta vez, cuando despertó, ella no sabía de la marca, pero su respiración le causaba molestias. Se sentó, aclaró su garganta y tosió. Yo prendí nuevamente la grabadora y grabé sus reacciones. Ella dijo que estaba teniendo dificultad para respirar. «No puedo respirar. No me entra nada de aire».

Yo apagué la grabadora para observar su cuello. La sugestioné para hacer que la marca y el malestar se fueran rápidamente, a medida que observaba cómo el enrojecimiento se desvanecía gradualmente, hasta que su cuello me pareció normal. Ella parecía estar respirando con mayor facilidad y, cuando estuvo cómoda, habló sobre algunas escenas que recordó de la sesión. Yo quería escuchar cualquier recuerdo antes de que yo le dijera acerca de su muerte. Todo lo que recordó conscientemente sobre la sesión, fue una chimenea y un tazón con algo de masa en él. Toda la imagen tenía un aura café, lo que pensó que era un color deprimente. Esto es común para sujetos que han experimentado el estado de sonambulismo. Los únicos recuerdos son, usualmente, el principio o el final de la sesión, y normalmente se ven como imágenes de sueños. También se desvanecen rápidamente, tal como los sueños al despertar.

Después, le conté acerca de lo que trató la sesión y su muerte. Yo creí que era interesante cómo había aparecido la marca roja sobre el mismo lugar en que habían golpeado a Astelle con el atizador caliente. Su reacción inicial de no ser capaz de respirar se esfumó en pocos segundos. La marca tomó un poco más, pocos minutos, para desaparecer. Mi relato de su espantosa muerte le pareció repugnante, pero no le evocó ninguna reacción personal. Era como si le estuviera contando una película que había visto. Eso sí, ella me dijo que tenía un lunar en un lugar inusual. Una marca de nacimiento oscura en la parte carnosa de sus genitales.

La Astelle que yo recordaré no es la trágica figura que tuvo una muerte tan horrible, a manos del despiadado inquisidor. A quien yo mantendré por siempre en mi memoria es a la niña gentil, de cabellos dorados, que monta su unicornio sobre un arcoíris, hacia la tierra de paz y belleza que se encuentra del otro lado.

Sección 3

Más vidas con Karen

Capítulo 12
El juglar, Parte 1
(Grabado el 13 de mayo de 1983)

Apenas habíamos dejado la vida de la druidesa. Ella acababa de morir.

D: *Retrocedamos en el tiempo otros cien años. Vayamos a los años 600, tiempo atrás. Retrocediendo unos cien años más desde esta vida de la que acabas de hablar. Contaré hasta tres y serán unos cien años antes de esta vida. 1, 2, 3, ¿qué estás haciendo?*
K: Estoy encordando mi arpa.
D: *¿Tocas el arpa?*
K: Se. Hago el intento. (Comenzaba a emerger un acento).
D: *Es un instrumento hermoso. ¿Es difícil?*
K: Tiene sus complejidades.
D: *¿Llevas mucho tiempo tocándolo?*
K: Toda ma vida.
D: *¿Es un arpa grande o una pequeña?*
K: Es un arpa de regazo.
D: *¿Un arpa de regazo? He visto unas que son bastante grandes. ¿No es así?*
K: No. No ser exactamente un arpa que se pueda transportar, sino una que se utilizaría para una actuación en un gran salón, para que todos los presentes pudieran oírla. (Definitivamente con un fuerte acento «¿irlandés?»)
D: *¿Eres hombre o mujer?*
K: Yo ser un hombre.
D: *Eres un hombre. ¿Cómo te llamas?*
K: Este's O'Keefe.
D: *¿O'Keefe? ¿En qué país estamos?*
K: Este's Erin. (Lo dijo tan rápido que se juntó. Le pedí que lo repitiera. Yo pensé que era Er o quizá Irlanda). Se le llama Erin. (Muy deliberadamente).
D: *Okey. Sólo me costó un poco entenderte. ¿Cuántos años tienes?*
K: Mmmm, quizá veinticuatro, quizá veinticinco.

D: *Entonces eres un hombre joven.*

K: Yo estar en la madurez.

D: *¿Eso es lo que haces para ganarte la vida? ¿Tocar el arpa? (Se) ¿A dónde vas a tocar el arpa?*

K: (Sonrisa) ¿A dónde «no» voy? Ser un bardo** Ser un hombre de oficio.

Bardo: un poeta, cantante tribal, hábil componiendo y recitando versos sobre héroes y sus hazañas.

D: *Oh, ¿te refieres a que viajas por todos lados y haces música en donde vayas?*

K: Se. Yo cuento las canciones de lo que'stá sucediendo, y las historias de glorias pasadas y lo que sea que quieran escuchar.

D: *¿Vas a los pueblos o castillos o a dónde? ¿Estoy usando las palabras adecuadas?*

K: Voy a torreones y posadas. Y a veces hay reuniones.

D: *¿En donde quiera que haya gente? (Se) ¿Te pagan por hacer eso?*

K: Oh, se, de otra forma yo no tocar. A veces solo es mi comida y lugar para dormir esa noche. Otras veces me pagan en monedas doradas. Pero me gano la vida.

D: *¿Pero no tienes un hogar regular en el que vivas?*

K: No. Mi hogar es donde reposo la cabeza.

D: *¿Cómo viajas?*

K: Mayormente, a pie.

D: *Oh, creí que tendrías un caballo o algo.*

K: Ocasionalmente, me las arreglo para juntar dinero suficiente para conseguir un caballo, pero ah, entonces algo pasa normalmente. Y a veces pasas por malos momentos, así que confío en mis pies.

D: *¿Pero eso no es muy difícil? ¿Debes caminar grandes distancias?*

K: A veces hay largos caminos por recorrer, sí. Y a veces te las arreglas para conseguir un viaje con alguien que sienta pena por ti y cosas así. Pero no es malo.

D: *¿Y entonces montarías a caballo con alguien más?*

K: Se, a caballo o tal vez una carreta con un granjero, quizás.

D: *¿Cuántas arpas llevas contigo?*

K: Tengo mi propia arpa para viajar, que cargo siempre. Esta es, pertenece al salón, y yo estar usándola para esta actuación. Pero no ser mía.

D: *¿Entonces solo cargas una? (Se) ¿Y en otros lugares puedes usar las arpas de los demás?*

K: Generalmente, uso la mía, a menos que sea una actuación como esta. Si hay un gran salón en donde actuar, entonces un arpa de viaje no ser lo suficientemente grande para que se escuche. Pero me sirve bien.

D: *No sería lo bastante sonora. (No) ¿Dijiste que te estabas preparando para una actuación? ¿Vas a actuar ahora?*

K: Esta noche, se.

D: *¿En dónde será?*

K: ¡Aquí en el salón!

D: *¿En dónde estamos? (Pausa) Este lugar en donde será tu actuación.*

K: Ser el torreón O'Connor.

D: *¿El torreón O'Connor? ¿Es en la casa de alguien? (Yo no sabía si casa sería la palabra adecuada para usar). (Se)*

Término inglés que corresponde al francés donjon, la parte más fuerte de la fortificación de un castillo, el lugar de último recurso en caso de asedio o ataque. El torreón podía ser una sola torre o un recinto fortificado más amplio.

D: *¿Habrá muchas personas ahí?*

K: Oh, posiblemente.

D: *¿Es una ocasión especial o sucede algo?*

K: 'S una reunión. Todos las tienen'e vez en cuando. Recientemente, ha habido'na cosecha, y todos terminaron ya su trabajo, ser hora de tener un poco de diversión.

D: *¿Habrá algún otro entretenimiento aparte de ti?*

K: Ah, hay, acróbatas (tuvo dificultad para encontrar esa palabra) y malabaristas y un par tocando flauta. Sí, pocas cosas así.

D: *Entonces habrá mucho entretenimiento. Parece que será un rato agradable.*

K: No'stará mal.

D: *¿Crees que te pagarán bien esta vez?*

K: Se. Probablemente, obtendré una bolsa de plata a cambio.

D: *Oh, eso sería bueno, ¿no es así? ¿Te vestirás de forma especial para esa ocasión? ¿O llevas alguna prenda contigo?*

K: Solo estoy vestido con mi mejor, azul (azul, la palabra anterior fue poco clara) y ser una túnica con medias y botas.
D: ¿Llevas algo en la cabeza?
K: Llevo un sombrero, ehhh.
D: ¿Son tus mejores ropas?
K: Ser lo que tengo.
D: *(Risas) Si tienes que caminar, entonces no puedes llevar mucho contigo, ¿o sí? (No) ¿Qué haces con la comida?*
K: Usualmente, toco a cambio de mi comida o, a veces, cazo un conejo o algo, si me encuentro en medio de la nada.
D: *¡Oh! ¿Tienes armas?*
K: Um, tengo una cuerda y una trampa.
D: *¿Eso es suficiente para atrapar algo? Okey. ¿Y de dónde sacas las canciones que cantas?*
K: A veces yo las invento, y otras las inventan otros arpistas. Y los arpistas se reúnen e intercambian canciones y secretos y pequeñas noticias de dondequiera q'hayan estado.
D: *Oh. ¿Entonces son canciones que cuentan cosas que han sucedido? (Se) ¿Y has inventado varias tú mismo?*
K: Pocas.
D: *¿Qué tocarás esta noche? ¿Ya lo has elegido?*
K: La verdad es que no. Depende de cómo se lo tome el público. No ser el primero en ir, en que me escuchen. Normalmente, el arpista se presenta al final. Y veré lo que la multitud parece querer.
D: *¿Cantas canciones de amor de vez en cuando?*
K: En ocasiones. Nuevamente, depende del público. La mayoría de los hombres quieren escuchar acerca de hazañas valientes que se han hecho. Claro que las damas quieren escuchar sobre amantes, pero ah, lo que l's venga en gana.
D: *Entonces no lo sabrás hasta esta noche. Okey. Movámonos hasta la noche de tu actuación; ya estás dando tu espectáculo. ¿Qué estás haciendo ahora?*
K: Sólo estoy cantando una canción.
D: *Okey. Canta para mí.*

Yo creí que esta sería una oportunidad inusual para ver si podríamos hacer eso. Siempre me baso en mi intuición, porque estas oportunidades surgen de forma inesperada. Yo nunca sé si algo será posible hasta intentarlo. Me preguntaba si sería posible o no obtener algún tipo de música. Sería la primera vez.

D: *¿Qué tipo de canción es?*
K: No lo sé. Es'olamente una canción.
D: *¿Habla de hazañas valientes o de qué? Anda, cántala para que yo pueda escucharla también.*
K: Ah, no te gustará escuchar mi voz. No ser tan buena.
D: *Oh, sí. Déjame escucharla. Soy tan buena como ellos, ¿o no?*
K: Comienza a cantar. (Canción n.º 1). La primera parte está en inglés: «There was a lad, a bonnie young lad. He went to woo a lady». (N del T: En español: «Había un muchacho, un muchacho muy joven. Fue a cortejar a una dama»).

El resto (cronometrado en cuarenta segundos), definitivamente, no era inglés, sino algún otro idioma. Una buena melodía y las palabras parecían seguir un patrón. No creo que fuera un galimatías.

Tengo otra teoría sobre esto. Aparentemente, el sujeto en regresión usa su mente (¿o la mía?) para traducir desde otros idiomas. Esto explicaría la búsqueda de palabras que sucede ocasionalmente. Quizá con la música es diferente. Quizá sea más difícil de traducir. Ella comenzó traduciendo, pero luego cambió. Muchos de nosotros cantamos canciones en otro idioma de forma automática. Quizá eso es natural y, ya que es más difícil de traducir poesía o música, él simplemente lo dejó en su estado natural. Este fenómeno se tendrá que investigar más adelante. (Estas canciones están disponibles para descargar desde un enlace al final del capítulo).

D: *Oh, es muy buena. Me gusta. Es bastante buena. ¿Le gustó al público?*
K: Se, parecen tener los ánimos adecuados para ella.
D: *¿Es la que inventaste tú mismo? (Se) Es bonita. Me agrada.*
K: No está mal.
D: *¿Tocas más de una canción en tu actuación?*
K: Se. Normalmente entre dos y veinte, quizá más. Todos quieren escuchar algo distinto.
D: *¿Esta noche cantarás alguna otra, aparte de esa?*
K: Se, muchas más.
D: *¿Puedes cantarme alguna otra?*

K: Se, déjame pensar.
D: *Porque debes pensar rápido cuando haces alguna actuación, ¿no es así?*

Comenzó a cantar de repente, en otro idioma. (Canción n.º 2, cronometrada en veintisiete segundos).

Esto fue muy emocionante. Había viajado en el tiempo y estaba realmente presente como alguien entretenido por un juglar. Fue emocionante escuchar música en una lengua desconocida. Yo sabía que me había tropezado con algo bastante original y valioso.

D: *Oh, esa también me gusta. ¿Qué idioma es ese?*
K: Ser celta.
D: *¡Oh! ¿De qué trata la canción?*
K: Trata sobre cómo un muchacho vio un dragón hace mucho tiempo. Había amenazado a una dama, así que él fue a matarlo. Y así sigue y sigue.
D: *Entonces es una canción de valentía, ¿de hazañas valientes?*
K: Se, supongo que se puede considerar como eso. Quizá una canción de amor, quizá. Um.
D: *No pude entender las palabras. Es un idioma que no conozco. ¿Tú inventaste esa?*
K: No, es una que ha sido transmitida por mucho tiempo.
D: *Entonces es una que cantas seguido.*
K: Veces.

Otro fenómeno interesante sucedió mientras ella cantaba. Movió sus manos como si estuviera tocando el arpa que estaba apoyada de forma vertical en su regazo. Sus dedos rasgaban cuerdas invisibles y su pulgar derecho recorría todas las cuerdas lateralmente al son perfecto del canto.

D: *¿Crees que te darán una bolsa de oro esta noche?*
K: No, será plata, quizá. Si yo tener suerte.
D: *Pero una bolsa con monedas. (Se) Oh, eso es bueno. Creo que te lo mereces. Me gusta tu voz. ¿Y dices que la gente actúa como si les gustara?*

K: Ellos parecen bastante contentos, pero, claro, todos se están emborrachando a lo grande, así que muy pronto no podrán entender nada.

D: *Porque tú eres el último. Para ese entonces, ellos ya están bastante borrachos, ¿no es así? (Yo me reí).*

K: Hay algunos que se mantienen lo suficientemente sobrios, ya que el arpista trae noticias de todos lados. Y es como tener tu propio mensajero, ya sabes, de diferentes lugares.

D: *Oh, sí, porque tú viajas por todos lados, y sabes todo lo que está pasando. (Se) ¿Y cómo es que das las noticias? ¿Cantando o...?*

K: La mayoría, sí. A veces las dices y sólo tocas el arpa mientras las dices. Y les cuentas sobre lo que'stá sucediendo, y quién'stá haciendo qué, y quién se'stá casando y...

D: *Oh. ¿Cómo lo haces? ¿Podrías mostrarme? Por ejemplo, esta noche, si fueras a contar lo que está ocurriendo, las últimas noticias.*

K: No. Quizá, ah, ellos preguntarían sobre diferentes condados, qué'stá sucediendo en ellos, y así continuaría sobre, no sé. Solo me llega.

D: *Bueno, si fueras a contarlo, ¿cómo lo dirías?*

K: Quizá hablaría con una voz bastante cantarina, para que todo pareciera rimar, todo encaja, y la música solo le agrega un toque.

D: *¿Es difícil pensar así en la rima?*

K: (Risas) A veces.

D: *(Risas) Tienes que hacerlo rápidamente sin pensarlo de antemano. (Se) Parece que sería difícil hacer que todo rime.*

K: Pues, en caso de que no rime, al menos tienes que hacer que suene como si todo encajara.

D: *Pienso que eso es difícil de lograr. (Se) También tocas el arpa. Ese es un talento difícil. No todos pueden hacer esas cosas.*

K: Es verdad.

D: *Cantarlo y hacer que todo rime y al mismo tiempo tocar la música. ¿Dijiste que también hay flautas? ¿Las tocan contigo o...?*

K: Normalmente, un arpista toca solo.

D: *Dijiste que es un torreón. ¿La gente que vive ahí tiene algún título? ¿Sabes cuál es?*

K: ¿Te refieres a si son lords o...?

D: *Sí, algo así.*

K: Déjame pensar. El O'Connell es solo el O'Connell. Me refiero a, él ser, ah, como el tataranieto o algo. Algún hermano puede ser a veces destituido del trono.

D: *¿Crees que podría ser como un jefe o algo?*

K: Ah. Eso es lo más cerca que puedes llegar, porque el O'Connell era su tatara-tatara-tatara-abuelo o lo que sea, fue rey de Irlanda. Y, ya sabes, así es como él consigue su posición, por así decirlo.

D: *Bueno, en su país ahora, ¿tienen un rey?*

K: Eh, la última vez que escuché, ah, se.

D: *¿Me preguntaba si tenían algún tipo de gobernante sobre todo el...*

K: (Interrumpiendo) Ese ser el O'Brien ahora mismo.

D: *¿Sobre toda la tierra?*

K: Pues, verás, están peleando para ver quién tiene el derecho al título. Están todas las casas, los que han «sido» de la realeza, los que «son» de la realeza y, ah, así siguen con lo mismo.

D: *¿Te refieres a que están teniendo una especie de guerra?*

K: Todos están siempre en guerra con alguien más.

D: *Nunca pueden librarse de la guerra, ¿o sí? (No) ¿Esas son parte de las noticias que tú llevas?*

K: Se. Tanto como quién ha ganado, quién ha muerto y cosas como'sa.

D: *Es la única forma en que alguien sabría qué está sucediendo. (Ajá) (Sus manos se movían nuevamente) ¿Estás cantando una canción ahora?*

K: No, yo solo tocar.

D: *¿Les gusta eso? (Se) ¿A dónde irás después de dejar este lugar?*

K: Pues, aún no'star tan seguro. Quizá al norte de aquí. O quizá al sur a Kerry. Todavía no'stoy seguro. No me he decidido. Tengo algunos días pa' pensarlo.

D: *¿Te quedarás aquí pocos días? (Se) Eso suena bien. ¿Intentas mantenerte lejos de donde se llevan a cabo las guerras?*

K: Pues verás, es así. Un bardo generalmente no tiene que preocuparse por quién pelea con quién y cosas así, porque todos quieren saber las noticias de todos lados. Entonces, se le considera una especie de territorio protegido, por así decirlo.

D: *Ya veo. Ellos no creerían que tú eres peligroso. No intentarían matarte o involucrarte en la guerra.*

K: Correcto.

D: *Eso es bueno. Entonces no tienes que preocuparte por eso. ¿Alguna vez tuviste el deseo de establecerte y tener un hogar?*

K: Suena bastante aburrido para mí.

D: ¿Y qué hay de tener una esposa?

K: Más problemas de lo que valen.

D: (Risas) Así que nunca pensaste en tener un hogar y una familia, ni hijos.

K: Cada vez que pienso en tener un hogar o familia, me encuentro con alguna pareja feliz. La esposa regaña al marido y él tiene cinco mocosos chillones, y ah, esto me hace cambiar de opinión muy rápido.

D: (Risas) Entonces la idea no te atrae. (No) Yo creí que todos querían tener un hogar. ¿Alguna vez tú «tuviste» un hogar? ¿Hace tiempo?

K: Recuerdo que, cuando era joven, solía vivir con mi mamá. Entonces un día mi padre llegó al torreón en donde vivíamos y ella me dijo que él es mi padre. Esa noche yo empaqué mis cosas y, cuando él se fue, yo también lo hice.

D: ¿Te fuiste con él? (Se) ¿Cómo se sintió ella al respecto?

K: No lo sé. No la he visto desde entonces.

D: ¿Entonces viajaste un tiempo con tu padre?

K: Se. Yo creo que ella probablemente se lo dijo para deshacerse de mí, porque yo era un poco problemático para ella. Y ella quería estar «libre de cargas» de un niño en crecimiento. (Él sonó un poco agraviado por el recuerdo).

D: ¿Fuiste problemático para tu padre?

K: Si lo era, me golpeaba en la cabeza, así que me enderezó bastante bien. Y él me enseñó el negocio de arpa y cómo cantar.

D: Oh, entonces lo aprendiste de él. (Se) Debe haberte enseñado muy bien. El arpa que estás tocando ahora, ¿se sostiene verticalmente o está sobre tu regazo o...?

K: Se apoya en mi regazo. Es un arpa de regazo. (Todo este tiempo ella había estado rasgueando las cuerdas invisibles, mientras me hablaba).

D: ¿Entonces tú te sientas en una silla y el arpa está sobre tu regazo? ¿Y luego qué, rasgas las cuerdas? (Se) Algunas arpas que yo he visto se apoyan en el suelo.

K: También las he visto, ser un poco más grandes, pero son quizá más problemas de lo que valen. Nunca he tocado una que fuera tan grande. Esta es una de las más grandes que he tocado.

D: No podrías cargar las grandes por todos lados. (No) Bueno, realmente te agradezco por haberme permitido escuchar tus canciones. Me gustaron y creo que a los demás también.
K: Esperemos que sí.
D: Te darán dinero y te darán un lugar para quedarte algunos días. Eso es muy bueno. Diviértete. Dejemos esa escena por ahora. Es una escena feliz, un momento feliz y agradable.

(Se trajo al sujeto de vuelta).

Esta fue una sesión poco usual en muchos sentidos. La música me pareció especialmente interesante. Intentaré conseguir más la próxima semana, cuando nos encontremos en la casa de Harriet. Quiero que ella atestigüe esto.

Pueden descargar las canciones y más cosas desde la página web:

www.ozarkmt.com
https://ozarkmt.com/product/horns-of-the-goddess-songs/

Capítulo 13
El juglar, Parte 2
(Grabado el 19 de mayo de 1983)

Sesión llevada a cabo en la casa de Harriet. Espero obtener algo más de música para que ella la escuche. El inicio de la cinta fue parte de la historia de Hiroshima, después fue parte de la vida vikinga.

D: *Dejemos esa escena, retrocedamos más al pasado. Vayamos a los años 600. (Contando regresivamente por saltos de 100 años). Contaré hasta tres y serán los años 600. 1, 2, 3, son los años 600; algún momento dentro de esa época. ¿Qué estás haciendo?*

K: Yo estar caminando.

D: *¿En dónde estás caminando? (Parecía que había encontrado nuevamente al juglar).*

K: No lo tengo muy claro. No estoy muy seguro de en dónde estoy. (Risas)

D: *(Risas) ¿En dónde «has» estado?*

K: Estar abajo en Kerry y alrededor del lago. Um, solo paseando alrededor, viendo un poco del país.

D: *¿Qué haces para vivir?*

K: Yo ser un bardo.

D: *¿Has estado dando alguna actuación en algún lado?*

K: No, a menos que consideres que tocar el arpa en la posada es una actuación, eh, no.

D: *¿Eso es lo que has estado haciendo?*

K: Se, las últimas semanas.

D: *¿Y obtuviste mucho a cambio de eso?*

K: Obtuve algo de ale, un techo sobre mi cabeza y algo de comida en mi panza.

D: *¿No obtuviste dinero? ¿Algunas monedas?*

K: Mantiene entero al cuerpo.

D: *Al menos es algo que hacer hasta que encuentres un lugar en donde te paguen, ¿no es así?*

K: No me preocupa eso.

D: *La gente en las posadas no te dan dinero, ¿o sí?, ¿monedas?*
K: A veces sí, pero es raro. Normalmente, sólo me alimentan y me dan algo que beber y consumir y…
D: *Te dan un lugar para dormir, ¿eh? (Se) ¿Tienes tu arpa contigo?*
K: Se, está atada al paquete en mi espalda.
D: *¿Qué más llevas contigo?*
K: Un cambio de ropa, pocas cuerdas extras, un cuchillo. Eso ser todo.
D: *No necesitas muchas cosas, ¿o sí? (Ne) ¿Qué hay de los zapatos?*
K: Se. El par que llevo puestos.
D: *Eso es todo.*
K: ¿Para qué cargar más?
D: *Pues pensé que los podrías desgastar.*
K: Siempre puedo cantar a cambio de unos nuevos.
D: *(Risas) Cantas por tu cena, y después cantas por ropa nueva. ¿Entonces no sabes hacia dónde vas o en dónde será tu siguiente actuación?*
K: No, a menos que descubra pronto en dónde'stoy. ¿Quién sabe?
D: *¿Estás perdido?*
K: No me he considerado perdido. Solo no sé hacia dónde voy.
D: *(Risas) Pero sabes en dónde has estado. Eso es suficiente. (Se) ¿Qué es lo que haces normalmente? ¿Sólo caminas hasta encontrar algo?*
K: Se. Hasta que yo decida a dónde quiero ir. No siempre saber. A veces cambio de opinión, aun cuando ya saber.
D: *Me dijiste que cantas mucho. (Se) ¿Eso es lo que haces para vivir? ¿Cantar y tocar el arpa?*
K: Y también me pagan por las noticias que llevo.
D: *Dijiste que inventas algunas de tus canciones, ¿no es así?*
K: Ser cierto.
D: *¿Te gustaría cantar una canción para mí? No tienes nada más que hacer ahora mismo.*

Yo quería que Harriet escuchara sus canciones.

K: No mucho. Pero estar poco húmedo para estar cantando aquí afuera.
D: *¿Por qué está húmedo?*
K: 'Stá lloviendo.
D: *Oh, te mojas entonces, ¿no?*

K: Se. Pero no me he derretido todavía.
D: *(Risas) Entonces no te preocupa llegar a algún lado.*
K: Yo no estar tan mal. Pero no me gustaría sacar mi arpa del paquete.
D: *¿Necesitas tener el arpa para poder cantar?*
K: Oh, sólo lo haría más fácil.
D: *Pero no quieres sacarla porque está lloviendo.*
K: Verás, si se moja, se curvará, y entonces su sonido estará arruinado.
D: *¿La mantienes envuelta?*
K: Se, en tela de hule.
D: *Entonces no tienes que preocuparte porque «se» moje, sólo porque tú «te» mojes. (Se) Bueno, movámonos un poco adelante hasta que encuentras un lugar en donde tendrás alguna actuación. Debes encontrar algo pronto para salir de la lluvia. Un lugar en donde estés cómodo y abrigado. Contaré hasta tres y nos moveremos hasta que hayas encontrado un lugar en el que ya estás dentro, y darás una actuación para alguien. 1, 2, 3, hemos avanzado hasta que ya estás dentro. ¿Qué estás haciendo?*
K: Estar senta'o ante el fuego, calentándome.
D: *¿En dónde estás?*
K: Ser una posada.
D: *¿Ya sabes en dónde te encuentras?*
K: Más o menos. Se llama el Gallo amarillo.
D: *¿Hay un pueblo cerca?*
K: No, ser solo un cruce.
D: *¿Hay más gente ahí?*
K: Pocos viajeros; vinieron a pasar la noche y resguardarse de la lluvia.
D: *¿Cantarás para ellos?*

Había estado tratando de ponerlo en una posición en la que pudiera cantar algo más de música para Harriet y para mí.

K: Se. Alguien pronto echará'n vistazo al arpa y pedirá una canción o algo.
D: *Y querrán saber las noticias. Así es como lograrás quedarte ahí, ¿no es así? (Se) De lo contrario, no obtendrías tu cuarto y comida gratis, ¿o sí?*
K: Ser cierto.

D: *¿Podrías cantar una canción para mí, ahora que ya estás dentro y seco? Esto también hará que la gente se interese.*
K: ¿Qué ser lo que tú quieres escuchar?
D: *Oh, lo que sea. No importa. Me gustan todas las canciones. Canta una de tus favoritas.*

Aquí, Karen realizó una serie de movimientos intrincados. Parecía sostener el arpa en posición vertical sobre su regazo y ajustaba o apretaba tornillos invisibles en la parte superior. Esto duró unos segundos. Luego, pareció estar probando el sonido pulsando las cuerdas. Cuando terminó, cantó una canción lenta. (Canción n.º 3, cronometrada en un minuto y cinco segundos.) De nuevo, sus manos se movían al ritmo de la música, rasgueando cuerdas invisibles y pasando el pulgar derecho por las cuerdas. Puede que más que rasguear, pulsara las cuerdas. Fue muy interesante verlo.

D: *Es una canción bonita. Me gusta. ¿De qué trata?*
K: (Suspiro) No tengo idea. Ser una vieja canción que se olvidaron sus significados. No estar seguro de qué trata.
D: *¿En qué idioma está?*
K: Um, déjame ver. Mi padre dijo algo de ser, ah, picto. No estar seguro. Algo así.
D: *¿Picto? (Se) Oh, ¿entonces es más antigua que tu idioma? (Se) ¿Qué idioma hablas tú?*
K: Celta.
D: *¿Celta? ¿Has escuchado del inglés? (Ella frunció el ceño). Ese es un idioma. ¿No lo conoces? (No) ¿Qué hay del latín?*
K: Ese ser el que hablan los sacerdotes.
D: *Oh, entonces lo conoces.*
K: No tener conocimiento de él, pero sé «sobre» él.
D: *Pero entonces, este idioma en el que estabas cantando es muy antiguo.*
K: Dicen que's tan viejo como las montañas. Yo tener mes dudas sobre eso.
D: *(Risas) Pero es muy bonito. Me pregunto, suena quizá como una canción de amor, pero es difícil decirlo.*
K: Me padre dijo que era algo así, pero era, um, déjame pensar ahora. Lo recordaré en un minuto. Ah, algo sobre una niña que había

sido, ah, le prometieron que su amor regresaría, pero él nunca lo hizo.

D: Oh, ¿una canción triste?

K: Se, algo así, ya sabes. Algo como la vida.

D: Sí, muchas de tus canciones son sobre la vida, las cosas que pasan, ¿no es así? (Se) Eso me gusta. ¿Qué piensan los demás?

K: Se, parece que les gustó. Es una que tiene un buen ritmo que parece gustar siempre.

D: Sí. ¿Cantarás otra más? (Ella suspiró) Obtendrás más comida.

K: (Astutamente) ¿Cuánto me pagarás tú por ella?

D: ¿Cuánto quieres?

K: Oh, quizá algunos tragos, um, ¿quién sabe?

D: ¿Qué es lo que tomas?

K: Ale.

D: Okey. Creo que tengo suficiente dinero para comprarte algunos tragos. También para mantenerte abrigado adentro. (Risas)

Cantó otra canción lenta. (Canción n.º 4, cronometrada en un minuto exactamente). Los mismos movimientos manuales. Ella parecía estar sosteniendo el arpa arriba frente a ella, apuntando hacia afuera, con una mano a cada lado.

D: Es otra que parece un poco triste.

K: Es acerca de un hombre que perdió su reino y se lamenta por eso.

D: ¿En qué idioma está?

K: Se, es celta.

D: Me parecieron similares.

K: Ah, ser muy diferentes. No ser para nada iguales. Tiene pocas similitudes, pero no muchas.

D: Pero a mí me sonaron parecidas, porque no conozco ninguna. (Risas)

K: Ser extraño. Si no conoces ninguna, entonces no ser de por aquí.

D: No, no lo soy. Por eso he disfrutado de tu música. (Ah) (Tuve que pensar rápido) Por eso te preguntaba si sabías... ¿has escuchado del país Inglaterra?

K: (Ella frunció el ceño) ¿Inglaterra?

D: ¿O Escocia?

K: He escuchado de Escoscia. Esa'stá cruzando el agua.

D: Ese es mi país. Soy de por allá. Es por eso...

K: (Ella interrumpió enfáticamente) ¿Entonces cómo es que no conoces a los pictos?
D: ¿Son de allá?
K: Se. Seguro que me estás tomando el pelo.
D: (¿Cómo me salgo de esta?) No, no lo hago. Pero no creo que ellos vivan en el lugar de donde yo vengo.
K: Se, los pictos, vienen de Escoscia por allá. Tú debes conocerlos.
D: Bueno, pues quizá yo no sabía cómo se les dice.
K: Podría ser.
D: Inglaterra está más al sur que Escocia. Está también del otro lado del agua. Okey. ¿Cuántos años tienes?
K: Oh… tener unos veintinueve, treinta, quizá… ah.
D: No eres muy viejo entonces, ¿o sí?
K: (Suspiro) Estar pasando me mejor momento.
D: (Risas) ¿Alguna vez has estado casado?
K: No quiero.
D: (Risas) ¿Y qué harás cuando seas demasiado viejo para cantar?
K: Encontrar una cueva, arrastrarme en ella y sellarla tras de mí.
D: (Risas) Porque, como sabrás, cuando te casas tienes a alguien que cuide de ti.
K: ¡Ha! Eso ser chistoso. Normalmente ser al revés.
D: ¿Eso crees?
K: Eso creo.
D: Yo creo que, si tuvieras una esposa, ella podría cuidar de ti en tu vejez.
K: (Risas) Más bien, regañarme hasta morir.
D: (Risas) ¿Alguna vez has tenido una novia o algo así?
K: No es que me quedara el tiempo suficiente para... no disfrutar.
D: Ah. Todo un errante. (Se) Pero entonces no te preocupa el futuro, ¿o sí?
K: El futuro se cuidará a sí mismo. A mí no me preocupa eso.
D: (Risas) Bueno, ¿dijiste que viajas en Erin? (Se) ¿Alguna vez has ido a algún pueblo grande?
K: Está, ah… Kerry. No estar tan mal. Y algunos de los torreones. No puedes considerarlos un pueblo, pero he ido a algunos torreones, cosas así.
D: ¿Cuál es el pueblo más grande en el que has estado? (Pausa, como si pensara). Ya sabes, en donde haya mucha gente.

K: Mucha gente. Supongo que el más grande al que he ido sería, ah… quizá el torreón O'Brien, pero no es realmente lo que tú considerarías como… (tos) lo que considerarías como un pueblo.

D: *Estás tosiendo porque te mojaste, ¿verdad?*

K: Quizá, tengo pocos escalofríos.

D: *Bueno, yo pienso que un pueblo es donde hay muchas casas, todas juntas, y tienen un nombre. ¿Por ahí hay algo similar?*

K: Solo lo que ha crecido alrededor de los torreones, eso ser todo. De esa forma, si haber una guerra o algo, todos pueden entrar en el torreón y no tienen que preocuparse por ello.

D: *Es más seguro de esa forma, ¿o no? (Se) Y bien, ¿las posadas están solas por ahí?*

K: Normalmente estar en cruces, o a veces haber alguna aldea. Ya sabes, en don'e se juntan, pero ser sólo gente a la que no le gusta… asociarse mucho con otros, quizá, y vienen acá afuera a vivir.

D: *Pero entonces la mayoría vive alrededor de los torreones. (Se) Hay algunos lugares que se llaman ciudades. Son incluso más grandes que los pueblos. Muchas y muchas personas.*

K: Eso no ser… no se parece a nada en donde haya estado.

D: *¿No hay nada similar en Erin? (No) Bueno. ¿Sabes alguna canción feliz? Has estado cantando canciones tristes.*

K: (Suspiro) ¿Alguien hace canciones felices?

D: *¿Hacen más canciones tristes que felices? (Se) Me pregunto por qué.*

K: No tengo forma de saberlo. Parece ser que a la gente en Erin les gusta ser tristes y afligidos. Eso es una excusa.

D: *Me preguntaba si tienen algo que sea un poco más alegre.*

K: No que pueda recordarlo ahora mismo. (Bostezó).

D: *Estás bostezando como si te estuvieras adormilando.*

K: Se, ser tarde. He estado en el camino todo el día. (Bostezó nuevamente).

D: *¿Has escuchado alguna vez a alguien hablando acerca de la «gente pequeña»?*

K: ¿Quieres decir, los shey (fonéticamente)?

D: *¿Qué es eso?*

K: Los pequeños. Los… um, déjame ver. Algunas personas les llaman, ah… duendes.

D: *Sí, y otros les llaman hadas. ¿Conoces esa palabra?*

K: Nosotros les llamamos los shey. Ellos bailan alrededor en los claros a la luz de la luna, y dejan sus círculos y... todos han escuchado de ellos.

D: *¿Alguna vez has visto alguno?*

K: No que lo recuerde, quizá cuando era un pequeñín, pero... Todos saben que ser reales. Aunque chicos traviesos, tal vez. Le gastan bromas a la gente. Se dice que roban niños y dejan en su lugar algo «cambiante» que nunca sobrevive mucho tiempo. Pero nunca he tenido ningún trato con ellos.

D: *¿Tú crees que son solo cuentos o son verdad?*

K: No, ¡ser verdad! Hay gente que dice que son «hechizados por un duendecillo», y se van por ahí, no del todo bien. Y hacen cosas extrañas. Bailan desnudos en el bosque, en medio de la noche, y cosas así.

D: *(Risas) ¿Crees que la gente pequeña les hace hacer esas cosas?*

K: Se, porque ser traviesos, y se ríen de los humanos.

D: *Piensas que solo lo hacen por diversión.*

K: Quizá.

D: *¿Qué es un cambiante?*

K: Verás... las hadas, como tú les dices, o los shey, tener muy pocos niños. Y, les gustan los bebés pequeños y cosas así. Entonces, con su magia, hacen algo en forma del niño que se llevan. Y lo dejan ahí y se llevan al niño.

D: *¿Cómo saben que se trata de un cambiante?*

K: Pues, ya ves. Por lo general, se ponen enfermos y luego se mueren. Y es como una sombra. Y hay diferentes formas con que los sacerdotes dicen que pueden saberlo, pero yo no saber.

D: *¿El cambiante vive y crece?*

K: No, muere poco después.

D: *¿Entonces se dice que la gente pequeña se ha llevado al niño real? (Se) Yo pensaba que te referías a que dejaban a otro en su lugar, y éste viviría y crecería.*

K: Se dice que algunos lo han hecho, hace mucho tiempo, pero nunca he escuchado que uno realmente viva, en los años recientes.

D: *Los sacerdotes saben cómo distinguirlos.*

K: Dicen que saben. ¿Quién sabe?

D: *¿Tú vas a misa? (No) ¿Tienen iglesias por Erin?*

K: Tienen... ah, frailes errantes o monjes o algo así. No estoy seguro. Pero van por ahí tratando de convertir a la gente al cristianismo y provocan mucho miedo. Y no suena muy bien.

D: *Oh, ¿te refieres a que asustan a la gente?*

K: Tienen muchos más contras que pros.

D: *(Risas) ¿Tú que piensas al respecto?*

K: Yo creo que yo ser feliz tal como soy.

D: *¿Hay otras religiones en el país? ¿Dijiste que están intentando convertirlos, cambiarlos?*

K: Ellos dicen que somos una bola de paganos, creyentes de Belldain* y cosas así, y feéricos** y shey.

D: *¿Cuál fue la primera palabra que dijiste? ¿Creyentes de qué?*

K: ¿Belldain? (Fonéticamente. ¿Quizá: Beltain?) Es el fuego y todo a mediados de invierno y cosas así. Y mantener lejos a los malos espíritus y que las fogatas siempre tengan que estar ardiendo.

Beltane es una palabra celta que significa «fuegos de Bel» (Bel era una deidad celta). Es un festival de fuego que celebra la llegada del verano y la fertilidad del año entrante. Estos rituales conducen con frecuencia a uniones y matrimonios, ya sea inmediatamente en el verano entrante, o en otoño. Beltane es el festival gaélico de Mayday. Más comúnmente celebrado el 1 de mayo, o entre el equinoccio de primavera y el solsticio de verano.

Feérico es el mundo de la gente pequeña, leprechauns, hadas, duendecillos, brownies, etc.

D: *¿Y ellos dicen que es malo creer en eso?*

K: Dicen que tú estar condenando tu alma y que va a arder en los mismos fuegos. (Nos reímos.) Y yo les pregunté cómo lo sabían, ¿alguna vez han muerto y han sido enterrados y lo han averiguado?

D: *(Risas) ¿Qué dijeron?*

K: Dijeron que yo seguro me iré al infierno, así que...

D: *¿Por estar haciendo preguntas?*

K: Se. Para las cuales ellos no tener respuestas. Así que, por supuesto, yo estoy equivocado y ellos en lo correcto. ¡Ehhh!

D: *Sí, es fácil decir eso cuando no tienen una respuesta. ¿Has escuchado alguna vez hablar de los druidas?*

K: (Pensando) Ah... druidas, ¿druidas? Um... no.

D: *Escuché que también era un tipo de religión. ¿No los tienen en Erin?*

K: Si estar hablando de religión y cosas así, entonces son la gente que trajeron las danzantes y eso.

D: *¿Ellos hicieron qué?*

K: Ellos levantaron las danzantes.

D: *(Yo no comprendía su pronunciación) ¿Las denantes?*

K: No, las danzantes. Ya sabes, las piedras danzantes. Y ellos dicen que las levantaron, pero yo no... Ellos se han ido o al menos se escondieron.

D: *¿Has visto ese lugar o sólo escuchaste de él?*

K: Oh, hay varias piedras danzantes. Haber una en el sur, que es bastante grande y tiene algunas cosas... Haber otras más pequeñas en el norte. Ah... y haber un par de lugares en las grandes colinas, que se enroscan en diferentes direcciones, se dice que no están seguros de quién los hizo. Pero tiene algo que ver con algunas de sus creencias o algo.

D: *Entonces ellos deben ser bastante viejos. (Se) Has visto esos lugares porque viajas demasiado.*

K: Se. Aunque de algunos solo he oído hablar. Pero el del sur, ese lo he visto con mis propios ojos. Ser uno bastante grande.

D: *¿Puedes decirme cómo es?*

K: Pues, las piedras ser todas de la altura más o menos de un hombre y ser azules. Y haber un gran altar de piedra en el centro, del que no están seguros de dónde vino. Ser negro carbón y muy oscuro. Y se dice que lo usaban para hacer sacrificios en él, pero, ¿quién tiene forma de saberlo?

D: *Aunque eso ya no se hace más.*

K: Pues al menos no al descubierto.

D: *(Risas) ¿Por qué les llaman las piedras danzantes?*

K: Porque ahora tienen ángulos diferentes, y parecen como si algún borracho estar como bailando alrededor.

D: *¿Las piedras se sostienen unas a otras?*

K: Algunas se sostienen de una forma, otras se sostienen de otra forma, y...

D: *¿Dijiste que hay espirales?*

K: Se. Haber espirales, ya sabes, grandes montículos que tener forma de espirales.

D: *¿Cómo se formaron?*

K: (Sonriendo) Yo no los hago. Son de barro y terrones (¿piedrones?).
D: *¿Piedras?*
K: No, ser solo tierra.
D: *Parece que la lluvia se lo llevaría.*
K: Sin embargo, haber estado ahí por siempre, y el pasto ha crecido por encima.
D: *¿Crees que en algún momento alguna religión hizo esas cosas?*
K: «Alguien» lo hizo. No ser solo algo que pasó.
D: *No pudieron haberse formado por sí solas. ¿Crees que sean lugares sagrados?*
K: Se dice que, si algún hombre las traspasa, hacer enfadar a alguien, y qué él tenderá a desaparecer.
D: *Esa sería una forma de mantener a todos alejados, ¿o no? (Se) ¿Qué creencia tienes tú?*
K: Yo creo en lo que puedo ver y tocar, y eso ser todo.
D: *Esa es una buena forma de ser. Así no le temerás a todas esas otras personas diciéndote esas cosas.*
K: No me preocupa. Creo que lo descubriré cuando muera. Si no ser nada, 'staré feliz, si hay algo, puede que me sorprenda.
D: *(Risas) Es una buena creencia. Todo lo que pueda suceder será bueno. (Se) ¿Pero no te sabes ninguna canción feliz?*
K: (Bostezó). No puedo pensar en ninguna.
D: *De cualquier forma, me gustaría que me cantaras una más. ¿Lo harías antes de irte a la cama?*
K: Parece que esa ser la pregunta eterna, «¿Una más? Oh, ¿una más?»
D: *(Risas) ¿La gente siempre dice eso?*
K: Normalmente. (Ella parecía cansada). Déjame pensar.
D: *Sólo canta una más y te dejaré que te vayas a dormir.*

Hizo una pausa como si pensara. Luego, cantó. (Canción n.º 5, cronometrada en un minuto y veinticinco segundos). Esta fue la canción más larga que cantó. También era lenta y acompañada de los movimientos manuales habituales.

D: *Es bonita. Realmente te agradezco. Dime qué significa.*
K: Oh, veamos. Ser acerca de este lugar que dicen está del otro lado del mar, que los… oh, ¿cómo les llaman? Ah, los hermanos, que ellos navegaron hacia allá y dijeron que hay una isla de cristal. Y

que regresaron y contaron sobre ella y nadie les creyó. Así que, volvieron, y nunca más se les volvió a ver.

D: *¿También era celta? (Se) Ah, me pregunto qué era la isla de cristal.*

K: No tengo forma de saberlo.

D: *Pero es una bonita canción. Gracias por cantarla. Dijiste que estabas cansado.*

K: Estar listo para estirarme en un tapete en algún lado. (Bostezó).

D: *Pero antes irás por tus tragos, ¿o no? (Bostezó nuevamente). Bueno, gracias por hacerlo para mí. Creo que a los demás también les ha gustado.*

K: Al menos no'stán gritando ni tirando cosas, así que no deben haber pensado mucho en eso.

D: *(Risas) ¿A veces te hacen eso?*

K: Pues, a veces, se sabe que eso pasa. Se, se emborrachan demasiado y quizá no quieren escuchar lo que estar cantando o...

D: *(Risas) Okey, si no están arrojando cosas, entonces les gustó. Porque a mí sí me gustó.*

(Se trajo al sujeto de vuelta).

Capítulo 14
El juglar, Parte 3
(Grabado el 20 de junio de 1985)

D: *Vayamos de vuelta con O'Keefe, el arpista. El hombre que tocaba el arpa y cantaba canciones, viajando a muchos, muchos lugares. Viajó, cantó canciones y llevó noticias. Creo que su nombre fue O'Keefe. Vayamos a la época en que él vivía. Contaré hasta tres y estaremos ahí. 1, 2, 3, estamos en una época en que el arpista vivía, tocaba y se divertía con su negocio. ¿Qué estás haciendo?*

K: 'Star sentado frente a la fogata. Solo una pequeña que he conseguido hacer.

D: *¿En dónde estás?*

K: En el camino.

D: *¿Afuera? Pensé que quizá te referías a alguna posada o algo así.*

K: No esta noche, no.

D: *¿Has ido a algún lugar?*

K: Haber estado viajando.

D: *¿Hacia dónde vas?*

K: Por el camino. A ningún lugar en particular.

D: *¿Has estado en algún gran torreón últimamente?*

K: No el último mes o más.

D: *Te gusta tu trabajo, ¿no es así?*

K: Mantiene pan en mi boca.

D: *¿Has cantado últimamente?*

K: Cuando tener la oportunidad.

D: *¿Cuál es tu lugar favorito para ir?*

K: Oh, no saber. Quizá Taramoor (fonéticamente) y Shawnray (fonéticamente).

D: *¿Son lugares en los que te trataron bien y te gustaría regresar?*

K: Ellos ser amables, sí.

D: *Me he estado preguntando acerca del país por el que has caminado. ¿Es un terreno llano y fácil?*

Yo no había estado en Irlanda, y sabía que Karen tampoco. Quería ver si su descripción sería acertada.

K: Pues, si fuera un terreno llano, no sería Irlanda. Tener muchas colinas y valles y cosas así. Solo pareces llegar a lo alto de una colina y bajas a la siguiente.
D: *¿La gente vive en áreas así o viven en terrenos llanos?*
K: Viven por todos lados. Dondequiera que puedan ganarse la vida
D: *¿Hay algo importante que esté sucediendo últimamente en el país? ¿Sobre lo que hagas tus informes cada vez que das las noticias?*

Yo estaba buscando algo histórico que pudiera verificar.

K: (Pausa) Solo las personas peleando una y otra vez, como siempre. De'so se trata todo. Siempre haber alguna disputa. Los O'Connor diciendo que los Bradys estar en su tierra, y peleando por eso, y cosas así. Esa ser situación normal.

Su acento era tan fuerte que a menudo era difícil traducir los nombres.

D: *¿Alguna vez tuvieron algún problema con alguien de fuera del país, que llegara y tratara de llevarse algo? ¿Guerras o algo?*
K: Siempre haber gente que desembarca en las costas e intentan entrar, pero principalmente... es como si un irlandés siempre peleara contra su hermano, hasta que alguien comienza a pegarle a su hermano. Entonces ellos se unen. Así qué no, no hay muchos problemas con eso.
D: *Pensé que tú sabrías sobre esas cosas, ya que llevas las noticias. ¿Ha habido guerras de ese tipo en el pasado, de las que pudieras saber?*
K: Oh, siempre hay gente llegando de la tierra del otro lado de las aguas. Y a veces se establecen pacíficamente, y a veces pelean, pero... no en la historia reciente, no.
D: *Eso es lo que me preguntaba, si habían tenido alguna guerra reciente sobre la que hayas tenido que reportar algo.*
K: No del exterior. Solo los irlandeses promedio teniendo una buena trifulca. (Yo me reí). No haber nada muy interesante sucedien'o ahora.

D: *Anteriormente, dijiste que cuando vas a los torreones debes decirles todas las últimas noticias.*
K: Se, eso ser verdad.
D: *¿Y de eso se trata todo ahorita? ¿Sólo las distintas disputas?*
K: Oh, ellos tener los dos bandos que'stán querien'o proclamar rey a su hombre. Y eso ser todo.
D: *¿A qué te refieres?*
K: Oh, los O'Connors 'stán querien'o proclamar rey otra vez a su hombre. Y los O'Learys, ellos lo quieren de vuelta. Y'stán peleando por ello, como siempre.
D: *¿Entonces tienen un solo rey que rige sobre todo?*
K: Normalmente, ser el hombre con las mejores armas o el mayor ejército.
D: *¿Quién es el actual? ¿Es alguno de ellos?*
K: No, ser el O'Bradys. Ellos se turnan cada cien años, después de haber aplastado las cabezas de todos los demás del clan. Irlanda ha sido una serie de hazañas como esa desde que Irlanda existe. O ha tenido un rey sobre su totalidad.
D: *¿Y es así como lo eligen? ¿Peleando el uno con el otro?*
K: Como regla general, sí.
D: *¿Tienes una idea de quién será el siguiente en conseguirlo?*
K: Quien tenga más dinero en las despensas.
D: *¿Tú vas a esos lugares cuando se llevan a cabo las disputas?*
K: A veces lo hago, pero me gusta mantenerme aleja'o de ellas. Me refiero a que, a veces, un arpista errante también recibe disparos.
D: *Oh, sí. Eso podría suceder. Me preguntaba qué lenguaje es el que tú hablas. ¿Tiene algún nombre?*
K: ¿Te refieres al gaélico?
D: *¿Ese es el lenguaje que tú hablas?*
K: Ser así como se le llama.
D: *Me lo preguntaba porque una vez, cuando cantaste canciones para mí, me dijiste que estaban en un idioma. Y sólo me preguntaba si cantas en un idioma diferente al que hablas.*

Esto fue sugerido por un lingüista como explicación por el idioma de las canciones.

K: No, no como regla. De vez en cuando me piden una canción que'stá, digamos, en picto o algo así. Pero generalmente siempre ser algo que todos entiendan.

D: *Eso me preguntaba. Alguien me dijo que quizá tú cantabas en un idioma diferente al que otra gente pudiera entender.*

K: No. Quiero decir, ¿por qué cantaría en algo que ellos no entendieran? Me refiero, entonces no obtendría me plata u oro por cantar, porque no sabrían qué estar yo diciéndoles.

D: *Sí, eso es cierto. ¿Y tú dices que el idioma que hablas es gaélico?*

K: Así es como haber escuchado que otros le dicen, la gente que no es de aquí.

D: *¿Todos en Irlanda hablan el mismo idioma?*

K: Todos los que haber conocido. Me refiero a que, los de norte, por ejemplo, hablar poco diferente. Pero todos tienen el mismo idioma.

D: *Una vez cantaste acerca de dragones. ¿Realmente creen que existen?*

K: Eso sonar como quizá algo que pudo haber sido inventa'o por madres para asustar a niños pequeños. ¿No lo crees?

D: *Has viajado tanto, ¿alguna vez has visto algo similar?*

K: No, ni nadie haber puesto ojos sobre alguno, realmente. De todos modos, han estado bien metidos en la cabeza.

D: *(Risas) ¿Qué hay de los unicornios? ¿Sabes qué son?*

K: Oh, he escuchado de ellos. ¿Quién no? Por supuesto, siempre haber vendedores ambulantes que venden pociones que dicen que están hechas de diferentes partes de unicornios y esas cosas. Pero yo no creer. Yo pensar que son solo para hacer dinero. Cada hombre hace lo que puede para sobrevivir.

D: *Entonces nunca has visto unicornios ni dragones. (No) Entonces crees que solo son historias.*

K: Quién sabe qué pudo existir antes de nosotros llegar. Debe haber algo de verdad incluso en las leyendas más antiguas. De otro modo, no hubieran sido creadas, para empezar.

D: *Cuéntame acerca del arpa que tocas. La que cargas en tu espalda.*

K: ¿Qué querer saber de ella?

D: *¿Cuántas cuerdas tiene?*

K: La que cargo en mi espalda tener doce.

D: *He escuchado que algunas tienen solo pocas cuerdas, y otras tienen muchas.*

K: Mientras más grande, más cuerdas tener.

D: *¿La hiciste tú mismo?*

K: ¿Cómo la hubiera obtenido si no fuera haciéndola yo mismo?

D: *Pensé que, en ocasiones, otras personas hacen cosas y luego las venden.*

K: ¿Por qué vendería alguien un arpa buena? A menos que no pudiera tocarla más. Y entonces, probablemente la pasaría a su hijo o nieto.

D: *A veces la gente hace cosas solo para venderlas, para otras personas.*

K: ¿Y comprarías un arpa que haber hecho alguien que no tener música en sus dedos? Desafinar, o sonido agrio cuando se suponía que sonara como un arco (el acento fue muy fuerte aquí. Creo que la palabra era: arco). No sería bueno.

D: *Eso tiene sentido, ¿no? Me preguntaba si podrías decirme algunas pocas palabras en tu idioma. Solo algunas pocas palabras simples o algo, para ver cómo suenan.*

Yo ya había estado investigando la música y el idioma con un lingüista. Ella me había sugerido esto. Karen hizo una pausa y su expresión facial mostró estrés. Estaba confundida.

K: No estar seguro de qué quieres. Es decir, yo estar hablando así y pareces entenderme bien. Entonces por qué querer... no entiendo.

D: *Está bien. Creí que quizá tendrías algunas palabras diferentes para ciertas cosas, y que yo no las sabría. Está bien. Estamos comunicándonos muy bien así, ¿no es cierto?*

K: Oh, se.

D: *Bien, pues yo disfruto hablar contigo. Muy bien. Dejemos esa escena. Contaré hasta tres, vayamos hasta donde te encuentres en uno de los torreones. Contaré hasta tres y estaremos ahí. 1, 2, 3, estamos ahora en un torreón, uno en el que disfrutes estar. ¿Qué estás haciendo?*

K: 'Star tocando mi arpa.

D: *¿En dónde estás?*

K: Yo estar en Strafmoor. (Le hice repetirlo. Fonéticamente: Straf moor).

D: *¿Estás en el salón o en dónde?*

K: Se, 'star en el gran salón.

D: *¿Cómo luce el gran salón? Nunca he visto uno. ¿Podrías mirar alrededor y describirlo para mí?*
K: Tener paredes que se levantaron con piedras. Con ventanas muy altas. Y las vigas cruzando, ser de madera, cubiertas con paja.
D: *¿Techos altos?*
K: Oh, se.
D: *¿Las ventanas son muy grandes?*
K: No, ser bastante pequeñas.
D: *Y están muy arriba. (Se) No serías capaz de mirar a través de ellas, ¿o sí?*
K: No, ni nadie podría escabullirse a través de ellas.
D: *¿Por eso son tan altas?*
K: Eso y el hecho de que permiten que el humo salga, creo.
D: *Oh. ¿Entonces no están cubiertas?*
K: Tienen láminas de piel aceitosa cubriéndolas.
D: *¿Por qué tienen humo? ¿Hay chimeneas dentro de la habitación?*
K: Oh, se. Haber una gran fogata central en medio de la habitación. De otro modo, ¿cómo se calentaría la gente dentro?
D: *¿Qué aspecto tiene?*
K: Ser elevada... a la mitad de todo. Es redonda, y abierta. Es como un tipo de hoguera.
D: *¿Es más alta que el suelo?*
K: Se. Si no fuera más alta que el suelo, entonces los juncos se incendiarían. Y eso no tendría ningún sentido.
D: *(Yo no entendí la palabra) ¿Los truncos?*
K: Los juncos.
D: *¿Los juncos? ¿En dónde están los juncos?*
K: Esparcidos por el suelo.
D: *¿Por qué están en el suelo?*
K: Para mantener las cosas calientes y limpias. (Ella estaba claramente agraviada conmigo porque yo no entendía). Yo nunca preguntar por qué'stán ahí. Sólo se hace.
D: *Quiero decir... estoy pensando en juncos... ¿son como pasto seco?*
K: Oh, se, se.
D: *¿Y se esparce por el suelo? (Se) Pensé que solo sería un piso limpio y barrido.*
K: (Risas) Con la gente que'stá por aquí, nunca se mantendría limpio y barrido.

D: *¿Así que ponen este tipo de pasto por todo el suelo? (Se) Y lo esparcen.*

K: Y solo echan sus cosas en los juncos. Ahí van a dar los huesos después de la cena, y los perros pelean por ellos y así.

Esta no es exactamente la imagen romántica que nos dan las películas de un banquete en un castillo.

D: *¡Oh! ¿Entonces arrojan todo al piso? (Se) ¿Y qué más, hay mesas alrededor del...*

K: Se, mesas y trincheros.

D: *¿Trincheros?** ¿Dispuestos alrededor del fuego? (Sí) ¿En círculo?*

Diccionario de la Real academia española: 1. Mueble de comedor, que sirve principalmente para trinchar sobre él los alimentos. 2. Plato trinchero.

K: No, los ponen en líneas.

D: *¿Mesas largas?*

K: Bastante largas. Ser más largas que un hombre.

D: *¿Y qué es lo que hacen? ¿Traen la comida y la acomodan sobre las mesas? (Se) ¿Quién lo hace, los sirvientes o quiénes?*

K: Se. Los mandados.**

**Mandado: Persona que, por encargo de otra, realiza un trabajo duro o aburrido, sobre el cual no tiene poder de decisión.

D: *¿Los mandados traen la comida? ¿Y después la gente come y arrojan los huesos y todo al piso? (Se) ¿Y tienen muchos perros?*

K: Hay suficientes como para que haya cierto jaleo, y tener una lucha sobre las cosas.

D: *(Risas) Pelean por la comida. (Se) ¿Qué tipo de comida ves sobre las mesas?*

K: Cosas como venado y... (pausa mientras miraba) oh... aves ahumadas. Y diferentes tipos de perdices y faisanes y cosas así. Y diferentes tipos de pescado y demás. Y tuoveros y eso.

D: *¿Y qué?*

K: Tuoveros (Fonéticamente).

D: *¿Qué es eso?*

K: (En esta oración finalmente comprendí lo que estaba diciendo). Un tubero ser un tubero, y no saber otro nombre para llamarles.

D: *Oh. ¿Es algo así como un vegetal? ¿Conoces esa palabra? (Pausa) ¿Crecen en la tierra?*

K: Oh, se, se.

D: *Muy bien. Ese es un nombre diferente. Ahora sé a qué te refieres. ¿Tienen muchas cosas de esas para comer por aquí? ¿De las que crecen en la tierra?*

K: Hay suficiente cantidad para alimentar todas las bocas que estar.

D: *¿Qué hay del pan? ¿Alguien lo hornea?*

K: Hay tartas planas, si te refieres a eso.

D: *¿Son tartas dulces o...?*

K: Oh, no, no. Ser tartas molidas. Ser tartas planas. No saber de qué otra forma decirlo.

D: *¿No son muy gruesos?*

K: Quizá del grueso de un pulgar y medio.

D: *Quise decir, ¿qué tan altos son?*

K: Eso ser cuán altos son.

D: *¿Y qué tan grandes son alrededor?*

K: Oh, algo así. (Movimientos manuales) Si lo rodeas con tus dos manos, podrían encontrarse alrededor de él.

D: *¿Y no es dulce? (No) ¿De qué color es?*

K: Quizá café.

D: *¿Se comen eso con la carne?*

K: Normalmente, usarse para limpiar el trinchero. Y se come así. (Risas) Es la única forma en que tú poder comerlo, ser con un poco de jugo bueno sobre él.

D: *¿Sabes qué son los platos? (Pausa) Algunas personas comen de los platos.*

K: No conocer esa palabra, no.

D: *Es un... ¿sabes lo que es la cerámica? ¿Ustedes tienen cerámica? O...*

K: Tenemos copas, si eso ser de lo que tú'stás hablan'o.

D: *Copas. Okey. A veces se tienen cosas para poner ahí la comida, y tú...*

K: Oh, la ponen en trincheros.

D: *En los trincheros. ¿Y tienen copas para servir las bebidas?*

K: Alguna gente tiene copas. Otros sólo… ¿cómo les llamar? Tarros, supongo ser buena palabra.

D: *¿Una copa es más valiosa?*

K: Se, ser para la gente importante.

D: *¿Qué clase de tragos tienen?*

K: Oh, hay cerveza oscura, stout, y clara, ale, e hidromiel y cosas así.

D: *¿Hay alguien que beba leche? ¿Sabes qué es eso?*

K: Eso ser lo que le dan a los llorones.

D: *(Yo no comprendí esa palabra). ¿Los barones? ¿Entonces las personas normales no la toman? (Pausa. Ella mostró confusión).*

K: No me estar entendiendo. No, eso ser lo que le dan a los bebés.

D: *Oh, okey. Pensé que te referías al barón, algo así como una persona importante.*

K: Yo no saber lo que's un barón. Esa ser una palabra que's desconocida para mí. ¿Me la explicarías?

D: *Bueno, es algo así como un jefe. Algunas personas en lugares distintos pueden llamarle así a un jefe o a un rey.*

K: Se, esa ser una palabra interesante, ¿no?

D: *Es una persona distinguida. Entonces, le dan la leche a los bebés, las crías? (Se) ¿La gente adulta como tú no bebe leche?*

K: No normalmente, no.

D: *¿Hay algo dulce que sirvan durante estas cenas?*

K: Solo si tener mucho dinero, tener dulces. 'So ser raro, muy raro. Hechos de mieles y cosas así. Y ser muy cara.

D: *Yo pensaba que, si tenían una gran fiesta como esta, entonces tendrían algo dulce. ¿Solo ocasiones especiales?*

K: Como regla, solo en bodas o cosas así.

D: *¿Hay algún orden que respeten al sentarse? ¿Habrá alguien más importante que los demás?*

K: Se, haber aquellos en las mesas altas, y tienen una clase de orden descenden'e. Y luego tienes a los que'stán por encima y por debajo de los vendedores y cosas así.

D: *¿A qué te refieres con estar por encima y debajo de los vendedores?*

K: Ser en donde tienen la sal. La tendrían ya sea por encima de los comerciantes o por debajo de ellos.

D: *¿Las mesas altas? ¿Quiere decir que están elevadas por encima de los demás?*

K: Oh, hay una que lo está. Ser el dueño del lugar. Él tendría la mesa alta. Y toda la gente de visita, que ser digamos parientes o lo que sea, estarían ahí arriba con ellos. Y después haber un orden descendente en la habitación, por así decirlo.

D: *Cuando dices que estaban por encima y por debajo de la sal, ¿no todos están acostumbrados a comer con sal?*

K: No. Solo ser permitido a usar sal si ser de cierta importancia o así.

D: *¿A qué se debe eso? ¿Es rara? ¿Es difícil de encontrar?*

K: Se. En muchos lugares la sal ser igual que el dinero.

D: *Entonces la gente que se sienta en lo más bajo no acostumbra a tener sal en su comida. (Se) Ummm. Y entonces, cuando terminan de comer, simplemente tiran todo al suelo.*

K: Los perros limpiar.

D: *¿Tienen algo con lo qué comer?*

K: Tener sus cuchillos.

D: *¿Cómo se viste la gente? En especial las ladies. ¿Se visten de forma especial?*

K: ¿Te refieres a cómo? ¿Cómo se visten? Quiero decir, llevan un vestido, un curtle.

D: *¿Un curtle?** (Kirtle)*

Kirtle: falda o vestido de mujer.

K: ¿Qué más? Es decir, yo no saber las modas de mujeres y eso.

D: *¿Las faldas son largas?*

K: Se, tocan el suelo.

D: *¿Llevan algo en sus cabezas?*

K: Llevan los griñones.**

Griñón: Tocado que cubría cabeza, cuello y rodeaba la cara, antiguamente usado por mujeres y aún usado por algunas monjas.

D: *Entonces no llevan el cabello simplemente suelto, ¿o sí?*

K: Normalmente, lo llevan recogido en trenzas o algún tipo de caul.**

**Caul: Tocado interior de red que calzaba bastante cerca de la cabeza.

D: *¿Qué hay de la parte superior del vestido? ¿Llega hasta el cuello o...*

K: Se. Llega muy alto.

D: *¿No son escotados?*
K: No. Te congelarías hasta morir si así lo fuera.
D: *(Risas) Oh, es muy frío ahí, ¿eh?*
K: Oh, el invierno se llega a poner algo frío.
D: *¿Sus mangas son largas o cortas?*
K: Ser largas.
D: *¿Llevan joyería?*
K: Los que tienen suficiente dinero para eso. Y si no, pues no. Generalmente, ser un anillo o una cruz. Eso ser todo.
D: *Nada más elegante. ¿Y qué hay del dueño? ¿Él usa algún tipo de joyería en especial?*
K: Él llevaría su anillo de sello, y quizá algún tipo de... (pensando en la palabra). Algún tipo de... medalla. Ir a mitad de su pecho.
D: *¿Una cosa redonda de metal en una cadena o algo así?*
K: Se. Que estar mostrando su oficio. Tener diferentes diseños y estar labrados con sus armas y todo eso.
D: *Y eso dice quiénes son. (Se) ¿Qué tipo de ropas llevan los hombres?*
K: Un jubón** y calzas. Es decir, yo no saber otra forma de explicarlo.

Jubón: Vestidura de hombre ceñida y ajustada al cuerpo. Hecha generalmente de cuero.

D: *¿El jubón llegaba muy abajo hasta sus piernas?*
K: Alrededor de la mitad de los muslos.
D: *¿Llevan mangas largas?*
K: Se. A veces llevan una camisa dentro. Luego el jubón, que tiene mangas cortas, y la camisa ser la de las mangas largas. Eso ser mucho más abrigador. Supongo que depende de la época del año.
D: *¿Alguna vez llevan algo en la cabeza?*
K: Diferentes personas tener diferentes tipos de sombreros. Solo depende de tu ánimo, supongo, o quién ser y qué poder costear. Algunos ser bastante extraños. Yo vi uno que parecía un pájaro a punto de despegar y volar.
D: *(Risas) ¿En un hombre? (Se) Eso parece algo que usaría una mujer.*
K: No, este era evidentemente un hombre muy consciente de su propia importancia, supongo.
D: *(Risas) Quería ser diferente y hacer que todos lo notaran.*

K: Se le notó bastante, solo que muchos lo creyeron un tonto.

D: *¿Qué tipo de prendas llevas tú?*

K: Solo calzas y jubón, por lo general. Quizá una capa si hace frío. Pero eso ser todo.

D: *¿Llevas algo en tu cabeza?*

K: En ocasiones una capa durante el invierno o cuando llueve. Pero, generalmente, llevar cabeza descubierta.

D: *¿Las ropas son de algún color en especial?*

K: Las mías ser café y tener un par rojo. Pero ser para ocasiones especiales.

D: *¿La gente suele usar colores brillantes?*

K: ¿Cómo podrían conseguir los tintes para ellos? A menos que se produzcan en las cosas que les rodean, no poder conseguir los tintes.

D: *¿Entonces la mayoría de las personas solo usa ropa café?*

K: O cosas que ser del color de lo que estar hechas. Por ejemplo, si ser lana, ser del color de la oveja que fue esquilada.

D: *Entonces no lo tiñen. (No) ¿Y muy poca gente usa colores brillantes?*

K: No muchos, no a menos que puedan costearlo.

D: *¿En dónde conseguiste las ropas rojas?*

K: Me costó un ojo de la cara. Lo obtuve de un sastre. Cuando ir a posadas necesitas tener al menos un par de ropas que hagan parecer que perteneces ahí.

D: *Y, cuando cantas y tocas tu arpa, ¿en qué parte de la habitación te sientas?*

K: Normalmente en una silla que'stá arriba por la mesa alta. Para que ellos me puedan escuchar y puedan decirme qué querer escuchar.

D: *Y dijiste que a veces hay malabaristas. (Se) ¿Y acróbatas? ¿Sabes qué es eso?*

K: No conocer la palabra.

D: *Se refiere a personas que hacen... oh, saltan por todos lados y hacen todo tipo de trucos con su cuerpo. Se ponen de cabeza y cosas así.*

K: Sí, haber visto gente haciendo eso. Y también haber actores enmascarados** y cosas así. Representan escenas.

Un enmascarado era un animador medieval que ejercía de actor aficionado. Actuaba en diferentes representaciones teatrales en los pueblos, con motivo de las cosechas o en alguna ocasión religiosa como Navidad.

D: ¿Actores enmascarados? Oh, ¿te refieres a quienes realizan pantomimas, sin hablar?

Yo estaba pensando en mimos.

K: Oh, no, ellos hablar. Pero usan… digamos, diferentes voces y así. Para hacer su acto más gracioso para la gente. ¿Sabes a qué me refiero?
D: Creo que sí. ¿Te refieres a que actúan diferentes papeles?
K: Oh, se, se.
D: ¿Es solo una persona?
K: Oh, generalmente ser un grupo, pero todos actúan diferentes partes, así que, al final, ser un acto completo, por decirlo así. Entre dos y tres, quizá cuatro personas.
D: ¿Se cambian de ropas cuando hacen eso? ¿O solo cambian sus voces?
K: Normalmente, solo cambian sus voces. Y algunos que haber visto, tener trajes a los que les dan la vuelta. Por ejemplo, en un lado del que tenía este hombre, lo giraba y eran calzas y jubón; y, en el otro lado, tenía un curtle largo. (Yo me reí) Era bastante extraño.
D: ¿Entonces él pretendía ser una mujer y después un hombre? (Se) ¿La gente pensó que era chistoso?
K: Se, se rieron bastante.
D: ¿Y cuentan historias de esa forma? (Se) Es la misma forma en que tú lo haces, solo que tú cantas tus historias.
K: De cierta forma, se.
D: ¿Alguna vez tienen a alguien más que toque música? ¿Aparte de ti?
K: Pues, haber diferentes arpistas y cosas así.
D: ¿Te refieres a que todos tocan en la misma posada? ¿Cuándo tú tocas, hay alguien más que esté tocando algo diferente? No al mismo tiempo, ¿pero quizá antes de que tú toques?
K: A veces, pero no seguido. Generalmente, si una posada tener un arpista, otro arpista no se quedará ahí.
D: Oh, eso tiene sentido. ¿Pero hay más gente que toca cosas diferentes?

K: Oh, las mujeres a veces tocan el laúd. Pero eso no se hace en salones y cosas así.

D: *¿Hay algo a lo que le soplen para hacer música?*

K: Oh, haber silbatos y todo eso, pero en su mayoría son cosas con cuerdas.

D: *¿Ahora mismo estás sólo tocando música? (Se) ¿Cantarás pronto para ellos?*

K: Haber mucho ruido para cantar bien. Todos estar de muy buen humor y se'stán ponien'o bastante agitados. Dudo que quieran escuchar música, más que... la música en sí. No querrán escucharme cantar.

D: *¿Es una posada grande? (Pausa) Quiero decir, ¿tiene muchas habitaciones?*

K: Se, tener bastantes habitaciones.

D: *Cuando llegas al torreón, ¿cómo entras? ¿Hay una puerta grande o qué?*

K: Haber un gran portón.

D: *Un gran portón. ¿Hay una pared alrededor, en el exterior del torreón? ¿O solamente entran directo al torreón?*

K: Entrar directo al mismo torreón.

D: *He escuchado que algunos lugares tienen paredes altas que están fuera del torreón, para evitar que la gente entre, en caso de guerra o algo.*

K: Este no.

D: *¿Alguna vez has visto algo así?*

K: No por aquí, no. Solo tener las puertas que los mantienen fuera del centro. Y desde las partes más altas podrías dispararles si te están rodean'o.

D: *¿Hay alguna torre o algo? (Pausa) ¿Conoces esa palabra? (Pausa) Es una parte que sobresale, es más alta que el resto del edificio.*

K: Pero el edificio ser básicamente una sola pieza.

D: *¿Todo de la misma altura?*

K: Se. Es decir, no ser baja. Pero no es muy alta como lo que tú decir.

D: *He escuchado de algunos lugares que tienen solo una parte que sobresale más alta que el resto.*

K: No lo haber visto, no.

D: *¿Todas las habitaciones tienen techos altos, como el gran salón?*

K: No. La cocina sí, para dejar salir el hollín y cosas así. Pero las otras habitaciones tener otra habitación encima. El gran salón ser solo una habitación grande.

D: *¿Dijiste para dejar salir el hollín en la cocina? (Se) ¿A qué te refieres con eso?*

K: Las cenizas y eso de los fuegos y los hornos y demás. Si no tener un techo alto y lugares para dejar salir, no ser capaz de respirar allí.

D: *¿Así es como cocinan? ¿En grandes hornos?*

K: (Risas) Por lo que yo saber. No tener forma de saber más. Yo no cocinar muy bien.

D: *Yo tampoco. Por eso me lo preguntaba. Y, a medida que ves alrededor del gran salón, ¿hay algo sobre las paredes para decorar?*

K: Haber colgantes y cosas que hacen, pero nada muy lujoso.

D: *¿A qué te refieres? ¿Grandes imágenes o bordados? ¿O cómo los hacen?*

K: Ser tejidos y cosas así. Creo que la palabra ser telar. No me son familiares. Solo saber que son hechos. El más grande ser el blasón de la casa, por así decirlo.

D: *¿Es similar a lo que dijiste que el hombre llevaba colgado del cuello?*

K: Se, se. Y estar detrás de la mesa principal.

D: *¿Qué diseño tiene? ¿Lo puedes ver desde donde tú estás?*

K: Tener un cuello rojo en el centro, con una espada a través de él. Y una carena en la esquina superior.

D: *¿Una carena?*

K: Una corona. En la esquina superior. Y dentro, una cruz. Y en la esquina inferior tiene… parece algún tipo de arpa. Aunque no estar muy familiarizado con el tipo de arpa que ser.

D: *¿Entonces el diseño tiene cuatro lados?*

K: Todos los blasones ser así, los que haber visto. Y los otros dos, tiene un… azul por arriba y el de abajo, dorado.

D: *¿Te refieres a los colores?*

K: En las esquinas opuestas… No lo estar describiendo muy bien.

D: *Lo estás haciendo bien. ¿Te refieres a que en la esquina hay un color y en la otra un diseño?*

K: Se. Y en el centro estar el cuello con la espada atravesada.

D: *Eso me parece extraño. Me pregunto por qué tendrá la espada atravesada.*

K: Mostrando que murió al cazarlo o algo. No tener idea. Y el cuello blanco...

D: *(Finalmente, entendí lo que estaba diciendo). ¡Oh, un ciervo! Ya veo, te referías a un animal. (Se) Creí que te referías a un cuello, como el que está en el cuerpo. (No, no) (Risas). Me sonó parecido.*

K: Se, ser parecidos. Pero, si ser un ciervo blanco, ser para pureza y esas cosas. Mientras que un ciervo rojo mostraría fortaleza y eso. Creo que ese ser el significa'o que haber detrás. No estar seguro.

D: *Oh, sí, ya veo lo que quieres decir. Todo es parte del diseño. (Se) Y la corona y...*

K: La corona tiene una cruz dentro de ella.

D: *Estoy intentando recordar lo que dijiste que había en el otro lado. Había una corona y había... ¡un arpa!*

K: Se, haber un arpa en la parte de abajo, en un lado. Y está la corona con la cruz dentro. Y, en el otro lado, por arriba es azul y debajo, rojo. Es decir, rojo no, dorado. Perdón. Estaba pensando en el ciervo rojo.

D: *El azul y el dorado. Muy bien. Creo que puedo hacerme una buena imagen ahora sobre cómo luce. Y ese es el blasón del dueño.*

K: Se. Strafmoor. (Fonéticamente. Quizá: Stravmoor. Parece más una «f».)

D: *Ese es el nombre de la gente o del torreón.*

K: Se. Ser también su nombre. Ese ser también él.

D: *¿Cómo son los demás colgantes, los pequeños?*

K: Algunos son solo flores y cosas así. Nada importante, ni grande ni nada. Simplemente estar ahí. Se supone que calienten ahí. Algunos estar tan cubiertos de humo y cosas, así que no se puede distinguir lo que son. No los han limpia'o en un tiempo.

D: *¿Calientan la habitación al colgar eso por las paredes?*

K: Se supone que sí. No sé si ayude mucho.

D: *Se vuelve bastante frío con el techo alto, ¿no es así? (Se) ¿Dijiste que tenían vigas con paja sobre ellas?*

K: El techo tener paja. Hay vigas hechas de madera, y luego el techo es de paja.

D: *Yo pensaba que el techo era de piedra como el edificio.*

K: ¿Cómo pondrían piedras allá arriba? Quiero decir, ¿qué las detendría? La piedra ser más fuerte que la madera. ¿Qué lo mantendría allá arriba?
D: *Las paredes son de piedra, ¿no?*
K: Se. Pero solo estar apiladas unas sobre otras. Solo van hacia arriba. ¿Qué las detendría en un ángulo como ese?
D: *No lo sé. Sería difícil, ¿verdad? Pero la paja no se volaría o...*

En ese momento, no estaba muy informada sobre techos de paja, pero ahora, desde que he viajado a Inglaterra cada año, veo muchas casas que aún tienen este tipo de techos. Es un arte en decadencia en Inglaterra, porque la gente no sabe cómo repararlos. Es tedioso y el arte no se ha transmitido a la gente joven. El techo es bastante tenso y seguro, y cumple bastante bien su propósito, pero necesita repararse de vez en cuando (como cualquier otro techo). Sin embargo, en el momento de esta sesión, en 1985, yo tenía la imagen mental de paja suelta o pasto colocado sobre un techo, lo cual, en retrospectiva, no sería muy práctico.

K: Estar bastante bien atado. Claro que deben reemplazarlo. Normalmente durante primavera o verano. Pero se sostiene bastante bien.
D: *Pensé que quizá se filtraría la lluvia, o que el viento se lo llevaría.*
K: Ser bastante grueso. Y lo atan bastante bien.
D: *¿Y todo el techo del torreón está hecho de igual forma?*
K: La parte que yo haber visto.
D: *Y paredes de piedra. ¿Los pisos son también de piedra?*
K: (Confusión) No lo sé.
D: *Oh, está cubierto con los juncos. Es difícil verlo.*
K: Creo que probablemente ser solo tierra. No saber.
D: *Pero la chimenea en el centro, en donde hacen el fuego, es...*
K: Ser de piedra, se.
D: *Y está elevada. (Se) Y entonces el humo sale por las ventanas. ¿Abren esas pieles aceitosas?*
K: Generalmente, solo estar hasta lo alto. (Confundido, sin saber cómo explicarlo). Estar atadas de algún modo a la parte superior, pero se dejan colgar, por así decirlo.
D: *Oh, entonces están sueltas. De forma que el humo pueda salir. (Se) Pero también podría entrar la lluvia, ¿o no?*

K: Protege un poco. Pero no haber muchas para que sea muy malo, a menos que afuera ser un día bastante ventoso.
D: *Ahora puedo imaginar cómo luce. ¿Te gusta tocar en torreones?*
K: Dar mejor paga que cantando en posadas.
D: *Me gustaría que cantaras otra canción para mí. Ya lo has hecho antes.*
K: Se, puede que te guste, pero creo que esta noche me correrían de aquí. No, creo que no'staré cantan'o esta noche.
D: *¿No crees que les gustaría escuchar las noticias o algo?*
K: No'sta noche. Estar un tanto alborota'os ahora.

Yo quería conseguir un poco más de canciones. Tendría que moverla.

D: *Muy bien. Entonces dejemos esa escena. Alejémonos de esa escena. Yo contaré hasta tres e iremos hasta el momento en que tienes una actuación. Se te permite cantar. Un momento en que puedas cantar para mí. Estás cantando también para todas las personas ahí. Y lo disfrutan mucho. Contaré hasta tres y estaremos ahí. 1, 2, 3, estás en un lugar en donde darás un espectáculo, estás cantando para la gente. ¿Qué estás haciendo?*
K: Tocando mi arpa.
D: *¿En dónde estás ahora?*
K: Estar en el torreón Claire.
D: *¿Te gusta ese torreón?*
K: Ser un torreón justo.
D: *¿Cantarás esta noche? (Se) ¿Cantarías para que yo pudiera escucharte? Así yo también podré saber cómo suena. (Ella pareció dudar). Realmente apreciaría que lo hicieras. (Pausa) ¿Puedes hacerlo para mí?*
K: (Suavemente) Eso creo.
D: *Okey. Porque eso me gustaría. Y ya lo has hecho antes, y realmente me gustó tu voz.*

Cantó otra canción lenta. (Canción N.º 6, cronometrada en cuarenta y cinco segundos).

D: *Me gustó. ¿A las demás personas les gustó?*
K: No me aventaron nada, 'ntonces supongo que sí.

D: *Tiene una buena melodía. ¿Me cantarías otra? (Pausa). Cantarás muchas, ¿o no?*
K: Ya canté algunas. (Parecía un poco perturbada).
D: *¿Te molesta que te lo pida?*
K: Es solo que a veces parece difícil. No saber por qué.
D: *¿Tienes alguna idea? (Pausa) Porque no quiero molestarte. ¿Sabes por qué? Estoy intentando comprender.*
K: No estar seguro. Parece que a veces simplemente se cierra. Y nada quiere salir. (Risa nerviosa).
D: *Pero eso no te sucede cuando cantas para las demás personas, ¿o sí?*
K: (Risas) A veces sí pasa. Depende de la situación. Como cuando no haber estado en ese lugar antes.
D: *Sí, sé a qué te refieres. Yo también he tenido esa sensación. No sabes si les gustará o no. (Estaba intentando ganarme su confianza). Es un poco difícil pararse frente a toda esa gente. (Se) Pero realmente me gustaría que me cantaras una canción más, y después te dejaré ir. Lo apreciaría mucho. Me gusta la música. Tiene un sonido muy bonito.*
K: Creo que lo intentaré.

Cantó otra canción lenta. (Canción N.º 7, cronometrada en un minuto).

D: *Es muy bonita. Me gustó. Mencionaste mucho la palabra «shelan» (fonéticamente) ahí. ¿Qué significa?*
K: Ser el nombre de una persona. Ser un tipo de lamento, por decirlo así.
D: *¿Un lamento?*
K: Se. Un llanto por esa persona.
D: *¿Esa persona se marchó? ¿Y quieren que regrese? (Se) ¿Le están llamando a un hombre o una mujer?*
K: Ser una mujer.
D: *Seguro están infelices. (Se) Sí, sonaba triste.*
K: O lleno de anhelo, en todo caso.
D: *Pero muchas de tus canciones son así, ¿o no? (Se) ¿La gente en tu tierra baila?*

El único tipo de música irlandesa con la que estoy familiarizada es el baile moderno irlandés. Esa música es animada, no lenta ni triste. ¿Ese tipo de música existía en esa época?

K: Bailan una danza de vez en cuando. O cuando una pareja se junta. Generalmente somos personas felices. Pero no se cantan las canciones felices, a menos que alguien baile. De todas formas, nadie te escucharía por encima de las palmas.
D: *¿Tienen alguna música que acompañe cuando bailan?*
K: Se. A veces con el arpa, a veces solo con las palmas, o usando silbatos o cosas así. Yo nunca he tocado un silbato, así que no sé cómo hacerlo. A veces usan la voz para formar la canción, pero... no hay muchas palabras para eso. (Nuevamente confundida por cómo explicarlo). Es solo una forma de llevar el ritmo.
D: *¿Alguna vez has ido hacia allá y bailado?*
K: Se, pero creo que tener dos pies que no se conocen muy bien entre ellos.
D: *(Risas) Algunos lo hacen mejor que otros.*
K: Eso ser cierto.
D: *Alguna vez me dijiste que cuando eras un niño pequeño te fuiste con tu padre y él te enseñó todo esto. (Se) ¿En dónde vivías cuando eras un pequeño? (Pausa) Antes de ir con tu padre. ¿Recuerdas cómo se llamaba?*
K: Todo lo que recuerdo es que era en un valle, todo era verde. Y tener animales y cosas así. Pero no recuerdo mucho de eso. Todo lo que recuerdo es que estar cerca de un río. No he regresado desde entonces.
D: *Me preguntaba si alguna vez habías regresado a ver a tu madre o el lugar en donde viviste. (No) ¿Qué le pasó a tu padre?*
K: Murió. Tosió hasta morir. (Tristemente) Estuvo enfermo por mucho tiempo.
D: *¿Eso hacía difícil el viajar con él?*
K: A veces. Luego llegó al punto en que ni siquiera podía cantar.
D: *¿Eras muy grande cuando sucedió eso?*
K: (Dudó) Supongo que tener unos veintitrés.
D: *Entonces ya no eras un niño pequeño. (No) Te enseñó muchas cosas, ¿no es cierto?*
K: Oh, se.
D: *Al viajar, ¿hay caminos que sigas, para llegar a diferentes lugares?*

K: A veces haber caminos, a veces los tienes que hacer tú mismo. A veces solo haber un tipo de sendero. Al menos poder pedir direcciones si saber a dónde irás eventualmente.

D: *Y vas de un lado a otro y regresas a los mismos lugares, ¿o no?*

K: Generalmente.

D: *¿Te gusta tu vida?*

K: No está mal. Al menos, tener comida en mi boca y, normalmente, tener un lugar cálido para quedarme.

D: *Entonces, ¿qué más podrías pedir? Bueno, te agradezco el hablar conmigo. Y te agradezco que me hayas cantado esas canciones. Me gustaron mucho. ¿Puedo volver otro día para hablar contigo?*

K: Supongo que se, si querer escuchar mi parloteo.

D: *(Risas) Oh, yo lo disfruto. Es interesante para mí. Muy bien. Gracias de nuevo por hablar conmigo.*

Lo único que Karen pudo asociar con esta vida fue su habilidad para cantar y tocar la guitarra. Cuando era joven, descubrió que podía tocar la guitarra de forma natural, sin clases. También, a menudo se encontraba a sí misma inventando canciones y cantándolas cuando hacía sus trabajos por la casa, sin tener ni idea de dónde habían salido. Un pequeño remanente de O'Keefe, que aún parecía filtrarse hasta su vida presente.

Después de que Karen dejara Fayetteville y se mudara a Little Rock, solo tuvimos comunicación por correo electrónico o por teléfono. En esta fecha, yo tuve que asistir a Little Rock a una convención, y acordamos reunirnos en mi hotel y tener una sesión. Yo estaba interesada principalmente en contactar de nuevo al juglar, y, con suerte, obtener más música. También sentí que había algunas lagunas en su historia, acerca de las cuales quería hacerle preguntas. La palabra clave de Karen funcionó de maravilla, incluso después de que hubieran pasado dos años desde la última vez que trabajamos juntas. Ella entró inmediatamente en un trance profundo.

A medida que continuamos, le pedí que se moviera a algún día importante. Le tomó bastante responder. Cuando lo hizo, parecía deprimida. Parecía que algo iba mal.

K: Ellos... no les gustó del tema sobre el que canté... ¿Cómo iba yo a saberlo? (Un suspiro profundo).

D: *¿A quién no le gustó lo que estabas cantando?*

K: Ah, los Brock. (Fonéticamente, pero el nombre no fue claro). Él, ah... yo cantar una canción que era sobre... oh, esta persona, no recordar su nombre. De todos modos, es sobre su hazaña gloriosa y esto y el otro. Y descubrí que él ser el enemigo de los dueños de este torreón. Y no les gustó.

D: *Oh. Ese fue un error, ¿no es así?*

K: Se. Debí haberlo sabido. Quizá debí mantener mis orejas un poco más atentas.

D: *¿Qué pasó?*

K: (Suspiro) Oh, dijeron que van a... cortar mi cabeza por la mañana.

D: *¿Solo por haber hecho eso?*

K: Oh, se ha matado a gente por menos.

D: *¿En dónde estás?*

K: En algún lugar debajo del torreón, por lo que puedo ver. Ser bastante oscuro aquí. Bajamos esos escalones y... claro que entonces ellos tener antorchas y poder ver.

D: *¿No te dieron la oportunidad de disculparte ni decir que lo sentías o algo?*

K: No desean que la gente se disculpe. Creen que un hombre no debe disculparse por sus hazañas, así que no me darán esa oportunidad.

D: *¿Cómo te sientes al respecto?*

K: (Pausa) Pues... decepcionado. No poder decir que sea algo que vi venir. Nunca quise perder tanto la cabeza por algo.

D: *¿Qué edad tienes?*

K: Oh, treinta y cinco, llegando a eso. Supongo que no estar tan mal.

D: *Aún podías caminar y hacer todo lo que querías, ¿no es así?*

K: Se. Pero no hay razón para lamentarse ahora. Ya no haber mucho que pueda hacer al respecto.

D: *¿Hay alguien más allá abajo contigo?*

K: Escuché algunos ruidos que vienen de esa dirección, pero por lo que parece, él estar bastante fuera de sí. Ser solo un gemido continuo.

D: *¿Y crees que sólo te mantendrán ahí como a un prisionero?*

K: ¿Por qué deberían alimentarme? Si me cortan la cabeza no tienen que alimentar mi estómago, así que... Ser mucho mejor así.

Prefiero haber salido alguna vez, que sentarme aquí por meses y pudrirme hasta morir.

D: *Eso tiene sentido. Bueno, pero no fue tu culpa. En realidad, no tenías forma de saberlo.*

K: Debí haber sido más prudente.

D: *Fue la gente equivocada para venir y cantarles. ¿Ya habías estado antes, en ese torreón?*

K: No. No haber estado aquí. Pero qué se puede esperar de esta gente en el norte. De cualquier forma, ser una bola de bárbaros, así que...

D: *Oh, entonces estás al norte de Erin. (Se) ¿Cómo se llama ese torreón? Quiero mantenerme alejada.*

Le pedí que repitiera el nombre tres veces. Es un nombre difícil de descifrar. Sonaba como: ¿Tyrag, Tyrug, Tyrod? Fonéticamente.

D: *Quiero mantenerme alejada de ahí. No creo que sean personas que yo quiera ver. Bueno, dejemos esa escena y movámonos adelante hasta que lo que sea que sucedió por la mañana, ya haya pasado.*

No veía el punto de hacerla pasar por una decapitación. No soy una sádica.

D: *Y puedes mirar atrás hacia eso. No te molestará observarlo y hablar sobre eso. Ya pasó. Contaré hasta tres. 1, 2, 3, lo que sea que sucediera, ya pasó. ¿Puedes contarme sobre eso?*

K: Tomaron esta gran espada y... recargué mi cabeza en el bloque y... la cortaron.

D: *¿Quién lo hizo?*

K: Uno de los guardias. No estoy muy seguro.

D: *Entonces no te dejaron allá abajo por mucho tiempo, ¿o sí?*

K: No. Ser mejor así. 'Ste no ser un muy buen lugar para morir. Al menos me dejaron ver el sol una vez más.

D: *¿Entonces te sacaron al patio interior? (Se) Pero tuviste una vida feliz, ¿no es así?*

K: 'Sta fue una vida bastante despreocupada.

D: *¿Cómo te sientes acerca de todo esto? ¿Estás molesto?*

K: 'Sto fue algo que tenía que pagar. Ser solo lo justo.

D: *¿Sabes qué era lo que tenías que pagar?*

K: Ser injusticias del pasado y... Siempre haber una vida por otra, y esto tener sentido.
D: ¿Te refieres a que lo que te pasó era el pago por algo que sucedió en esta vida, o en otro lugar?
K: De antes.
D: ¿Y sabes que nuevamente has dejado tu cuerpo? (Se) ¿Sabes qué era lo que suponía que debía pagarse? ¿O ya tienes algún conocimiento sobre eso?
K: Um. Sólo sé que era por algo igual de horroroso. No recuerdo.
D: ¿Fue algo que hiciste en una vida pasada, que ahora tuviste que pagar de esta forma? (Se) Ya veo. Sí, así es como funciona esto, ¿no es así? Al menos no estás molesto. Es muy bueno no tener ningún sentimiento de enojo o venganza. Entiendes qué fue lo que pasó.

Ya no habló con el acento irlandés encantador. La voz normal de Karen había regresado.

K: La ira es una forma inútil de reaccionar ante algo. La ira provoca que se acumule mucho karma. Si la ira es desmedida, se trae consigo del pasado hacia el presente y sólo causa problemas.
D: Es bueno que en esta ocasión no hayas hecho eso. Entonces has aprendido algo.

Dejamos esa escena y la retrocedí otros cien años, llegando a la vida que más tarde nombré la «mujer halcón». Ella era una mujer que vivía en una fortaleza en Italia y estaba cazando con un halcón. Esta vida contuvo mucha información acerca de esa época, y también del arte de la cetrería. El cambio del juglar a la mujer fue inmediato y total, tal como había sucedido con todas las regresiones con Karen.

Yo pienso que la música en esta cinta es muy importante, también el hecho de que haya cantado en un idioma diferente. Me gustaría que lo examinara un experto, si es que se puede encontrar alguno que sepa algo de esto.

Capítulo 15
El doctor, Parte 1
(Grabado el 25 de mayo de 1983)

Karen apenas había dejado la vida que yo llamé la «mujer halcón».

Está bien, muy bien. Dejemos esa escena y retrocedamos más en el tiempo. Esta vida se llevó a cabo en los años 500. Retrocedamos a partir de ahí, a los años 400 y veamos si podemos descubrir lo que hacías en esa época. Contaré hasta tres y estaremos en los años 400. En algún momento de esa época; veamos qué podemos descubrir. 1, 2, 3, estamos en los años 400, ¿qué estás haciendo?

K: Estoy preparando un elixir.

D: *¿Un elixir? (Sí) ¿Qué es eso?*

K: Hay muchas hierbas en éste y traerá relajación. Es un (suspiro), es algo que aliviará dolor.

D: *Oh. ¿Quién eres?*

K: Me llamo Alexandro.

D: *¿Eres un hombre? (Sí) Okey. ¿En dónde vives ahora? ¿Ese lugar tiene algún nombre? ¿El país?*

K: Es, en algún lugar de, ah, es Alejandría. (Pronunciado como: Alexandra).

D: *¿Alejandría? (Sí) ¿Así le llama la gente? (Sí) Ya veo. Okey. ¿Qué es lo que haces? ¿Cuál es tu oficio? ¿Conoces esa palabra?*

K: Soy un médico.

D: *Eres un médico en esa época. ¿Cuántos años tienes? ¿Eres un hombre viejo o joven?*

K: (Suspiro profundo) Soy bastante viejo. Estoy en mis años sesenta. Estoy muy cansado. (El acento es notablemente diferente al de la mujer con el halcón).

D: *Oh. ¿Has hecho eso por mucho tiempo? (Sí) ¿En dónde obtuviste tu entrenamiento para este tipo de trabajo?*

K: Había estudios aquí, aunque la escuela ya no es lo que solía ser. Fuimos catorce entrenados por mi maestro en Tracia. Pero, en su mayoría, solo se aprende practicando.

D: ¿Por lo general solo usan hierbas o también hacen otras cosas para curar a las personas?
K: A veces, si es necesario, usamos la cirugía.
D: ¿Cirugía? ¿Sabes cómo hacer esas diferentes cosas?
K: Sí. Hay formas distintas para hacer que una persona no sienta dolor. Algunos usan zumo de bayas, para que el paciente quede inconsciente. Otros usan la hipnótica para ponerlos en un estado en donde no hay dolor.
D: Ya veo. Así pueden realizar la cirugía. (Sí) Okey. Hay alguien aquí a quien le gustaría hacerte algunas preguntas. ¿Está bien? (Sí) Okey. (Esta personalidad, aunque se escuchara más cansada y vieja, era mucho más confiada).
Harriet (H): Alexandro, ¿tienes algún distintivo como, quizá, la ropa con que vistes o el color, un sombrero, algo que denote cuánto entrenamiento tienes en este campo?
K: Tengo el medallón que uso. Es oro en una cadena y me lo dieron de la escuela. Hay un papiro que tiene la firma de mi maestro diciendo que él me entrenó y me dio todo el conocimiento que él posee. Y quién fue quien lo entrenó a él y en qué. Y varias cosas así.
D: ¿Pero no tienes cierto gorro o ropas que uses que sean como cierto tipo de uniforme?
K: Tengo mis ropas blancas, pero algo aparte de eso, no.
H: Alexandro, ¿a las mujeres se les permite ser médicos como a ti? (Sí)
D: ¿Entonces personas de cualquier sexo pueden ser médicos?
K: Sí, hay quienes dicen que las mujeres solo deberían enseñarle a mujeres, pero yo no pienso así. Creo que ellas son igual de buenas, si no es que mejores, que algunos hombres que yo he conocido y que se hacen llamar médicos. (Un poco sarcástico).
D: Oh. Tú piensas que hacen un trabajo igual de bien. He escuchado... ¿dices que estás en la ciudad de Alejandría?
K: Sí, Alejandría.
D: ¿Hay una biblioteca ahí?
K: (Suspiro) La biblioteca se quemó hace unos, quizá cien, doscientos años.
D: Oh, entonces ya no está ahí. (No) ¿Tienes alguna idea de cómo era la biblioteca?

K: Algunas de las ruinas siguen aquí y hay algunas enseñanzas que no se han perdido. Han sido retenidas. Se han guardado mayormente en secreto debido a la paranoia que ocasionó el incendio.

D: *Oh. He escuchado que todo el conocimiento se había perdido en el incendio.*

K: Eso no es cierto. Había indicios de que quizá sucedería un acto semejante. Y muchos maestros y estudiantes huyeron, llevándose con ellos parte de ese conocimiento. Hay mucho de eso que ha sobrevivido. Pero una gran parte se perdió debido a la destrucción sin sentido.

D: *¿Qué ocasionó el incendio?*

K: Fue originado deliberadamente. El emperador, no recuerdo su nombre, estaba bastante... molesto con la forma en que se enseñaba aquí. Dijo que había demasiado... atrevimiento y libertades de expresión que él no quería otorgar. Entonces esa fue su decisión.

D: *Parece algo horrible, destruir tanto conocimiento.*

K: El ignorante no sabe acerca de destrucción de conocimiento. Ellos temen a otros que sí tienen conocimiento, así que destruyen la forma de obtenerlo.

D: *¿Sabes cómo era la biblioteca antes de ser quemada?*

K: Tenía columnas altas. Fue construida al estilo romano. Tenía las puertas abiertas que iluminaban. Diferentes aberturas en el techo, por donde entraba más luz. Cada sección de la biblioteca o escuela... de hecho, era más una escuela que biblioteca.

D: *¿Ambas al mismo tiempo?*

K: Mucho de ambas. Era un depósito de conocimiento, en donde se enseñaba y también se almacenaba. Cada sección tenía la enseñanza de, por ejemplo, astronomía en una, medicina en la otra. Se dice que uno estudiaba todos esos temas para poder graduarse de esa escuela.

(Tuve que voltear la cinta).

D: *Okey. Me preguntaba cómo lucía su interior. ¿Cómo eran los libros? ¿Has visto algunos de los libros que sobrevivieron?*

K: La mayor parte estaba en rollos, los que yo he visto. Estaban en papiros, notas sobre madera y rollos. Se almacenaban así.

D: *¿Se les colocaba dentro de algo?*

K: Se dice que había algunos que eran forrados en cuero y se cocían con... páginas. (Indeciso con esa palabra).

D: *¿Y había, ya sabes, una habitación principal en la biblioteca? (Estoy haciendo todas estas preguntas por otra regresión que tuve en donde alguien más describió la Biblioteca de Alejandría, tal y como era antes del incendio).*

K: Había una habitación que se utilizaba para debates y discusiones, en caso de haber grandes grupos de personas a quienes se les estuviera dando una conferencia o clase. En ocasiones, se dice que iban ahí. La mayor parte de lo que sé, proviene de personas que dijeron que ah... sus abuelos, o algo así, estudiaron ahí. Yo he estado entre las ruinas, pero eso es exactamente lo que son, ruinas. Es una situación muy triste.

D: *Sólo me preguntaba cómo lucía, ya que hablé con alguien más que me la describió y quería saber si fue verdad o no.*

K: (Interrumpiendo) Se dice que fue un lugar muy glorioso. Un lugar con... en donde los vestigios de conocimiento estaban por doquier. E incluso si muchos de los maestros y estudiantes se adentraban en debates muy acalorados, siempre hubo respeto por la mente brillante del otro, así como un deseo por aprender.

D: *¿Sabes si había alguna habitación principal en el depósito, en donde se mantuvieran los libros?*

K: Sí, era bastante alta y tenía varias secciones. Se dice que se subía un nivel de escaleras y allí había otra sección en la que se encontraban más almacenes.

D: *¿Esa habitación tenía alguna forma en particular?*

K: No lo sé.

D: *Okey. Alguien me dijo que era una habitación circular, en donde tenían los libros almacenados a todo alrededor. En forma de una rueda, como los radios de una rueda.*

K: ¿Y esas cosas salían de ella? ¿Las secciones salían desde ella o algo así?

D: *Sí, como los radios de una rueda. ¿Eso suena correcto para ti?*

K: (Suspiro) He escuchado que es... una de las formas como se describe, sólo que, como dije, yo no lo sé.

D: *Sólo me lo preguntaba porque alguien me lo dijo, alguien que estuvo ahí antes de que se quemara. Dicen que era como una rueda con radios saliendo de ella, como una habitación circular. Y ahí estaba todo el almacenamiento de los libros.*

K: Yo no lo sé.

D: *Okey. Sólo me lo preguntaba. Pensé que quizá tú podrías ayudarme. ¿Quién cuidaba de la biblioteca?*

K: Había varios bibliotecarios, creo que muchos de los estudiantes se encargaban de asegurarse de que no hubiera moho y daños a los libros. En caso de que un pergamino o un libro se dañaba de alguna manera, entonces se copiaban para que el conocimiento no se perdiera.

D: *¿Sabes quién estaba a cargo de la adquisición de los libros? Es decir, sería algún tipo de grupo religioso o...*

K: No lo sé.

D: No lo sabes. Okey. Sólo me lo preguntaba. Okey. Ella quiere hacerte algunas preguntas.

H: *Alexandro, ¿podrías decirme si alguno de los temas de tu entrenamiento involucraba la técnica de hipnosis? ¿Usaban la hipnótica? (Ella asiente). ¿Nos podrías explicar lo que hacían?*

K: Generalmente, al hablar con el paciente, lo que hacías es, el paciente está normalmente bajo mucho dolor. Entonces, si los llevas (¿elevas?) a un estado en el que se concentran en tu voz, y les das las sugestiones de que están somnolientos y tendrán sueños hermosos, y no sentirán dolor, y que todo el dolor y preocupación que han experimentado hasta ahora, está flotando, alejándose de ellos, en un mar o lo que sea.

D: *¿Los haces ver esto?*

K: Sí, usas la imaginación, en la que su propia mente construye esas imágenes. Y es como si después estuvieran en algún otro lugar y puedes hacer lo que sea que se necesite hacer en el cuerpo, y el alma no se dañará.

D: *¿No es difícil lograrlo si ellos tienen mucho dolor? ¿El hacer que se concentren en tu voz?*

K: A veces es más fácil cuando están bajo demasiado dolor, porque tienen un gran deseo de enfocarse en lo que sea para deshacerse del dolor, si les prometes que éste desaparecerá. Y alcanzan una clase de salvavidas.

D: *Oh. ¿Te refieres a decirles que el dolor se irá si escuchan lo que tú les dices? (Sí) ¿Y si hacen lo que tú les dices? (Sí) Ah.*

H: *¿Cómo los mantienes a ese nivel después, hasta que hayas terminado lo que necesitabas hacer?*

K: A lo largo de la cirugía continúas hablando con ellos. Les das sugestiones sobre lo que están viendo. Les das, ah... sugestiones de sanación, diciendo que, una vez que haya terminado, ellos seguirán sin sentir nada de dolor. Que la sanación se acelerará. Solo varias cosas así.

D: ¿Ellos se quedan ahí? ¿Si funciona? Quiero decir, ¿ellos nunca regresan y sienten el dolor? (No)

H: ¿Utilizan colores, en cualquier forma, para ayudarles con la sanación?

K: (Pausa) ¿Cómo es eso?

H: Por ejemplo, ¿usarían ciertos colores para ayudar a la aceleración de la sanación? O... para su estado mental, por ejemplo, si estuvieran deprimidos, ¿usarían colores más brillantes? ¿Tiene esto alguna relación con lo que están haciendo? Y, también, ¿has escuchado de algún lugar, o usan ustedes la técnica de sueño, en la cual se duerme al paciente para darle sugestiones para ayudarle a mejorar?

K: He escuchado que hay quienes usan los colores de... formas diferentes. Como el decirle a la persona que se enfoque en algún color. He escuchado eso. Yo, en lo personal, no lo uso. No he tenido ningún maestro para esta técnica. El método del sueño es algo como lo que se usa durante las cirugías. Pero, ¿estás diciendo que se usa cuando una persona no está en cirugía o...

D: Ajá.

K: Usas su propio enfoque interno para... acelerar el proceso de sanación.

D: Ella se refiere sin cirugías. ¿Lo usan sin cirugías? ¿El método del sueño?

H: He escuchado que hay lugares en donde tienen templos de sueño, a donde acude la gente que tiene problemas y éstos son removidos por el sanador del sueño.

K: Se dice que hace muchos, muchos años, eso era verdad. He escuchado de ellos. Pero ese método se ha perdido.

H: Gracias.

D: ¿Entonces ya no lo usan? Okey. Entonces así es como hacen las cirugías y siempre funciona, nadie siente dolor.

K: Hasta ahora, siempre ha funcionado.

D: Eso se espera, de cualquier forma. (Risas) ¿Entonces también usan drogas?

K: Si la situación es extrema y, por alguna razón, el sueño no es lo bastante profundo, sí.

D: *¿Qué tipo de drogas se usan para eso?*

K: A veces se usa la amapola. Hierbas diferentes que se han licuado juntas y se toman. Y uvas, a veces se usan uvas distiladas (pronunciado: dis ti ladas).

D: *¿Quieres decir que las mezclan con las uvas, o las hierbas se toman aparte?*

K: A veces solo las uvas, que antes hayan sido... fermentadas. (Parece que hacían que el paciente se emborrachara).

D: *Sí, fermentadas. Y entonces eso también sirve. (Sí) Ya veo. ¿Estás enseñando ahora a algún estudiante? (No) ¿Lo has hecho?*

K: (Suspiro) Mi llamado no es el enseñar, aunque sí inicié a pocos en el camino del aprendizaje. Yo prefiero usar mis habilidades para sanar.

H: *¿Cuánto tiempo lleva el entrenamiento para lo que tú haces? ¿Cuántos años necesitan entrenar antes de que se considere que completaron su entrenamiento?*

K: Yo entrené doce años con mi maestro.

D: *Oh. ¿Comenzaste muy joven?*

K: Tenía dieciséis.

D: *¿Comenzaste a los dieciséis y te tomó doce años? (Sí) ¿Fue el único maestro bajo el cual estudiaste?*

K: No, fui a diferentes escuelas después, pero eso no siempre... cuando dejé su entrenamiento ya fui considerado médico.

D: *Ya veo. ¿Fuiste a alguna otra escuela antes de entrenar con él?*

K: No. Sólo...

D: *Me refiero a alguna escuela regular, aprender sobre otras cosas aparte de ser doctor. (No) ¿Entonces sólo fuiste con él cuando cumpliste dieciséis y entrenaste por doce años?*

K: Mi maestro creyó que yo mostraba una habilidad para ayudar con la sanación; se decidió que ellos necesitaban a un médico, así que me entrenarían.

D: *Ya veo. ¿Entonces dijiste que después tuviste otro entrenamiento? (Sí) ¿Con otras personas? (Sí) ¿Fue sobre cierto tema o qué?*

K: (Suspiro) Quizá algunos métodos nuevos. Sí, diferentes técnicas.

H: *Alexandro, ¿has escuchado alguna vez o tú usas algún tipo de tacto en tu sanación? ¿Y has escuchado acerca de la sanación magnética?*

K: He escuchado de aquellos que usan piedras... que tienen estas habilidades para que, cuando se coloquen sobre la parte que está enferma, la piedra absorba esa enfermedad. También están los que usan las manos para sanar. Yo no sé mucho de eso.

D: *¿Pero tú no haces eso? (No) Pero sí has escuchado de eso. ¿En dónde llevan a cabo sus cirugías?*

K: Tengo una habitación que está en la parte trasera de mi... casa, que se utiliza como... un... (tuvo dificultad para encontrar la palabra) una oficina.

D: *¿Como oficina? (Sí) ¿Entonces los enfermos acuden a ti?*

K: Ah. Sí, aquellos que están enfermos y que tienen necesidad.

D: *¿Entonces ellos van a tu casa? (Sí) Y haces esas cosas ahí. ¿Al hacer cirugías, toman algún tipo de precaución? Ya sabes, ¿preparar al paciente, a la persona, para la cirugía?*

K: Normalmente, tomo vinagre y lavo en donde sea que se vaya a llevar a cabo la cirugía. Lavo mis manos muy bien y las enjuago en vinagre.

D: *¿Te refieres a poner vinagre en el cuerpo del paciente?*

K: Sí, sí. Y los cuchillos también se ponen en vinagre. Eso es todo.

D: *Me preguntaba si hacían algo parecido. ¿En dónde operan? ¿Sobre una mesa o algo así?*

K: Sí, usualmente es una mesa.

D: *Y es una habitación preparada solo para eso, así que tienes todo lo necesario ahí. (Sí) Okey. ¿Y qué haces después de la cirugía? ¿Cómo cierran de nuevo a la persona?*

K: Se usa ya sea seda o... a veces usamos las tripas de un gato, los tendones.

D: *¿Te refieres para coserlos y que puedan sanar? (Sí) ¿Usan una aguja?*

K: Sí, se usa una aguja que generalmente se hace de hueso.

D: *Hueso. Y después los cosen para que sanen. (Sí) Sólo me preguntaba, hay tantas técnicas que usan tantos médicos diferentes. ¿Te gusta tu trabajo?*

K: Sí, me gusta el sentimiento de hacer que alguien mejore, alguien que quizá estaba muriendo o bajo mucho dolor.

D: *¿Tienes familia? (No) ¿Has estado casado alguna vez? (No) ¿Alguna vez quisiste hacerlo?*

K: (Suspiro) Tengo mi trabajo. Esto era importante para mí.

D: *Okey. Eras feliz con eso. Entonces eso es todo lo que te importaba. (Sí) Okey. Te agradezco por compartir esta información con nosotras. Nos gustaría volver nuevamente y hablar contigo. Quizá nos puedas ayudar un poco con tu conocimiento.*
K: Espero que sí.
D: *Okey. Gracias. Dejaremos ahora esa escena. Avancemos en el tiempo. Vayamos a los años 700. Contaré hasta tres y estaremos en los años 700. 1, 2, 3, estamos en los años 700, ¿qué estás haciendo?*

Acortamos la sesión del médico porque Karen había pedido al inicio de la sesión que se le regresara hasta la época de la druidesa. Le gustaba el sentimiento que tuvo la semana pasada de ser capaz de entrar en ese enorme campo energético. Esperaba poder hacerlo nuevamente y quizá aprender algo acerca de dirigir la energía. Acordamos intentarlo. Regresaremos al doctor la próxima semana por más información.

Durante sus conferencias, cuando le preguntaban sobre sus propias vidas pasadas, Dolores habló en muchas ocasiones sobre su vida en Alejandría, en la biblioteca, cuando fue quemada.

Hasta donde yo recuerdo, ella era una de las personas que cuidaban de los rollos que se guardaban en la biblioteca. Ella no los escribía ni estudiaba, pero era uno de los que extraían los rollos cuando era requerido por un estudiante o profesor. Su trabajo era protegerlos.

Cuando los romanos ocasionaron el incendio que quemó la biblioteca, Dolores, como la persona en aquella época, intentó salvar tantos rollos como pudo. Al hacerlo, murió, y no fue capaz de completar su misión.

Dolores ha afirmado que, por este motivo, ella sentía que ahora estaba intentando recuperar el conocimiento que se había perdido. Mucha gente le pregunta: «¿Tienes que reescribir toda la biblioteca?»

Cuando estuvo en Rusia, Dolores tuvo una sesión con un joven que también estuvo en Alejandría en el momento del incendio. Él era uno de los eruditos que estudiaban los rollos y estuvo ahí cuando comenzó el incendio. También intentó salvar tantos rollos como pudo, pero murió al caerle una viga sobre los hombros.

No sé si Dolores encontró alguna vez a alguien más que estuviera ahí durante esa misma época, pero el encontrar a uno solo, fue asombroso.

~Nancy

Capítulo 16
El doctor, Parte 2
(Grabado el 1 de junio de 1983)

Llevamos a cabo esta sesión en la casa de Harriet, pero Harriet tuvo una cita y no regresó hasta que casi habíamos terminado.

D: Okey, vamos a retroceder más y más en el tiempo. Vayamos a algún momento en los años 400. Contaré hasta tres y estaremos en la época de los años 400. Eso es bastante atrás. Cuando el médico vivía en Alejandría. En esa época. Dentro de los años 400. Contaré hasta tres y estarás ahí. 1, 2, 3, estás en los años 400, ¿qué estás haciendo?
K: Caminando.
D: Oh, ¿en dónde estás caminando?
K: Por la playa.
D: ¿En dónde te encuentras?
K: En Alejandría.
D: ¿Puedes platicarme qué es lo que ves a medida que caminas?
K: Estoy viendo los (sonó como «diques») a medida que zarpan.
D: ¿Los qué, a medida que zarpan?
K: (Sonó nuevamente como diques).
D: ¿Qué es eso?
K: Son los barcos. Están navegando por la bahía.
D: ¿Llegan y se van desde ahí? (Sí) ¿Hay muchos?
K: Bastantes.
D: ¿Cómo lucen?
K: Tienen una proa afilada que se eleva y una vela inclinada, que sale y luego baja. La vela se hincha cuando atrapa el viento.
D: Oh, ajá. ¿Son botes grandes?
K: No. Son lo suficientemente chicos para ser manejados sólo por dos personas. Pueden llevar más, pero eso es todo lo que se necesita para navegar uno.
D: ¿Hay algo más alrededor de donde te encuentras?
K: No, estoy un poco alejada de la ciudad. Aquí está tranquilo.

D: Oh, ¿no son esos los muelles a donde llegan los barcos? (No) Estás fuera de la ciudad. (Sí) ¿Cómo es el clima en donde vives?

K: Es muy caluroso. Es frío cuando llegan los vientos desde el agua, pero últimamente ha hecho mucho calor. (Suspiro)

D: ¿Todo el año es caluroso?

K: Enfría un poco durante ciertos meses, pero sí, la mayor parte del tiempo es muy caliente.

D: Sólo me preguntaba qué tipo de clima tienen. ¿En ocasiones llueve por ahí?

K: Sí, hay… en ocasiones hay lluvia. La mayor parte del agua que se utiliza aquí, proviene de lo alto del río. Cuando llegan las inundaciones.

D: ¿Te refieres a que hay un río por ahí cerca?

K: Es el río Nilo.

D: Oh. ¿El agua que estás viendo es el Nilo?

K: No, estoy viendo el mar.

D: Oh. ¿El Nilo llega hasta el mar? (Sí) ¿Y es de ahí de donde proviene el agua que beben?

K: Sí, del Nilo.

D: ¿Dijiste que a veces tienen inundaciones?

K: Cada año se eleva el Nilo.

D: ¿Y qué es lo que hacen entonces? ¿Almacenan el agua?

K: Se usa para irrigar los campos. Y tienen planificada la temporada de siembra en torno a las inundaciones de primavera.

D: ¿Entonces el resto del año no pueden usar el agua?

K: ¿A qué te refieres?

D: Pues, mencionaste que usan el agua al plantar durante primavera.

K: No, es solo que los campos se cubren. Durante las inundaciones de primavera, los campos se cubren de agua. Entonces esa agua se usa para eso. No es la única época, pero es ahí cuando hay más agua.

D: Oh, ya veo. ¿Y cómo guardan el agua para beber? ¿Sí la guardan?

K: Normalmente, hay pozos para el agua que se bebe. Actualmente, tienen pozos que están lejos del Nilo. Es (suspiro) agua que proviene del Nilo, pero ya se ha limpiado. El Nilo es bastante sucio.

D: Oh, eso es interesante. Yo creí que era así cuando se desbordaba, agua sucia. ¿Cómo limpian el agua? ¿Lo sabes?

K: El agua... cuando el pozo está lejos del río, se limpia a través de la arena, de modo que fluye y llega limpia hasta el pozo.

D: *Ya veo. Entonces, si tuvieran que... no podrían beber el agua sucia, ¿o sí?*

K: La gente sí lo hace, pero puedes enfermarte.

D: *Sí, es mejor tener agua limpia, ¿verdad? (Sí) ¿Cómo te llamas?*

K: Alexandro.

D: *¿Qué tipo de trabajo tienes?*

K: Soy un médico.

D: *¿Has sido médico por mucho tiempo?*

K: Sí, desde que era un hombre joven.

D: *¿Cuántos años tienes ahora? (Suspiro profundo) ¿Tienes idea?*

K: Tengo quizá unos cuarenta y cinco años.

D: *¿Has vivido siempre en Alejandría?*

K: No. Viví en Tracia cuando era niño. Pero mi amo se mudó para acá y me envió aquí a la escuela.

D: *¿Entonces viniste aquí para estudiar con él? ¿Con tu amo?*

K: Para él.

D: *Para él. Okey. Pensé que, quizá, te referías al amo como tu maestro.*

K: No, no, no. Mi amo, él era mi... (buscando por la palabra) mi dueño.

D: *Oh, ya veo. Eso es algo que no entendía. Pensé que, una vez que te convertías en médico, que terminabas tu escuela, tus estudios, que seguirías por tu cuenta.*

K: Fue su dinero lo que me envió a la escuela. Y luego pasé los años hasta su muerte bajo su... como suyo, y cuidé de su familia y de los otros esclavos. Y cuando murió, entonces obtuve mi libertad.

D: *Ya veo. Entonces tú eras como un esclavo, pero aun así...*

K: Yo era un esclavo.

D: *Eras un esclavo, pero aun así se te permitió ir a la escuela y aprender para ser médico.*

K: Él sabía que yo tenía aptitudes para esto, y necesitaban un médico. El... su médico se estaba volviendo viejo.

D: *Oh, yo pensé que normalmente los esclavos no hacían más que labores.*

K: No. Hay esclavos domésticos, hay muchos que son maestros y médicos y cosas así.

D: *Oh. Esa es una idea diferente a lo que yo siempre pensé. Bueno, ¿cómo fue que tú te convertiste en esclavo? ¿Dijiste que vivías en Tracia?*

K: No recuerdo nada antes de haber sido vendido.

D: *Oh, ¿entonces ese hombre te compró en Tracia, cuando eras tan solo un niño?*

K: Sí, me compró a un traficante de esclavos.

D: *¿Eras un niño entonces?*

K: Sí, tenía alrededor de cinco.

D: *Oh. Entonces es por eso que no recuerdas nada antes de eso. ¿Y ese hombre era bueno contigo? (Sí) Era un buen amo, ¿o no?*

K: Era justo. No hay muchos amos que den la libertad a sus esclavos cuando ellos mueren.

D: *¿Entonces eso fue lo que sucedió? ¿Te dio tu libertad? (Sí) ¿Y así puedes ser un médico sin... por tu cuenta, por así decirlo?*

K: Sí, entonces fue mi decisión.

D: *Me lo preguntaba. Son costumbres diferentes a lo que yo estoy acostumbrada, por eso hago preguntas. En donde yo vivo, no hay esclavos.*

K: En todos lados hay esclavos.

D: *Distintas costumbres. Pero, de cualquier forma, tú tienes tu propia... ¿qué es, tienes tu propia casa?*

K: Sí. Fue a través de mis honorarios como médico que pude ganar lo suficiente como para tener esto. Sí.

Ella se mantuvo toda la sesión tocando (jugueteando) con su lóbulo izquierdo. Se mantenía frotándolo entre su pulgar y dedo índice, jugando con él. Llevaba puestas unas arracadas y yo estaba un poco preocupada de que enredara su dedo en el aro y tirara de él. Temía que se lastimara, ya que tenía las orejas horadadas. Parecía estar haciéndolo de forma inconsciente como hábito o algo así.

D: *(Decidí preguntarle). ¿Te está molestando tu oreja?*

K: (Ella apartó rápidamente su mano y cruzó los brazos frente al pecho) ¡No! (Abruptamente).

D: *Sólo me preguntaba.*

K: Es un hábito.

D: *Oh, ¿es solo un hábito? Okey.*

K: La oreja; hay un indicio revelador con el que todos saben que has sido un esclavo.

D: Oh, ¿Cómo pueden saberlo al ver tu oreja?

K: Se ha… cortado la oreja. (La señaló de nuevo) El lóbulo tiene una V.

D: ¿*En la parte de abajo? (Sí) Oh, ¿eso es lo que tienes ahí? (Yo pretendí que podía verlo). (Sí) A eso te referías, ¿y te molesta que la gente pueda verlo?*

K: Es una señal de que le perteneces a alguien. Incluso al convertirte en hombre libre, sigue estando ahí.

D: *Entonces es un hábito, te refieres a que aún jugueteas con eso. No tienes por qué preocuparte. A mí no me molesta, porque ya me contaste la historia. ¿Le hacen eso a todos los esclavos? ¿Les cortan la oreja?*

K: Sí, es una marca.

D: *Oh. Entonces lo hicieron cuando eras muy joven. (Sí) ¿En dónde haces…? Me dijiste anteriormente que llevas a cavo cirugías. ¿En dónde las realizas?*

K: Tengo un cuarto en la parte trasera de mi casa, que uso como mi… es en donde veo a mis pacientes y ahí se quedan aquellos que… que no tienen a dónde ir. Ellos se quedan ahí y yo hago las cirugías en una de esas habitaciones.

D: *¿Alguna vez vas a la casa de los pacientes?*

K: Sí, en algunas ocasiones, si son clientes ricos.

D: *Entonces irías ahí en vez de que ellos vayan a ti. (Sí) ¿Qué tipo de operaciones realizas?*

K: Hay muchos tipos. Ah, aquellas para desórdenes del estómago, cuando hay tumores en el abdomen. Si un hombre tiene una extremidad que se haya gangrenado, entonces se amputa. Hay muchos tipos de cirugías.

D: *¿Esos son las más comunes que realizas?*

K: Yo diría que sí.

D: *¿Qué es un tumor?*

K: Hay dos tipos diferentes. Hay aquellos que, cuando ya han crecido hasta alcanzar cierto tamaño, no crecen más. Y hay aquellos que se mantienen creciendo. Son… (buscando la palabra), cancerosos. Y se mantienen creciendo siempre. Consumen lo que hay a su alrededor y deben removerse.

D: *Okey. ¿Esa es la palabra que usas para ellos, cancerosos? ¿Es así como los llamas cuando se vuelven de esa forma? (Quería saber si estaba usando una palabra de su idioma o de la mente de Karen).*

K: Malignos.

D: *¿Malignos? ¿Es un poco difícil encontrar esa palabra? (Sí) Pero entonces es probable que tú uses una palabra diferente, ¿no es así? (Sí) Okey. ¿Tienes a mucha gente con tumores en el área abdominal?*

K: Sí, hay muchos tipos en el estómago y el abdomen. (Suspiro). Hay los que tendrían las mujeres. Un crecimiento en sus... órganos femeninos. (Tuvo dificultad para encontrar las palabras correctas). Hay algunas... piedras en la vesícula que se suelen... se realiza una cirugía para removerlas.

D: *Y si tienes un, como has dicho, si tienes un tumor en el abdomen, ¿cómo lo removerías?*

K: Primero, ya sea usando alguna clase de droga para dormirlos o induciéndolos a un trance hipnótico, los llevarías a donde ya no sienten ningún dolor. Entonces tomarías un cuchillo y harías una incisión en los tejidos grasos. Y, cortando a favor de los músculos, en lugar de ir en contra, abrirías el abdomen, para poder alcanzar y cortar el tumor de lo que sea a lo que se hayan adherido.

D: *¿Es difícil hacerlo, removerlo?*

K: A veces es imposible, y uno sólo debe... cerrarlos nuevamente. Porque es imposible sacarlo. (Suspiro)

D: *¿A veces es difícil?*

K: En ocasiones, sí. Entonces se remueve el crecimiento y tomaríamos y coseríamos los músculos que previamente tuviste que separar, luego coserías el tejido graso. Esto es lo más difícil, porque siempre quiere desplazarse. No es fácil coserlo. Y al final, coserías la piel.

D: *Sí, debe ser resbaloso, ¿no es así?, el tejido graso debe serlo. Debe ser difícil de coser. (Sí) ¿Alguna vez haces cirugías en algún órgano que esté dentro del cuerpo? ¿Puedes hacerlo? No lo sé, sólo hago preguntas.*

K: (Suspiro). Explícamelo. Yo...

D: *Dijiste que remueves un crecimiento. ¿Alguna vez has cortado un órgano?*

K: Sí, para remover las piedras en la vesícula biliar, abres la vesícula. Y remueves las piedras, asegurándote de que ninguno de los... líquidos de la vesícula se filtren hacia la cavidad. Porque ocasionaría un gran riesgo de... contaminación. Entonces removerías las piedras y coserías la vesícula. Y, otra vez, el mismo procedimiento de antes, coser todo.

D: *¿Cómo puedes evitar que los fluidos se filtren en la cavidad?*

K: Normalmente, hay un asistente ahí que te ayuda con eso. Tienes el área llena de... (nuevamente, tuvo dificultad para encontrar las palabras correctas) algodón. Ellos tomarían el algodón que se ha empapado con eso, para que no toque nada más. Y lo tiran y vacían la cavidad.

D: *Oh, porque yo pensé que no habría forma de evitar que se mantuviera saliendo. (Sí) Y después remueves las piedras y coses todo. (Sí) ¿De esa forma sana bien?*

K: En estos casos yo prefiero usar la hipnosis, porque entonces puedes inducir un estado en esa persona para que acelere el proceso de sanación. Y así tienen mayor probabilidad de sobrevivir.

D: *Pero parece que habría dolor después de eso. Ya sabes, después de cortarlos.*

K: Entonces dejas una sugestión de que no habrá dolor ni incomodidad. Y la curación se hará a un ritmo avanzado, y no tendrías tantos problemas ni tantas muertes.

D: *Bueno, me preguntaba de otros órganos en el cuerpo, si los has operado. Además de la vesícula. Si alguna vez los has cortado.*

K: He escuchado de otros que realizan cirugías así. Pero a mí me parece que el riesgo es mayor que el bien que se derivaría de ello.

D: *Como cortar el estómago. O el...*

K: Sí cortaría el estómago si hay un crecimiento sobre él, y lo cosería. Pero he escuchado de algunos que quisieran experimentar con el corazón. Y no hay forma de evitar el flujo de sangre y mantener al paciente vivo si haces cosas de ese tipo.

D: *¿Hay personas que creen que sí podrían?*

K: Sí. Pero también hay aquellos a quienes no les importa si pierden o no al paciente, porque solo tratan con esclavos.

D: *Oh. ¿Experimentan en ellos para ver si pueden lograrlo? (Sí) Oh, eso parece ser bastante peligroso. En el corazón. (Sí) Bueno, ¿y qué hay de los intestinos? ¿Conoces los intestinos?*

K: Sí, las entrañas, sí.

D: *¿Se pueden operar?*

K: Se pueden acortar si uno es bastante cuidadoso con el procedimiento. Ya que, nuevamente, ellas tienen… ah, si lo que sea que esté dentro de ellas se pierde en la cavidad del cuerpo, la persona se enfermaría y moriría. Por lo tanto, es algo que es mejor evitar. Pero sí que se pueden operar.

D: *¿Y los riñones? ¿Conoces esos órganos? (Sí) ¿Se pueden operar?*

K: No, nunca he sabido de nadie que haya llevado a cabo una cirugía exitosa en ellos.

D: *Sólo me preguntaba cuáles son los órganos que puedes tocar. Ya sabes, y cuáles son los más peligrosos para intentarlo. Entonces hay algunos que es mejor evitar, ¿no es así? (Sí) ¿Qué hay de los pulmones? ¿Esa parte del cuerpo? ¿Has realizado alguna cirugía ahí para algún paciente?*

K: La única razón por la que una vez operé un pulmón fue… una vez que tuve un paciente que lo tenía perforado. Y debía coserse y reinsuflarse, ya que había colapsado. Y, para hacerlo, cosimos el pulmón y luego se insertó una caña. Se sopló aire a través de la caña hacia el pulmón y así se reinsufló.

D: *¿En dónde se insertó la caña?*

K: Se insertó… ah, en el mismo lugar en donde se encontraría la cuarta costilla.

D: *Oh, ¿te refieres a donde cortaste? (Sí) Pones la caña ahí y… ¿qué? ¿Soplas con la boca? (Sí) ¿Y eso funciona? ¿Infla el pulmón? (Sí) Ah, sí. ¿Eso es lo que harías si, por ejemplo… ah, en casos de batalla? ¿O algo así, si alguien se lastimara ahí?* (Frunció el ceño) *Estoy pensando en una batalla, en donde alguien peleaba en una guerra. Ya sabes.* (Todavía frunciendo el ceño). *¿Tienen algún caso… entonces no tienen nada similar?*

K: No estoy comprendiendo lo que… (Aparentemente, la guerra era rara en esa área o en esa época).

D: *Bueno, a veces en las guerras cuando pelean los soldados, ellos tienen…*

K: Estás diciendo que ellos tendrían heridas en los pulmones. Eso es lo que tú…

D: *Sí, o en otros lados.*

K: Sí. Ah, básicamente. Probablemente. Esta herida en particular fue ocasionada por un… desacuerdo.

D: *(Me reí ante su expresión). ¿Entonces no tienen ninguna guerra ahora mismo?*

K: No aquí.

D: *Okey. Pensaba que en ocasiones se llevan a cabo batallas y se necesitan doctores en casos así. Bueno y, ¿alguna vez te han llamado cuando una mujer está teniendo un bebé?*

K: Si no pueden tenerlos, realizamos... cirugía para poder sacar al niño. La... en muchos casos, la mamá no se salva, pero este es el último recurso.

D: *Solo hacen eso en caso de que no se pueda hacer nada más, ¿es correcto? (Sí) ¿De esta forma el bebé si vive?*

K: En... si la mujer ha estado embarazada el tiempo suficiente y está casi a término, sí. Pero si es demasiado pronto, las probabilidades de supervivencia no son tan buenas.

D: *Ajá. ¿Y en ocasiones la madre fallece?*

K: Si ha habido mucha pérdida de sangre antes de que se me llame o si hay muchos otros problemas, como la inflamación. Muchas mujeres que no pueden tener niños con parto natural, casi al final de su embarazo, les, ah, los fluidos de su cuerpo no escapan. No salen, están atrapados alrededor de las muñecas y las manos, los pies y tobillos, y diferentes extremidades del cuerpo se inflaman con este fluido. Es peligroso tanto para ambos, madre e hijo y, en muchos casos, la mujer necesitará cirugía. Pero... debido al estrés del cuerpo al hacerlo, no siempre sobreviven a la operación.

D: *Ya veo. Bueno, ¿entonces es peligroso cortar el cuerpo para remover al bebé?*

K: En cualquier momento que se realiza cualquier tipo de cirugía, es peligroso para el cuerpo. Es un shock. Debe ser preparado para este shock y... la paliza que se está recibiendo. Por lo tanto, sí, es peligroso.

D: *¿Puedes decirme cómo realizas la cirugía cuando remueves al bebé?*

K: Tomas y... muchas veces cortas de esta forma a lo largo del estómago. (Hizo un movimiento con su mano, un corte transversal en la parte más baja del abdomen, en el área que ahora se describe como corte bikini). En lo más bajo, de modo que estés cortando a la mitad del útero (pronunciado: útro, út-tro), y a través del cual puedas ver al niño. Cortas muy cuidadosamente para no dañar al niño en ningún sentido. Entonces lo levantas y sacas junto con la placenta, dejándolo a un lado, o se lo pasas a tu asistente, así ellos pueden asegurarse de que el bebé está bien y lo limpian. Mientras tanto, tú coses a la mamá. Y...

D: Espera un momento. *(Tuve que levantarme y cerrar la ventana. Una podadora lo estaba pasando en grande yendo una y otra vez justo debajo de la ventana. Fue difícil entenderla y me alegro de que la grabadora haya captado muy bien sus palabras, incluso cuando yo no pude).* Lo siento, me distraje con mucho ruido. Sí, debes ser muy cuidadoso al cortar, ¿no es así?, para no lastimar de ninguna forma al niño. (Sí) Okey. ¿Dijiste que en ocasiones también cortas las extremidades?

K: Sí, en caso de que... una herida empeore tanto que esté poniendo en peligro al cuerpo. Si, quizá, el hueso se ha partido, así que no hay más uso para esa extremidad. Entonces la quitas.

D: Okey. Ah, ¿conoces la palabra «infección»? *(Frunció el ceño) (¿Cómo le explico?)* Me preguntaba cómo previenes, oh, ¿cómo mantienes la herida limpia posteriormente, para que no se... ponga mal de nuevo?

K: Hay quienes usan, ah, cauterización, en donde hicieron la herida, toman un... utensilio de cierto tipo, que ha sido calentado hasta estar al rojo vivo y de esta forma sellan lo último. Hay quienes usan... diferentes breas para sellar.

D: ¿Diferentes qué?

K: Breas, resinas para sellar la herida. Una resina, para disminuir el shock del sistema, lo que haces es... si cortas la pierna de alguien y después vuelves a ocasionarle un shock al sistema, cauterizando, estás haciendo doble daño, porque ya habías ocasionado un shock en esas terminaciones nerviosas. Mientras que, si usas diferentes resinas y bálsamos por encima, esto detendrá el sangrado, y no se ocasiona tanto estrés al cuerpo.

D: A eso me refería. Que a veces cuando operas, no sé si conozcas o no la palabra «gérmenes», eso es a lo que me refiero con infección, que se pone mal. No sé cómo más explicártelo. *(Risas).*

K: Te refieres a... cuando hay pus de gangrena... ah... *(Ella también tenía dificultad para encontrar la palabra correcta).*

D: Como si volviera, sabes, después de haber operado. Me preguntaba cómo evitas que eso suceda. (Sí) A veces sucede.

K: Sí, debes intentar mantener todo lo más limpio posible, para que no, ah, que no sucedan reinfestaciones.

D: *Okey. Yo no sabía cómo ponerlo en palabras que tú conocieras. ¿Entonces usan los bálsamos y resinas?*

K: Como regla general, sí. Si no hay ninguno alrededor... por ejemplo, si es una situación de emergencia, entonces, por necesidad, se debe usar la cauterización. Pero no es el mejor método a utilizar.

D: *¿Y qué bálsamos son los que utilizas, o breas? ¿Hay ciertos tipos?*

K: (Suspiro) El tipo de bálsamo que se usa para... cuando la herida está sanando. El que quitaría un poco de comezón sería el aceite de alcanfor. Suaviza la piel, la nueva piel que está creciendo.

D: *¿Cuál usarían para detener un sangrado?*

K: Normalmente brea de cedro.

D: *¿Es realmente bueno para eso?*

K: Sí, yo lo he usado muchas veces. Es lo suficientemente resinosa para sellar el área.

D: *(Creí que había dicho aceite de cedro). Entonces es espeso. Yo creía que un aceite es delgado.*

K: Estás diciendo aceite. Este no es un aceite. Es una resina o... savia.

D: *Oh, ya veo. Es más espeso que un aceite. (Sí) Pensaba que un aceite sería delgado como el agua. ¿Pero le llaman aceite de cedro?*

K: Resina de cedro.

D: *Resina de cedro. ¿Lo toman y lo esparcen como un... ungüento? Esa es una palabra que yo usaría. No sé si... (frunció el ceño) entonces tú no conoces esa palabra.*

K: ¿Un bálsamo?

D: *Un bálsamo. Eso tendría el mismo significado. Y se pone en el muñón, o como le llamen, en donde cortaron. (Sí) ¿Y eso detiene el sangrado? (Sí) ¿Y ayuda a sanar? Y entonces, después usarían el aceite de alcanfor para aliviar la comezón. Eso parece algo útil. ¿Qué es lo que hacen cuando, como dijiste, cortan el abdomen de alguien para operar ahí? ¿Ponen algo sobre eso? ¿Para ayudar con la sanación después de coser todo?*

K: Por lo general, solo... aceite de alcanfor o algo similar, empapando una tela que se coloca sobre la herida.

D: *¿Eso ayuda a que sane más rápido?*

K: Sí, y la protege de, ah, pestes y... (finalmente, ella encontró una palabra que es bastante similar a la palabra «gérmenes» que yo estaba buscando).

D: ¿Pestes? ¿Esa es la palabra que usan ustedes? (Sí) Sí, te estás refiriendo a lo mismo. Sólo usaste palabras diferentes, describiendo lo mismo. Es interesante. Siempre estoy intentando aprender cosas nuevas. Cuando encuentro a alguien que me puede enseñar cosas nuevas, me gusta hacer preguntas. ¿Qué hay de la cabeza? ¿Realizan cirugías en la cabeza?

K: He escuchado de aquellos que han hecho, ah, cirugías para remover tumores y cosas así. Normalmente, si alguien tiene ese estado, yo lo enviaría con alguien que tiene experiencia en eso. Yo no quiero lidiar con ese campo. (Así que, aparentemente, por aquellos días también tenían especialistas).

D: Entonces a ti no te gusta operar ahí. ¿Pero sí hay gente que opere de la cabeza?

K: He escuchado de aquellos que han incluso... han tenido pacientes que sobreviven.

D: Entonces es peligroso. Cuando hay un tumor en la cabeza, entonces normalmente es...

K: Sí. Es fatal.

D: Sí, ha de ser peligroso meterse con ese órgano, ¿verdad? (Sí) Entonces tú no haces cirugías de ese tipo. (No) ¿Qué tipo de instrumentos utilizas? ¿Tienes muchos con los que operas?

K: Generalmente, están el escalpelo, tu cuchillo. Um... (tuvo problemas encontrando la palabra), las pinzas, ah, (pausa, mientras piensa).

D: ¿Cómo les llamas tú? Sólo usa las palabras que te son familiares a ti, si te es difícil encontrar las palabras adecuadas.

K: Se usarían para agarrar algo que estás intentando, quizá, alejar de alguna otra cosa. O jalar algo. (Okey) Están las, um, abrazaderas, que se usan para sujetar los vasos sanguíneos, para evitar que sangren por el área abierta. Las agujas y, ah, básicamente eso es todo.

D: ¿Entonces no tienen muchos instrumentos que usarían durante las cirugías? (No) Bueno y hay algún...

K: (Ella interrumpió al recordar otro). Una sierra.

D: ¿Qué hacen si el paciente está sangrando mucho? ¿Hay alguna forma en que puedan... hay algo que puedan hacer al respecto? (Claro que yo estaba pensando en transfusiones).

K: Si es una cirugía importante, utilizarías la hipnosis, para que tengas mejor control sobre las funciones del cuerpo. Y le darías instrucciones para cerrar el flujo de sangre hacia esa área en particular. Entonces el sangrado cesará por completo o al menos disminuirá bastante.

D: *¿Pueden hacer eso con su mente si se les pide que lo hagan? (Sí) Pero y qué pasa cuando el paciente pierde demasiada sangre, ¿hay algo que puedan hacer en ese caso? (No) ¿Y después de la cirugía los envían a casa? ¿O qué hacen con ellos?*

K: Ellos se quedan o... los que son pobres, muchas veces se quedan aquí. Si tienen una casa a donde ir, entonces se les carga hasta allá. En cualquier caso, los que son bastante ricos se operan en el mismo lugar en donde se quedarán.

D: *Oh, en su propia casa. (Sí) Cuando los cargan a casa, ¿cómo los llevan, en caballos, o cómo?*

K: No, sobre un, um, una camilla.

D: *¿Y sólo los cargan recostados ahí, de esa forma? (Sí) ¿Y vas a revisarlos después?*

K: Sí, para asegurarse de que no haya fiebre o... problemas que surjan por la cirugía o por la propia enfermedad.

D: *Entonces tienes que mantenerlos en observación hasta que ya haya pasado todo. (Sí) ¿Qué hacen en caso de fiebre?*

K: Depende del tipo de enfermedad. Si es algo que tenga que ver con... si es parte de su natural, um, del proceso de la enfermedad, entonces solo se les dan muchos líquidos, para ayudarles a lavar, ah, lo que sea que esté ocasionando que la fiebre esté en ellos. Si se eleva demasiado, entonces los sumerges en agua fría para ayudar a disminuirla. Estos son casos en que están extremadamente... calientes. Y hay distintos tipos de hierbas que se les pueden dar, y que a veces también ayudarán a disminuirla. O, nuevamente, hipnosis. Puedes decirles que no hay razón para elevar tanto esta... temperatura y así la pueden reducir.

D: *¿Mezclan algo que proviene de las hierbas? ¿Para dárselos? ¿O cómo las usan?*

K: Generalmente, las hierbas se dan con, ah, vino, para que no sepan.

D: *¿Dentro del vino?*

K: Sí. A veces solo consiste en algo para sólo noquearlos, para que tengan el descanso que necesitan para ayudar a la batalla, de este modo, la enfermedad seguirá su camino.

D: *Ya veo. ¿Qué hierbas usan para la fiebre? ¿Sabes el nombre de ellas?*

K: Hay distintas que se pueden usar. (Suspiro) Algunas drogas que usaríamos serían, ah, sólo para dormirlos, sería la amapola. Ah, a veces para bajar una fiebre se usarían las flores del ajo, que se hayan... remojado en vinagre.

D: *¿Oh? ¿Eso bajaría la fiebre? ¿Sólo las flores?*

K: Um, ha sido algo que se ha transmitido. Lo he visto funcionar. Pero gran parte de la medicina tiene que ver con que el paciente crea que funcionará, ya sea que la gente admita esto o no.

D: *Yo creo que eso podría ser cierto. Algunos pueden mejorarse a sí mismos o enfermarse de esa forma. Yo creo en eso. Pero, toman las flores que se remojaron en vinagre y después... ¿cómo las preparan para que ellos puedan tomarlas? ¿Las muelen o qué?*

K: Las flores, después de haber sido remojadas, se muelen y... se les da una... consistencia pastosa. Entonces se añaden al vino, para que el sabor del vinagre no sea abrumador y se beba.

D: *Entonces lo beben. (Sí) ¿Es la principal que usan para la fiebre? ¿El ajo?*

K: Sí, es una de ellas.

D: *¿Hay otras que sean buenas para bajar la fiebre? (Suspiro) Además de noquearlos, como tú dijiste.*

K: Sí, hay muchas variedades, dependiendo de lo que esté disponible en el momento.

D: *Tengo curiosidad, porque me interesan las hierbas y lo que pueden hacer. Yo no sé cuáles...*

K: (Interrumpiendo) ¿Eres médico?

D: *(Desconcertada) Pues, me gustaría serlo. Si pudiera aprender. En especial me gustaría aprender sobre las hierbas y para qué pueden usarse.*

K: Las hierbas y sus brebajes pueden ser bastante peligrosos para aquellos que no están informados y no han sido iniciados.

D: *Oh, ¿te refieres a que no debería intentarlo sin haber tenido entrenamiento?*

K: Sí, porque, en las cantidades correctas, pueden ser de gran ayuda. Pero de forma incorrecta, pueden ser mortales.

D: *Sí, eso tiene sentido. Pero al menos quería saber los nombres, al menos así sabría qué hierbas son importantes. (Pausa) No intentaré hacerlo yo sola.*

K: Eso es bueno.

D: *¿Eso es lo que temes? ¿A que yo intente hacer algo así?* No, me daría bastante miedo lastimar a alguien. No me gustaría hacerlo yo misma. *Solo tenía curiosidad sobre...*

K: (Interrumpiendo) Se sabe de algunos que han tenido curiosidad y descubrieron lo suficiente para aplicarlo en otros.

D: *Oh, ¿de forma incorrecta? (Sí) Veo a qué te refieres. Solo tenía curiosidad sobre cuáles tienen qué efecto, porque hay tantas. (No hubo respuesta) Bueno, mencionaste en una ocasión que estabas haciendo elíxires. ¿Son medicinas?*

K: Sí, hay diferentes cosas que han sido destiladas a partir de ciertas hierbas y, en ocasiones, incluso se les agregan especias.

D: *Oh. Eso produce una medicina para las personas que tienen diferentes problemas en ellos.*

K: Algunas de ellas son para personas que creen tener diferentes problemas en ellos. (Sonriendo).

D: *(Risas) Funciona de cualquier forma, ¿no es así? ¿Tú haces tus propias medicinas? ¿Tus propios elíxires?*

K: Sí. De esa forma sabes qué le estás dando a la gente que tratas.

D: *Oh, así sabes que se hizo de forma correcta. (Sí) He escuchado que a veces la gente compra cosas.*

K: ¿En dónde comprarías estas cosas? Puedes comprar las distintas hierbas o, a veces, salir a buscarlas, pero, ¿en dónde...

D: *Pues, he escuchado que hay lugares en donde es todo lo que hacen las personas, hacer algunos elíxires para venderlos a los demás. En otros países, otras tierras.*

K: (Suspiro) Esto suena bastante raro. ¿Cómo podría yo saber que puedo confiar en esta persona que los hizo para mí?

D: *Eso es cierto. ¿Cómo podrías saber si los hicieron correctamente?*

K: Creo que no me gustaría eso.

D: *Entonces no te gustaría. (No) Eso es lo que hacen en algunos lugares. Los médicos tratan la enfermedad y tienen a alguien más que prepara los elíxires para ellos. Les dan las instrucciones.*

K: Eso parece bastante raro.

(Tuve que voltear la cinta)

D: *Ya sabes cómo es en otras tierras, tienen costumbres muy distintas. Diferentes formas de hacer las cosas.*

K: Eso parece bastante extraño comparado con lo que yo estoy acostumbrado.

D: Ajá. Entonces tú haces los tuyos y así sabes que se hicieron de forma correcta. (Sí) ¿Qué tipo de... cuál es la palabra, enfermedad, dolencia, para cuál haces o prescribes los elíxires con mayor frecuencia? ¿Para cuál te los piden más las personas?

K: Una que es, una que tengo a la mano con bastante frecuencia sería, ah, la esencia de dedalera. (¿Dedalera?) Es para personas que tienen síntomas de... cuando el corazón se constriñe. Y... asiste en la función del corazón... abre el área circundante en la, ah, aorti (pronunciado: a-or-ti) del corazón, para que pueda hacer bien su función. (Tuvo dificultad encontrando las palabras adecuadas para explicarlo).

D: Okey. ¿Esa es la que usas más, la más común?

K: Es bastante frecuente por el hecho de que hay... cuando la gente envejece, hay algunos con problemas del corazón. Se puede ver que alguien tiene problemas del corazón cuando su... alrededor de la boca se torna azul. Ellos tendrán tendencia a la retención de fluidos en el cuerpo, debido a la disfunción de muchas otras cosas que no están recibiendo la cantidad adecuada de sangre en ellas, porque el corazón no funciona correctamente.

D: Esa es una forma en que lo puedes descubrir. (Sí) ¿Tienen algo de dolor?

K: Tienen opresión en el área del pecho, y a veces el dolor se intensifica tanto que les provoca... (buscando por la palabra correcta), ah, sí, desmayos.

D: ¿Hay otras medicinas como esa que uses bastante?

K: Déjame pensar. Hay diferentes tipos de tés. Las hojas de la frambuesa se usan para mujeres que han tenido problemas llevando a sus bebés hasta término. Les darías esas hojas, entonces ellas se preparan un té con ellas. La raíz de ginseng se destila en ocasiones para diferentes tipos de disfunciones renales y varias cosas de ese tipo. Hay quienes dicen que también ralentiza el proceso de envejecimiento, pero yo no creo en eso. Yo creo que es... (sonriendo, mueve la mano como descartándolo).

D: (Risas) ¿Se lo has dado a alguien con ese fin?

K: No. Las hierbas en medicinas son demasiado valiosas, y muchas de ellas son demasiado raras como para pasarlas a alguien que tenga un capricho.

D: Oh. ¿Entonces no podrían engañarte para conseguir medicinas como esa?
K: No. Hay... entre las enfermedades más comunes que son tratadas están... por ejemplo, la «enfermedad dulce» y...
D: ¿La enfermedad «qué»?
K: La enfermedad dulce. La... esta se da mayormente en personas que tienen mucha fruta y azúcares en sus dietas. Se le llama así porque la... se dice que los primeros médicos notaban el aroma dulce en la orina. Se dice que la persona consume tanta azúcar que ésta sale de ellos a través de todas las formas posibles.
D: ¿Qué es lo que dan para eso?
K: Esto se controla principalmente con dieta. Y... esta gente comería muchas carnes tiernas de bueyes y terneros. Se dice que esto ayuda con esa condición.
D: ¿Deben tener una dieta regular en la que coman carnes tiernas cada día?
K: Sí, al menos varias veces por semana.
D: Entonces tienen que tener cuidado de no comer muchos dulces.
K: Sí, tendrían que comer muchas hojas verdes, vegetales verdes, pero no muchos panes ni raíces. Eso te haría daño.
D: Apuesto que es difícil hacer que la gente deje de comer dulces, ya que les gustan tanto. (Risas)
K: Son ellos mismos quienes se están haciendo pagar.
D: ¿Qué pasa si tienen la enfermedad dulce y no hacen lo que les dices? (Pensando, claro, en el coma diabético).
K: Se mueren.
D: ¿Tan peligroso es?
K: Sí. Entran en un ah, ah, un estado en donde la mente no funciona. Están... solamente están ahí recostados y se consumen lentamente.
D: ¿Te refieres a que están dormidos?
K: Ah, es más profundo que eso. Es el estado en donde no los puedes alcanzar. Un... comá.
D: ¿Esa sería la palabra correcta?
K: Sí, comá. (Pronunciada con acento en la última sílaba).
D: ¿Esa es una palabra con la que yo lo llamaría o ustedes lo llamarían así? (Sin respuesta) Okey. Y cuando llegan a ese estado, ¿hay algo que ustedes puedan hacer? (No) Es demasiado tarde,

¿no es así? Entonces, después de eso, mueren, en caso de que no...

K: (Interrumpiendo) Mueren.

D: Oh, ya veo. Entonces es una enfermedad peligrosa. Entonces todas estas son cosas que tienen y que ustedes tratan. (Sí) ¿Alejandría es una ciudad muy grande?

K: Es bastante grande. Sí, es una ciudad muy ajetreada.

D: ¿Hay mucha gente ahí?

K: Pareciera que la gente cambia día con día, pero siempre se mantienen igual. Siempre están los pobres y los... escuálidos. Y los ricos vienen y se van, y ves caras diferentes. Pero ellos... siempre está cambiando.

D: ¿Qué tipo de... Alejandría es... oh, digamos, tiene muchos negocios ahí o algo?

K: Es una ciudad puerto; es una ciudad de comercio. A través de Alejandría muchas cosas de cualquier tipo suben por el Nilo hacia las distintas ciudades. Muchas de estas cosas provienen del mundo exterior y se traen aquí, pasan por aquí y todos se llevan su parte por eso.

D: Hay mucho comercio y negocios; entonces es ajetreada debido a eso. (Sí) ¿Y te refieres a que llegan barcos? (Sí) ¿Vienen de todas partes del mundo o de dónde?

K: Sí, aquí vienen personas de todas las nacionalidades.

D: ¿Entonces ustedes saben acerca de muchos países de todos lados? ¿Lugares de donde provienen las cosas?

K: Grecia, Italia y, um, a veces vienen por tierra y hay cosas de Turquía que llegan por barco y en ocasiones por tierra. Incluso de aquellos lejanos del norte. Los comerciantes de piel clara que vienen, los germantos (fonéticamente).

D: ¿Germantos? ¿Eso fue lo que dijiste?

K: Sí, y visgodos (fonéticamente).

D: Entonces ellos también bajaron hasta acá. ¿Dijiste germanos o germackos? ¿Cómo lo pronuncias?

K: Germato.

D: Okey. Y esos son la gente de piel clara. En donde tú vives, ¿son de piel clara u oscura?

K: (Sonriendo) Yo soy... ninguno de los dos. Soy, tengo el cabello café y una piel café clara, pero no soy extremadamente oscuro. No soy como (acento en la primera sílaba) los béduinos (acento fonéticamente), quienes provienen del desierto, o los, la gente que viene de, ah, los diferentes países del sur.

D: *¿Ellos son mucho más oscuros? (Sí) ¿Cómo se llaman los que provienen del desierto?*

K: (Lo pronunció más como bú-dui-nos, pero probablemente se refería a los beduinos).

D: *¿También son oscuros? (Sí) Entonces, la mayoría de la gente en donde tú vives, ¿son del mismo color que tú?*

K: (Suspiro) Los de aquí, la mayoría, son probablemente más oscuros que yo. La gente de Alejandría y Egipto, y esta área, son un poco de todo. No son exactamente egipcios, pero tampoco son algo más.

D: *Son una mezcla. Okey. Creo que eso es bastante interesante. Sólo me lo preguntaba. Dejemos esa escena. Contaré hasta tres e iremos a un día importante en tu vida. Un día que tú consideres que es importante, cuando eres más viejo. 1, 2, 3, es un día importante en tu vida, cuando ya eres un poco mayor. ¿Qué estás haciendo? (Sin respuesta) ¿Qué es lo que ves?*

K: Veo... mi cuerpo que está recostado en la cama.

D: *Oh, ¿sucedió algo?*

K: Um, he decidido dejarlo.

D: *¿Tuviste alguna razón?*

K: Sólo el estar... cansado.

D: *¿Cuántos años tenías? ¿Lo sabes, más o menos?*

K: Sesenta y nueve.

D: *¿Entonces no estabas enfermo o algo así?*

K: Había un problema con el corazón, así que solo dejó de funcionar.

D: *Siendo tú un médico, ¿no pudiste... la medicina no te pudo ayudar?*

K: Hubiera ayudado por un tiempo, pero yo estaba simplemente cansado. (Suspiro)

D: *¿Qué piensas tú de esa vida?*

K: (Con tristeza) Veo... mucho sacrificio por otros, pero un... casi como situándose por encima de otros por una necesidad de sentirse... mejor o por arriba de ellos.

D: *¿Crees que ese era tu verdadero sentir?*

K: Veo que el servicio a otros fue... un intento por deshacerse de la culpa que sentía en un nivel más bajo del ser. Um. No fue una mala vida, con el hecho de que no hubo ningún daño ocasionado a otros.

D: ¿Y por qué deberías sentirte culpable?

K: Por el deseo de ser mejor que otros, esta era la razón por la que había tanto esfuerzo. Mucho de esto se superó.

D: Yo pensaba, ya sabes, no es malo querer ser alguien, hacer algo con tu vida.

K: No es malo hacer algo con tu vida. Pero mirar hacia abajo a los demás que no lo han hecho, eso es... ahí yace el problema.

D: Oh, ¿crees que quizá tú hiciste eso y no te diste cuenta?

K: Por un tiempo en esa vida, sí. Se hizo bastante.

D: Entonces el sentimiento de culpa fue... dijiste que superaste el sentimiento de culpa.

K: Sí. Esto fue cuando, ah, la autorrealización de que esto era un problema. Entonces se ofreció a sí mismo a, a la ayuda de aquellos que son menos afortunados, y eso fue algo bueno.

D: Okey. Pero entonces tú piensas que te sentías culpable por, ah, debido a algo que había debajo, quieres decir que fue en tus primeros años o... (Sí) Y entonces querías hacer eso para superarlo. Bueno, pues no fue una vida mala. Parece que hiciste mucho bien a las personas.

K: Sí, hubo un esfuerzo por hacer eso.

D: Eso es bueno. Nunca te casaste, ¿o sí?

K: No. Se sintió que, el encontrar a un alma gemela sería un distractor para la necesidad de lograr, o sería mayor que la necesidad de ayudar a otros. El que alguien estuviera ahí, tomaría energía.

D: Entonces tu vida entera transcurrió deliberadamente de esa forma, para ayudar a otras personas. Es por eso que no tuviste familia. (Sí) Ya veo. Creo que hiciste un gran trabajo. Sin duda lograste lo que te propusiste hacer.

K: Eso espero.

D: ¿A dónde irás ahora? ¿Ya lo sabes?

K: Creo que descansaré.

D: Esa sería una buena idea, ¿no es así? Descansa un tiempo, para sacar todo eso de tu sistema. Okey. Dejemos esa escena por ahora. Retrocedamos más en el tiempo. Hemos estado viendo alrededor de los años 400. Retrocedamos a los años 300, que es más atrás que esta época. Contaré hasta tres y estaremos en los años 300, y tú me dirás lo que ves y qué estás haciendo. 1, 2, 3, estamos en los años 300, ¿qué estás haciendo? (Sin respuesta)

¿Qué es lo que ves? (Sin respuesta, pero estaba frunciendo el ceño). ¿Hay algo que te moleste?
K: Veo... a los estudiantes. Están alrededor del cuerpo.
D: *¿Los estudiantes están rodeando el cuerpo? (Sí) ¿A qué te refieres?*
K: Están... rezando por la iluminación de mi alma.
D: *Dijiste que estabas observando el cuerpo. ¿Algo sucedió?*
K: He dejado... esta existencia.
D: *¿En dónde estabas?*
K: Estaba en el Tíbet.
D: *Oh, ¿en el monasterio? (Había encontrado la última de las antiguas vidas por las que pasó, y ahora soy capaz de ponerla en el periodo adecuado). (Sí) Eras un hombre viejo en esa vida, ¿no es así? (Sí) ¿Qué hacen los estudiantes? ¿Dijiste que estaban preparando el cuerpo?*

(No le había entendido; a menudo comienza con una voz muy suave).

K: No, lo rodearon y están rezando para que mi alma continúe su ciclo de vida hacia la iluminación.
D: *Oh. ¿Qué es lo que hacen después con el cuerpo? ¿Tienen ciertos rituales o hacen algo especial?*

Se había movido a Karen otros cien años atrás y al parecer llegó al último día de esta vida. (Esperemos que esta sea una de las vidas que encontremos al transcribir las cintas o archivos de Dolores).

Dolores había trabajado con Karen en algunas vidas adicionales, y tenemos dos más que se incluyen en esta última sección.

Capítulo 17
El doctor, Parte 3
(Grabado el 25 de agosto de 1983)

La primera parte de esta cinta, es la cinta de Jesús n.º 12. Estábamos terminando las sesiones sobre la vida de Saudí y queríamos obtener un poco más de información sobre el médico en Alejandría, antes de dejar de reunirnos.

D: Dejemos esa escena. Vayamos más adelante. Dejaremos esa época y ya no nos preocuparemos más por nada en ese tiempo. Movámonos hacia adelante, al futuro. Vayamos pocos siglos adelante, después de que progresaste a través de algunas vidas más. Vayamos al año 400. En algún momento de los años 400. Contaré hasta tres y estaremos ahí. 1, 2, 3, estamos en algún momento de los años 400, ¿qué estás haciendo?
K: Estoy mezclando una medicina.
D: Okey. ¿En dónde estás?
K: (Gran suspiro) Estoy en Alejandría. (La pronunciación es atropellada).
D: ¿Alejandría? Okey. Tu nombre es Alexandro, ¿estoy en lo cierto?
K: Sí, Alexandro. (Pronunció rodando la r).
D: ¿No lo estoy diciendo de forma correcta? (Lo repitió rodando nuevamente). Okey. ¿Cuántos años tienes en este momento?
K: (Gran suspiro). Sesenta y uno, dos, ah. Soy un hombre viejo, eso no importa.
D: Oh. ¿No llevas la cuenta de los años?
K: (Suspiro) ¿Quién sigue contando?
D: Okey. ¿Qué tipo de medicina estás preparando?
K: Es para quitarle la inflamación a una mujer (suspiro) de sus muñecas, tobillos y articulaciones.
D: Oh. ¿Sabes qué está ocasionando la inflamación?
K: (Suspiro) No está comiendo adecuadamente y está embarazada, esto... Las toxinas del cuerpo se conservan y acumulan en esos lugares. (El acento era bastante diferente al de Saudí).

Harriet (H): ¿Qué puede comer para prevenir eso?

K: Menos pan, carnes, la sangre. Más hojas (pronunciado: hoas) y hierbas, cosas así, frutas crudas.

H: ¿Puedes decirnos qué le hacen estas cosas al cuerpo?

K: Ayudan… todo el proceso detrás de la reunión continua de toxinas, es debido a que los riñones se niegan a trabajar, debido a la falta de ciertos… elementos. Y cuando dejan de funcionar, se acumulan los venenos. Con la introducción de estas frutas y hierbas al cuerpo, les ayudará a expulsarlos, para que disminuya el problema. Es un problema de desnutrición (pronunciado extrañamente), el tener este problema durante el embarazo. (Las palabras introducción, desnutrición y embarazo se pronunciaron rápidamente con un acento extraño. De no haber conocido las palabras, hubiera sido difícil reconocerlas).

H: ¿Por qué se juntan los fluidos particularmente en las muñecas y tobillos? ¿Por qué no en otros lugares? Sé que lo hará, eventualmente, ¿pero por qué se nota primero en esos dos lugares?

K: Son en los que se notan primero porque con la grasa en el resto del cuerpo, um, en estas áreas huesudas se nota la inflamación más rápido que en otros lugares. No estoy particularmente seguro de por qué elige esas áreas, excepto por esa razón, que permite notarlo antes.

D: ¿Qué tipo de medicina estás preparando? ¿Tiene algún nombre?

K: Es un elixir; tiene diferentes hierbas y cosas que usaré.

D: ¿Qué será, una bebida, algo para untar o…

K: Es para beber.

H: ¿Una medicina o algo así ayuda más si se unta en el cuerpo o si se toma internamente?

K: Depende de lo que quieras hacer. Hay ciertas cosas que son mejores si se aplican a través de la piel. Algunas son mejores si se ponen en el estómago y se abren paso desde ahí. Todo depende de la enfermedad y del problema.

D: ¿Qué le pasaría a ella si no se aliviara de…

K: (Interrumpiendo) ¡Se moriría! Y también el bebé.

D: ¿Puede llegar a ser tan malo?

K: Sí, es veneno. (¿Venenoso?)

D: Oh, creí que solo eran fluidos.

K: (Interrumpiendo) Entonces si tomaras, ah, cicuta, ¿no morirías? Es venenosa. El cuerpo guarda los venenos y, si no se sacan del sistema, se muere.

D: Ya veo.

H: *¿Las articulaciones del cuerpo tienen alguna entrada particularmente directa al sistema interno? En otras palabras, si tienes algún ungüento para frotar, ¿se absorbería más rápido en el área articular que en el área tisular?*

K: Sí. Esto es verdad en la mayoría de los casos.

H: *¿Qué hay de áreas del cuerpo en particular? Por ejemplo, bajo los brazos y en la región inguinal. ¿Éstas serían más accesibles o habría diferencia dependiendo del área articular que sea?*

K: Bueno, hay cosas que se untarían en el cuello o que se untarían en el pecho, dependiendo de lo que sean. Otras son mejores en las áreas glandulares, así llegarían a las glándulas y se distribuirían al cuerpo. Algunas, tomarías los pies y los empaparías en este... ah, brebaje, elíxir, lo que sea, y usarías en esa área para llevarlo al cuerpo.

H: *¿Podrías decirnos un poco de eso? Me interesan mucho los pies, porque ellos cargan tanto del peso del cuerpo. Me interesa mucho. ¿Hay algo que nos puedas decir en lo que podamos remojar nuestros pies para llevar alivio en general al cuerpo?*

K: (Suspiro) El agua a la que se le ha agregado sal de mar es muy buena, solo para bienestar general del cuerpo. Tiene muchos minerales y cosas así. O si tan solo puedes tomar algo de agua de mar y remojar los pies en ella, también es muy bueno.

D: ¿Por cuánto tiempo?

K: No mucho, quizá, un cuarto de hora.

H: *Ya veo. Entonces es por un corto periodo. ¿Qué hay del tejido facial? La cara se expone tan seguido, la piel de la cara se expone mucho más que el resto del cuerpo. ¿Hay algo que podamos poner sobre la piel para protegerla y evitar que se deteriore, arrugue, endurezca o se tense?*

K: Hay ciertas plantas que son buenas para eso. Tomas su aceite, sí, el de coco, o mueles el coco hasta formar una pasta y untas eso. O, déjame pensar, el... los diferentes tipos de aceites de la grasa de animales que haya sido fundida, también sería buena en caso de resequedad extrema.

D: ¿Son cosas que ustedes usarían?

K: En ocasiones, sí.

H: El de coco sería el mejor de los...

K: (Interrumpiendo) Si no es un caso severo y comienzas lo suficientemente temprano, sí.

D: ¿Tienes más pacientes femeninos o masculinos?

K: Ambos.

D: ¿Ambos? ¿Qué hay de los niños? ¿También tratas niños?

K: En ocasiones. La mayoría son muy sanos.

D: ¿Por qué? ¿Alejandría es un lugar sano para vivir?

K: (Con disgusto) ¡No!

D: ¿Por qué no?

K: Hay demasiada gente. Demasiada suciedad, mugre. Esta no es una ciudad limpia. Es por eso que yo vivo lejos de... la ciudad interna (pronunciado: inter), porque es sucia. (Sonaba disgustado).

D: Oh, ¿entonces en donde vives no es la parte principal? (No) Okey.

H: ¿Conoces los edificios que se conocen como pirámides y la esfinge? (Sí) ¿Has estado ahí, las has visto?

K: Una vez.

D: ¿Qué piensas de ellas?

K: Hay un poder inmenso ahí. Es increíble.

H: ¿Ayuda de alguna forma, hablando de sanación, el que las personas estén en esa área? ¿Alrededor de ellas?

K: Sí, hay una atracción de bienestar hacia ellos. Sería de bastante ayuda.

H: ¿Algún edificio en particular, más que los otros? ¿O toda el área?

K: El del norte, en la cámara de la reina.

D: ¿Es una de las pirámides más grandes? (No hubo respuesta). ¿Dijiste que sólo estuviste ahí una vez? (Sí) Podrías... ya sabes, siempre he tenido curiosidad sobre Alejandría. ¿Podrías describir la ciudad para mí? Me pregunto cómo es. (Recientemente, había leído acerca de un gran faro que estaba en el puerto). Antes me dijiste que te sentabas en el... junto al océano y observabas el mar y los barcos. ¿Cómo luce la parte principal de la ciudad?

K: La parte principal de la ciudad está construida alrededor de los puertos. Hay un área de muelles y el mercado está abierto hacia ella. Así que, son cientos y cientos de puestos, gente gritando y ratas corriendo por doquier. Y la arcilla amarilla de los edificios. Todo es pequeño, no hay nada alto y fino en esto. Es una, (suspiro profundo) nuevamente, una ciudad muy sucia. Es muy bulliciosa y todo está encimado.

D: *¿Los edificios son pequeños?*

K: Sí, y apiñados unos al lado de otros.

D: *¿No hay algún edificio grande en la ciudad?*

K: Sí, las casas de gobierno, la biblioteca y la escuela. Esos edificios son grandes, pero no están en el centro de Alejandría, están más hacia las orillas.

D: *Me preguntaba si había algunos edificios grandes en la ciudad. ¿Qué hay alrededor del frente marítimo? ¿Hay algo grande por ahí? (Pensando en el faro).*

K: Barcos.

D: *Y nada...*

K: Los muelles a veces son muy largos. Siguen por un trecho, pero no son... yo no voy por ahí muy seguido, no es un buen lugar.

D: *¿No hay nada, alguna característica que sobresalga en el área del puerto? (Ella parece estar pensando). Verás, me preguntaba, he escuchado que por ahí hay un faro.*

K: Está por... hay una isla, está en medio de la bahía, ahí hay un faro.

D: *¿Puedes verlo desde la ciudad? (Sí) ¿Qué apariencia tiene?*

K: Es bastante alto y delgado. Parece estar hecho de alguna piedra blanca, yo no... nunca he estado ahí. No lo sé.

D: *¿Cuán grande es?*

K: Por lo que se ve desde aquí, es bastante grande. (Bostezando).

D: *¿Cómo mantienen el fuego allá arriba? Eso es lo que me da curiosidad.*

K: ¿Y cómo iba yo a saberlo?

D: *(Risas) ¿Nunca has escuchado de eso?*

K: Nunca me había dado curiosidad.

D: *A mí me dan curiosidad varias cosas, supongo. Pero entonces tú vives fuera de la ciudad.*

K: Algo así.

H: *Sé que tú tratas con hierbas y otras... quizá ocasionalmente usando un cuchillo. ¿Alguna vez usas colores o piedras para tratar alguna enfermedad?*

K: Dentro de la sanación hay muchos usos de piedras.

H: *¿Nos compartirías algunos? Estoy muy interesada en eso.*

K: Ciertos tipos de cáncer se pueden curar con piedras.

H: *¿Qué tipo de piedras en particular?*

K: Es lo que algunos llaman magnetita. Tiene propiedades magnéticas con las que atrae.

D: *¿Tendrías que llevar puesta la piedra o... (Sí)*

K: (Interrumpiendo) Se colocaría sobre el área en donde crece el cáncer.

H: *¿Puedes decirnos cómo actúa esto sobre el cáncer?*

K: Se dice que lo jala hasta sacarlo del cuerpo. No estoy muy seguro.

D: *¿Durante cuánto tiempo debes colocar la piedra encima?*

K: Hasta que se reduce la inflamación.

D: *Pareces cansado.*

K: (Suspiro). Ha sido un día bastante largo.

D: *¿Ya es de noche?*

K: No. Es el crepúsculo.

D: *¿Cómo tratarías tú un cáncer?*

K: Si ha progresado mucho, entonces no... no cambiaría nada dando hierbas y cosas así, entonces intentaría una cirugía para removerlo.

D: *¿Eso es recomendable? ¿Y una persona viviría después?*

K: (Suspiro profundo) En algunos casos, sí, pero en otros, no. Pero ya que morirán de cualquier forma, esto al menos les dará una oportunidad de vivir.

H: *Me gustaría preguntarte aún más. ¿Usas colores en algún momento para tratar a tus pacientes? Y, de ser así, ¿cómo los usas?*

K: Yo no los uso mucho. Sé de algunos que sí lo hacen.

H: *¿Has visto alguna vez cómo se hace? (Sí) ¿Podrías compartirlo con nosotras?*

K: (Abruptamente) ¡No!

D: *¿Es algo de lo que no se hable normalmente?*

K: (Suspiro) Yo no tengo la libertad de hacerlo.

D: *(Cambiando el tema). ¿Hay otro tipo de piedras aparte de la magnetita, que sean valiosas para la sanación?*

K: Muchas piedras diferentes conocidas como gemas se usan de formas distintas. (Bostezo)

D: *¿Qué hay de los cristales? ¿Los has visto? (Sí) ¿Son útiles para la sanación? (Sí) (Ella no quería ofrecer más información sobre esas áreas). ¿Tu paciente vendrá esta noche por la medicina?*

K: Ya está aquí.

D: *Oh, ¿ya llegó? (Sí) ¿Por eso trabajas hasta tarde?*

K: (Bostezo) Siempre trabajo hasta tarde. Aunque me estoy volviendo demasiado viejo para esto.

D: *Eso piensas. ¿Y el paciente se quedará en tu casa o regresará a...*

K: (Interrumpiendo) Ella se quedará por un día más o menos, hasta que las hierbas comiencen a hacer efecto.

H: *¿Tienes algún lugar especial para la gente que se queda después de tomar los medicamentos? (Sí) ¿Puedes describirnos cómo es ese lugar?*

K: Está al fondo de mi casa. Es una habitación bastante abierta. Hay mucha luz. Hay (bostezo) varios catres que están alineados con mamparas entre ellos, así pueden tener algo de privacidad.

H: *¿La posición de los catres está orientada en alguna dirección en particular, o tiene esto alguna importancia?*

K: Norte-sur.

D: *¿Tienes muchos pacientes quedándose ahí al mismo tiempo?*

K: Generalmente, no.

H: *¿Es importante en qué extremo se coloque la cabeza? ¿Hacia el norte o hacia el sur?*

K: Hacia el norte.

D: *¿La cabeza va hacia el norte? ¿Tienen alguna razón específica para ello?*

K: La alineación con los polos.

D: *Oh, entonces eso lo facilita más. Y al quedarse ahí, ¿se quedan solos o alguien más...*

K: Mi ayudante se queda con ellos en caso de que alguien deba pasar la noche. Así, en caso de haber algún cambio, se me llamaría. (Bostezo).

D: *Platícame sobre tu ayudante. ¿Es hombre o mujer? ¿Es joven?*

K: Es un asistente, un hombre joven. Ha sido entrenado.

D: *Aprendiendo medicina. (Su voz parecía estar incrementando en cansancio). (Sí) ¿Debe quedarse ahí contigo todo el tiempo? (Sí) ¿Y tienes algún otro paciente en este...*

K: (Interrumpiendo) No en este momento.

D: *No en este momento. ¿La gente acude a ti o tú vas por ellos?*

K: Depende. Si son lo suficientemente ricos, yo acudo a ellos.

H: *¿Si son lo suficientemente ricos? ¿Esto significa que te pagan con monedas por tu servicio? ¿Cómo se te... qué es lo que hacen cuando los curas o les brindas tu ayuda?*

K: Si no pueden pagarlo, entonces no hay costo. Si son pobres, pero tienen algún ingreso, entonces tengo una pequeña cuota. A veces es un trueque, comida, lo que sea. Pero si son muy ricos, entonces se les cobra. Son capaces de pagar por mis servicios.

D: *¿Con qué te pagan normalmente?*

K: No he establecido una cuota. Yo decido... a veces es con (palabra difícil de comprender. Sonaba como: ¿sondeo?)... a veces con otros valores.

D: *Okey. Pero me preguntaba qué tipo de monedas.*

K: Oro, en ocasiones, plata, dependiendo de lo que yo pida.

D: *¿Tienen algún nombre para sus monedas en ese país?*

K: Dracma. (La hice repetirlo).

D: *¿Así le llaman a sus monedas?*

K: Son las que yo prefiero. Son de origen griego. (La palabra sonó como origen u orden).

D: *Okey. ¿Entonces hay otras monedas aparte de esas?*

K: Sí, hay séqueles y todo. Hay dinero romano.

D: *¿Hay muchos romanos en tu área?*

K: Su poder está cayendo.

D: *Oh, ¿no son tan poderosos como solían ser? (No) ¿Por qué?*

K: Sus techos se están desmoronando sobre sus cabezas.

D: *(Risas) ¿Cómo te sientes acerca de eso?*

K: (Suspiro) A cada civilización le llega su tiempo. Les pasó a los griegos cuando los romanos aparecieron. Ahora les está pasando a los romanos.

(Cambié la cinta mientras leía una nota que se me pasó por un observador).

Otro D: ¿Conoces el nombre de algunas de las gemas de las que hablábamos hace un rato, que se usan para sanar?

K: El jade.

H: *¿Hay algún color particular del jade que sea más poderoso que los otros?*

K: El jade púrpura o jade real, como se le conoce, es muy singular. Y hay mucho bienestar en el color verde. El amarillo no es tan estable. El blanco también es aceptable.

H: *¿Qué hay de las piedras rojas?*

K: No. Su energía es bastante inestable y demasiado salvaje.

D: *Entonces no es un buen color para usar. (No) Okey. ¿Sabes si en Alejandría hay un gobernante, un líder o algo sobre esa área?*
K: Están los presbíteros y, ah, bueno, supongo que tú le llamarías un gobernador. Están los... un príncipe, o lo que sea, que rige lo que sucede en la ciudad, y el... no es un príncipe, el magistrado.
D: *¿Magistrado? (Sí) ¿Roma tiene algo que ver con lo que se hace en Alejandría? (Yo estaba pensando en que los magistrados, normalmente, son representantes de Roma).*
K: Ya no más. (Sonriendo).
D: *¿A qué te refieres? ¿Algo sucedió?*
K: Roma ya no tiene más poder. Se están yendo de cabeza. No pueden venir y decir: «Bueno, deben hacer esto porque nosotros decidimos qué es lo que se debe hacer». Entonces, ahora ellos hacen lo que les place.
D: *Oh. ¿No hay peligro de que vengan y comiencen un problema porque ustedes no hacen lo que ellos dicen?*
K: Tienen suficientes problemas propios, ¿por qué se meterían con los nuestros?
D: *(Risas) ¿Sucedió algo en particular?*
K: Escuché que hubo una invasión en Roma. No lo sé. Es lo que escuché. No presto atención muy a menudo a la política.

(De pronto ella hizo una mueca como de dolor y contuvo el aliento).

D: *¿Hay algo que te moleste?*
K: Yo... estaré bien.

Yo sabía que el doctor había muerto de problemas cardiacos. Sospechaba que ese era el problema. Le brindé sugestiones para que nada la molestara realmente. Harriet también se percató de lo que estaba sucediendo, indicándome que la moviera tiempo adelante. Yo sabía que, si lo hacía, el doctor ya no estaría vivo. Pero no podía hacérselo saber a Harriet sin pasarle una nota escrita. Harriet no había presenciado la muerte del doctor, así que no sabía cómo había muerto. Decidí de cualquier forma moverla hacia adelante, porque deseaba sacarla de ese malestar.

D: *Dejemos esa escena y movámonos adelante, unos pocos años. Contaré hasta tres. 1, 2, 3, estamos en esa vida, pocos años después, ¿qué estás haciendo?*

K: Ahora ya no hay nada. No hay continuidad.

D: *Okey. (Eso fue lo que yo pensé que pasaría, ya que el doctor había estado en sus años sesenta cuando murió por problemas cardiacos). ¿Qué te pasó?*

K: (Suspiro) El corazón dejó de funcionar.

D: *Okey. Pero fue una muerte sencilla, ¿no es así? Tuviste una larga vida.*

K: El alivio fue muy esperado.

D: *Tuviste una buena vida ahí, ¿o no? Viviste mucho tiempo y ayudaste a muchas personas. Está bien, fue una buena vida. Dejemos esa escena. (Decidí moverla atrás en esa misma vida, ya que aún teníamos preguntas por hacer. Pero quería llevarlo a una edad más temprana cuando, con suerte, no estaría tan cansado y desgastado). Contaré hasta tres y regresaremos a tus cuarenta años. Alexandro en Alejandría, el médico a la edad de cuarenta años. Retrocedamos a esa época. Contaré hasta tres y retrocederemos a la edad de cuarenta en la vida de Alexandro. 1, 2, 3, Alexandro tiene alrededor de cuarenta años, ¿qué estás haciendo?*

K: Estoy caminando.

D: *¿En dónde estás?*

K: Observando la costa.

D: *¿Hacia el agua? (Sí) ¿Te gusta ese lugar?*

K: (Nuevamente, la palabra que usó para aquellos barcos, con la que tuve problemas para transcribir). Los… (suena como diques y otra que suena como ¿cazos o saltos?) en su mayoría es solo el agua.

D: *Oh, ¿ahora no hay muchos botes allá afuera? (No) ¿Puedes ver la ciudad desde donde te encuentras?*

K: Sí, pero ¡¿quién quiere hacerlo?!

D: *No te gusta mucho esa ciudad, ¿verdad? (No) ¿Si tuvieras opción, irías a otro lugar?*

K: (Suspiro) Sí. (Su voz suena ahora mucho más joven y más vibrante).

D: *¿A dónde irías si tú pudieras elegir?*

K: (Dijo un nombre que tuve problemas para comprender).

Harriet dijo que era Gaza, pero lo pronunció con el acento en la última sílaba. (Le pedí que lo repitiera).

D: Oh, ¿eso es cerca?
K: No está muy lejos.
D: ¿Por qué te gustaría ir ahí?
K: (Pausa) Para aprender más.
D: Oh, yo creía que Alejandría era el centro del aprendizaje.
K: Es el centro del aprendizaje externo.
H: Gazá es donde se encuentran las pirámides y la esfinge, ¿estoy bien? (Sí) ¿Y ese es el centro del aprendizaje interno? (Sí) Gracias.
D: ¿Hay personas ahí que podrían enseñarte? (La enciclopedia dice que la esfinge y las pirámides se encuentran en Al Jizah. ¿Podría ser esto lo que ella estaba diciendo? Su pronunciación era extraña).
K: Mis maestros están ahí. (Su voz sonaba un tanto nostálgica).
D: Oh. ¿Viven cerca de las pirámides?
K: No hablaré de eso.
D: Okey. (Esto había sucedido muchas veces en otras vidas, en donde te aproximas demasiado a información prohibida). Sólo me lo preguntaba. Ahí sería a donde te gustaría ir en caso de poder hacerlo. (Sí) Sí. ¿Alejandría es, como dijiste, solo una ciudad sucia?
K: Sí, mucha pestilencia, deshonestidad y ladrones. Es muy corrupta.
D: ¿Tienes problemas con los ladrones?
K: No. Yo sólo dije que les echaría la maldición de la lepra y así ya no me molestan.
D: (Risas) Entonces te dejaron de molestar. Pero si la ciudad está llena de pestilencia, necesitan doctores, necesitan médicos.
K: Sí. (Suspiro) Pero con algunos de ellos, no me extraña, quizá sería mejor para el mundo si ellos no estuvieran.
H: ¿Con qué objetivo vinieron aquí?
K: (Ella realizó una pregunta que no puedo transcribir).
H: ¿Por qué? ¿Por qué viene esta gente que no observa las leyes de salud y no se preocupan por su ciudad? ¿Por qué están aquí, por qué encarnaron? ¿Cuál es su propósito? ¿Lo sabes?

(Yo creí que quizá se le había olvidado a Harriet que estábamos hablando con ella durante una vida. Este era el tipo de preguntas que normalmente hacemos en el estado intervidas. Pero Harriet dijo después que solo quería ver qué tenía que decir el doctor, si es que sabía algo sobre esas cosas).

K: Muchas personas que son de menor… forma, lo que sea, el término que deseen darles, son esclavos. Y algunos de los esclavos o los que ya han sido liberados, no se preocupan en realidad por sí mismos. Mucha gente está cansada de luchar y buscan una forma de vida fácil.

D: *Oh, sólo una forma fácil de conseguir las cosas, ¿verdad? (Sí) Bueno, estaba pensando, tú no podrías mirar hacia abajo a los esclavos, ya que tú mismo fuiste uno, ¿no es así?*

K: Sí, pero hay muchos tipos y diferencias entre esclavos. Hay aquellos que aspiran hacia algo más y aquellos que están sólo en el fango y ahí se quieren quedar.

D: *En tu caso, quisiste escalar a más, ¿cierto?*

K: Hubo una lucha hacia eso, sí.

H: *¿Habría una salida rápida para aquellos a quienes no les importa luchar? ¿Su tiempo será más corto?*

K: A veces. En ocasiones parecerá seguir por siempre. Y quizá, a partir de esto, ellos deban aprender que, si estás en una mala situación y no sacas lo mejor de ella, podría continuar por mucho tiempo.

H: *Ya veo.*

D: *¿Qué religión tienes tú? ¿Tienen alguna religión en Alejandría? (Pausa) ¿Sabes a qué me refiero?*

K: Somos seguidores del Único.

H: *¿Qué significa eso?*

K: Es… el camino que sigo.

D: *Quiero decir, ¿veneras a los dioses egipcios?*

K: No. Yo venero al único Dios.

D: *Oh. Entonces no veneras a los dioses romanos.*

K: No. Y tampoco sigo a los sacerdotes de las personas que se hacen llamar cristianos (pronunciado: crist-ianos, separando deliberadamente la palabra), que dicen una cosa y después hacen algo diferente. Eso está mal.

D: *¿Hay cristianos en Alejandría?*

K: Sí, hay comunidades de ellos.

D: *¿A qué te refieres con que dicen una cosa y hacen otra?*

K: Son... hipócritas. Te dicen que debes creer en algo y van por ahí diciendo que deberías hacer esto, y luego se voltean y son codiciosos y avaros como los demás.

H: *¿Cómo es que obtuvieron el nombre de cristianos? ¿Lo sabes?*

K: Lo tomaron del cristo.

D: *(Le pedí que lo repitiera). ¿Qué significa eso?*

K: Fue un nombre dado a quien los judíos conocían como el mesías.

H: *¿Quién fue? ¿Puedes platicarnos al respecto?*

K: Su nombre era Yeshua.

H: *¿Vivió aquí en este mundo, en Alejandría o...? (Ella obviamente estaba intentando ver cuál sería su respuesta)*

K: Sí. Vivió en Israel.

D: *¿Y tú piensas que es una mala religión?*

K: El camino que siguen sí lo es.

D: *¿Qué pasa con las comunidades cristianas? ¿Son aceptadas en Alejandría?*

K: Sí, bastante. Tienen mucho poder.

D: *Dijiste que tú sigues el camino del único Dios. ¿Esa religión tiene un nombre? (No) ¿Qué hay de los judíos? ¿Ellos tienen creencias diferentes a la tuya?*

K: Hay muchas creencias diferentes que ellos tienen y nosotros no.

H: *¿Has escuchado hablar de las personas llamadas los Kaloos? (Esto es del material de Jesús). (Sí) ¿Ellos se encuentran en algún lugar de esta área o... (Sí) ¿Sí? Gracias.*

D: *¿Puedes contarnos algo acerca de ellos? Hemos escuchado de ellos. (No) Escuché que han estado por aquí durante mucho tiempo.*

K: Han estado aquí desde el comienzo.

D: *¿En esa área, esas comunidades? (Sí) Si fuéramos a buscarlos, ¿seríamos capaces de encontrarlos?*

K: No. No se les permitiría. Ellos irían tras de ustedes. Ustedes no los encontrarían.

D: *Oh, Okey. Bueno, ¿en Alejandría hay iglesias, sinagogas o lugares así? (Sí) ¿Cómo le llaman... ustedes asisten a algún edificio así perteneciente a tu religión? (No) Okey. Tú no vas a ninguna sinagoga ni nada. (No) Dijiste que sigues al único Dios. ¿Ese Dios es Yahvé?*

K: No tiene nombre.

D: *No tiene nombre. Okey. Me lo preguntaba, porque pareces estar hablando del judaísmo. (No) ¿No es eso? Okey.*
K: Es mucho más antiguo que el judaísmo.
D: *Oh, se remonta mucho más que eso. ¿Qué hay de los cristianos? ¿Fueron perseguidos por mucho tiempo?*
K: Sí, eso escuché.
D: *Entonces eso no es lo que está sucediendo ahora. (No) Okey.*

(Tratando de pensar en más preguntas).

D: *¿Tienes muchos pacientes en este momento?*
K: Tengo cuatro en la casa y alrededor de cincuenta que veo a lo largo de la semana.
D: *Oh, eso es mucho, ¿no es así? (Sí) ¿Debes verlos todos los días?*
K: A algunos cada día. Diferentes. Y una vez a la semana a todos ellos.
D: *¿Debes verlos a todos ellos al menos una vez por semana? (Sí) ¿Están cerca, de forma que no es difícil ir con ellos?*
K: La mayoría de ellos vienen a mí.
D: *¿Vienen a la casa? Eso lo mejora todo. ¿Tienes a alguno ahora mismo que estés viendo y que sea un caso grave? ¿O todas son cosas ordinarias?*
K: Muchas cosas distintas. Van desde, um, de resfriados a forúnculos, hasta… un hombre que, cada que se enoja, su piel se llena de erupciones cutáneas. Eso es lo más inusual. Él es… cada que se enoja, es como si le estallara por todas partes.
D: *(Risas) Entonces es sólo cuando se enoja.*
K: (Risas) Pero está enojado la mayor parte del tiempo.
D: *¿Habías visto casos así antes?*
K: Sí, cuando estaba con mi amo.
D: *¿Y cómo tratas algo así? ¿Solo evitando que se enoje?*
K: Intentas convencerlo de que eso es lo que lo ocasiona. Lo cual es bastante difícil. Porque es tan obstinado, que no quiere aceptar la opinión de nadie más.
D: *Entonces no te cree. (No) Él quiere que le des algún tipo de medicina.*
K: (Suspiro) Quiere tener una cura inmediata. Una píldora que pueda tomar y que le quite esto para siempre. (Nos reímos). No es así como funciona.

D: *Entonces él no te cree. ¿Ese es el caso más inusual que tienes? (Sí) Mencionaste píldoras, ¿qué es eso?*

K: Es en donde ciertos tipos de medicinas se... comprimen juntas en una pequeña dosis, que así serías capaz de tragar.

D: *¿Las preparas tú mismo?*

K: Sí, yo hago todas mis medicinas.

D: *¿Eso sería más difícil de hacer que una bebida?*

K: Sí, porque tiene que estar comprimida.

D: *Okey. Pero es algo que puedes hacer tú. ¿Alguna vez ha acudido a ti alguien con un brazo o pierna rotos?*

K: Sí, y deben fijarse o solo atarlos con férulas, en caso de que no estén fuera de su lugar.

H: *¿Cómo sabes que están rotos? ¿Cómo puedes asegurarte?*

K: Puedes decirlo con tocarlos. Eres capaz de decirlo cuando pasas tu mano a lo largo del brazo o la pierna. Y sentirás la energía, en el lugar en donde no continúa, ahí está la ruptura.

D: *Oh, ¿puedes decirlo sintiendo la energía?*

H: *¿Y de esta forma también fijas la extremidad? Entonces cuando el flujo de energía es completo...*

K: Entonces está en su lugar.

D: *Oh, así puedes decirlo. Porque yo sé que es bastante doloroso. No sabía cómo podrías diferenciar una pierna rota de una que está solamente torcida. Que tuvo un tirón en el músculo o algo. (Pausa) ¿Has tenido algún caso de una columna rota? (No) Me pregunto si serías capaz de hacer algo en un caso así.*

K: No lo sé.

D: *¿Qué harías si alguien te llega así? ¿Sabrías cómo tratarlo?*

K: Es posible que no llegaran al doctor, porque morirían.

D: *¿Por la columna rota?*

K: Dañaría la médula de la espalda y se moriría.

D: *¿Qué hay de un cuello roto, sería el mismo caso?*

K: De nuevo, muy pocos sobreviven.

D: *Me preguntaba si habría alguna forma en que pudieras curar algo así.*

H: *La columna vertebral es una fuente de gran energía. ¿Esa es una de las razones? (Sí)*

D: *¿Qué pasaría si alguien sobreviviera? ¿Podría alguien vivir con la espalda rota?*

K: Nunca he escuchado de eso, pero eso no significa que no sea posible.

H: *Al fijar una extremidad, ¿hay algún modo de incrementar el flujo de energía alrededor del área rota, para poder acelerar la sanación?*

K: Lo primero que harías sería poner al paciente bajo hipnosis, para llevarlos a un estado en donde no sientan dolor al fijar la extremidad. Y los harías utilizar sus pensamientos para traer una... yo prefiero usar una luz verde alrededor de la rotura. Y ellos lo harían por sí mismos y enviarían energía de su propio cuerpo para esto.

D: *¿Mencionaste que usas férulas? ¿De qué material están hechas?*

K: Solo madera.

D: *¿Solo madera? Para evitar que se muevan. (Sí)*

H: *Cuando están bajo hipnosis y están usando la luz verde, ¿por cuánto tiempo se prolonga esto? ¿O les pides que lo hagan periódicamente?*

K: Pondría una sugestión en su mente para que cada que una cierta palabra sea pronunciada, se produzca eso. Y hago que una persona de su familia la use periódicamente.

D: *Oh, ellos pronuncian la palabra y así se produce eso... (Sí) Ya veo, una diferente persona. Solo tenemos curiosidad sobre estas cosas, para así poder ayudarnos. Espero que no te moleste contestar mis preguntas.*

K: No, es solo que estoy muy cansado.

D: *¿Ha sido un día largo? (Ajá) Con cincuenta pacientes, creo que sí lo es. (Risas). Pero dijiste que no los ves a todos en un día, ¿verdad? (No) ¿Puedes mantener la paciencia con esas personas?*

K: ¿Perdón?

D: *Ya sabes, evitar enojarte. ¿Eres capaz de mantener la calma?*

K: Generalmente.

D: *(Risas) Eso es lo difícil, ¿no es así?*

K: En ocasiones. (Sonando cansado).

D: *Okey. Bueno, creo que lo haces muy bien. Eres una muy buena persona. Gracias por hablar con nosotras. Me gustaría volver nuevamente y hablar contigo en otro momento. ¿Estaría bien? (Sí) Gracias. Dejaremos esa escena ahora.*

(Se trajo al sujeto de vuelta).

Capítulo 18
La niña que veía hadas

Acababa de llevar a Karen al año 1350 y, a medida que terminaba de contar, la vi frunciendo profundamente el ceño. Le pregunté qué estaba sucediendo.

K: (Su voz era muy suave) ¡Fuego! (Pareció asustada). ¡Mi casa! (Respiración pesada). ¡Se... está... quemando! No quiero ver.

La mayoría de las veces en que un sujeto aparece en una vida, llegan a una escena normal, del día a día. Pero, ocasionalmente, llegan al momento en que está sucediendo algo traumático. Este parecía ser uno de esos casos. Rápidamente, le di sugestiones tranquilizadoras para que fuera capaz de hablar sobre ello.

D: *¿Qué sucedió? ¿Cómo comenzó el incendio?*
K: Ellos lo iniciaron. La gente del pueblo. Ellos me temían. (Su voz era bastante suave y dócil).
D: *¿Por qué te temían?*
K: Porque yo era diferente, y porque no era como ellos. Yo solía escuchar a personas que ellos decían que no estaban ahí. (Ella tenía un acento distinto, irlandés o escocés). Y veía cosas antes de que sucedieran.
D: *¿En dónde fue esto?*
K: 'Sto fue en Escocia. Estamos justo fuera de la aldea Glenmara.
D: *¿Eras una mujer o un hombre?*
K: Era una mujer. (Sonaba bastante triste).
D: *¿A qué te dedicabas?*
K: Hacía encajes.
D: *No le veo ningún daño a eso.*
K: No. Pero yo era diferente. Tenía un sexto sentido.
D: *¿Ocurrió algún incidente que los hiciera enojar de este modo?*
K: (Suspiro). Ellos... cuando intenté decirles que habría un problema este año con las cosechas, y cosas así. Y cuando realmente sucedió, ellos dijeron que era porque yo invoqué el mal de ojo

sobre las cosechas. Y que hice que las ovejas tuvieran a sus corderos demasiado pronto y que todos murieran. (Suspiro) Y ellos dijeron que fue mi culpa. (Con tristeza) Yo nunca lastimaría a las criaturas de Dios. Yo creí que sería bueno que ellos lo supieran.

D: *Ellos parecen ser gente ignorante, no lo entendieron.*
K: No, no querían hacerlo.
D: *¿Vivías tú ahí sola o tenías una familia?*
K: Estaba sola. Mi madre murió hace varios años. Y ahí sólo estaba yo.
D: *¿Eras grande cuando sucedió esto?*
K: Tenía quizá veintidós, quizá menos. (El acento era demasiado fuerte).
D: *Entonces aún eras joven. ¿Te casaste alguna vez?*
K: (Tosiendo) No.
D: *¿Qué te pasó cuando quemaron la casa?*
K: (Con naturalidad) Morí.
D: *¿Me pregunto cómo se sienten ahora las personas?*
K: Probablemente se sientan grandiosos. Pensarán que han hecho algo glorioso en nombre del Señor.
D: *¿Les habías dicho cosas antes, que ellos tampoco entendieran?*
K: Oh, algunas pocas cosas del día a día sobre las personas y quizá cosas que, si las hubieran vigilado, no les hubieran sucedido. Y, claro, si yo veía algo que pudiera ser malo, ellos decían que yo lo había hecho, solo por probar que yo podía ver el futuro, y me culpaban a mí.

Comenzó a toser más, probablemente por el humo del incendio. Así que, para aliviarle cualquier malestar, decidí moverla de esa escena. Además, quería descubrir más acerca de la vida de esta joven y cómo llegó a esa triste situación. Rara vez me llega un sujeto al final de su vida, pero a veces sucede. La llevé atrás y pregunté qué estaba haciendo.

K: Estoy haciendo encaje.
D: *¿Es difícil de hacer?*
K: No es tan difícil, si te tomas el tiempo para hacerlo. Puede ser algo bastante simple. Tuve una gran maestra, mi madre me enseñó cuando era pequeña.

D: *¿Cómo lo haces? ¿Usas una aguja o algo?*
K: Es una... una bobina, y lo vas atando alrededor de ella y... cómo explicarlo, es... no lo sé. Es muy interesante.
D: *¿Qué haces con el encaje cuando lo terminas?*
K: Lo vendemos a damas muy amables. Ellas vienen y lo compran.
D: *¿Les cobran mucho por él?*
K: Algunos peniques.
D: *¿Eso es mucho dinero?*
K: No realmente. Pero nos provee dinero para obtener comida. Y podemos comer muy... nada mal. Y cultivamos otro poco de comida, así que no nos morimos de hambre.
D: *Pareciera que al involucrar tanto trabajo produciéndolo, podrías cobrar más dinero.*
K: ¿Por qué nos pagarían más dinero por hacerlo? Ellas no lo harían.
D: *Pero les toma mucho trabajo hacer algo tan bonito.*
K: Se, pero las grandes damas son bastante tacañas con su dinero. Y hay muchos que hacen encajes.
D: *¿Cómo te llamas?*
K: Me llamo Sara MacDonald.
D: *¿Con quién vives?*
K: Con mi madre.
D: *¿Ella también hace encaje?*
K: Solía hacerlo. Ya no puede. Sus manos están muy mal. Si no puedes doblar tus dedos, no puedes hacer encaje. Lo está pasando muy mal. Puede que no tarde mucho en dejar de estar con nosotros.

Su voz era muy suave, parecía bastante tímida y callada. Tenía una forma rara de usar su boca al hablar y, especialmente, al sonreír. Tiraba de sus labios exponiendo gran parte de sus dientes, y el labio superior sobresalía del inferior. Me daba la impresión de tener dientes de conejo. También sentí que era bastante acomplejada. Tendría que ser muy gentil con esta personalidad. Parecía ser bastante frágil.

D: *Debe consumir bastante tiempo. Creo que debes ser bastante inteligente para ser capaz de hacerlo.*
K: (Parecía apenada. Sonrió y se sonrojó). No lo sé. Nunca nadie me había llamado inteligente.
D: *¿Glenmara es un lugar pequeño?*
K: No es muy grande.

D: ¿Eres feliz ahí?
K: ¿Quién sabe? ¿Quién puede decir lo que es la felicidad?
D: ¿Crees que algún día te casarás?
K: Yo, yo no lo sé. No tengo mucho dinero y no hay muchos... candidatos elegibles alrededor. (Parecía triste). Ya lo dirá el buen Señor.
D: ¿Aún tienes problemas con la gente del pueblo?
K: Se. Ellos creen que somos extrañas viviendo aquí, y haciendo cosas extrañas. Pero, yo no soy muy diferente a ellos. A veces desearía ser como uno de ellos y no tener que preocuparme por lo que la gente piensa de uno.
D: ¿Por qué piensan que eres diferente?
K: Pues, verás, en mi familia, todas las mujeres nacen con el don de la videncia. Y mi madre dice que se supone que ayudes a la gente con él, y, cuando intentamos hacerlo, todos piensan que somos brujas y hacemos cosas malas acá afuera. ¡Pero no lo hacemos! (Su voz era tan suave que pensé que debía ser una persona muy bonita).
D: *Ellos simplemente no comprenden. Algunos pueden ser muy ignorantes.*
K: Y la ignorancia puede lastimar a otras personas, pero no es muy justo.
D: *Yo creo que realmente les agradarías si llegaran a conocerte.*
K: Me gustaría creer eso.
D: *(Yo estaba hablándole de esta forma para ganarme su confianza, pero también me agradaba la pobre chica). Yo pienso que tú eres una niña buena. Desearía poder hacer la mitad de las cosas que tú haces.*
K: (Sonrojándose) Gracias. Podrías hacerlo si lo intentaras.
D: *No está mal ser capaz de hablar con las cosas que no están ahí, ser capaz de decirle cosas a los demás...*
K: (Interrumpiendo) No es que no estén ahí, es simplemente que nadie más los ve. Son bastante reales, es simplemente que algunas personas no están abiertas a las cosas que existen a su alrededor. Y, ya que nosotras las vemos, ellos piensan que somos extrañas o diferentes.
D: *¿Quiénes son estas otras personas que los demás no pueden ver?*
K: Tengo amigos entre las hadas, ellos vienen y cantan para mí.

Para poder mantener su confianza, yo tuve que aceptar como verdad cualquier cosa que ella me dijera, sin cuestionarla, aunque pareciera extraña. El hecho de que las hadas sean reales o no, no es la cuestión aquí. Aparentemente, eran bastante reales para esta pobre niña.

D: *¿Has visto hadas toda tu vida?*

K: Oh, se. Solían venir y jugar conmigo cuando yo era una pequeña. Cuando íbamos a la iglesia yo solía decirle a los niños que, ya sabes, que ellos venían a verme. Y todos pensaban que yo estaba loca.

D: *Eso significa que debiste haber tenido una vida solitaria porque ellos no comprendían. ¿Cómo son las hadas? Me interesa, quiero saber.*

K: Pues, son bastante pequeñas y bastante tímidas. Tienen... las mujeres tienen alas que son como diamantina, y simplemente son gente muy feliz.

D: *¿Qué tan grandes son?*

K: Oh, quizá unos 15 a 20 centímetros de alto.

D: *He escuchado de cosas similares, pero siempre creí que eran solo historias.*

K: La gente cree que son solo historias porque la mayoría ya no sale más. Pero algunas personas aún las ven. Pero se les acusa de ser tan traviesas, que, ya sabes, a cualquiera que hable con ellas se le considera malo. Y quizá un poco tocados, como se dice, quizá un poco locos, y que hacen cosas extrañas.

D: *¿Y son como humanos, de carne y hueso?*

K: No, son... existen, pero no son humanos. Son mucho, mucho más viejos que los humanos y han estado aquí desde siempre.

D: *¿Cómo un espíritu?*

K: No. Sí tienen existencia, pero...

D: *Me preguntaba si tienen un cuerpo como lo tenemos los humanos.*

K: Algo así, pero no es lo mismo. Es... no puedes verlos a través de ojos humanos y decir que son como tú, porque no lo son. Es algo completamente diferente, pero eso no significa que no existan.

D: *¿También hay hadas hombres?*

K: Sí, pero no son tan joviales y coloridos como las mujeres.

D: *¿También tienen alas?*

K: No, solo las mujeres.

D: *He escuchado de los duendes, ¿son del mismo tipo?*

K: No tengo forma de saberlo; nunca he conocido a un duende.

D: *Y he escuchado de los elfos.*

K: Son más parecidos a las hadas. Los elfos son más grandes, pero tampoco he conocido nunca a un elfo.

D: *¿O un gnomo? Nunca los he visto tampoco, pero he escuchado de ellos.*

K: Verás, los gnomos son la gente de las montañas. Y se dice que, si un gnomo es tocado por la luz del día, se convierte en piedra. Pero no lo sé, eso es solo una leyenda.

D: *Pero tú sí has visto a las hadas, yo creo que eso sería un honor. Ellos no se muestran ante cualquiera.*

K: Son bastante tímidos.

D: *¿Y vienen y hablan contigo?*

K: Sí, y me dicen cosas.

D: *¿Cómo son sus voces?*

K: Como el susurro del viento a través de las cuerdas del arpa. Son muy suaves y hermosas. Es como música. Cuando cantan es como los pájaros cantando entre los árboles.

D: *Quizá eso es lo que la gente piensa cuando las escuchan.*

K: A veces, sí.

D: *¿Alguna vez han intentado enseñarte algo?*

K: ¿Te refieres a un poco de magia?

D: *Pues, cualquier cosa.*

K: Bueno, solían enseñarnos cómo encontrar cosas. Ya sabes, si las pierdes y cosas así. Si a eso te refieres.

D: *¿Eso es difícil de hacer?*

K: No si puedes pensar como si tú misma fueras esa cosa que está perdida.

D: *¿Entonces piensas en dónde estarías si tú fueras esa cosa? ¿Eso funciona?*

K: Oh, se. Y me cuentan historias, acerca de la reina Mab y su corte y cosas distintas como esa. Historias muy, muy largas.

D: *¿En dónde viven?*

K: Algunos viven en los árboles y los protegen como espíritus. Algunos otros viven… los que se conocen como duendecillos del agua, viven en el agua, pozos, manantiales y lugares así. Y otros diferentes.

D: *¿Viven por mucho tiempo?*

K: Sí, cientos y cientos de años
D: *¿Se ven viejos?*
K: No, parecen niños pequeños.
D: *Bueno, supongo que es prudente que se escondan.*
K: Saben que el hombre es cruel. Tienen una larga memoria. Recuerdan esa época, cuando vivían aquí y no había humanos. Solían recorrer los bosques y hacían de la vida algo feliz. Y me cuentan historias de ese entonces.
D: *Si las hadas estuvieron aquí antes que la gente, entonces ¿qué piensan de la gente?*
K: No les gustan mucho. Porque dicen que, alguna vez, el hombre solía estar bastante bien y tenía todo tipo de motivos elevados y entonces solo... se dejaron arrastrar por diferentes circunstancias y cosas. Ya no están bien y hay mucha maldad y crueldad. Y ya no... es por eso que se esconden, es por eso que ahora muy poca gente los ve.
D: *Puedo ver el porqué; le temen a lo que haría la gente si los viera.*
K: Se. Además, hay tantos mitos y leyendas sobre ellos, como, um, el oro de hadas. Y ellos intentan atraparlos y encontrar sus tesoros y cosas así. Eso no ocasiona más que daño.
D: *Supongo que las hadas eran más amigables en el inicio, cuando los primeros humanos aparecieron.*
K: Se, las hadas solían ayudarles y enseñarles diferentes cosas. Pero, ya sabes, en ese entonces la gente estaba más abierta de lo que están ahora a cosas diferentes. Pero comenzaron a dejarse derrotar y ya no fueron más amables. E intentaron llevarse cosas de las hadas, como darles mal uso a los árboles y diferentes cosas así. Y fue ahí cuando comenzó la desconfianza.
Harriet (H): *¿Alguna vez te enseñaron a cultivar plantas o algo así?*
K: Te dicen que, si le hablas al duendecillo que tiene la planta, puedes pedirle que le ayude a crecer o, ya sabes, pedirle que te ayude. Y eso hará mucho más verde al árbol o lo que sea. Pero tienes que reconocer que están ahí. Y hacerles saber que te preocupas por su planta o árbol individual, o lo que sea. Y así ellos harán todo tipo de cosas.
D: *¿A qué te refieres por duendecillo? ¿Es un espíritu solo para esa planta?*
K: Se, es el espíritu protector de esa planta.

D: *Eso es interesante, no lo sabía. ¿Qué tipo de espíritu es? ¿Siempre existe o...*

K: No lo sé. (Riendo) Nunca les pregunté.

D: *(Nos reímos). ¿Qué le pasaría al espíritu si la planta muere?*

K: Quizá encuentre otra planta a dónde ir.

D: *¿Una que esté comenzando a crecer?*

K: Quizá, no lo sé.

D: *¿Pero debes reconocer que la planta tiene un espíritu?*

K: Es como hablar con las plantas, cuando les haces saber que las cuidas, entonces les va mejor.

D: *Apuesto a que tú haces eso al cultivar cosas. Creo que eres más inteligente que esa gente del pueblo. Si alguien quisiera tener la habilidad para comunicarse con las hadas, ¿hay algo que pudieran hacer?*

K: No lo sé, porque, verás, siempre depende del hada si quieren o no acercarse. Y si tú intentas elevar tu mente, supongo, quizá eso les atraiga. Pero no lo sé.

D: *¿Hay hadas por todas partes del mundo o solo en donde tú vives?*

K: No lo sé, nunca he estado en todas partes del mundo. ¿Cómo podría saber si están por allá?

D: *(Nos reímos) Es cierto. Mencionaste algo sobre la reina Mab. ¿Ella es aún su reina o...?*

K: Pues, verás, por lo que sé, todas las reinas han sido llamadas reina Mab. Se transmite de madre a hija y quizá nieta.

D: *Oh, entonces sí se mueren.*

K: Sí, pero deben ser bastante viejos.

Y así esta joven niña, dulce, tímida y gentil, cuyo único crimen fue creer en las hadas y la clarividencia, fue cruelmente asesinada por las personas del pueblo, ignorantes, supersticiosas. Karen tuvo muchas vidas en que fue incomprendida, especialmente cuando mostró evidencia de habilidades psíquicas. En una última ocasión, llegamos al día en que estaba muriendo en el incendio. Parecía extraño cómo se mantenía atraída por ese día, a pesar de haber sido tan traumático y molesto para ella. No quería observar. La convencí de que sería bueno para ella si pudiera hablar al respecto sin tener que observarlo. Ella suspiró y estuvo de acuerdo. «El tiempo de este cuerpo se terminó. Yo... yo desearía hablar sobre ello en este momento».

D: ¿Qué es lo que sientes acerca de la gente que quemó tu casa?
K: (Gran suspiro) Estoy desilusionada.
D: ¿Estás enojada con ellos o los culpas?
K: No. Solo eran ignorantes, y la ignorancia alimenta el miedo. Deben vivirlo. Saber que mataron a alguien, y ellos saben que yo era inocente. Solo necesitaban a alguien con quién desquitarse. Y yo estuve disponible.
D: Sí. Pero no les guardas rencor ni... (Siempre intento establecer el karma que pudo haber sido transmitido hasta otras vidas).
K: (Su voz era muy firme). Como quiera que sea, ¿por qué debería detener mi progreso solo por sentir rencor sobre alguien que es lo bastante ignorante para hacer algo así de malo?
D: Eso es bueno. Eso muestra que tú eres más inteligente o más evolucionada que ellos.
K: Quizá es solo que a mí me importa más.
D: Eso es algo muy bueno, que realmente te importe. Quizá un día ellos aprendan.
K: Solo puedo tener la esperanza.
D: En este punto puede que no lo hagan, y han hecho algo por lo que tendrán que responder.

Le di sugestiones de que nada de esa vida le molestaría física ni mentalmente, y la traje de vuelta.

Capítulo 19
La sacerdotisa griega

Nos unimos a esta historia en un punto en que Dolores le pidió a Karen moverse, ya fuera hacia adelante o hacia atrás en el tiempo. En este caso, le permitió elegir a Karen.

D: *Te dejaré elegir el lugar; te dejaré elegir la época. Contaré hasta 5 y retrocederás más y más. Entonces lo discutiremos. 1, 2, 3, estás retrocediendo más y más, 4, 5. ¿Qué es lo que ves?*
K: Veo el templo.
D: *¿Qué tipo de templo?*
K: Tiene pilares blancos.
D: *Parece un lugar bonito. (Sí) ¿En dónde estás?*
K: Afuera en el patio interior.
D: *¿En dónde estamos? ¿Este lugar tiene un nombre?*
K: (Pausa) Tracia. (Lo repite) Tracia.
D: *¿Estás de pie en el patio interior? (Sí) ¿Cómo luces tú?*
K: Soy delgada, cabello castaño, corto.
D: *¿Cómo te llamas?*
K: Diane.
D: *Okey, entonces eres mujer. (Sí) ¿Cuántos años tienes, Diane?*
K: Dieciséis.
D: *¿Qué estás haciendo en el templo?*
K: Aprendiendo a ser una sacerdotisa.
D: *¿Has estado ahí por mucho tiempo?*
K: Desde que tengo diez años.
D: *¿Por qué llegaste ahí?*
K: Porque tanto mis padres como yo lo deseábamos.
D: *¿Eso es normal? ¿A muchas jóvenes les gusta ir al templo?*
K: Algunas quieren, pocas lo logran. (Yo no entendí y ella lo repitió) Algunas quieren hacerlo, pero no muchas lo logran.
D: *¿Entonces estás orgullosa de haber ido ahí?*
K: Estoy feliz.
D: *Entonces has estado ya seis años ahí. (Sí) ¿Qué es lo que estudias ahí?*

K: Todo. Acerca del mundo. Acerca de la vida.
D: *¿Qué harás cuando termines?*
K: Espero llegar a ser una sacerdotisa.
D: *¿Entonces dejarás el templo? (No) ¿Te quedarás en el templo y ahí serás una sacerdotisa? (Sí) ¿Qué tipo de templo es? ¿Es dedicado a un cierto dios o diosa o algo?*
K: Sólo al oráculo. (Este es el oráculo).
D: *¿El qué?*
K: El oráculo.
D: *Me refiero a si hay alguna estatua en el templo. (No) ¿Algunas pinturas o imágenes?*
K: Dos pinturas como líneas sobre la pared.
D: *¿De qué son las pinturas?*
K: Diferentes escenas con gente que ha venido al templo.
D: *¿Tienen colores?*
K: Oh, sí. Son muy hermosas.
D: *¿Pero no hay estatuas? (No) ¿Este templo está cerca de alguna ciudad? ¿O dentro de una ciudad?*
K: No. Debes viajar mucho para llegar aquí.
D: *Oh, está aislado.*
K: Es un lugar elegido.
D: *¿En dónde comen dentro del templo?*
K: En una sola habitación.
D: *¿Hay más gente ahí?*
K: Todas las iniciadas comemos en un solo comedor.
D: *¿Son muchos?*
K: Alrededor de veinte nuevas cada año.
D: *¿Quién les enseña?*
K: Las maestras y las sacerdotisas.
D: *Dime cómo luce el lugar en donde comen.*
K: Tiene techos altos. Con un brasero en medio de la habitación.
D: *¿Un qué en el centro?*
K: Un brasero. Calienta la comida y la habitación.
D: *¿En qué tipo de mesas comen?*
K: Mesas de madera. Con bancos para que cada quien se siente en ellos.
D: *¿Qué tipo de comida comen?*
K: Granos y verduras…
D: *¿Comen algo de carne? (No) ¿Por qué no?*

K: Te mantiene atado a la Tierra.
D: ¿Entonces comen solo frutas y verduras? (Sí) Bueno, ¿qué hacen cuando hace frío y no pueden conseguir frutas y verduras?
K: Aquí nunca hace frío.
D: ¿Nunca hace frío ahí? (No) ¿Siempre hay algo sembrado?
K: Durante el invierno comemos muchas olivas preparadas y los granos que hemos guardado.
D: Cosas que han conservado, como eso. (Sí) Yo creía que los árboles no floreaban todo el año. ¿Qué tipo de frutas tienen ahí?
K: Limones y naranjas. Algunas nueces.
D: ¿Qué?
K: Algunos árboles de nueces.
D: ¿De dónde obtienen las verduras?
K: Sembramos las nuestras.
D: ¿De qué tipo?
K: Tenemos col, lechuga y coliflor.
D: Siempre me pregunto sobre hábitos alimenticios. ¿En dónde duermen en el templo?
K: Tenemos una habitación en donde todas comparten un tapete. Lo colocan ahí y ahí duermo.
D: ¿Te refieres a que todos comparten, son todos juntos en una sola cama grande?
K: No, sólo la habitación. (¿Qué?) Sólo la habitación, no el tapete.
D: Dijiste que lo colocan ahí.
K: Cada quien coloca su tapete.
D: ¿Y duerme cada quien en el suyo? (Sí) En una gran habitación. Mmmm eso suena interesante. (Pausa) Diane, ¿sabes leer o escribir?
K: Claro que sí.
D: ¿En qué idioma escribes?
K: Griego.
D: Me pregunto si me harías un favor. ¿Escribirías algo para mí? ¿Crees que podrías hacer eso por mí? (Le pasé un papel y un marcador. Ella tomó el marcador en su mano derecha y sostuvo el papel con la izquierda. No abrió los ojos cuando escribió). Por favor escribe algo para mí. No tiene que ser mucho. Solo unas pocas palabras para mí. Estoy muy interesada. ¿Puedes verlo bien? (Sus ojos aún estaban cerrados). Muy bien. ¿Aprendiste eso

en el templo? (Sí) ¿Qué es lo que dice, me lo puedes decir? ¿Es un nombre?

K: Son solo los símbolos que tienen en la puerta, en la puerta de la entrada.

Cuando Dolores tenía la oportunidad, le pedía a la persona que escribiera algo, si es que sabían escribir. En este caso, no hemos podido revisar aún todos los archivos de Dolores para encontrar este escrito o dibujo. Pero si buscan en el capítulo 6 de Cinco vidas recordadas, Dolores fue capaz de obtener dos firmas de una persona mientras estaba en trance, en dos vidas diferentes. Cuando se le preguntó a un grafólogo sobre esa escritura, su respuesta fue que no podría haber sido hecha por la misma persona.

D: ¿La puerta del templo? (Sí) Okey, gracias. Siempre me interesan cosas que son distintas. Vaya que sí sabes cómo escribir, ¿verdad? Muy bien. Okey, Diane, contaré hasta tres e iremos adelante en tu vida hasta un día que consideres importante. Cuando sucede algo importante en tu vida. 1, 2, 3, ahora eres más grande y es un día importante. Un día de tu vida que consideras importante. ¿Qué está sucediendo?

K: Hoy di mi primera lectura.

D: Oh, ¿cuántos años tienes?

K: Veintitrés.

D: ¿Has aprendido lo suficiente para ahora poder dar lecturas? (Sí) ¿Fue una buena lectura? (Sí) ¿La maestra estuvo orgullosa de ti?

K: Eso creo. Es difícil decirlo. Dejan entrever muy poco.

D: ¿No muestran emociones? (No) ¿Hiciste la lectura para uno de los estudiantes o para alguien que vino?

K: Para alguien que vino.

D: ¿Cómo hacen las lecturas?

K: Usamos el humo.

D: ¿Humo? (Ajá) Hay muchas técnicas. ¿Cómo lo hacen con humo?

K: Te sientas ahí con el trípode frente a ti y observas el humo. Entonces les dices qué es lo que ves.

D: ¿En el humo? (Sí) ¿Ya lo habías intentado antes?

K: No se nos permitía. Esta es la primera vez.

D: ¿Ahora crees que estás lista?

K: Ellas dicen que lo estoy.

D: *¿Fue una lectura acertada?*
K: Por lo que se sabe. Ya veremos.
D: *Ya veremos. ¿Te gusta esto?*
K: Es para lo que vivo.
D: *Muy bien. Bueno, contaré hasta tres y nos moveremos adelante hasta que seas mucho mayor, en un día importante de tu vida. 1, 2, 3, es un día importante de tu vida. ¿Qué está sucediendo, Diane?*
K: El rey ha venido a visitar.
D: *¿El rey ha venido? ¿Por qué vino?*
K: Porque quiere una lectura.
D: *Bueno, entonces debe ser un día muy importante. ¿Están todos emocionados?*
K: Sí, tanto como puede uno estarlo.
D: *Pero, sin embargo, nadie muestra sus emociones.*
K: No es apropiado.
D: *¿Cómo se llama el rey? ¿Tiene un nombre?*
K: Theodus. (Repite) Theodus. (Fonéticamente).
D: *¿Y él es el rey de toda la tierra?*
K: No, solo de nuestra área. Hay alrededor de cien reyes.
D: *Oh, son muchos reyes. (Ajá) Y este es el rey de ésta área.*
K: Sí. Siempre están peleando.
D: *(Risas) Parece que siempre están peleando. ¿Quién hará la lectura para el rey?*
K: La suma sacerdotisa.
D: *Oh, entonces tú no podrás. (No) ¿Tú la observarás?*
K: Todas las estudiantes observan.
D: *¿Qué tipo de método usarán?*
K: Ella usa las hojas en el brasero.
D: *¿Cómo lo hacen?*
K: Las tomas y las desmoronas, luego las echas al fuego. Observas cómo se eleva la flama y cómo cruje, y dices qué es lo que ves en las flamas.
D: *Entonces esto es diferente a observar el humo. (Sí) ¿Qué es lo que quiere descubrir el rey?*
K: Si él será victorioso o no.
D: *¿Qué es lo que le dice la suma sacerdotisa?*
K: Le dice que sí lo será. Él está bastante complacido.
D: *¿Qué es lo que hace al estar complacido? ¿Les da dinero o algo?*

K: Da oro.
D: ¿Qué pasaría si ella le diera una lectura negativa?
K: Él simplemente se iría.
D: ¿Entonces no le daría nada de oro?
K: No lo sé.
D: Pero dijiste que estuvo complacido porque ella le dio una lectura positiva. (Sí) ¿Cómo luce el rey? ¿Qué lleva puesto?
K: Él lleva una túnica morada con ¿? sandalias que llegan hasta las rodillas. Tiene una banda alrededor de la cabeza. Su cabello es muy corto y rizado.
D: ¿Qué tipo de banda es la que lleva en la cabeza?
K: Parece de oro, pero el cabello cubre la mayor parte de ella.
D: ¿Dijiste que las sandalias le llegan hasta las rodillas? ¿Cómo hacen eso?
K: Las piezas de cuero delanteras se extienden y se unen en la parte posterior.
D: Suena como un par de zapatos bastante extraños. ¿Y lleva una túnica morada?
K: Atada en la cintura.
D: ¿Alguien más va con él? ¿O llegó por sí solo?
K: Sus consejeros. Y su guardia.
D: ¿Ellos hablan con la suma sacerdotisa?
K: No. Nadie lo hace, excepto el rey.
D: Entonces él habla con ella y ella le dice qué es lo que ve. (Sí) Muy interesante. ¿Cuántos años tienes ahora?
K: Veintitrés.
D: Oh, la misma edad. Okey, ahora tienes veintitrés años, Diane. Contaré hasta tres e irás adelante hasta tu edad de treinta y tres. Llévanos adelante en tu vida y veamos qué ha sido de ti. Un día importante en tu vida cuando tienes treinta y tres años. 1, 2, 3, tienes treinta y tres años. ¿Qué está sucediendo?
K: Saldré a elegir estudiantes.
D: Oh, ¿ahora enseñas? (Sí) ¿En el mismo templo? (Sí) ¿A dónde irás a elegir a tus estudiantes?
K: A lo largo del país. Encuentras personas, chicas jóvenes que parecen ser prometedoras. Y las traes aquí.
D: ¿Cómo sabes que has elegido a la persona indicada?
K: Simplemente lo sabes.

D: *¿Has estado enseñando? (Sí) Muy bien. ¿A dónde vas? ¿A algún pueblo en específico o simplemente a donde sea?*

K: A donde nos guíen nuestros pasos.

D: *¿Solo en esa área? (Sí) ¿Debes encontrar cierto número de estudiantes antes de regresar?*

K: No, al menos una.

D: *¿Por cuánto tiempo saldrás?*

K: El tiempo que lleve.

D: *Para encontrar al menos a una. ¿Y después regresarás al templo? (Sí) ¿Qué pasa si no encuentras a nadie que quiera ir contigo?*

K: Lo haremos. De otra forma, no se nos enviaría.

D: *¿Quién te envía?*

K: La suma sacerdotisa es quien elige.

D: *Y ella te dice que salgas y encuentres a más estudiantes y las lleves ahí. ¿Cómo has hecho tus lecturas? ¿Aún usas el humo o algún otro método?*

K: A veces sólo permanecemos de pie y escuchamos las hojas y escuchamos lo que tienen que decir.

D: *¿En el fuego?*

K: No, solo escuchando a los árboles. Todo tiene una voz.

D: *¿Y eso te dice qué decirle a la gente? (Sí) Anteriormente mencionaste que el rey quiso una lectura y quería saber si sería victorioso. ¿Lo fue? (Sí) Así que fueron acertadas, ¿no es así? Fue una lectura acertada.*

K: ¡Claro que sí! La suma sacerdotisa nunca se ha equivocado.

D: *Oh. ¿Y tú eres acertada? (No) ¿A veces cometes errores?*

K: En ocasiones.

D: *Bueno, sigues aprendiendo, ¿no es así? Okey, nos moveremos hacia adelante, Diane. Quiero llevarte al último día de tu vida como Diane. Contaré hasta tres y llegaremos al último día de tu vida y me dirás qué te sucedió. Solamente lo describirás, no tienes que experimentarlo. No sentirás nada, nada que te moleste en lo absoluto. De este modo, puedes platicármelo sin ningún problema. 1, 2, 3, es el último día de tu vida como Diane. ¿Qué te sucedió?*

K: Yo decidí que ya era tiempo de abandonar el cuerpo. (Suena vieja y cansada).

D: *¿Cuántos años tenías?*

K: Setenta y siete.

D: *Oh, eras bastante grande, ¿verdad? Viviste bastante tiempo en ese templo, ¿no es así?* (Sí) *¿Eras feliz ahí?* (Sí) *¿Tuviste muchas estudiantes?*

K: Sí, muchas exitosas.

D: *Eso fue bueno. ¿Te arrepientes de haber venido al templo?* (No) *Entonces te gustaba estar ahí, eso es muy bueno. Fue una buena vida, ¿cierto?* (Sí) *¿Nunca te cansaste de ella, ¿o sí?* (No) *Quizá por eso viviste tanto; tuviste muchas cosas por cumplir en esa vida.*

K: Tuve mucho por aprender.

Se le dieron instrucciones al sujeto y sugestiones para reforzar su palabra clave y se le trajo de vuelta. Durante su vida alemana, el sujeto tenía una voz infantil y, en ocasiones, un acento alemán notorio. Durante la vida griega, su voz pareció cambiar y madurar a medida que envejecía. En ocasiones, hubo una pronunciación extraña, que hizo difícil comprender las palabras. Especialmente la forma de rodar las r. También tenía una forma muy distinta de usar las palabras.

Dolores dejó notas que hacían referencia a otra vida de Karen como vikingo. Ojalá, en un futuro, podamos transcribir todos los archivos y cintas, para ser capaces de compartir con ustedes las muchas aventuras que tuvo a lo largo del tiempo, cuando trabajaba con los muchos sujetos que se cruzaron en sus vidas.

La sesión que tuvimos el 20 de junio de 1985, fue la última en la que trabajé con Karen. Ella, eventualmente, se estableció en Little Rock y se casó. Más tarde tuvo dos pequeñas con él. Él era hemofílico y requería de muchos cuidados. Karen le brindó mucha atención amorosa y viajó con él en su trabajo. Años después, se mudó de vuelta a Fayetteville, pero no tuvimos interacción. Después, escuché que su esposo murió súbitamente por la falta de coagulación de su sangre. Ella quedó con una situación financiera muy buena debido a la pensión de su esposo. Por lo tanto, no tuvo que trabajar más, sino que pudo quedarse en casa cuidando de sus hijas. Nuestros caminos no tuvieron motivos para cruzarse nuevamente, lo cual probablemente sea bueno. Años después escuché que negó haber tenido ninguna de las sesiones y experiencias. Le brindé copia de las cintas y transcripciones de ellas, pero nunca quiso escucharlas ni leerlas. Cuando se despertaba después de una sesión, se reía y preguntaba: «¿A dónde viajé ahora?» Cuando yo se lo decía, ella respondía que parecía interesante, pero no preguntaba más ni investigaba más allá de eso. Normalmente, yo la llevaba de vuelta a su trabajo y su enfoque regresaba a su vida diaria. Debido a su estado de trance de profundo sonambulismo, no recordaba conscientemente las muchas aventuras que tuvimos a lo largo de los dos años que habíamos trabajado de forma intermitente. Así, probablemente fue más sencillo para ella el imaginar que nunca habían sucedido. Para ella, debieron haber parecido sueños que se desvanecen al despertar. Probablemente fue mejor así. Vivió una vida normal y feliz. Fue como si su papel consistiera en contarme las historias, para después regresar a su mundo normal. Soy capaz de decir con toda seguridad que las sesiones no interfirieron en ningún sentido con su vida normal. Todas las demás vidas fueron como una mancha para ella. Es extraño para mí el haber sido participante en un mundo sombra que ella no sabía que existía. Y, de no haber sido por las grabaciones en cinta que sobrevivieron, así como los testigos de las sesiones, yo también hubiera dudado de su realidad. Pero sé que sucedieron. Por un momento, fui un participante invisible en momentos de la historia, como una inadvertida viajera del tiempo. Y, como la reportera y narradora, debo decir qué fue lo que encontré.

Mensaje de despedida

Dolores nos abrió los ojos a mundos maravillosos y misteriosos. Ella se atrevió a adentrarse a los reinos prohibidos de lo que contiene la mente. De no haber sido por su apetito insaciable de querer saber más y formular las muchas, muchas preguntas, probablemente nunca sabríamos acerca del conocimiento perdido que ella encontró con sus sesiones. Encontró información años antes de que lo descubriéramos en esta vida. Como ejemplo, las ruinas de Qumrán. Cuando los arqueólogos regresaron con sus descubrimientos y diferían de lo que se le había dicho a ella en una sesión, entonces ella tuvo que tomar una decisión muy difícil. ¿Simplemente desechó lo que se le había dado, o tuvo la confianza de que lo que recibía era verdad? Si has leído su libro Jesús y los esenios, entonces sabrás que mantuvo la fe y presentó lo que había recibido. Más tarde, los arqueólogos revelaron que había un error en sus descubrimientos, y que lo que Dolores había escrito, era correcto. Otro ejemplo es cuando, en Cinco vidas recordadas, Dolores y Johnny estaban explorando la «intervida» y se les dio información sobre su futuro. En ese libro se dice que se había visto a Johnny sentado en una silla con sus nietos a su alrededor, cuando vivían en una zona montañosa. Ese evento fue verdad. Recibimos numerosas cartas y correos electrónicos de personas diciendo cómo Dolores había cambiado sus vidas. Es algo de lo que estamos muy orgullosos; y estamos muy agradecidos de escuchar las cosas maravillosas que se dicen.

Cuando ella nos dejó, estaba trabajando en varios libros. Eso era algo que solía hacer. Las personas le preguntaban: «¿Cuál será el siguiente libro?» Su respuesta era que nunca lo sabía y que sería cualquiera que encontrara primero su culminación.

Esperamos que lo disfruten.

~Nancy

Acerca del autor

Dolores Cannon, una hipnoterapeuta regresiva e investigadora psíquica, que registra conocimientos «perdidos», nació en 1931 en St. Louis, Missouri. Creció y recibió su educación en St. Louis, hasta casarse en 1951 con un miembro de la marina. Los siguientes veinte años los pasó viajando por el mundo, como es común entre las esposas de marinos, y cuidando de su familia. En 1970, su esposo fue dado de baja como veterano con discapacidad y se mudaron a las colinas de Arkansas. Fue entonces que ella dio inicio a su carrera como escritora y comenzó a venderle artículos a varias revistas y periódicos. Estuvo involucrada con la hipnosis desde 1968 y, exclusivamente con la terapia de vidas pasadas y trabajo de regresiones, desde 1979. Estudió varios métodos de hipnosis y, a partir de ello, desarrolló su propia técnica que le permitió obtener, de una forma más eficiente, la revelación de información por parte de sus clientes. Dolores enseñó su técnica única de hipnosis por todo el mundo.

En 1986, expandió sus investigaciones hacia el campo ovni. Realizó estudios in situ de presuntos aterrizajes ovni, e investigó los círculos en los cultivos en Inglaterra. La mayoría de su trabajo en este campo fue la acumulación de evidencia por presuntos abducidos a través de la hipnosis.

Dolores fue una conferencista internacional que se presentó en todos los continentes del mundo. Sus diecisiete libros se han traducido a veinte idiomas. Habló para audiencias de radio y televisión en todo el mundo. Artículos que hablan sobre Dolores y escritos por ella, han aparecido en diversas revistas y periódicos estadounidenses e internacionales. Dolores fue la primera estadounidense y la primera extranjera en recibir el premio Orpheus en Bulgaria, por el más grande avance en la investigación de fenómenos psíquicos. Recibió los premios Outstanding Contribution y Lifetime Achievement por parte de varias organizaciones de hipnosis. La gran familia de Dolores la mantuvo sólidamente equilibrada entre el mundo «real» de su familia y el mundo «oculto» de su trabajo.

Si gustas ponerte en contacto con Ozark Mountain Publishing acerca del trabajo de Dolores, escribe por favor a la siguiente dirección con un sobre franqueado con tu propia dirección para obtener respuesta: Ozark Mountain Publishing, PO Box 754, Huntsville, AR 72740, EUA; o envía un correo electrónico a la oficina, a través de nuestra página web: www.ozarkmt.com.

Dolores Cannon, que trascendió de este mundo el 18 de octubre de 2014, dejó logros increíbles en los campos de la sanación alternativa, hipnosis, metafísica y regresiones a vidas pasadas, pero lo más impresionante de todo fue su comprensión innata de que, lo más importante que podría hacer, era compartir la información, revelar conocimiento oculto o por descubrir, vital para la iluminación de la humanidad y nuestras lecciones aquí sobre la Tierra. El compartir la información y el conocimiento era lo que más le importaba a Dolores. Es por eso que sus libros, conferencias y método único de hipnosis QHHT®, continúan sorprendiendo, guiando e informando a tanta gente alrededor del mundo. Dolores exploró todas esas posibilidades y más, mientras nos llevaba a dar el paseo de nuestras vidas. Quería que sus compañeros de viaje compartieran sus aventuras hacia lo desconocido.

Libros de Dolores Cannon

A Very Special Friend
Big Sandy Press

Five Lives Remembered
(Cinco vidas recordadas)
Published by: Ozark Mountain Publishing

Between Death and Life
(Entre la muerte y la vida)
Published by: Ozark Mountain Publishing

Jesus and the Essenes
(Jesús y los esenios)
Published by: Ozark Mountain Publishing

They Walked with Jesus
(Ellas caminaron con Jesús)
Published by: Ozark Mountain Publishing

Conversations with Nostradamus Vol. 1-3
(Conversaciones con Nostradamus Vol. 1-3)
Published by: Ozark Mountain Publishing

A Soul Remembers Hiroshima
(Un alma recuerda Hiroshima)
Published by: Ozark Mountain Publishing

The Custodians
(Los guardianes: más allá de la abducción)
Published by: Ozark Mountain Publishing

Keepers of the Garden
(Los guardianes del jardín)
Published by: Ozark Mountain Publishing

Legacy from the Stars
Published by: Ozark Mountain Publishing

The Legend of Starcrash
(La leyenda del choque estelar)
Published by: Ozark Mountain Publishing

The Convoluted Universe Book 1-5
(El universe complejo libro 1 y 2)
Published by: Ozark Mountain Publishing

Three Waves of Volunteers and the New Earth
(Las tres oleadas de voluntarios para una nueva Tierra)
Published by: Ozark Mountain Publishing

The Search for Hidden Sacred Knowledge
(La búsqueda de los conocimientos ocultos y perdidos)
Published by: Ozark Mountain Publishing

Para más información acerca de cualquiera de los títulos indicados arriba, títulos por publicarse u otros artículos en nuestro catálogo, favor de escribir, llamar o visitar nuestra web:
Ozark Mountain Publishing, Inc.
PO Box 754, Huntsville, AR 72740
479-738-2348/800-935-0045
www.ozarkmt.com

Other Books by Ozark Mountain Publishing, Inc.

Dolores Cannon
A Soul Remembers Hiroshima
Between Death and Life
Conversations with Nostradamus,
    Volume I, II, III
The Convoluted Universe -Book One,
    Two, Three, Four, Five
The Custodians
Five Lives Remembered
Horns of the Goddess
Jesus and the Essenes
Keepers of the Garden
Legacy from the Stars
The Legend of Starcrash
The Search for Hidden Sacred
    Knowledge
They Walked with Jesus
The Three Waves of Volunteers and the
    New Earth
A Very Special Friend
Aron Abrahamsen
Holiday in Heaven
James Ream Adams
Little Steps
Justine Alessi & M. E. McMillan
Rebirth of the Oracle
Kathryn Andries
Time: The Second Secret
Will Alexander
Call Me Jonah
Cat Baldwin
Divine Gifts of Healing
The Forgiveness Workshop
Penny Barron
The Oracle of UR
P.E. Berg & Amanda Hemmingsen
The Birthmark Scar
Dan Bird
Finding Your Way in the Spiritual Age
Waking Up in the Spiritual Age
Julia Cannon
Soul Speak – The Language of Your
    Body
Jack Cauley
Journey for Life
Ronald Chapman
Seeing True
Jack Churchward
Lifting the Veil on the Lost
    Continent of Mu
The Stone Tablets of Mu
Carolyn Greer Daly
Opening to Fullness of Spirit
Patrick De Haan
The Alien Handbook
Paulinne Delcour-Min
Divine Fire
Holly Ice
Spiritual Gold
Anthony DeNino
The Power of Giving and Gratitude
Joanne DiMaggio
Edgar Cayce and the Unfulfilled
    Destiny of Thomas Jefferson
    Reborn
Paul Fisher
Like a River to the Sea
Anita Holmes
Twidders
Aaron Hoopes
Reconnecting to the Earth
Edin Huskovic
God is a Woman
Patricia Irvine
In Light and In Shade
Kevin Killen
Ghosts and Me
Susan Linville
Blessings from Agnes
Donna Lynn
From Fear to Love
Curt Melliger
Heaven Here on Earth
Where the Weeds Grow
Henry Michaelson
And Jesus Said – A Conversation
Andy Myers
Not Your Average Angel Book
Holly Nadler
The Hobo Diaries
Guy Needler
The Anne Dialogues
Avoiding Karma
Beyond the Source – Book 1, Book 2
The Curators
The History of God
The OM
The Origin Speaks

For more information about any of the above titles, soon to be released titles,
or other items in our catalog, write, phone or visit our website:
PO Box 754, Huntsville, AR 72740|479-738-2348/800-935-0045|www.ozarkmt.com

Other Books by Ozark Mountain Publishing, Inc.

Psycho Spiritual Healing
James Nussbaumer
And Then I Knew My Abundance
Each of You
Living Your Dram, Not Someone Else's
The Master of Everything
Mastering Your Own Spiritual Freedom
Sherry O'Brian
Peaks and Valley's
Gabrielle Orr
Akashic Records: One True Love
Let Miracles Happen
Nikki Pattillo
Children of the Stars
A Golden Compass
Victoria Pendragon
Being In A Body
Sleep Magic
The Sleeping Phoenix
Alexander Quinn
Starseeds What's It All About
Debra Rayburn
Let's Get Natural with Herbs
Charmian Redwood
A New Earth Rising
Coming Home to Lemuria
David Rousseau
Beyond Our World, Book 1
Richard Rowe
Exploring the Divine Library
Imagining the Unimaginable
Garnet Schulhauser
Dance of Eternal Rapture
Dance of Heavenly Bliss
Dancing Forever with Spirit
Dancing on a Stamp
Dancing with Angels in Heaven
Annie Stillwater Gray
The Dawn Book
Education of a Guardian Angel
Joys of a Guardian Angel
Work of a Guardian Angel
Manuella Stoerzer
Headless Chicken
Blair Styra
Don't Change the Channel
Who Catharted
Natalie Sudman
Application of Impossible Things
L.R. Sumpter
Judy's Story
The Old is New
We Are the Creators
Artur Tradevosyan
Croton
Croton II
Jim Thomas
Tales from the Trance
Jolene and Jason Tierney
A Quest of Transcendence
Paul Travers
Dancing with the Mountains
Nicholas Vesey
Living the Life-Force
Dennis Wheatley/ Maria Wheatley
The Essential Dowsing Guide
Maria Wheatley
Druidic Soul Star Astrology
Sherry Wilde
The Forgotten Promise
Lyn Willmott
A Small Book of Comfort
Beyond all Boundaries Book 1
Beyond all Boundaries Book 2
Beyond all Boundaries Book 3
D. Arthur Wilson
You Selfish Bastard
Stuart Wilson & Joanna Prentis
Atlantis and the New Consciousness
Beyond Limitations
The Essenes -Children of the Light
The Magdalene Version
Power of the Magdalene
Sally Wolf
Life of a Military Psychologist

For more information about any of the above titles, soon to be released titles, or other items in our catalog, write, phone or visit our website:
PO Box 754, Huntsville, AR 72740|479-738-2348/800-935-0045|www.ozarkmt.com

www.ingramcontent.com/pod-product-compliance
Lightning Source LLC
Chambersburg PA
CBHW050121170426
43197CB00011B/1670